suhrkamp taschenbuch 2048

Peter Huchel, seit den dreißiger Jahren einer der herausragenden Dichter deutscher Sprache, war lange Zeit in einer repräsentativen Ausgabe nicht vertreten. Jetzt, nachdem sein Werk in einer sorgfältigen und umfangreichen Edition wieder vorliegt, soll ein Materialienbuch erste Auseinandersetzung wie gründliche Beschäftigung mit dem Autor erleichtern. – Exemplarische Analysen von Gedichten und Gedichtsammlungen Huchels und allgemeine Auseinandersetzungen mit dem Gesamtwerk des Autors dokumentieren Huchels Stellung und Rezeption zu Lebzeiten und über seinen Tod hinaus. In einer Reihe von Einzelanalysen werden anschließend systematische Zugänge zu Huchels Sprach- und Bilderwelt gesucht. Biographische Schwerpunkte setzen Beiträge über Huchel als Herausgeber von ›Sinn und Form‹ oder über sein Verhältnis zu Wilhelm Lehmann. In Längsschnitten thematisiert werden das Politikverständnis des frühen Huchel, vor allem aber die Frage nach dem Ästhetischen in seinem Werk. – Im Anhang des Bandes findet sich eine gründliche Bibliographie der Primär- und Sekundärliteratur.

Peter Huchel

Herausgegeben von Axel Vieregg

suhrkamp taschenbuch
materialien

Suhrkamp

Foto: Lutfi Özkök

suhrkamp taschenbuch 2048
Erste Auflage 1986

Satz: Janß, Pfungstadt
Druck: Nomos Verlagsgesellschaft, Baden-Baden
Printed in Germany
Umschlag nach Entwürfen von
Willy Fleckhaus und Rolf Staudt

1 2 3 4 5 6 – 90 89 88 87 86 85

Inhalt

VIII Anhang

Einführung

In einigen überaus treffenden Sätzen faßt Manfred Dierks in seinem Huchel-Artikel im *Kritischen Lexikon der deutschsprachigen Gegenwartsliteratur* das Problem zusammen, das sich jedem stellt, der sich um das Verständnis Huchelscher Gedichte bemüht. Er schreibt:

Mit Abschluß des Frühwerks (ab 1940) werden die Texte in ihrer Aussagedimension zunehmend unterbestimmt. Nicht, daß Huchel jetzt unrealistisch wurde: Er bietet klare, identifizierbare Bilder, Personen, Einzelaussagen, vor allem je genau beobachtete Natur. Selbst ›kühne‹ Metaphern werden aus dem Kontext fast immer plausibel. Worauf Huchel jedoch in steigendem Maß verzichtet, ist die Herstellung eines Zusammenhangs, in dem die Einzelelemente über ihre Nennung hinaus umgrenzte Bedeutung gewinnen. Das Gedicht wird ›offen‹, die Interpretationsspielräume um das präzise Detail weiten sich, ohne sich jedoch noch zu einem einheitlichen Bedeutungsfeld zusammenzuschließen. Natürlich ist es dem Leser immer noch möglich, einen Textsinn zu rekonstruieren, der mit der Absicht des Autors sehr wohl zusammenfallen kann. Doch die Stützen dafür im Text wird er in der Regel nicht exakt benennen können. (. . .) Und doch muß der Leser an diesem lockeren Zusammenhang ansetzen, um eine Art schwebenden Gesamtsinn für einen Text zu finden.

In dieser Beobachtung liegt eine Erklärung dafür, warum ein Teil der Kritik – jener, der die ›zunehmende Unterbestimmung der Aussagedimension‹ als Mangel an Zusammenhang wertet – mit wachsender Irritation auf Huchel reagiert, ein anderer Teil, dem die ›geweiteten Interpretationsspielräume‹ ein Faszinosum bedeuten, jedoch mit unverhohlener Begeisterung. So ist bei keinem anderen modernen deutschen Lyriker vergleichbarer Bekanntheit die Divergenz im Urteil ausgeprägter, bei keinem die wissenschaftliche Beschäftigung zögernder. Dies mag sich nun, da Huchels Werke gesammelt vorliegen, ändern: Es gilt zu überprüfen, ob sich nicht diese Interpretationsspielräume, geht man nur allen Anspielungen und Verweisen nach, sehr wohl in einem dem Gedicht immer noch immanenten Sinne ausschreiten lassen, mit dem Ergebnis, daß es an Fülle des Vermittelten gewinnt. In diese Richtung weisen die beiden Beiträge Wolfgang Heidenreichs, mit dessen Aufforderung »Lesen lernen« der vorliegende Band daher abschließen soll. Daß Huchel manches Gedicht bewußt als Lernprozeß angelegt hat (vgl. die Interpretation des Herausgebers von *Der Ammoniter*) und den Leser auf eine Fährte schicken will, auf der ihm die Interpretationsstützen am äußersten Rand des Gedichtes, aber deswegen im Gesamtzusammenhang nicht weniger verifizierbar, als Erkenntnisse begegnen sollen, scheint dem Herausgeber erwiesen: Erst indem er sich die Geschichte des Warschauer Gettos aneignet – dies zeigt Günter Kunert –, wird der Leser die volle Tragweite des Gedichttitels *Nachlässe* erfassen und ihn im intendierten Sinne auf die im Text genannten »zwei Kannen« beziehen, denen eben jene Geschichte entströmt. Ein solches Interpretieren erfordert geduldige und konzentrierte Lektüre, ein Sich-Einlassen auf die geweiteten Bezugs- und Verweisräume, als die die geweiteten Interpretationsspielräume wohl eher verstanden werden müssen. In diesem Zusammenhang höchst wichtige Aufschlüsse gibt Huchels eigener, für die Ausgabe zu spät aufgefundener und nun hier vorausgeschickter Text aus dem Jahre 1974 – die umfangreichste Stellungnahme zum eigenen Werk seit der *Selbstanzeige* zum *Knabenteich* (1932).

Ebenfalls von 1974 datiert Huchels wohl letzte poetische Prosa, eine – dann nicht gesendete – Auftragsarbeit für den Südwestfunk Baden-Baden. Auf die Existenz des Manuskriptes im dortigen Archiv hat Jürgen Lodemann den Herausgeber vor kurzem aufmerksam gemacht.

Die Diskussion um Huchel beginnt, als Provokation und Grundlage, mit der Debatte um jene schon fast berühmt-berüchtigte Attacke Wilhelm Lehmanns, in der die Irritation an Huchel ihren ersten Ausdruck fand. Die z. T. bibliographisch noch nicht erfaßten Dokumente stehen zudem exemplarisch für Fragen, die die Lyrik-Diskussion der sechziger Jahre bewegten. Leider hat Wolf Wondratschek, der in einem Artikel (*Maß und Unmaß des Lobes*, in: Text und Kritik 9, 1965) die Partei Lehmanns ergriffen hatte, den Wiederabdruck nicht genehmigt. Beschlossen wird der Abschnitt mit einem Beitrag des Lehmann-Spezialisten Bauer-Rabé, der Gemeinsamkeiten aufzeigt, die die Zeitströmung in der Lyrik des jungen Lehmann und des jungen Huchel schuf. Dies muß in Verbindung gelesen werden mit dem Beitrag von Joseph P. Dolan, der aufgrund persönlicher Gespräche mit Huchel einige der gängigen Ansichten zu Huchels Rolle im sog. »Kolonne-Kreis« revidieren kann.

Gerechterweise muß hinzugefügt werden, daß Lehmann Anstoß genommen hatte vor allem an der Bewertung des Lyrikers Huchel von der tagespolitischen Figur her, zu der ihn die Umstände in den sechziger Jahren gemacht hatten. Dies hat zum Teil bis heute den Blick auf das Werk verfälscht. Aus diesem Grund bringt der dritte Abschnitt, *Peter Huchel in der literarisch-historischen Diskussion*, vor allem solche Beiträge, die das Inner-Werkliche, das Ästhetische, zum Thema haben: Fragen der Bildlichkeit, des Klanges, der Verarbeitung des geistigen Umfeldes und der Einflüsse, denen er ausgesetzt war: Von gegensätzlichen Standpunkten und Methoden her betrachten Joseph P. Dolan und Jürgen Gregolin die frühe Lyrik Huchels; Hubert Ohl, Peter Hutchinson, Joachim Müller und Gert Ueding geben je einen Überblick über das Werk als Ganzes, wobei jedoch jeweils ein anderer, die übrigen ergänzender Aspekt im Mittelpunkt steht. Da mehrere Beiträger Bezug nehmen auf des Herausgebers Buch *Die Lyrik Peter Huchels. Zeichensprache und Privatmythologie*, sei es erlaubt, diesem Abschnitt einen Beitrag vorauszuschicken, der die Hauptthesen des Buches zusammenfaßt und zu einem Abschluß führt, der sich bei dessen Erscheinen (1976) noch nicht hatte absehen lassen.

Der vierte Abschnitt versammelt wichtige Rezensionen zu *Die neunte Stunde*, Huchels letztem Gedichtband. Sie sind so ausgewählt, daß sie noch einmal, in Stimme und Gegenstimme, Divergenzen sichtbar machen; dem Leser sei es überlassen zu beurteilen, wieweit Wolfgang Heidenreich und Rudolf Hartung diese versöhnen. Den Rezensionen schließen sich Einzelinterpretationen sowie zwei Beiträge zu ›Sinn und Form‹ an. Die sehr persönliche Schilderung des DDR-Lyrikers Walther Petri vermittelt einen Eindruck von der Intensität, mit der die Zeitschrift während Huchels Redaktionstätigkeit gelesen wurde.

Der letzte Abschnitt, unter dem Stichwort *Begegnungen*, beginnt mit einem Dank Guntram Vespers, des Preisträgers des Peter-Huchel-Preises für Lyrik von 1985, und beleuchtet dann Stationen in Huchels Leben. Eine frühe Skizze von Huchels Freund Horst Lommer, dem Berliner Staatsschauspieler und späterem Rundfunk- und Fernsehautor, bringt wichtige Informationen zu Huchel vor 1945, die bisher nicht in die Huchel-Forschung eingegangen sind. Von einer Begegnung mit Huchel während der Zeit seiner Isolation in der DDR nach 1962 berichtet der DDR-Schriftsteller Heinz Czechowski. Es folgen Streiflichter aus den letzten Jahren:

Huchel in der Zusammenarbeit mit dem Übersetzer, Huchel als Vortragender beim leidigen »Tingeln«, wie er selbst es nannte, und Huchel bei der konzentrierten schriftstellerischen Arbeit. – Auf diese möchte der vorliegende Band den Blick lenken. Allen, die an seinem Zustandekommen beteiligt waren, sei herzlich gedankt!

Massey University A. V.
Palmerston North/Neuseeland
März 1985

I
Texte

Peter Huchel
Der Preisträger dankt

Meine Damen und Herren,
für die Zuerkennung des diesjährigen Literaturpreises der Großloge der Alten Freien und Angenommenen Maurer von Deutschland und für die ehrenvolle Verleihung des Lessing-Ringes sage ich Ihnen meinen herzlichen Dank, auch danke ich Herrn Dr. Wolfgang Kelsch für die Laudatio, die vielleicht doch ein wenig des Lobes zuviel enthielt.

Nelly Sachs schrieb mir 1948 aus Schweden, als sie eines meiner frühesten Gedichte *Kindheit in Alt-Langerwisch* gelesen hatte, ob ich mich denn nicht erinnere, sie wäre doch damals als junges Mädchen vom Nachbargut, dem Gut ihres Onkels, manchen Sonntagnachmittag nach Alt-Langerwisch zu Besuch gekommen und hätte mich als kleinen Jungen an der Hand durch den Garten geführt. Nichts davon weiß ich, alles bleibt dunkel, für immer versperrt, so sehr ich auch mein Gedächtnis durchforsche. Ihre Erscheinung gehört also nicht zu jenem Vorrat geprägter Bilder, die ins Unterbewußtsein sanken, dort gespeichert wurden, um zu gegebener Zeit ins Bewußtsein zu gelangen. Gewiß, ich sehe noch den Garten, sehr verwildert, das aus dem Beginn des achtzehnten Jahrhunderts stammende Gutshaus meines Großvaters, ein alter Barockbau, den ein Mansardwalmdach abschloß. Ich höre noch das Drämmern der Milchkannen, die abends auf die Rampe gestellt wurden, ich erinnere mich noch ganz deutlich des alten Knechtes, er hinkte, war bartlos, mit grämlich zerfurchten Gesichtszügen, der aus dem Bau der Spinnen am Netz das Wetter voraussagte. Damals gab es noch keine Verhaltensforschung, kein staatliches Institut für Spinnenforschung, er wurde von den Dorfbewohnern mitleidig verspottet, aber seine Wetterprognosen stimmten. In seinen Beobachtungen, so denke ich manchmal, schien mir mehr Kenntnis zu stecken, als in den Berichten der Meteorologen heute.

Ein Mensch, der auf sein spätes Alter zugeht, trägt einen großen Packen mit sich, seine Erlebnisse, seine Erfahrungen, seine Niederlagen, und je älter er wird, desto mehr weiß er, daß die Vergangenheit mit der Gegenwart und der Zukunft ein untrennbares

Ganzes bildet. Gerade die Erlebnisse der Kindheit, etwa vom fünften bis zehnten Lebensjahr, sind es, die später einmal einen entscheidenden Einfluß nehmen. Noch heute spüre und rieche ich die Kälte der verharschten Wiesen am Langerwischer Mittelgraben, wenn ich daran denke, wie mich mein Großvater nachts aus dem Bett holte, um wenigstens die paar dünnen Erlen abzusägen, die auf dem verlorengegangenen Streifen standen. Wir krochen übers Eis, blieben reglos liegen, ein spätes Fuhrwerk ratterte vorbei, dann sägten wir die Bäume ab. Die Prozeßsucht meines Großvaters war schon manisch, es ging um einen Grenzstein, der vom Nachbarn heimlich verrückt worden sein sollte, oder um einen Scheunenbrand, die Versicherung wollte nicht zahlen, weil die Agenten ein Petroleumfaß in der Asche gefunden hatten. Die Natur war damals für mich, wie Kirche und Schule es lehrten, die Schöpfung Gottes, im Sinne der Bibel: Macht Euch die Erde untertan. Und sehr früh begriff ich, daß es keine absolute, keine heile Natur mehr gab, daß die Natur vielmehr durch den Menschen verändert und nutzbar gemacht worden war. An der Art des Unkrauts erkannte ich, ob es sich um schweren oder leichten Boden handelte.

Es war nur zu natürlich, daß sich in mir ein großer Vorrat an ländlichen Bildern, Vokabeln, Begriffen und Metaphern sammelte, ein Vorrat, von dem ich heute noch zehre.

Wer geht dort ohne Licht
und ohne Mund,
schleift übers Eis
das Tellereisen?

Die Wahrsager des Waldes,
die Füchse mit schlechtem Gebiß
sitzen abseits im Dunkel
und starren ins Feuer.

Die Idylle war durchlöchert, ich sah die grausame Seite der Natur, Fressen und Gefressenwerden, die Welt der Knechte, Mägde, Holzfäller, polnischer Schnitter, Stromer und Zigeuner, das Deputat, den kargen Brotkorb der Büdner und Kossäten. Die Landschaft des Kindes war nicht mehr allein ein geographischer, sie war auch ein sozialer Begriff.

Später, als Student, nach heftigen Diskussionen mit marxistischen Freunden, wollte ich mich gewaltsam von diesen Naturmetaphern trennen, es gelang nur schlecht, selbst in der Konfrontation mit der

Gesellschaft, mit Hunger, Unterdrückung und Krieg, stets blieb in den jeweiligen Versuchen ein Metaphernrest zurück, ja, dieser Rest, ich mußte es mir eingestehen, war der eigentliche Urgrund des Schaffens. Ich kehrte durch das Gestrüpp marxistisch erhobener Zeigefinger immer wieder, oft mit schlechtem Gewissen, zu Augustinus zurück: ». . . im großen Hof meines Gedächtnisses. Daselbst sind mir Himmel, Erde und Meer gegenwärtig . . .« Vielleicht nur deswegen, weil für mich der große Hof meines Gedächtnisses das alte Gehöft in Langerwisch war.

Horaz schrieb in einer Epistel: »Natur magst du austreiben mit der Heugabel: Natur kehrt beharrlich zurück; unmerklich, unwiderstehlich dringt sie durch die Sperren der leidigen Blasiertheit.«

Meine geistige Mitgift, eine Mischung aus Halbbildung und Vulgäraufklärung, fand ich im Bücherschrank meines Großvaters. Neben englischen Gespensterromanen standen dort die grünen Bände des *Forst- und Jagd-Archivs von und für Preußen*, die *Volksschriften zur Umwälzung der Geister*, *Schriften der freireligiösen Gemeinde*, ferner *Meyers Groschenbibliothek der deutschen Classiker für alle Stände (Bildung macht frei)*, handgeschriebene Kuhbeschwörungen lagen vergilbt zwischen den Büchern.

Auf der Universität holte ich nach, las Trakl und Kafka, las Freud und die *Spuren* von Bloch. Eine neue Welt tat sich mir auf, als ich die Mystiker entdeckte, vor allem Jakob Böhme. Von Francis Bacon übernahm ich als Leitwort: »Wenig Wissen jagt die Götter fort, mehr Wissen bringt sie wieder zurück.« Dann die Reisen in die Mittelmeerländer, Südfrankreich, Korsika, die Türkei, die ersten Versuche, Archaisch-Mythisches mit modernen Formen und Inhalten zu verbinden, den Stoff also nicht mythologisch zu vernebeln, sondern dialektisch zu erhellen.

Ich weiß, daß die Verwendung der Archetypen von Mythos, Natur und Religion oft nur als Flucht, als das Sichherausstellen aus der gesellschaftlichen Wirklichkeit angesehen wird. Es gibt zwei Gruppen von Schriftstellern, die eine sagt, jede Dichtung dränge zum Mythos, der Mensch befreie sich aus dem engen Netz einer deformierten Realität und komme jetzt erst mit dem Wesen der Welt in Einklang. Die andere Gruppe sagt, oft mit spöttischer Überlegenheit, der altmodische Kram aus dem Arsenal der toten Mythologien, aus den Katakomben verstaubter Religionen sei rückschrittlich, mit prähistorischen Vokabeln untermaure man nur die Macht und verändere die Wirklichkeit nicht. Der Mensch als gesellschaftliches Wesen habe den Vorrang, die Rückkehr zum Mythos könne nur als Entgesellschaftlichung des Menschen verstanden werden, als die Mystifikation der Wirklichkeit. Sie entwerfen eine weithin durchschaubare Welt, bestreiten jede Magie, jede Metapher auch, da diese die Realität umgehe.

Dieser Streit wird mit fast dämonischer Besessenheit und typisch deutscher Intoleranz von beiden Seiten geführt. Die einen berufen sich auf Jung, die anderen auf Marx.

Nelly Sachs schrieb in der Interpretation ihres Gedichtes *In der Flucht* mit naiver Selbstverständlichkeit: »Aber dies ist ja keine wissenschaftliche Abhandlung. Dies ist ja ein Gedicht und ein Geheimnis.« Und Georg Trakl, aus anderem Traumgrund auftauchend, im Helian-Gedicht: »Doch die Seele erfreut gerechtes Anschaun.«

Freud deutet in seinem Essay über *Dostojewski und die Vatertötung* an, daß die Psychologie nicht das Lot besitze, bis zu den letzten Geheimnissen des dichterischen Geistes vorzudringen. Der Autor sublimiere seine Komplexe durch dichterisches Schaffen, der Prozeß geschehe unbewußt. Lichtenbergs spöttisches Wort: »Die Metapher ist meist klüger als ihr Verfasser« ist also sehr ernst zu nehmen.

Und die Wirklichkeit? Können wir sie erkennen? Wir leben im Jahrhundert der Wissenschaft und nicht mehr im vorangegangenen der Fortschrittsgläubigkeit, in dem die Wissenschaftler noch annehmen konnten, die Welt mittels Instrumenten und Zahlen zu erkennen. Die heutige Physik, die uns so große Erfolge brachte, ist bescheidener geworden. Einzig der meßbare Teil der Welt, also ein verhältnismäßig kleiner Teil des Ganzen, kann erforscht werden. Heisenberg hat darauf ausdrücklich hingewiesen.

Die Natur bleibt geheimnisvoll. Wir können in die Transzendenz, in jede visionäre Landschaft vorstoßen. Und die Dichtung? Ist sie, gemessen an der Exaktheit der Forschung, nun nicht mehr in der desperaten Lage, die zwar schöne, anmutige, doch etwas dümmliche Schwester von Philosophie und Wissenschaft zu sein?

Jeder, der schreibt, weiß, daß die Dichtung ihre eigene Dimension hat. Und ihre eigenen Erkenntnisse. Aber jeder, der schreibt, weiß auch, wie schwer es ist, dem Schweigen ein Wort abzuringen.

Extreme Zweifel an der Fortführung solcher Existenz, die Skepsis am Wort, die kritische Phase, die Haut des Stils wird rissig, früher konnte man spotten über die elende Dummheit, die nicht davon abließ, den metallenen Glanz eines Herbstgedichtes mit einem Büchsenöffner aufzureißen, um den »Inhalt« zu entdecken, genauso könnte man versuchen, mit einer Sense die Abendröte aufzuschneiden.

Heute naht mit jedem Gedanken der innere Widersacher: reicht die Sprache noch aus, das Sein der Dinge zu erklären? Man betreibt weiter sein kleines Geschäft, wartet, bis sich etwas niederschlägt, ein paar Wörter, ein Vokalklang, eine Metapher vielleicht, gewissermaßen ein paar Eisenspäne, die noch außerhalb des magnetischen Feldes liegen. Im späteren Prozeß erhellt sich das Bild, es wird zum Gleichnis, das heißt, der Magnet strukturiert die Eisenspäne.

Unter der blanken Hacke des Monds
werde ich sterben,
ohne das Alphabet der Blitze
gelernt zu haben.

Im Wasserzeichen der Nacht
die Kindheit der Mythen,
nicht zu entziffern.

Unwissend
stürz ich hinab,
zu den Knochen der Füchse geworfen.

Ob ein einziger Genieblitz genügt, aus dem Universum die himmlische Algebra auf die Erde zu bringen, wage ich zu bezweifeln. Aber vergessen dürfen wir sie nie, es ginge die Rechnung der Machthaber sonst zu glatt auf.

Fragen über Fragen, vage Antworten, Widersprüche, dialektische Prozesse, Versperrungen, tödliche Konstellationen.

Es sind gewiß nicht die schlechtesten Schriftsteller, die für lange Zeit verstummen, nicht etwa, weil sie sich in einer konstanten Stilkrise befänden, es hat tiefere Gründe.

Lassen Sie mich deshalb mit einem Wort schließen, das hier, wie ich meine, genau am Platze ist, mit einem Wort Lessings: »Ein jeder muß seine Hölle noch im Himmel und seinen Himmel noch in der Hölle finden.«

Peter Huchel

Der jüdische Friedhof von Sulzburg

Kaum anzunehmen, daß der jüdische Friedhof in Sulzburg einmal mit einem Stern im Baedeker verzeichnet sein wird, obwohl er eine der ältesten israelitischen Begräbnisstätten ist und seit Mitte des siebzehnten Jahrhunderts urkundlich erwähnt wird.

Das erstemal sah ich diesen Friedhof im Jahre 1925, ich wanderte mit meinem Freund Hans A. Joachim, Sohn eines jüdischen Sanitätsrates zu Freiburg, von Staufen nach Sulzburg. Es war ein heißer Augusttag, die Jacken über die Schulter gehängt, hielten wir uns im Schatten der Weinberge und Bäume. Wir waren beide Studenten der Germanistik in Freiburg, und das Interesse an moderner Literatur hatte uns einander näher gebracht.

Joachim war kein orthodoxer Jude. Das Traumhafte, Mystische, Irreale war nicht seine Sache. Auf seinem Gesicht lag ein leiser Anflug von Spott, wenn er von russischen und polnischen Juden sprach, er zählte sich zu den spanischen Juden, den Sephardim. Und da er wußte, daß ich in Berlin einem Kreis von Ostjuden, dem Goldberg-Kreis, angehörte und für Goldbergs Buch »Die Wirklichkeit der Hebräer« schwärmte, nannte er mich den kleinen »Schabbesgoi« und lachte jedesmal herzhaft, wenn er mich damit in Wut brachte.

An den rebenbewachsenen Hängen spritzten die Weinbauern die Weinstöcke mit Kupfersulphat, sie pumpten die hellblaue Flüssigkeit aus Blechtornistern, die sie auf dem Rücken trugen. Kein Hauch bewegte die Luft, nur der trockene Ton des Zaunkönigs schwirrte durchs braune Gras.

Durch das enge Stadttor kamen wir nach Sulzburg hinein, es war Mittag, fast alle hölzernen Läden an den Fenstern waren geschlossen, verwinkelte Gassen und Gäßchen zweigten von der breiten Hauptstraße ab, einsame Straßen, die tief im Schatten der Häuser lagen, Gras und Moos zwischen den holprigen Pflastersteinen, es roch nach Wein, mächtige Torbogen, Eichenfässer, riesige Weinbottiche standen in den Höfen, dunkle, höhlenartige Eingänge in die Weinkellereien.

In den Vorgärten Astern, Sonnenblumen, kopfhoch schwebend

im Mittagslicht, manchmal ein offenes Fenster, der Kronleuchter violett verhängt, tote Fliegen trockneten auf dem Tüll. An der Schattenseite der Häuser Frauen und Greise, die auf Bänken vor sich hindämmerten. Auf den Messingschildern an den Häusern las ich die Namen Bloch, Kahn, Dukas, Levy und Weil.

Seit Generationen haben Juden hier in Sulzburg gelebt, Viehhändler, sie kannten jeden Bauern in der Umgebung, seinen Viehbestand, Weinhändler, sie fuhren schon im Sommer zu den Weinbergen, um die Ernte zu kaufen, Brotbäcker, sie holten das Wasser vom Brunnen, das man zum Anrühren des Teiges brauchte, Holz und Reisig aus dem Wald, um die richtige Backwärme im Ofen zu haben. Hausierer, die Tragekiepe auf dem Rücken, mit allerlei Kleinkram bepackt, Schnürsenkel, Nähgarn und Bänder, Kräutertee, Streichhölzer und Kerzen, Mäusefallen und Filzpantoffeln. Von Haus zu Haus zogen sie durch die Dörfer, meist waren sie sechs Tage unterwegs, um dann zum Sabbat zurückzukehren.

Seit Generationen – schon im dreizehnten Jahrhundert nennt sie eine Chronik in Sulzburg ansässig – immer eifrig bemüht, für die Zukunft von Kind und Kindeskindern zu sorgen und sie finanziell gegen alle unvorhergesehenen Zeitläufte sicherzustellen. Die furchtbaren Verfolgungen, denen sie zur Zeit der Kreuzzüge ausgesetzt waren, die Verdächtigungen, während der Pestzeit die Brunnen vergiftet zu haben, dezimierten die Juden, ihre Gemeinden wurden im Mittelalter zerstört. Später konnten sie ihr Leben als Geldverleiher bestreiten, da ja das kanonische Zinsverbot bestand, außerdem bildeten die sogenannten »Judenabgaben«, die sie als »Schutzjuden« zu entrichten hatten, einen willkommenen Beitrag für die leeren Schatullen der fürstlichen und geistlichen Herren.

Als ich mit Joachim den jüdischen Friedhof betrat, standen oben auf dem Hang die dunklen Bäume scharf gegen den vom Sonnenlicht erfüllten Himmel. Einen Augenblick lang verweilten wir in der überdachten, kühlen Abdankungshalle. Dann stiegen wir den Hang hinauf, einen schmalen von Steinstufen unterteilten Weg, zu dessen beiden Seiten die Grabstätten terrassenförmig angeordnet waren. Manche Grabsteine hatten sich geneigt, wie unter der Last von Jahrhunderten gebeugt. Es war eine Gräberstätte, die in ihrer wilden Verlassenheit seltsam anziehend war. Andere Steine standen wie alte Grenzsteine da, die Himmel oder Hölle absteckten. Jahrhundert um Jahrhundert stehen sie so, sie kennen jeden Lichteinfall, jedes Geräusch der Nacht, jeden Vogelschrei, den Blätterfall, das Sickern des Wassers.

Man konnte zwischen den Steinen hin und her gehen, ohne die mindeste Spur zu hinterlassen. Schicht um Schicht hatte sich das vermoderte Laub gelagert, dennoch schien es mir, als bewegte ich mich über einem Abgrund von Schatten. Ein Ort, an dem die Zeit nicht mehr gilt, zugeschüttet vom Schweigen der Toten.

Fünf Rabbiner sind auf dem Sulzburger Friedhof bestattet. Auf ihren Grabsteinen, über den Inschriften, sind die Zeichen ihres Priestertums eingemeißelt: die segnenden Hände der Hohepriester in der typischen Haltung, die inneren Handflächen sind nebeneinander gestellt, die Daumen berühren sich, die übrigen Finger schweben darüber. Aber auch eine Hand mit der Kanne, die das Wappen der Leviten darstellt, die dem Priester bei der Reinigung der Hände halfen, ist einigen Steinen eingraviert. Viele Steine krönt eine Rosette; auf Kindergräbern, mit nur halbhohen Steinen, sieht man das Halbrelief einer kleinen Rose. Alle diese alten Grabsteine sind braun vermoost und von Flechten überwuchert.

Etwa ein halbes Jahr später besuchte ich noch einmal den Friedhof, diesmal allein. Hinter der Einzäunung ging ich den mit Fichtennadeln bestreuten Pfad hinauf, zerrissene Spinnenfäden klebten an meiner Stirn, die Dunkelheit ergriff langsam vom Friedhof Besitz, es war Abend. Regen setzte ein, und ich suchte Schutz unter einem Baum. Ein Geruch von faulendem Laub, von nassem Moos überfiel mich, der Regen schlug gegen die Steine, durchdrang die Wurzeln, das Erdreich, Nebel hing zwischen den Gräbern.

Fiel nicht der Regen am Gemäuer,
gern trüge ich hinaus ein Feuer,
zu wärmen, wenn die Wasser waschen,
die armen Toten, armen Aschen.

Dort draußen, wo die Nebel wittern,
im Hof der Weiden, an den Gittern
hörn sie im Wind die alte Klage.
Sie schmecken noch das Brot der Tage.

Ach, daß sie so verwaist verliegen,
so bloß sich in den Moder schmiegen,
ich trüge gern ein neues Linnen
in ihr Gewölb voll Wurm und Spinnen.

Vom Stein wollt ich den Regen schöpfen,
wo säß ein Kind mit weißen Zöpfen.
Sie sehnen sich nach heißen Flammen,
die Kleinen nach dem Tuch der Ammen.

Wo um sie her die Nebel rauchen,
was frommte wohl mein schwaches Hauchen?
Mein Feuer würd ich bald verlieren,
ging ich im Wind, in dem sie frieren.

Der Regen rinnt, die Steine trauern,
die Nacht stößt kalt an Tor und Mauern,
denk ich der Toten, dort vergessen
im Bitterkraut, im Stroh der Kressen.

Erst im Sommer 1973, nach fast fünfzig Jahren, sah ich den Sulzburger Friedhof wieder. Schon auf der letzten Wegstrecke verspürte ich Unbehagen, durch die Bäume hindurch, Eschen, Erlen, Weiden, die den schmalen Sulzbach säumen, sah ich ein Heerlager von Autos und Wohnwagen. Dieser Anblick war bestürzend. Als ich die kleine Holzbrücke zum Friedhof hin überquerte, stand ich mitten auf einem Campingplatz. Schilder überall, in mindestens drei Sprachen, belehrten mich, was hier zu tun und zu lassen sei. Aber nirgends ein Hinweisschild auf den jüdischen Friedhof. Zwischen ausgespannten Sonnenschutzdächern und Liegestühlen suchte ich den Weg zum Friedhofstor. Lachen und Gesprächsfetzen schwirrten um mich herum, ein junger Mann und ein Mädchen, dicht aneinander geschmiegt, lagen unter der Tannenreihe, die Campingplatz und Friedhof trennte, als hätte die Liebe kein anderes Refugium. Von diesem Paar ging kein schöner Wahnsinn aus, die Vereinigung der Liebenden am Friedhofsrand, das Zusammentreffen von Tod und Zeugung, wie man es in altfranzösischen Novellen liest. Der ordinäre Luxus unserer Tage umgab die beiden, Plastikbecher, Gummimatratze und Coca-Cola. Sie waren hier – wie alle anderen – aus dem einzigen Anlaß, sich mit Nußöl einzucremen und den Urlaub zu genießen.

Man war von einer Freundlichkeit, die mir nicht gefiel. Eine junge Frau fragte mich: »Wollen Sie zum Judenfriedhof?« Sie zeigte mir, wie man durch das Anheben der eisernen Verschlußstange das verschlossene Gittertor öffnen konnte. Ich blickte auf die Wohnwagen, rechts und links, auf ihre eintönig weißen Fassaden, die das harte Licht zurückwarfen und den Friedhof von drei Seiten eng umstellten.

War hier nicht wieder ein Kampf, den ungleiche Gegner miteinander auszutragen hatten, die Wohlstandsbürger, denen der Schweiß übers Gesicht rann, die Federball spielten, um fit zu bleiben – und die toten Juden, die hier auf dem Friedhof lagen? Es schien sich nichts geändert zu haben. Sicherlich tat ich diesen Urlaubern Unrecht, aber ihre Gesichter kamen mir im Augenblick so glatt und leer vor, wie die unbeschriftete marmorne Rückseite eines Grabsteins.

Was hätte ich nicht darum gegeben, nicht hier zu sein. Jetzt war ich hier, ich zwängte mich durchs Gittertor, ich betrat das Ghetto der Toten.

Dieser Friedhof, umzingelt vom Leben der Wohnwagenbesitzer, hatte etwas Archaisches, die Absolutheit des Todes herrschte hier, Hast, Angst und Hoffnung waren vermodert, der Untergang existierte für die Toten nicht mehr. Sonne, Windstöße, Schnee ertrugen geduldig die Grabtafeln aus Sandstein, den man vom nächsten Steinbruch hergekarrt, behauen und den Toten zum Gedächtnis aufgestellt hatte. Die eingemeißelten hebräischen Lettern waren vom Regen ausgewaschen und auf vielen Steinen nicht mehr zu entziffern.

Unterhalb der Terrassen, auf der linken Seite, ist von Angehörigen früher in Sulzburg gelebt habender Juden ein Gedenkstein errichtet. Ich las: »Den Opfern der Judenverfolgung von 1933 bis 1945 gewidmet und dem Gedenken der Juden von Sulzburg und Staufen, die schutzlos preisgegeben den Tod für ihren Glauben erlitten. Errichtet zum dreißigsten Jahrestag der Auslöschung ihrer altehrwürdigen frommen Gemeinde – 1970.«

Niemand war da, mit dem ich hätte sprechen können. Die Augen schmerzten unter dem milchig gleißenden Licht, als ich die Namen der Opfer las – Bloch, Kahn, Dukas, Levy, Weil . . . In diesem Augenblick vermißte ich meinen Freund Hans A. Joachim, aber Joachim war 1942 in Nizza von der Gestapo verhaftet worden und ist seitdem verschollen. Ich stieg langsam den lindenumstandenen Hauptweg hinauf, mein Blick glitt über die Steine, die zwischen üppig wuchernden Farnen, Schachtelhalmen, verblühtem Salomonssiegel und Goldhahnenfuß standen.

Wie Wasser bin ich hingegossen,
und all meine Glieder lösen sich.

Mein Herz ist wie Wachs,
    zerflossen in meinem Innern.
Trocken wie eine Scherbe ist meine Kehle,
    und meine Zunge klebt am Gaumen.
In Todesstaub legtest du mich.
Ja, Hunde umgeben mich,
    eine Rotte von Bösewichtern umkreist mich.
Sie durchbohren mir Hände und Füße.
Ich kann all meine Gebeine zählen.
    Sie schauen und gaffen auf mich,
sie verteilen unter sich meine Kleider
    und werfen über mein Gewand das Los.

Bisweilen meinte ich Stimmen zu vernehmen, das leise Sirren des Windes, der sich an der Öde rieb. Unter Haselnußsträuchern fand ich eine Reihe fast völlig im Erdreich versunkener Grabsteine. Ein paar Schritte weiter hatte eine Birke im Umstürzen mit ihren Wurzeln einen Stein aus dem Boden herausgehoben.

Auf der rechten Seite des Hauptwegs, in drei übereinanderliegenden Terrassen, befinden sich die Grabmäler aus dem vorigen Jahrhundert und dem Beginn – bis zu den dreißiger Jahren – dieses Jahrhunderts. Sie sind fast durchweg mit hebräischen *und* deutschen Inschriften versehen. Ihre Gestaltung ist häufig im Geschmack der Jahrhundertwende, viel Marmor, Säulen, und auch ein Obelisk fehlt nicht. Sie unterscheiden sich eigentlich nur wenig von den christlichen Grabmonumenten der gleichen Zeit.

Am späten Nachmittag ging ich nach Sulzburg zurück, um mir anzusehen, was von der Synagoge noch übrig geblieben ist. Zwischen zwei Gassen auf einer kleinen Anhöhe steht noch der Torso des Hauses, erhalten ist lediglich das Portal, das aus zwei Säulen besteht. Nichts kann die Häßlichkeit der Zerstörung wegtäuschen, die klaffenden Fensterhöhlen, mit Brettern vernagelt, das wüste Innere, die gestürzten Balken, der Schutt. Der begonnene Umbau der Fenster beleidigt das Auge.

In die dämmrige Leere des Raumes starrend, der einmal die Synagoge war, erinnerte ich mich an das zerstörte Warschauer Ghetto, an Mauerreste, von Feuer berußt, Kaminstümpfe, verbogene Eisenträger, die wie Skeletteile in die Luft ragten. Anfang der fünfziger Jahre fuhr ich im Auto von Krakau nach Warschau, es war Sommer, die weißen Fäden der Spinnen wehten über die Stoppeln, kein Jude war zu sehen in den früher so reichen galizischen Dörfern. In Warschau besuchte ich das Jüdische Museum und sah dort die beiden großen Milchkannen, in die, kurz vor der völligen Vernichtung des Ghettos, die jüdische Gemeinde ihre wichtigsten Dokumente gesteckt und mit den Kannen vergraben hatte. Ein Archiv des Leidens, dem Feuer und Zerstörung nichts hatten anhaben können, ein Nachlaß, der seine Erben sucht.

Nachlässe,
ungeordnet,
auf Böden verstaubt,
die Erben sind tot.
Und finstere Himmel,
grau unterkellert
von Wänden aus Nebel.
Die Kälte atmet
in hallenden Gängen.

Später,
im Sommer
über den Stoppeln
die Spindeln aus Licht.
Sie wickeln
das rissige Garn
galizischer Dörfer.
Doch niemand kommt,
den Mantel zu weben.

Durchbrüche,
verschüttet,
von Keller zu Keller,
das letzte Verlies
zwei Kannen in Warschau,
vergraben
in Erde und Feuer.
Es geht durch Wolken
stürzender Asche
die Stimme hinab,
die Erben zu rufen.

Niemand unter den Juden von Sulzburg war vor dem 9. und 10. November 1938 auf den Gedanken gekommen, daß man eine Synagoge zerstören und Grabsteine schänden könne, ohne mit Untersuchung, Anklage oder gesetzmäßigem Urteil rechnen zu müssen. Sulzburg war ihre Geburtsstadt, hier lernten sie an der Hand der Mutter oder der Kindermägde die ersten Schritte gehen, hier besuchten sie die Schule, hier wehte sie der erste Duft der Rosen oder des Flieders an, der Weg über den Markt, ein Grüßen hinüber und herüber, die Leute waren freundlich, es gab keine andere Heimat als dieses Stück Erde, von dem sie nicht lassen wollten. Christen wie Juden, sie hatten alle ihre täglichen Sorgen, die Reben, die Reblaus, der Holzschlag, die Unsicherheit der Ernten, die Viehseuche, die Hypotheken, die Zinsen. Nun war alles anders geworden. Einige der Sulzburger Juden verließen das Land, Laufereien, stundenlanges vergebliches Warten in den Amtsstuben, immer wieder neue Schikanen, bis sie endlich die notwendigen Dokumente hatten, die amtlich beglaubigte Auswanderungserlaubnis. Andere zögerten, sie waren Veteranen des Ersten Weltkriegs und empfanden so deutsch, wie man deutscher nicht empfinden kann. Sie wollten einer Gemeinschaft von Kriminellen, von Wegelagerern, die sich gefunden und uniformiert hatten, nicht weichen. Sie konnten sich einfach nicht vorstellen, daß ihre Mitbürger diese Verbrechen billigten und hofften immer noch, der Spuk gehe vorbei.

Die Turmschwalben segelten mit ihren langen spitzen Flügeln um die St. Cyriakskirche. Die Juden trugen ihren gelben Stern, der der Stern Davids war, es folgten Tage, Nächte, die sich mehr und mehr dem Abgrund zuneigten, die Beklemmung wuchs, Finsternis, Wind und Regen, rostzerfressenes Eisen im Bach, der Kadaver eines Hundes, Gerüchte liefen um. Längst lebten sie wie Menschen, die auf den Vollzug einer Strafe warteten, nicht wissend, welches Verbrechen sie begangen hatten und wofür sie büßen sollten. »Es gibt ein geraubtes und geplündertes Volk, sie sind verstrickt in Höhlen und versteckt in den Kerkern; sie sind zum Raub geworden und ist kein Erretter da; geplündert und ist niemand, der sage: gib sie wieder her.« Deuterojesaja 42, 44.

Am 22. Oktober 1940, vormittags gegen neun Uhr, fuhr die Gendarmerie mit einem Omnibus vor und brachte die letzten Sulzburger Juden, etwa zwanzig bis dreiundzwanzig Personen, fort. Jeder konnte mitnehmen, was er tragen konnte, dazu einhundert Mark in bar, und für vier Tage zu essen. Mit den Juden aus Baden und der Pfalz deportierte man die Sulzburger Juden nach Gurs in Südfrankreich. Mit der Vernichtung der beiden Sulzburger jüdischen Einwohner Samuel Kahn-Rieser und Leo Louis Kahn-Baendel in Auschwitz 1942 hatte die über vierhundert Jahre alte jüdische Gemeinde Sulzburg zu existieren aufgehört.

[illegible] des Bildes [illegible] Wand [illegible] und [illegible] hinter der Linie [illegible] auch [illegible] Bilder [illegible] sehen [illegible] Zeichnungen, die Farbe [illegible] seiner [illegible] in den [illegible] verschiedene Schichten [illegible] hatte [illegible] genau [illegible] daß sie [illegible] nicht [illegible] noch [illegible] Commodities [illegible] die sich gelungen [illegible] nicht [illegible] könnten sich [illegible] nicht [illegible] Marlow [illegible] verbrechen [illegible] und [illegible]

[illegible] Tage [illegible] sich [illegible] Wand [illegible] Gericht [illegible] Lange [illegible] vor den [illegible] nicht [illegible] sehen [illegible] Händen und [illegible] in den [illegible]

[illegible] gesehen [illegible] und [illegible] Vergleichung der beiden [illegible] Stadt [illegible]

II

Positionen
Lehmann contra Huchel

Was den alten Lehmann betrifft, so hege ich nach wie vor eine Art stiller Pietät für diesen erbitterten Querkopf; es wäre mir ein leichtes, meine »korrekte Naturlyrik« anhand seiner nicht korrekten Vorwürfe zu verteidigen.

Peter Huchel, im April 1974,
in einem Brief an den Herausgeber

Wilhelm Lehmann
Maß des Lobes

Zur Kritik der Gedichte von Peter Huchel

An die früheren Verse Peter Huchels bindet mich eine unsichere Erinnerung. Ich weiß keines seiner Gedichte auswendig, auch einzelne Zeilen sind mir nicht geblieben. Beschattetes Nachleben der Kindheit, in einer fast noch patriarchalischen, halb bäuerlichen, kaum noch existenten Landschaft märkischen Charakters, tat sich auf: »Nun wintert es in Luch und Lanken«; »im Acker knarrt die späte Fuhr. Die Nacht pecht schwarz die Wagenspur.« Fast genauso schrieb der zehn Jahre ältere Richard Billinger. Von einer Magd heißt es: »Sie summt leis Wahrsagerei.« Ein »sozialistischer Realismus« macht sich zage bemerkbar. Der Dichter freut sich an den Naturerscheinungen, denen er mehr sentimentalen als scharfen Umriß gibt. Rehbraun ist eine Lieblingsfarbe. Unglück des Krieges: Eicheln gleichen Patronen. Ein sanftes Pathos: »O Klage der Mutter, nicht löschen die Tränen die Feuer der Schlacht.« Die schlichten Verse sind nicht bedeutend. »Sie sind meist nicht klangvoll, aber sie klingen hin.« Wir stimmen kaum bei, wenn jemand meint, Huchel gebe Eichendorff weiter, dessen, wie unmotiviert emphatisch bei dieser Gelegenheit bemerkt wird, »große direkte lyrische Melodie, das stimmende und gültig dargelegte Gefühl, die Offenbarung einer eminenten poetischen Grundsubstanz«. »Wir könnten ganz zufrieden sein, wenn in jedem Jahr ein Gedicht wie Huchels *Herkunft* entstünde«? *Herkunft* enthält nicht mehr als eine allgemeine Vergänglichkeits- und Herbststimmung, wie sie mit etwas kräftigeren Zeilen, aber auch wortreicher, das ähnliche Oktoberlied umgibt. Zufrieden mit Gedichten? Sie rechtfertigen sich nur mit Außerordentlichkeit.

Das ist jedoch zurückliegendes Anfangs- und Jugendwerk. Es ist inzwischen herangewachsen. Bedeutsame Schicksale haben den Dichter getroffen, er hat sich umgetan, seinen Horizont geweitet. Er greift nach Fernen, sein Wille verlangt nach Größe: Das zeigen inzwischen veröffentlichte Gedichte. Man hat Huchel warm willkommen geheißen, ihm Ehrungen erwiesen, Preise zugesprochen, vielleicht auch aus einem schlechten Gewissen heraus, daß wir den hoffnungslosen Kampf gegen Geistesversklavung viel zu wenig mitkämpfen, aber man bekundete öffentlich, die Ehrungen geschähen aus künstlerischen Gründen.

Spitzhackig schlägt der März
Das Eis des Himmels auf.
Es stürzt das Licht aus rissigem Spalt,
Niederbrandend
Auf Telegrafendrähte und kahle Chausseen.
Am Mittag nistet es weiß im Röhricht,
Ein großer Vogel.
Spreizt er die Zehen, glänzt hell
Die Schwimmhaut aus dünnem Nebel.

Schnell wird es dunkel.
Flacher als ein Hundegaumen
Ist dann der Himmel gewölbt.
Ein Hügel raucht,
Als säßen dort noch immer
Die Jäger am nassen Winterfeuer.
Wohin sie gingen?
Die Spur des Hasen im Schnee
Erzählte es einst.

Hier wird versucht, einer allgemeinen Lyrizität deutlichere Konturen einzuzeichnen. Sind sie deutlich? Der Einbruch des Lichts ist ein großes Thema. Was wird damit gewonnen, daß es mit einem Wasservogel verglichen wird, der die Zehen spreizt? Ist er selbst Licht, wieso glänzt dann als etwas Besonderes seine Schwimmhaut aus dünnem Nebel? Das Partikuläre in hohen Ehren, aber sich den Himmel flacher als einen Hundegaumen vorzustellen, will nicht gelingen. »Die Jäger am nassen Winterfeuer« sind romantisches Requisit. Gar nichts Authentisches ist erfaßt, das Geschilderte könnte sich allerorten abspielen, und die Überschrift *Eine Landschaft vor Warschau* bleibt bare Vokabel. Das Ganze verliert sich in eine Miniatur.

Nicht viel topographischer geht es in dem Gedicht *Thrakien* zu, und noch mehr sträubt sich die Vorstellungskraft, die geforderten Vorstellungen zu vollziehen, wenn es heißt »Und mittags zerschellt die Sichel des Lichts«. Ein unvollkommener Mond kann jedermann als Sichel gelten, *das Licht* kann es nicht. Als metallen kann eine Sichel nicht zerschellen, auch wenn »zerschellen« als »mit Schall zerspringen« gelesen wird: Das Licht geht lautlos vor. Die beiden folgenden Zeilen »Das Rascheln des Sandes zerklüftet das Herz« lesen sich als unmotiviert sentimental nicht gut. Vollends aber vermischen sich die Bilder und versagen sowohl Vorstellungskraft wie Phantasie gegenüber der letzten Strophe »Ein Messer häutet den Nebel, den Widder der Berge«. Der Nebel ein Widder, vermutlich seines wolligen Felles wegen? Ist gemeint, der Berg trete kahl hervor, wenn diesem Widder das Fell abgezogen wird? Das gleicht mehr einer Zerwirrung unserer Sinne als einer Erhellung, einer verwandelnden Klärung. Zusammenhanglos schließt sich an: »Jenseits des Flusses leben die Toten.« Die banale Feststellung »Das Wort ist die Fähre« verhüllt eine Verlegenheit.

Diese beiden Gedichte fanden sich unter denen, die, von ihnen gefesselt, mir ein junger Freund schickte, zugleich mit einem Aufsatz, der seine Begeisterung zu begründen unternimmt. Seine Beweisführung scheint mir in zweifacher Weise zu irren.

Vor einiger Zeit protestierte man mit Recht gegen einen Verleger, der das Werk eines jungen Autors dadurch eingängig zu machen versuchte, daß er auf dem Umschlag von dessen schwerem Lebensgang berichtete. Ähnlich ernährte der fragliche Aufsatz das Lob der Dichtung mit dem Lob der mannhaften Haltung ihres heute sechzigjährigen Urhebers. Auf solches Verfahren deutete schon der Aufsatztitel *Lyrik als Widerstand*. Lyrik als Widerstand gegen zeitgenössische politische Verhältnisse wird von vornherein auf das eigentlich Lyrische als ein zeitloses Element verzichten müssen.

Aber auch der Versuch, die bewunderten Gedichte vom Künstlerischen her zu beurteilen, scheiterte. Der Aufsatz glaubte, ihre Leistung, ihren Fortschritt über die Vorgänger hinaus, daran zu erkennen, daß diese noch eine unversehrte Welt gekennzeichnet hätte, während bei dem neuen Manne »die tröstende Naturhieroglyphe in eine warnende Belsazarschrift umgeschlagen« und »in das Vertrauen der heilenden Kraft der Erde sich das Leid des Menschen und aller Kreatur gedrängt« habe. Lassen wir unerörtert, ob Trost und Warnung Wirkungen des Lyrischen ausmachen. Gibt es überhaupt einen Fortschritt in den Künsten, so liegt er jedenfalls nicht in einer up-to-dateness. In bedeutsamer Lyrik ist von jeher und allerorten das Leid der Kreatur beschlossen. Nur modische Torheit bemißt den Rang eines Werkes nach seinem Gehalt an Unglücksgefühl und schließt aus der Abwesenheit von Verzweiflung auf einen Mangel an Talent.

Möchte man sich über die Freude an Gedichten als an einer Lebensermutigung freuen, so könnte sie sich hier steigern, weil die genannten Verse ein Territorium anbauen, das von den jüngsten Dichtern als unfruchtbar vernachlässigt wird. Sie versteifen sich nicht in Reflexen der Selbstqual, sondern gedeihen im Anblick der Phänomene der sichtbaren Welt. Die Welt wird heute gerne um diese ihre Sichtbarkeit betrogen. Anschaulichkeit soll kein Wert mehr sein. Merkwürdig hellsichtig sah Friedrich Hebbel vor hundert Jahren den Schicksalsgang unseres Lebens wie unserer Dichtung voraus: unser Leben sei *zu innerlich* geworden und könne ohne ein Wunder nicht wieder *äußerlich* werden. Verse von der besprochenen Art widersetzen sich der Reduktion auf Begrifflichkeit, sie erstreben das Höchste, das der Dichter wie der Empfangende vom Kunstwerk erwarten kann: anschauend fühlendes Glück. Sind sie in einem hohen Maße Naturdichtung, müssen sie deren Forderung nachkommen: sie müssen *genau* sein, sie müssen die sinnliche Nähe ihres Gegenstandes *treffen,* seine Besonderheit ehren. Genauigkeit begründet ihren Anspruch auf Bedeutung, auf Ruhm. Sie ist ihre Wahrheit, ihre Tiefe. Die Erscheinung selbst ist das Pathos: es läßt sich mit einem anderen, nur an sie angesetzten, nicht vertauschen. Ihre Enge ist ihre Weite. Der für sich hin lebenden Erscheinung gehört die Aufmerksamkeit des Dichters, Gestaltung ergibt ihren Sinn, sie fühlt sich wohl in seinem Arm. Kühne Übertragung menschlicher Leidenslust mag gerechtfertigt sein, aber wenn ein Literaturforscher von Paul Celans Zeilen »Ginsterlicht, gelb, die Hänge eitern gen Himmel« behauptet, kein Linné könnte den stechenden Ginster präziser beschreiben, bezweifeln wir seine Kompetenz; blühender Ginster so gut wie Linné dürften ihm nur gerüchtweise bekannt sein (er gesteht: »Wer will, kann im Lexikon lesen, daß am Atlantik in der Tat viel gelber Ginster wächst«). In Huchels Gedicht *Thrakien* ruiniert Pathos das Gedicht. Hier fehlt jene zarte Empirie, die sich mit dem Gegenstand innigst identifiziert: Nichts an der Agave, nicht die helle, wohlriechende Blüte läßt sich, einer Umdeutung in christliches Geschehen zuliebe, als Essigschwamm auffassen. Hier wird stille Gesetzlichkeit gebrochen, hier wird weder der Sinnlichkeit des Empfangens noch der Sinngebung der Landschaft gedient. Von der Pflanze her begegnet dem Auge nichts, wozu die Einbildungskraft des Dichters auffordert. Die angestrebte Vision fällt wie dürres Blatt von der Agave ab: die lebt ungehindert sich selbst weiter zu: Pathetik und Pseudopoesie tun ihr nicht weh, sie ist nicht Requisit für ihrem

Leben Fremdes, sie bleibt heidnisch. Wendet man gegen diese Darlegung ein, hier verliere sich alles ins rein Subjektive, so ist zu erwidern, das sei in der Tat der Fall. Als Objektivität hebt sich heraus, daß die Vereinigung von Gegenstand und seiner Bedeutung – mag man nun dieser Deutung auf Kosten des Gegenstands zustimmen oder nicht – nicht *zwingt*. Es gibt eine Kompliziertheit der Wesen, die sich nicht so leicht einer Gedankenkonstruktion ergibt. Wozu Verwirrung unter Wesen und Dingen stiften, ihren Frieden zerbrechen, mit Unklarheit stören, wo es um jenes Glück des anschauend Fühlens geht?

Gerade wenn es sich um geräumige Themen wie Berg, Nebel, Wald, Meer, Himmel und Erde handelt – Erscheinungen, die schon in der baren Wirklichkeit den Betrachter poetisch bewegen, ist Genauigkeit, präziser Umriß Notwendigkeit, wird neue sinnliche Individualität und Auffassung gesucht. Kann man nur mit Hilfe der Einzelheit ein Ganzes beschwören, so muß das ausgewählte Einzelne prägnant sein. Das Gedicht *In der Bretagne* – das als Ganzes ein verstimmender Nachklang von Paul Celans Todesfuge ist – schließt: »Es leuchtet auf das alte Blut / im Feuer der Legenden.« Das könnte ein Satz aus einem folkloristischen Lehrbuch sein. An Stelle solcher Allgemeinheit wäre jene Partikularität am Platze, die, an anderer Stelle, als Vergleich des Himmels mit der Fläche eines Hundegaumens, widert. Gern werden wir fortan Mandelschalen als Scherben einer Urne betrachten, nachdem der Dichter die, uns nun frappant vorkommende, Ähnlichkeit entdeckt hat. Gleichnisse wie der Stein als Speicher der Stille, weniger gelungen die Qualle als ausgebranntes Polyphemsauge, konventionelle Genitivmetapher »eröffnet ist das Testament gestürzter Tannen, geschrieben in regengrauer Geduld« – das sind mehr Einfälle, Greguerias, als das Ganze durchwirkende Fermente. Überhaupt duckt sich in diesen Gedichten die Phantasie unter einen drängenden Willen, sie schaltet nicht selbstherrlich. Entringt sie sich seiner Umklammerung, arbeitet sie in Schüben, Stößen, wirft hier und dorthin Pigmente. Auch die Schlüsse entkeimen nicht dem Stoff, dem Thema: ein Wille beordert auch sie. »Der Hagel meißelt die Grabschrift auf die schwarze Glätte / Der Wasserlache« muß, eine zu ausführliche Miniaturmalerei, als Gedicht-Ende dienen. Eine Trauer befällt uns, schwarz darüber, daß dem Schöpferwillen kein Schöpferkönnen entspricht.

Superlative können so glücklich stilisiert sein, daß sie unwiderstehlich zu ihrem Gegenstand verlocken. Meistens aber tun sie das Gegenteil: Ihre Kategorik reizt zu Widerspruch, sie stellen das Gerühmte oder das Verworfene auf einen ihm nicht gebührenden Platz; sie verzerren es, kurz: sie schaden ihm und uns, die empfangen wollen. Nur ein besonnener Enthusiasmus nützt, nur seine Maßstäbe gelten. Es war gut, daß ich einige der neuen Gedichte Huchels kennengelernt hatte, ehe ich den Prospekt seines Verlegers las, demzufolge ein Kritiker erklärt, wir hätten es hier mit großer deutscher Lyrik zu tun, was dann der Verleger vergröbert: man müsse den Verfasser zu den ganz großen Gestalten deutscher Dichtung zählen.

Es dauert einige Zeit, bis ich Plakatblitz und Lobgeschrei aus Gesicht und Gehör gewischt hatte und wieder Herr eigenen Auges, eigenen Ohrs geworden war.

Peter Huchel dürfte nicht der Mann sein, dem Zaunkönig des Märchens zu gleichen, der, in das Brustgefieder des Adlers verklammert, als dieser schon der Sonne naht, ein Stück höher fliegt mit dem Ausruf: »König bün ick!« Er weiß, daß er auf den Schultern der Vorgänger steht, spricht er doch von sich selbst als »bewundernd die alten Meister«. Vielleicht beruht das feinste Verdienst seiner neuen Gedichte darauf, daß sie ein Verlangen nach seinen Vorgängern wecken, dringlich auf sie hinweisen, auf ihren originellen Reichtum, der nicht verwässert, verarmt und bloß nachgeahmt werden darf, sondern neu verarbeitet weitergegeben werden muß. Uns scheint es aus diesen Versen mit der Stimme Paul Valérys zu rufen: Place aux vieux!

Würden die neuen Dichter – gedächtnislos wie sie und wie wir heute sind – auf solche Weise dieser Vorgänger, der älteren, der alten, wieder inne, dann, aber erst dann, würden die Vorgänger ihrerseits sich von Th. W. Danzel sagen lassen: »Je bedeutender an sich ein Prinzip ist, das der nächsten Vergangenheit angehört, und je wirkungsreicher es sich geltend gemacht hat, um so mehr werden wir geneigt sein, seine Resultate als etwas zu betrachten, was sich ganz von selbst verstehe, was ohne alles Verdienst sei, und was eigentlich nur dazu da sei, um den Vorwurf zu hören, daß es nichts weiter sei.«

Inzwischen soll der Respekt vor seinem intensiven Schöpferwillen, vor dem Ernst seiner Mühe, der Dank für manchen gelungenen Blick Peter Huchel gewiß sein und darüber der Unmut über ungemäßes Lob verfliegen.

Wilhelm Lehmann
Brief an Hans Bender

8. 12. 63

Erfrischung des alternden Sinns verdanke ich Ihrem Brieflein, lieber Herr Bender, haben Sie Dank! Ich werde Ihnen vier neue Gedichte senden: sie machen mich also zum reichen Manne. Einen sonstigen Essay dazu werden Sie kaum haben wollen. Ich freue mich, daß Sie in Mitteilungen an junge Poeten zuweilen mich zitieren, denn es wurmt mich, daß so billige Bücher wie »Dichtung als Dasein« und »Kunst des Gedichts« so wenig gekannt und gekauft werden. Aber es gibt eben auch Leute, die herumgehen mit dem Ausruf: »Ja, wir wissen es auch zum Überdruß, wie es der L. meint!« [. . .]

Wenig bin ich erbaut von den Gedichten Huchels, die mir ein junger Enthusiast als »sehr gut« zustellte. Wenn Rezensenten doch begreifen wollten, daß sie mit Superlativen ihrem Sujet nur schaden. P. H. würde sich außerdem kaum darüber freuen, daß man das Lob seiner Dichtung mit dem Lob seiner ehrlichen menschlich-politischen Haltung erwähnt? Es gibt nun einmal *das Dichterische* (über das man im Grund kaum verschiedener Meinung sein kann). Abgesehen davon, daß H. dem Leser, mir jedenfalls, unvorstellbare Vorstellungen über eine allgemeine Lyrizität hinaus zumutet, (»und mittags zerschellt die Sichel des Lichts« – wieso ist das Licht eine Sichel? und wenn auch zerschellen mit Schall zerspringen heißt, kanns doch nur von Irdenem, von Töpfen, gesagt sein und nicht von Metall; Nebel als Widder der Berge: das frappiert nur beim ersten Lesen, dann zerfällt's als unzutreffend), finde ich keine Authentik aus erster Hand. Ein Pferdestall riecht nach Ammoniak, oder er ist keiner. »Thrakien«, »Bretagne«, »Warschau«, das scheinen mir alles bloß Vokabeln zu bleiben, und ein Ort mit dem anderen vertauschbar (das Bretagnegedicht außerdem nur bloßer Nachhall von Celans *Todesfuge*). Ach! diese allgemeine Lyrizität – ist's wirklich ein Fortschritt, wenn man das Naturgedicht pathetisch erweitert mit Stalingrad und dem Schweigen der Toten? Ich glaube, es ist vielmehr seine Schwächung. Will man das Naturgedicht auch nicht mehr gelten lassen – auf jeden Fall bleibt Genauigkeit sein Ruhm. Was tu ich mit dem bißchen Sinn für

Landschaft und Natur, wenn der Blick nicht wie man möchte erneut beides erzeugt, frisch wie am ersten Tag?

So bin ich kühn genug zu behaupten, daß das wirkliche Verdienst P. H.s darin besteht, daß in seinen Gedichten jede Zeile ober- oder unterhalb seiner eigenen Stimme – unhörbar-hörbar flüstert: Place aux vieux! Er gibt den Reichtum des früher und wahrhaftig aus erster Hand genommenen, erworbenen, lang noch nicht ausgekosteten Reichtums doch nur verdünnt und verarmt weiter: ich bin es jedenfalls satt zu lesen »Das Rascheln des Sandes zerklüftet mein Herz«, und »die Jäger am nassen Winterfeuer« sind bequemes romantisches Requisit.

Wie gern möchte man ein Erwachen der Freude am wirklichen Gedicht als wohltätiges Zeichen der Zeit deuten, wenn solch jäher Enthusiasmus doch nicht gleich zu einer Art verzweifelter Idolisierungssucht verdürbe. Was nutzt Lob und Tadel einem Werk? Sie sind im Werk selbst enthalten, und keine Aussage kann Geruch, Dasein des Gedichteten, Authentik mehren oder mindern. Wie viel Täuschung besteht heute doch über derlei Grundtatsachen – wie gern lügt man sie aus der Welt, die niemals wegzulügenden.

»Agaven heben die Lanzen« (das ist Loerke nachgesprochen) und wenn es weiter heißt »drücken den Essigschwamm an den dürstenden Mund des Himmels« – was in aller Welt soll an einer Agave Essigschwamm sein? Könnte eine Agave nicht vielmehr Freude des ›dürstenden‹ Himmels sein, als sein Geschöpf in der Zusammenarbeit mit der Erde? das Zyklopenauge vollends: wie gesucht, wie überanstrengt!

Noch möchte ich Ihnen melden, mit welcher Betrübnis mich der Tod O. F. Regners angetan hat. Wie bleibt mir unvergessen, daß ich in Ihnen und in ihm in Trier so wahrhaft freundlichen Gesichtern begegnet bin. Ihm also zum ersten und zum letzten Mal. Wir sprachen von einem Gedicht G. Kellers, in dem er, mir nicht ganz klar, Reflexion entdeckte: ich hätte gern weiteres von ihm darüber erfahren: nun bleibt er stumm.

Ja, und das zweite Mal, als Sie und Peter Härtling und ich einander in Köln trafen. Das vergißt sich nicht so leicht! Damals ging es Ihnen nicht gut, und P. Härtling mochte gar nicht gern in Köln sein.

Herzlich grüßt Sie

Ihr Wilhelm Lehmann

Jost Nolte

Lyrische Fälle

Lehmann contra Huchel

Das böse Wort *Chlorophyllgedicht* hat ernsthafte Aspekte. Es reduziert Baum, Strauch und Gras auf die Merkmale äußerster Sachlichkeit. Es verfolgt den Naturprozeß bis in jene Regionen, die nach tausendstel Millimetern messen, und es fordert vom Lyriker letzten Wahrheitssinn: Er soll, so wäre der Spott auszulegen, die Natur, die er in Sprache verwandelt, so genau beschreiben, daß er vor den Wissenschaften, speziell vor der organischen Chemie, bestehen kann: Chlorophyllkörner sind lebende, bei höheren Pflanzen abgeflachte, ei- oder linsenförmige Gebilde mit einem Durchmesser von fünf bis acht Mikronen – präzise Auskunft, der Poet muß sie überbieten, oder er soll schweigen.

Die andere, landläufige Vorstellung von Naturlyrik hat Gottfried Benn 1951 in einem Vortrag[1] karikiert: Da ist, sagte er, eine Heidelandschaft oder ein Sonnenuntergang, und da steht ein junger Mann oder ein Fräulein, und nun entsteht ein Gedicht. Benn bestritt diese Szene energisch. Gedichte, so erklärte er, entstehen sehr selten. Sie werden gemacht. Ein Gedicht ist Gereimtes, von dem das Stimmungsmäßige abgezogen werden muß.

Und Benn ging ins Einzelne. Er nannte das Andichten von Gegenständen und dichtendem Ich eine veraltete Methode. Vergleiche klassifizierte er als Einbrüche des Erzählerischen und Feuilletonistischen in die Lyrik. Farben verwarf er als Wortklischees, die in den Laden des Optikers oder in die Praxis des Augenarztes gehören, und seraphischer Ton war für ihn eine billige Spekulation auf die Sentimentalität und Weichheit des Lesers. Auf diese Praktiken habe der Dichter zu verzichten. Statt dessen solle er Bewußtsein in Worte transzendieren, die einerseits Geist sind und andererseits »das Wesenhafte und Zweideutige der Dinge der Natur« haben. Dazu befähige ihn ein Organ, das den Flimmerhaaren von Organismen des unteren zoologischen Systems ähnelt: ein animales Sinneswerkzeug vor der Differenzierung in gesonderte sensuelle Energien. Beim Lyriker taste es sich an Worte heran, und die Worte rinnen zu einer Chiffre zusammen, zu einer stilistischen Figur. Das Gedicht, das so entstehe, sei Schauplatz von Seinskämpfen, hinter ihm stehen die Probleme der Zeit, der Kunst, der menschlichen Existenz.

Anderseits, auch das sagte Benn, hat der Lyriker den Befehl seiner *Moira* auszuführen, und ihre Anweisung lautet: Suche deine Worte, zeichne deine Morphologie, drücke dich aus. Folglich kann der Dichter nicht genug wissen und nicht genug arbeiten. Er muß sich orientieren, wo die Welt heute hält. Er muß wissen, welche Stunde über der Erde steht.

Ergeben sich aus diesem Selbstzeugnis Merksätze? Wissen wir nun genauer, wann der Dichter seiner Freiheit »am Bande der Notwendigkeit« gefolgt ist, wann er sein Gedicht zu Ende gedichtet hat, ob ein Gedicht also nicht anders lauten kann, als es lautet? Woran erkennen wir jene sechs oder acht *vollendeten Gedichte,* auf die es ein Lyriker nach Benns Erfahrung bestenfalls bringt, während die übrigen für die Entwicklung des Autors interessant sein mögen, aber zum großen Vorrat des Mittelmäßigen und damit des Unerlaubten in der Lyrik zählen? Benn zielt aufs Allgemeine und beruft sich auf die eigene Erfahrung. Beides ist schwer zu verifizieren. Dennoch legt er eine allgemeine Formel nahe: Das Gedicht wird zur Fixierung eines Augenblicks durch Worte. Es ist ein Monolog, der mit der Musikalität und mit der Bildhaftigkeit der Sprache ein Optimum an dinglicher, also unbewußter Natur in Bewußtsein umsetzt.

Damit müssen wir es, wollen wir allgemein bleiben, genug sein lassen. Bestenfalls können wir noch die Anmerkung riskieren, das Wort *Natur* in dieser Lyrik-Formel sei austauschbar, es sei ersetzbar durch jedes andere Thema. Der Rest aber ist Interpretation des einzelnen, bei der gewiß die *psychische Materie* dessen, der das Gedicht aufnimmt, nicht minder wichtig ist als der *dumpfe schöpferische Keim,* der die Sprache des Lyrikers in Gang setzt.

Ein einzelnes Gedicht also. Die erste von sechs vierzeiligen Strophen lautet:

Unter den grünen Soffitten
Ich wanderte grünen Tag.
Wen soll zu danken ich bitten?
Ob einer ihn dichten mag?

Es handelt sich um die Verse *Gedichteter Tag* von Wilhelm Lehmann[2], und es geht um die Herstellung eines Gedichts. Was widerfährt dabei der Natur? Da wird ein Stück Landschaft, offenbar ein Wald, in Theaterkulisse verwandelt, denn Soffitten gehören zur

Ausstattung einer Bühne. Die Dekorationsstücke haben nur eine Eigenschaft: Sie sind grün. Grün ist in der zweiten Zeile dann auch gleich der ganze Tag, von dem der Dichter redet, den er, als sei der Tag ein Weg, »wandert«. Die dritte Zeile aber weicht dem Gefühl aus, das soviel Grünem entspringt: der Dankbarkeit. Der Poet will einen anderen bitten, sein Geschäft zu übernehmen und den Tag, als gäbe es ihn nicht schon, zu dichten.

In der zweiten Strophe aber beschleichen Lehmann Zweifel. Er nimmt sich selbst ins Verhör. Er fragt: »Laub und Lüfte zu fühlen / Brauchst du dazu ein Gedicht?« Und er antwortet mit der dritten Strophe: »Laub und Wasser und Lüfte« wären ihm erst geschenkt, wenn er »ihr Schweigen sagen« könnte. Doch die vierte Strophe lautet:

> Woher wolltest du wissen,
> Ob dir das Hohe gelang?
> Deine Freude wohl singst du.
> Doch freute sie dein Gesang?

»Das Hohe« ist ein denkbar hohler Begriff. Es klingt nur dadurch ein wenig bescheidener, daß Lehmann den munteren Wanderschritt mit dem Rhythmus nachbildet, dann aber verführt ihn seine hochgemute Stimmung zu unfreiwilligem Unsinn. Er »singt seine Freude« – nun gut, doch wen soll sein Gesang freuen, wer ist mit dem »sie« der letzten Zeile gemeint, die Freude selbst oder irgendwelches Volk, das vermutlich auch unterwegs ist?

Wilhelm Lehmann ist nicht der erste beste Lobsänger der Natur, als Nestor der deutschen Naturlyrik wurde er zwei Generationen deutscher Versemacher zum Vorbild. Ein hochrenommierter Mann also legte im *Gedichteten Tag* sein Bekenntnis ab, und folglich mußte es sich um mehr als eine momentane Stimmung handeln, die besser nicht mehr diskutiert würde.

Tatsächlich klang zunächst sehr ähnlich, was Lehmann in einem Zeitungsaufsatz[3] über Wesen und Aufgabe der Naturlyrik sagte. Dort sprach er von der modischen Torheit, den Rang eines Werkes nach seinem Gehalt an Unglücksgefühlen zu messen. Er beschwor die Freude an Gedichten »als an einer Lebensermutigung«, er hoffte auf das Gedeihen im Anblick der Phänomene einer sichtbaren Welt. Er bekannte: »Verse von der besprochenen Art widersetzen sich der Reduktion auf Begrifflichkeit, sie erstreben das Höchste, das der Dichter wie der Empfangende vom Kunstwerk erwarten kann: anschauend fühlendes Glück.« Dann aber verlangte Lehmann unverhofft, Naturdichtung »in einem hohen Sinn« müsse genau sein, sie müsse die sinnliche Nähe ihres Gegenstandes treffen, seine Besonderheit ehren. Genauigkeit begründe ihren Anspruch auf Bedeutung, auf Ruhm.

In Lehmanns gereimtem Bekenntnis *Gedichteter Tag* ist nichts genau. In diesen Versen geht der Poet jeder Besonderheit aus dem Wege. Er verläßt sich auf die Wirkung der grünen Farbe und auf den forschen Klang der Zeilen. Er klotzt mit großen Worten wie Leben, Schweigen, Freude und Gesang, und wenn ihm doch einmal Gegenständlichkeit unterläuft, so geschieht es um des Stabreims willen, denn anders ist die Kopulation von Laub und Lüften kaum zu begründen. Außerdem: *Gedichteter Tag* ist keine Ausnahme. Lehmanns Glücksgefühl widersetzte sich auch in anderen Versen allzu offensichtlich dem Wort. Er versuchte, Banalitäten mit kokettem Reimgeklingel zu übertönen – oder was war damit gesagt, daß eine Schmetterlingspuppe »wie in einer Wiege« zwischen Baum und Baum hing und ein Ulmenblatt sie »wie ein Traum« zudeckte? Lehmann fand diese Beobachtung offenbar ungemein ermutigend und fügte ihr die Zeilen an:

Lebte ich schon lange,
Von dem Erdengange
bin ich noch nicht satt.

Dem heimlichen Gegenpapst der Moderne ging das Glücksgefühl nie aus. Er ritzte in Cerveteri eine Orange mit dem Fingernagel, und auf »entquillt« reimt sich »schwillt«, weil ihn der Duft der Südfrucht »an vergangenen Tag« trug. In einem Gedicht auf die unglückliche Prokne, die Frau des thrakischen Königs Tereus, die in eine Schwalbe verwandelt wurde, heißt es gar: »Im gekrümmten, braunen Ziegel / siedet Sommer wie in Tiegel«, und der verblüffte Leser weiß nicht, was er mehr bewundern soll, den originellen Sinn für die Farbe braun, den schnellen Reim von Ziegel auf Tiegel oder die Großmut, mit der Lehmann in der zweiten Zeile auf den Artikel verzichtet. Auf jeden Fall ist das Tempo bewundernswert, mit dem Lehmann dem Unglück der Prokne doch noch Trost abgewinnt:

Steht der Sommertag bei mir,
Folgsam meiner Träumerei,
Noch von Tereus nicht betrogen,
Noch der Schwester vorgezogen,

Setzt sich Prokne mir aufs Knie,
ehe wieder Schwalbe sie.

Schwalbentrost auf Dichters Knie, und der Sommertag ist in Ordnung. Sein Mitgefühl aber reservierte Lehmann nur für Gleichgesinnte. Wer die Natur anders sah, mußte sich schweren Tadel gefallen lassen. In jenem Aufsatz jedenfalls griff Lehmann Peter Huchel an, dem man in Ostberlin eben die Zeitschrift ›Sinn und Form‹ abgenommen hatte und der eine Antwort nach Westen kaum geben konnte. Lehmann warf Huchel vor, er breche die »stille Gesetzlichkeit« der Naturlyrik, er diene weder der »Sinnlichkeit des Empfangens« noch der »Sinngebung der Landschaft«. Lehmann befand, in Huchels Versen ducke sich die Phantasie unter einen drängenden Willen, sie schalte nicht selbstherrlich, und dem Schöpferwillen entspreche kein Schöpferkönnen.

Trafen Huchel diese Vorwürfe? Schon im ersten Gedicht des Bandes *Sternenreuse*[4], in dem Huchel-Verse aus den Jahren 1925 bis 1947 zusammengestellt sind, tritt Huchel den Beweis an, daß er ein Mann der Gegenständlichkeit, des lyrischen Details ist. Er beschreibt seine »Kindheit in Alt-Langerwisch« und zitiert Holunderrauch, Jagd auf Hummeln, Wolken, die wie jappende Doggen laufen, Dengeln und Wetzsteingetön. Daß von Verlorenem die Rede ist, verrät das Gedicht nicht. Andere Verse klingen wehmütiger, aber auch dort ist die Erinnerung eine Art von Trost. Die Menschen seiner Jugend stehen dem Dichter zur Seite. Ihre selbstverständliche Art, mit dem Leben fertig zu werden, bleibt sein Vorbild. Er hat sich die Fähigkeit bewahrt, die menschlichen Züge der Natur zu erkennen. Er weiß noch, wie leicht ihm in seiner Jugend die Selbstbehauptung fiel:

Mein war die katzenäugige Nacht,
die Grille, die unter der Schwelle schrie.
Mein war im Ginster die heilige Schlange
mit ihren Schläfen aus milchigem Mond.

Der Bericht über das Damals schließt die Bilanz des Nicht-mehr ein. Doch Huchel klagt nicht. Er geht der Sentimentalität aus dem Weg. Zuweilen allerdings geraten ihm die Bilder allzu innig, und der Reim verniedlicht den Vers. Dann heißt es:

Auf Sumpfes Rücken, schildkrötenalt,
stand vor uns der feuchte Erlenwald,

wo immer am Morgen die Sonne lag
im dichten weißen Nebel verpuppt.
Über den Wassern, grüngolden beschuppt,
schlüpfte sie langsam erst mittags aus
und flog als große Himmelslibelle
mit gläsernen Flügeln aus Herbsteshelle
blitzend um uns durchs Blättergebraus.

Huchel arbeitet gelegentlich mit angestrengten Bildern. Er verfährt auch mit den verpönten Genitivmetaphern einigermaßen sorglos. Das aber sind Kunstfehler eines Mannes, der gelernt hat, daß mit Enthusiasmus nach Altväter-Art nichts mehr auszurichten ist, und seine Genauigkeit steht außer Frage. Mit ihr beweist er die Treue, die er den Erfahrungen seiner Jugend gehalten hat. Gedichte wie *Wendische Heide* und *Krähenwinter, Caputher Heuweg* und *Oktoberlicht* zeigen, welcher Landschaft er verschworen ist: der Mark zwischen Fläming und Havel. Dabei bescheidet sich Huchel mit dem Naheliegenden. Er ist kein Weltenrichter. Er schildert, was er vor Augen hat. Seltener zitiert er, was er hört und schmeckt, und auch wenn von Gerüchen die Rede ist, greift er zur Farbe:

Durchsüßt ist jedes Sterben von der Luft,
vom roten Rauch der Gladiolen.

Romantisiert Huchel seine Landschaft? Der Verdacht bestätigt sich nicht. Der Dichter hält sich an die sichtbare Wirklichkeit. Wohl aber nimmt er für seine Gegend Partei. Wenn er den *Herbst der Bettler* beschreibt, sorgen die Requisiten für vertraute Stimmung: sprödes Holz am Brombeerstrauch, verfaulte Nüsse, rauhreifübereistes Gras. Zwar ist vom kalten Biß des Nebels die Rede, und »der Wind, der durch die Dornen fährt, / klirrt wie ein Messer hart«. Das aber sind friedliche Naturumstände im Vergleich zu den »Rattennächten«, denen in dem Gedicht *Cimetière* die Armen unter den Brücken von Paris ausgeliefert sind. Denn dort beschreibt Huchel den Untergang dieser Welt. Er stellt sich der Politik. Schon 1933 erkennt der Dichter die *Späte Zeit.* Der Herbst, heißt es in diesen Strophen, »schoß seine Schüsse ab, / Schüsse übers Grab«. Trotzdem trennt sich Huchel schwer von seiner Hoffnung. Noch 1938 sagt er:

Doch nicht erstickt der Nacht Gewalt
der Seele stilles Licht.
Weht auch der Hauch der Asche kalt,
die Finsternis zerbricht.

Die Finsternis, wir wissen es, zerbrach nicht. Die Niederlage ließ nicht auf sich warten. Huchel mahnte in *Deutschland 1933*, den Geist nicht mehr in Ketten zu schmieden; er setzte in *Deutschland 1939* angesichts »der heulenden Rotte« verzweifelt auf göttliche Versöhnung. Dann sah er des Krieges Ruhm, »als wär's des Todes Säbelkorb«, und hinter klagendem Draht und entwurzelten Weiden roch es verwest und brandig: Die Schönheit, die Gerechtigkeit der Welt, die der Poet liebte, war vertan.

Das letzte Gedicht des Bandes *Sternenreuse* schildert die *Heimkehr*. Wäßriger Dunst liegt über Wiesen und Gräben. Fauliger Halm steht auf dem Feld. Nessel, Schierling und Melde wuchern. Dann tritt eine Frau aus dem Wald, treibt das Vieh zusammen und schlägt den Rost vom Pflug. Diese Szene gibt Huchel Mut, sie verführt ihn sogar zum Pathos: Die Frau wird für ihn zur »Mutter der Frühe«, zur »Mutter der Völker«. Sie zeigt den Beginn neuen Lebens an.

Diese Verse schmeckten nach tönendem Aufbauwillen, sie propagierten den neuen Staat. Huchel war bereit, das Seine für eine bessere Zukunft zu tun, aber sein Versband *Chausseen Chausseen*[5] beweist, daß er der Versuchung, große Worte zu machen, nicht erlegen ist. Dort nannte er die Freiheit seinen Stern, dessen Licht unterwegs sei, und er klagte an anderer Stelle:

> Gefangen bist du, Traum.
> Dein Knöchel brennt
> zerschlagen im Tellereisen.

Abermals machte Huchel seinen Vers zum Schauplatz der Zeit. Er stellt die Einheit von Geist und Zeit her, indem er auf die Geschichte antwortete. Die deutlichste Antwort gab er in seinem Gedicht *Der Garten des Theophrast:*

> Wenn mittags das weiße Feuer
> Der Verse über den Urnen tanzt,
> Gedenke, mein Sohn. Gedenke derer,
> Die einst Gespräche wie Bäume gepflanzt.
> Tot ist der Garten, mein Atem geht schwerer,
> Bewahre die Stunde, hier ging Theophrast,
> Mit Eichenlohe zu düngen den Boden,
> die wunde Rinde zu binden mit Bast.
> Ein Ölbaum spaltet das mürbe Gemäuer.
> Und ist noch Stimme im heißen Staub.

Sie gaben Befehl, die Wurzel zu roden.
Es sinkt dein Licht, schutzloses Laub.

Hatte Wilhelm Lehmann Verse wie die über den *Garten des Theophrast* im Sinn oder hatte er sie übersehen, als er Huchel schalt, er breche die »stille Gesetzlichkeit« der Naturlyrik und ducke die Phantasie unter einen drängenden Willen? Bei Huchel sind der Mittag und das weiße Feuer der Verse aus einem Stoff. Mit der Zeile »Tot ist der Garten, mein Atem geht schwerer« sagt er ohne jede Eitelkeit und ohne alles Pathos, wo sein Platz ist. Mit einer konkreten Szene – der attische Gärtner, Eichenlohe, Bast und Rinde – meldet er seine Trauer an. Er gibt ihr leicht nach in dem Bild vom Ölbaum. Aber der harte Satz »Sie gaben Befehl, die Wurzel zu roden«, trägt das Gefühl, er trägt auch den Anspruch, mit dem die Stimme im Staub und die gerodete Wurzel einander gleichgesetzt werden.

Mit diesem Gedicht setzte Huchel nicht nur seinen Widersacher Wilhelm Lehmann ins Unrecht, er wies auch jene Ostberliner Parteikritiker in ihre Schranken, denen er dann vorhielt: »Sie versuchen gleichsam, mit einem Büchsenöffner den metallenen Glanz eines Septembergedichts aufzureißen, um den aktuellen Inhalt zu finden. Genausogut könnte man versuchen, mit einer Sense den Abendhimmel aufzureißen.« Peter Huchel behauptete sich mit dem Recht auf Sprache, mit dem Recht des Mannes, der ein Gedicht zu Ende gedichtet hat, ohne auf seinen »Schöpferwillen« zu pochen, mit dem Recht des Poeten, dessen Verse unanfechtbar sind, weil sie nicht anders lauten können, als sie lauten.

Anmerkungen

1 Gottfried Benn, *Probleme der Lyrik,* in: *Gesammelte Werke*, Bd. 1, Wiesbaden 1959.
2 Wilhelm Lehmann, *Sichtbare Zeit,* Gütersloh 1967.
3 In: Deutsche Zeitung, 8. 2. 1964.
4 Peter Huchel, *Die Sternenreuse. Gedichte 1925–1947,* München 1967.
5 Peter Huchel, *Chausseen Chausseen,* Frankfurt/M. 1963.

Günter Ernst Bauer-Rabé

Die göttliche Hochzeit

Bemerkungen zum matriarchalen Kosmos in der Lyrik Wilhelm Lehmanns und Peter Huchels

Die feuilletonistische Literaturkritik ebenso wie das Gros germanistisch geschulter Interpreten pflegt in Fällen von mangelnder Up-to-dateness, wenn man so will mangelnder Allgemeinverständlichkeit eines Autors mit Schlagwörtern wie ›hermetisch‹, ›kryptisch‹, gelegentlich sogar ›naturlyrisch‹ schnell bei der Hand zu sein.[1] War auch das letztgenannte Epitheton hierzulande nach 1945 gewissermaßen auf Zeit opportun – galt es doch als die Signatur einer edlen Haltung inneren Abstandes und tapferer Dissidenz während der düsteren Epoche des Hakenkreuzes – so rückte es sehr bald wieder zum Synonym für fast schon Faschistoides auf.[2] Wollte man unter derartigen Verhältnissen für die adäquate Deutung solchermaßen tabuierter Autoren und Werke dennoch eintreten, blieb oft kein anderer Weg, als ihre Aussage durch den Terminus ›Privatmythologie‹ zu retten. Doch auch so war die Gefahr nicht zu bannen, daß man sie nunmehr in ihrer Zeitgenossenschaft ähnlich vereinzelte, wie es jener politisch und gesellschaftlich argumentierende Verdrängungsprozeß bereits vollzogen hatte.

Um Autoren wie Huchel und Lehmann, deren Affinität bei aller zeit- und geistesgeschichtlichen Differenz unter einem in beiden Werken dominierenden Aspekt hier nachgegangen werden soll, gelöst von allen Tabus des politischen Tageskampfes zu betrachten, scheint vor allem eins notwendig und angemessen: Genauigkeit, jene »Exactheit« Goethes, die freilich mehr mit sinnlicher Empirie als mit politischer Wetterfühligkeit zu tun hat. So wie für Lehmann und Huchel als Äquilibristen von Wort und Ding[3] eine über lange Zeiträume entwickelte und geeichte Präzision von Bezügen das Ziel ihrer Lyrik darstellte, so erfordert das Werk beider eine Genauigkeit des Lesens und Wiederlesens, die freilich im Zeitalter der schnellen Reflexe ihren Kurswert längst eingebüßt hat.

Die Gedichte beider sind aber nicht deswegen *Lyrik des Widerstandes,* weil sie gegen dieses oder jenes politische Zwangssystem mehr oder weniger geschickt verschlüsselt Stellung bezogen, sie wurden vielmehr erst dadurch *Lyrik*, daß sie einem Jahrhundert des gespaltenen Bewußtseins die Ganzheit der Anschauung entgegensetzten. Allein schon die Gewaltfreiheit dieses Widerstandes macht angesichts des Overkills heutiger Waffenpotentiale den besonderen Heroismus dieser Lyrik aus, die sich in Abwandlung eines Titels von Anna Seghers als die ›Macht der Ohnmächtigen‹ definieren läßt.

Unter dem Titel ›Drei Dichtergenerationen – Lehmann, Huchel, Grass‹ hat der renommierte Sorbonne-Germanist Claude David[4] Lehmanns letzten Gedichtband *Sichtbare Zeit* (Gütersloh 1967) und Huchels *Die Sternenreuse* (München 1967) einmal zufällig nebeneinandergestellt. Dabei ergab sich ihm folgendes Bild: Es handele sich bei diesen drei Autoren um Namen »que rien, sinon le hasard, ne devait rapprocher«. Womit jede Brücke von Lehmann zu Huchel, um nur diese beiden herauszugreifen, bereits im Ansatz abgebrochen schien. In seinen anschließenden Kurzcharakteristiken kommt David dann zu außerordentlich überraschenden Ergebnissen:

Wilhelm Lehmann ist einer jener schlecht einzuordnenden Einzelgänger, jener in Deutschland zahlreichen ›Sonderlinge‹, die der Zeitgeschmack ignoriert und die Literaturgeschichtsschreibung erst nach und nach oder durch Zufall ausgräbt. Peter Huchel trat aus dem Halbdunkel erst während jener wenigen Jahre hervor, in denen er in Ostdeutschland offizielle Ämter innehatte.

Für Huchel war damit der Zeitraum ab 1945 gemeint, da er, aus russischer Kriegsgefangenschaft heimgekehrt, die künstlerische Leitung des DDR-Rundfunks übernahm, bis zu seiner zwangsweisen Absetzung als Herausgeber der über die Grenzen der DDR hinaus beachteten Zeitschrift ›Sinn und Form‹ im Jahre 1962.

Der Rezensent hatte mit der *Sternenreuse* jenen Gedichtband vor sich, in dem Huchel seine lyrische Entwicklung zwischen 1925 und 1947 rückblickend dokumentierte. Da David mit einer Monographie zum deutschen Realismus Autor des Sigbert Mohn-Verlages in Gütersloh war, in dem Lehmanns dreibändige Werkausgabe von 1962 erschien, hätte er ohne weiteres feststellen können, daß Lehmanns erster Gedichtband *Antwort des Schweigens* 1935 im Widerstandsverlag von Ernst Niekisch und Alexander Mitscherlich erschienen war, Lehmann folglich als Lyriker keineswegs früher als Huchel zu publizieren begonnen hatte. Möglicherweise hätte er auch wissen können, daß Lehmann wie Huchel vor 1933 Autoren der von Willy Haas herausgegebenen ›Literarischen Welt‹ gewesen und nach Anbruch des Nazi-Regimes und der Vertreibung von Haas zu den Autoren der Zeitschrift ›Das Innere Reich‹ gehört hatten, bis diese gegen Ende der 30er Jahre von den Machthabern vollkommen gleichgeschaltet wurde.

In der Tat läßt sich zeigen, daß Lehmanns reife Lyrik erst seit dem Sommer 1928, den er in Dörphof in Schwansen verbrachte, zum Durchbruch kam.[5] Dennoch sah David zwischen Lehmann und Huchel keinerlei Verbindungen:

Mehr als zwanzig Jahre trennen Peter Huchel von Wilhelm Lehmann. Der Übergang vom einen zum anderen ist der vom Subtilen und Scharfen zu ländlicher Breite, von Preziosität zu volkstümlichem Grün und einer beinahe folkloristischen Bildlichkeit.

In den frühen Gedichten Huchels, von denen David sich wünscht: »On aurait préféré des œuvres plus récentes«, erkennt er mit Recht expressionistische Spuren. »Aber im Gegensatz dazu«, fährt er fort,

besteht das Wesentliche in der Rückkehr zu einer Art von Realismus mit einer Überfülle von Bildern, die aus dem Gegenständlichen und Alltäglichen entliehen sind, eine Sprache, die gewürzt ist mit volkstümlichen Ausdrücken. Ein Gedicht wie das über eine Magd ist voll von Einzelheiten, einerseits sehr privaten Charakters, andererseits beeinflußt von dem landschaftlichen Heidentum der 20er Jahre. Es bleibt wenig Raum für das Gefühl und die ›Innerlichkeit‹. Der Vers singt kaum und verschmäht auch expressiven Mißklang nicht.

Das Urteil des Rezensenten über Lehmann fällt kaum günstiger aus:

[. . .] er schreibt, als hätte es den Expressionismus nicht gegeben, als hätte Rilke nicht gelebt. Blumenstilleben, [. . .] eine strenge Form, ein Werk, vollständig dem grünen Gott geweiht, dem alten Natur-Gott, kein Platz für Angst, kaum einer für Liebe. Die Dichtung eines Einsamen, zarte Monologe über die Flüchtigkeit der Zeit, voller Melancholie, aber von einer Heiterkeit um jeden Preis. Keine Lyrik von heute ist unzeitgemäßer, unaktueller als diese. Wilhelm Lehmann ähnelt einem alten kurzsichtigen Insektenforscher. Er ist ein verspäteter Romantiker wie diejenigen, die er in seinem hübschen Essayband *Bewegliche Ordnung* feiert.

Mit vor Empörung bebender Hand reichte mir Lehmann dieses Zeitungsblatt. Fassungslos und wehrlos sah er sich ein Jahr vor seinem Tode in der europäischen Öffentlichkeit mit einer derart abenteuerlichen Kritik seiner Dichtung gebrandmarkt und abgetan. Mutatis mutandis war das die Litanei aller jener alten Klischees, mit denen schon Hermann Pongs im Geiste des Dritten Reiches Lehmann anläßlich der *Antwort des Schweigens* (1935) verunglimpft hatte. Dort war er »ein müder Nebengänger Brittings« gewesen, unvölkisch also, hier ein Mann von vorgestern. Was Wunder, daß er Kritikern, zumal professoralen, mit einer gewissen Reserve gegenüberstand. Dem Sorbonne-Germanisten durfte bekannt sein, daß sein Urteil einem gelernten Romanisten galt, der ein Leben über französischer Literatur und Dichtung zugebracht und über eine Reihe verehrter Franzosen Essays veröffentlicht hatte. War schließlich um 1967 bereits nach Paris gedrungen, daß Huchel in den 20er Jahren von einem »paganisme paysan« beeinflußt war, so wäre es immerhin denkbar gewesen, auch die Bedeutung des Mythos für Lehmanns Lyrik zu bemerken, wozu damals bereits eine italienische, eine deutsche und eine amerikanische Dissertation vorlagen.

Dieser ausführliche Blick auf die Lehmann- und Huchel-Kritik der endsechziger Jahre schien uns notwendig, um noch einmal in aller Deutlichkeit zu zeigen, auf welchem Niveau die Rezeption beider Autoren sich noch vor kaum zwei Dezennien unwidersprochen bewegen konnte.

Wenn die einzige öffentliche Berührung Lehmanns mit Huchel kritischer Natur zu sein schien[6], so ergibt sich auch hier bei aufmerksamer Lektüre, daß Huchel von Lehmann 1964 weniger getadelt, als vielmehr gegen diejenigen unter seinen Lobrednern in Schutz genommen wurde, die ihr Nichtverständnis, dessen Ausmaß wir bei Claude David beobachten konnten, aus politischer Opportunität mit maßlosem Beifall zu kaschieren suchten. Auf dem Wege einer solchen Kritik rief Lehmann gerade zu einer Huchel-Exegese auf, die gerechter verfahren sollte, als alle Huchel-Apologetik zugestehen wollte: werktreu statt linientreu.[7] Was Theodore Ziolkowski in seinem Buch *Der Hunger nach dem Mythos – zur seelischen Gastronomie der Deutschen in den Zwanziger Jahren*[8] nachwies, nämlich eine intensive Wiederbelebung des Mythischen nach dem Ersten Weltkrieg, die ähnlich, wenn auch abgeschwächter nach dem Zweiten erneut zu beobachten war, läßt sich aufgrund meiner Untersuchungen der unveröffentlichten Tagebücher und Gedichte Lehmanns bei diesem schon um die Jahrhundertwende im Zuge der Neuromantik feststellen.

Lehmann (geb. 1882) und Huchel (geb. 1903) trennt altersmäßig kaum eine Generation. Dennoch war es dem Älteren, der um 1900 die Universität Tübingen bezog, im Rahmen seines Studiums des Altfranzösischen, des Provençalischen, des Mittelhochdeutschen, des Altenglischen und vor allem des Altirischen möglich, jene Einflüsse aufzunehmen, die bei ihm schon vor dem Ersten Weltkrieg zur Entdeckung des magisch-mutterrechtlichen Kulturzusammenhanges führten, der erst in den 20er Jahren – gegen Ende des expressionistischen Jahrzehnts – und hier vor allem durch die Arbeiten der Schule C. G. Jungs das Bewußtsein einer breiteren Öffentlichkeit erreichte. Für diesen Epochenwandel war es übrigens sehr bezeichnend, daß die frühe Prosa Lehmanns, die vor, in und nach dem Ersten Weltkrieg entstand und bereits das Konzept des matriarchalen Kosmos mit erzählerischen Mitteln entworfen hatte, gerade in den 20er Jahren nicht mehr rezipiert wurde.

Mit Görres, Schelling, Franz von Baader und dem diesen nahestehenden Naturphilosophen Oken hatte Lehmann sich schon vor der Jahrhundertwende beschäftigt, bevor er Ende 1901 Moritz Heimann begegnete, dem damaligen Cheflektor des S. Fischer-Verlages und Mittelpunkt einer Gruppe von Autoren, zu denen neben Gerhart Hauptmann und Richard Dehmel so betont naturbezogene wie Emil Strauß und der frühe Hermann Stehr gehörten.

An die Strömung des europäischen Pessimismus, der durch Namen wie Leopardi, Schopenhauer, Nikolaus Lenau, Nietzsche, Eduard von Hartmann, Philipp Mainländer und andere gekennzeichnet ist, knüpfte Lehmann schon als Student in vielfältiger Weise an.[9] Ebenso setzte er sich mit Wilhelm Wundts Völker- und Sprachpsychologie im Anschluß an seine Dissertation und in bisher ungedruckten Aufsätzen auseinander.[10] Schon 1911 hatte Lehmann das berühmte Gedicht *Dirge in the Woods* des Iren George Meredith übersetzt, das den vegetativen Zyklus archetypisch faßt.[11] In seiner späten Lyrik hat Lehmann verschiedentlich an dieses Meredith-Gedicht angeknüpft.[12]

Die frühe Lyrik Lehmanns wurde im expressionistischen Jahrzehnt fast ganz durch seine Erzählungen abgelöst. Erst seit 1921 *(Lied des alternden Weingott)* setzt seine lyrische Produktion wieder ein.

Seit Ende der 20er Jahre haben sich die Wege Huchels und Lehmanns, wie wir bereits sahen, verschiedentlich berührt. Daß es zu keiner persönlichen Annäherung kam, dürfte auf beiden Seiten weniger mit ideologischen Differenzen als mit privaten und beruflichen Verhältnissen zusammengehangen haben, die durch Huchels Aufenthalt in Frankreich und auf dem Balkan auch eine große räumliche Distanz mit sich brachten.

Huchel geriet dann jedoch als Beiträger der 1929–1932 in Dresden von Martin Raschke und A. A. Kuhnert herausgegebenen Zeitschrift ›Die Kolonne‹, die eine Gruppe von jungen Autoren des neuen Landschaftsgedichts zusammenführte, zu der so bedeutende Namen wie Horst Lange, Günter Eich, Hermann Kasack, Elisabeth Langgässer, Oda Schaefer, Georg von der Vring u. a. zählten, in den unmittelbaren Gesichtskreis Lehmanns.

Die erste, im Dezember 1929 erschienene Nummer der ›Kolonne‹ erteilte in ihrem programmatischen Geleitwort sowohl dem Expressionismus wie der technikorientierten Neuen Sachlichkeit eine deutliche Absage. Sie verschrieb sich der »Ordnung des Sichtbaren« und rückte damit in unmittelbare Nähe zur Poetologie Lehmanns, die dieser bereits unter dem Eindruck seiner mit Armin T. Wegner unternommenen Italienreise von 1910 zu formulieren begonnen hatte, wenn er auf dem Wege von Venedig nach Mailand in sein Tagebuch notierte: »Goethe verlangt Exactheit von der Poesie [. . .] Exactheit, das heißt schließlich und echt goethisch Ausführlichkeit.«[13]

Verschiedene ›Kolonne‹-Aufsätze Raschkes zeigen[14], wie nahe sein Verständnis von Sprache und von der Genauigkeit des dichterischen Sehens Lehmanns bereits um 1908 entwickelter ›Philosophie des Auges‹ kam, die über die sinnliche Wahrnehmung zum sinngebenden Sehen (»συνορᾶν«) vorzudringen suchte. Ebenso hatte Raschke schon 1931 seine strikte Ablehnung des Völkischen in der Literatur begründet, das, wie wir sahen, von Rezensenten wie David noch 1967 gegen Lehmann und Huchel (»image populiste«, »épaisseur paysanne«) ohne jegliche Kenntnis der Verhältnisse beider Autoren vor 1933, möglicherweise sogar wider besseres Wissen ins Feld geführt wurde. Hier war also im Bewußtsein einer breiteren literarisch interessierten Öffentlichkeit noch manches zurechtzurücken. Raschke hatte sich in seinem Aufsatz von 1931 mit aller Deutlichkeit gegen eine ideologische Ausspielung von »erdhaftem Fühlen« gegen städtische Dekadenz – wir erinnern an den Begriff der ›Asphaltliteratur‹, der dann in den tragischen Irrtum der ›entarteten Kunst‹ einmündete – ausgesprochen.[15] Aus der Rückschau des Jahres 1967 mochten solche Unterschiede sich verwischen, dennoch waren sie vorhanden gewesen und hätten mindestens aus wissenschaftlicher Redlichkeit bemerkt werden müssen.

Noch vor Ausbruch des Zweiten Weltkrieges nahmen die wichtigsten Autoren des Kreises um Raschke, zu denen auch Eberhard Meckel zählte, Lehmanns Dichtung auf und huldigten ihm als einem ihrer geistigen Archegeten.

Während Lehmann nicht mehr zum Beiträger der ›Kolonne‹ wurde – auch Loerkes von der Redaktion angeforderte Arbeiten kamen nicht mehr zum Druck, weil die Zeitschrift unter dem Eindruck des heraufkommenden Nationalsozialismus eingestellt wurde – fanden sich Huchel wie Lehmann – dieser allerdings nur bis 1935 – als Autoren der Zeitschrift ›Das Innere Reich‹ zusammen. Diesem Publikationsorgan, das nach 1945 ebenfalls mit der Goebbelsschen Wochenzeitung ›Das Reich‹ verwechselt oder zumindest assoziiert wurde, war es trotz der Gleichschaltung des Pressewesens im Dritten Reich gelungen, bis Ende der 30er Jahre noch eine nicht gelenkte Literatur weiterzuführen.[17]

Lehmanns *Bukolisches Tagebuch* (1927–1932)[18], das ursprünglich als Kolumne in Ehm Welks Publikumszeitschrift ›Die Grüne Post‹ (Ullstein Verlag, Berlin) in Millionenauflage erschien, läßt sich erst aus heutiger Sicht als eine Art Schlüssel-Dokument der neuen Landschaftsdarstellung erkennen. Nachforschungen im Lehmann-Nachlaß des Deutschen Literaturarchivs in Marbach am Neckar haben ergeben, daß Lehmann bereits in den Jahren 1908/9 ein ›Ornithologisches Tagebuch‹ führte, das von der Idee eines zyklischen Naturgeschehens inspiriert war, hinter dem die ›Große Mutter‹, die zeugende und vernichtende Natur, stand. Schon die sprachwissenschaftlichen Arbeiten, die Lehmann im Anschluß an seine Dissertation in Fachzeitschriften publiziert hatte, waren ausschließlich der Etymologie von Pflanzen- und Vogelnamen gewidmet gewesen.[19]

Während Huchels frühe Lyrik noch stark vom ausklingenden Expressionismus mitbestimmt worden ist[20], setzte Lehmann, der schon als Schüler auf die magische Qualität des Märchens und – durch seine Beschäftigung mit Joseph von Görres – der deutschen Volksbücher (Melusine, Schöne Magelone, Haimonskinder u. a.) aufmerksam geworden war, bei jenen vorklassisch frühen Überlieferungen an, die erst im Hochmittelalter Schriftform erreichten. Dies war vor allem die Sprache und Literatur des Keltentums (Artus-Epik, irischer Mythos, walisischer Mythos: Mabinogion), in der sich noch reiner als im germanisch-altnordischen, griechischen oder römischen Mythos die Tradition des mutterrechtlichen Neolithikums erhalten konnte.

Von Hause aus weniger wissenschaftlich orientiert als Lehmann, schöpfte Huchel unmittelbarer aus seinen Kindheitserfahrungen und Begegnungen mit dem märkischen Wendentum.[21] Nach einem Gespräch, das Ludvík Kundera mit Huchel führte, dürfte diesem auch erst nach 1945 der kulturgeschichtliche Hintergrund seiner wendischen Heimat mit ihrem matriarchalen Substrat deutlich bewußt geworden sein.[22] Anders als Lehmann scheint Huchel keine Studien mythologischer, ethnologischer, religions- oder sprachwissenschaftlicher Art betrieben zu haben, um sich die Formen- und Symbolwelt der magisch-matriarchalen Kulturschicht zugänglich zu machen.[23] Huchels intensive Lektüre von J. J. Bachofens *Mutterrecht* (1861) ist jedoch schon für seine Studentenzeit (1923) nachgewiesen.[24] Außerdem hat Huchel im Gespräch angegeben, daß er bereits als Schüler die Schriften der Freireligiösen Gemeinde zu Liegnitz kennengelernt habe und davon stark beeindruckt worden sei. Zu Beginn seines Berliner Studiums entdeckte er dann für sich Meister Eckehart, Seuse, Swedenborg, Paracelsus, Franz von Baader, vor allem aber Jakob Böhme.[25] Was an mystischer Tradition Huchel also zu Beginn der 20er Jahre erreichte, läßt sich, betrachtet man die wichtigsten Autoren, weitgehend mit dem vergleichen, was Lehmann als Student kurz nach 1900 sich aneignete und für seine frühe, bisher noch immer größtenteils unveröffentlichte Lyrik fruchtbar machte. Doch ergibt sich bei der Menge der Übereinstimmungen sofort auch die spezifische Differenz: Huchel hat in weit stärkerem Maße als Lehmann Bezug genommen auf ein ›chiliastisches Christentum‹, das er den von ihm genannten Mystikern entlehnte. Da Lehmanns Bezugnahme auf biblische Texte oder christliche Inhalte bisher nicht systematisch untersucht und geklärt ist, kann ich unter Vorwegnahme eigener Untersuchungen zu dieser Frage nur allgemein feststellen, daß mindestens bis zum *Bilderstürmer* (1917) auch bei Lehmann, noch stärker in der frühen Lyrik von 1898–1910, ein intensiverer Gebrauch biblischer Bildlichkeit zu beobachten ist, als bisher angenommen wurde. Daß dies allerdings ohne Übernahme der spezifisch christlichen Glaubensinhalte geschah, läßt sich zeigen.[26]

Huchel hat zwar in einem seiner ersten veröffentlichten Gedichte (*Du Name Gott*, 1925) eine Theologie des agnostos theos, des unerkennbaren Gottes, formuliert, dennoch hat er in ganz anderer Direktheit, als dies bei Lehmann jemals zu beobachten ist, um die Epiphanie des christlichen Gottes gerungen. Stellt Huchels frühe Anti-Weihnachtsgeschichte *Von den armen Kindern im Weihnachtsschnee*[27] auch die Existenz eines christlichen Gottes angesichts seiner Indifferenz gegenüber dem Leiden und Sterben von Ohnmächtigen und Unschuldigen total in Frage, so bleibt doch gerade durch die Negation, durch die gewissermaßen blasphemische Bezugnahme auf die Existenz Gottes dieser in einer besonderen Weise präsent. Das läßt sich auch an der Art, wie eine Elster in dieser Erzählung charakterisiert wird (»[...] der Hexenvogel, der einst beim Tode Christi nicht wie alle anderen Vögel geklagt, sondern über die Schwäche des Herrn gelacht und gespottet hatte«), eindeutig ablesen. Die Elster, die auch in Lehmanns Lyrik eine dominierende Rolle spielt, wird bei diesem niemals auch nur im entferntesten in einen Zusammenhang mit Christus oder dessen Kreuzestod gebracht. Man könnte sagen, Lehmanns Anleihen beim Christentum sind von Anfang an alttestamentlich orientiert und von da aus ausschließlich dem heidnischen Mythos zugewandt. Selbst die Verdammten heißen bei Lehmann nicht Judas, sondern Ahasver.

Natürlich läßt sich nicht leugnen, daß der Einfluß der christlichen Theologie biographisch gesehen bei Lehmann eher stärker war als bei Huchel. Lehmanns Bruder Walter (1883–1941) war protestantischer Theologe und Herausgeber verschiedener Mystiker. Die Familie von Lehmanns zweiter Frau, die er 1913 heiratete, war eine Theologenfamilie. Vielleicht hat jedoch gerade diese intensive Konfrontation mit dem Protestantismus die Entwicklung von Lehmanns heidnischer Mystik besonders gefördert. Huchel dagegen wuchs in einem nicht-theologischen Milieu auf und lebte spätestens ab 1945 in einem Staat, der nicht christlich orientiert war. Wie wir sahen, stand der junge Huchel den Gehalten und Formen des Christentums außerordentlich kritisch gegenüber. Wenn Huchel später in zunehmendem Maße auch christliche Gehalte in seiner Lyrik verarbeitet hat, so dürfte dies im Zusammenhang mit der Entfaltung der Anschauungs- und Ausdrucksformen zu sehen sein, die als seine »Privatmythologie« bezeichnet worden sind. Von hier aus gesehen mutet es einigermaßen befremdlich an, wenn man rückblickend bemerkt, wie hingebend die westdeutsche Kritik bemüht war, allen mythologischen Verweisen und literarischen

Verschlüsselungen bei Huchel nachzugehen, während dieselbe poetische Technik, die von Walter Killy längst als das Signum der modernen Lyrik deklariert worden war, bei Lehmann stets als willkommener Anlaß zu geharnischter Kritik und gereizter Abwehr genommen wurde.[28]

Die deutsche Literaturgeschichte hat nach 1945, sehen wir einmal von der kurzlebigen Kahlschlag-These ab, deren Entnazifizierungsfunktion auf der Hand liegt, immer wieder versucht, mit dem Ende des Zweiten Weltkrieges auch einen Epocheneinschnitt der deutschen oder gar europäischen Kunst- und Literaturentwicklung zu begründen. Auch diese Position läßt sich heute so nicht mehr unangefochten behaupten.[29] Damit wird der Weg, der vorwiegend durch das Klima des Kalten Krieges blockiert war, zunehmend frei für eine sachgemäße Beurteilung literarischer Zusammenhänge und Entwicklungen vor und nach 1945. Dementsprechend gewinnt die Tatsache, daß noch im Jahre 1951 sowohl Lehmann als auch Huchel an der letzten Sitzung eines gesamtdeutschen PEN-Zentrums in Düsseldorf teilnehmen konnten, ihre besondere Bedeutung. Trotz der langdauernden Abriegelung des grenzüberschreitenden Personenverkehrs zwischen beiden deutschen Staaten hat es, wie z. B. der Briefwechsel zwischen Huchel und Jahnn und deren persönliche Begegnungen in Ost- und Westdeutschland eindrucksvoll belegen, auf gewissen Ebenen der kulturellen Kommunikation bis weit in die 50er Jahre hinein noch einen völlig ungehinderten Kontakt gegeben. War es doch möglich, daß Jahnn als Präsident der Hamburger Akademie der Schönen Künste Huchel noch 1959 höchstpersönlich in die Hansestadt zu einer öffentlichen Ehrung einladen konnte.[30]

Huchel, der, wie wir gezeigt haben, ursprünglich aus der politisch nicht vorbelasteten Neuen Landschaftslyrik der ausgehenden 20er Jahre herkam – selbst wenn er später diesen Bezug abzuschwächen versuchte, hat er doch von der ›Kolonne‹ nicht nur »aus Zufall« einen Lyrikpreis bekommen, sondern in dieser Zeitschrift noch 1932 publiziert[31] –, hat über mehr als 50 Jahre katastrophenreicher deutscher Zeitgeschichte an seiner naturmagischen Grundposition festgehalten, deren Zeichensprache er, den Zeitereignissen entsprechend, stetig vertiefte.[32] Im Gegensatz zu einer Einschätzung, die Huchel wie Eich einer Generation von Lyrikern zuschlägt, deren Existenz- und Sprachvertrauen durch Krieg, Zusammenbruch und Kalten Krieg eingemündet sei in die Hoffnungslosigkeit einer leeren Transzendenz[33], läßt sich bei genauerer Analyse eher eine umgekehrte Entwicklung, jedenfalls bei Huchel, ablesen.[34]

Bei Huchel wie bei Lehmann muß allerdings vom Primat des Existenziellen gegenüber der historischen oder gar aktuell-politischen Dimension ausgegangen werden. Diese stillschweigende Voraussetzung bildet in der Tat den Grundzug und die Grundkonstante beider poetischer Werke. Im Klartext heißt dies – und darin manifestiert sich wiederum das eminent Zeitgenössische einer solchen Position –, die Probleme der Gegenwart sind weder theoretisch noch ideologisch zu bewältigen, mit einem Wort gesellschaftsimmanent unlösbar. Poetische Empirie wie praktisches Leiden an der Zeit haben Lehmann wie Huchel zu einem Credo geführt, das darauf beharrt, daß das Bleibende weder ein direkt Mitteilbares (Kommunikationsverdikt), kein Beweisbares (Theorieverdikt), kein Praktikables (Technikverdikt) und schon gar nicht ein positives Dogma wissenschaftlicher, ideologischer oder theologischer Natur (Ideologieverdikt) sein kann. Die Poetologie beider hat sich, dieser praktischen wie theoretischen Erfahrung folgend, instinktiv und konsequent in enger Nachbarschaft der mittelalterlichen und der böhmeschen Mystik angesiedelt, deren negativen Erkenntnischarakter – wir erinnern hier an die negative Theologie des Pseudo-Dionysius Areopagita – sie vor allem gesucht und ausgebaut hat.[35] Die Darstellungsform jener ständig die Grenze der christlichen Orthodoxie zum Heidnischen hin überspielenden Autoren, ob sie nun Nikolaus von Cues, Meister Eckehart, Johannes Tauler, Heinrich Seuse, Albertus Magnus oder Hildegard von Bingen heißen – von ihnen entkamen bekanntlich einige nur durch ihr rechtzeitiges Ableben dem Scheiterhaufen der Inquisition –, ist gekennzeichnet durch negative bzw. privative Aussageformen, wenn sie vom Letzten, von ihrer unmittelbaren Gotteserfahrung etwa, zu reden versuchten.[36] Bei aller individuellen Verschiedenheit und biographischen Gegenläufigkeit konvergieren Lehmann und Huchel dennoch als Autoren darin, daß sie als Menschen des 20. Jahrhunderts mit den Mitteln der Sprache sich jenes Labyrinth aus Bildern und Schlüsselworten zu schaffen versuchten, das der antiken Mythologie als tödliche Falle des Minotaurus galt, dem modernen Menschen aber zum Zufluchtsort geistigen Widerstandes und elementaren Überlebens geworden ist.

Im folgenden soll an jeweils einem ausgewählten Gedichtbeispiel von Huchel und Lehmann der Versuch unternommen werden, einiges von dem zu zeigen, was beide, wie wir es sahen, verbindet. Am konkreten Textbeispiel dürfte auch und gerade das spezifisch Eigene beider Autoren besonders hervortreten.

Naturgemäß haben wir bei unserer Auswahl vor allem nach motivgleichen Gedichten Ausschau gehalten. Daß unsere Gedichtbetrachtung dennoch nicht auf einen strikten Vergleich hinauslaufen konnte, ergibt sich aus dem Gesagten. Bei der schmalen Textgrundlage, von der wir aus Raumgründen hier auszugehen haben, sind ohnehin keine repräsentativen Befunde zu erwarten. Wäre doch eine gründliche Erschließung beider Texte nur im Werkzusammenhang und vor einem einigermaßen geklärten zeitgeschichtlichen wie poetologischen Hintergrund zu leisten.

So blieb nur die Möglichkeit, an beide Texte mit wenigen, unserem thematischen Ansatz entsprechenden Fragen heranzutreten und in diesem engen Rahmen zu einem eher illustrativen als repräsentativen Ergebnis zu kommen. Zu diesem Zweck wählen wir von Wilhelm Lehmann das frühe Gedicht *Der Gott und die Magd*[37], von Huchel *Die Magd*[38].

Der Gott und die Magd

Eine Bremse sticht die melkende Magd.
Der Gott schläft unbewegt,
Bis das weiße Licht des entblößten Knies
die hyacinthenen Lider schlägt.

Sie flieht den Geblendeten, der als Schrei
Aus der Habichtskehle rüttelt,
Als Horn aus der Stirn des Widders keimt
Und als Lende des Hengstes sich schüttelt.

Kann die göttliche Gier die gehörige Welt
Wie der Imker den Bienenschwarm zwingen,
Muß des Gottes einsam glühender Mund
Wie dürre Erde zerspringen.

Das Rebhuhn tanzt um den heimlichen Leib
Und sträubt den bezauberten Rücken,
Die Forelle drängt an die spielenden Zehn:
Die Badende muß sich bücken –

Sie schleudert lachend den Fisch aufs Land
Und sieht einen Knaben liegen,

Dem das lautlos klagende hohe Gesicht
Die hitzigen Tränen verbiegen.

Da sinkt sie mit willig zitterndem Schoß –
Gemähte Garbe dem Schnitter –
Ohnmächtig stampft über ihr Bett
Ein göttliches Gewitter.

Das Lehmannsche Gedicht wurde im Sommer 1924 bei Schloß Panker in der Nähe von Lütjenburg an der Ostsee konzipiert. In der von Stefan Großmann herausgegebenen Berliner Zeitschrift ›Das Tagebuch‹ erschien es im Herbst desselben Jahres im Erstdruck. Wie sich einem späten Versuch des Autors, das Gedicht neu zu fassen[39], entnehmen läßt, handelt es sich bei dem Gott um Zeus. Das Gedicht entwickelt sich demnach vor dem Hintergrund jener Zeus-Mythen, die dessen Liebesabenteuer in immer wechselnder Gestalt behandeln.

Schon die erste Strophe spielt auf die Zeus- bzw. Jupiter-und-Io-Geschichte an.[40] In Berlin hatte Correggios Bild ›Jupiter und Io‹ auf den Studenten Lehmann bereits 1901 einen nachhaltigen Eindruck gemacht. Doch in der Verarbeitung des Motivs um 1924 lassen sich zwei wesentliche Dinge feststellen: Hier ist nicht der Gott es, der die sterbliche Frau verzaubert und bezwingt, hier, so das Bild der 3. Strophe, ist der Gott auf den Kontakt mit der »melkenden Magd« (Strophe 1, 1) existenziell angewiesen. Dies ist aber weder der Standpunkt der antiken noch der christlichen Theologie, es sei denn der des Angelus Silesius und der der mittelalterlichen Mystiker.

Spätestens in der 4. Strophe enthüllt die naturalistisch gesehene Melkerin auf der Viehtrift ihren »heimlichen Leib«. Es geht um eine Epiphanie. Als Auslöser dieser ›Revelatio‹ fungiert das »weiße Licht des entblößten Knies« (Strophe 1, 3). Es wäre ein grobes Mißverständnis, hier eine jugendstilhafte Anspielung auf die Prüderie der Jahrhundertwende zu sehen, vielmehr schließen sich Milch, Magd, Knie und weißes Licht zu der Erscheinung der ›Weißen Frau‹, der ›Weißen Göttin‹ zusammen. Das Motiv läßt sich seit der Jahrhundertwende durch die Lehmannsche Lyrik verfolgen. Gott und Göttin, so die Essenz der 3. Strophe, sind so ineinander ›verschlungen‹ (Schelling), daß ein kosmisches Gleichgewicht zwischen Begehren und Gewähren entsteht.

Die Göttin, zuerst die Hinreißende (1. Strophe), muß nun selbst zur Hingerissenen werden (4. Strophe). Und wie die Große Göttin ihren ›Heros‹ selber gebiert, den göttlichen Knaben, der dann für einen Sommerzyklus ihr Gemahl werden wird – das Gedicht verweist in der ersten Fassung der 2. Strophe mit »Juliblitz« sowohl auf Zeus als auch auf die Sommersonnenwende –, so wirft sie hier in der 5. Strophe einen Fisch aufs Land, der zu einem »Knaben« wird. Mit der Wendung »hyacinthene Lider« (Strophe 1, 4) fassen wir in diesem Knaben den Apollgeliebten des griechischen Mythos, hinter dem sich (»Vegetationsmythos«) die Personifikation des Frühlings verbirgt. Mit diesem Sohn-Geliebten vollzieht die Göttin, hinter der in der 6. Strophe deutlich die Erde selbst hervortritt, nun die ›Heilige Hochzeit‹. Der Höhepunkt des Jahres, die Hoch-Zeit, schließt aber zugleich den tiefsten in sich: »ohnmächtig« ist sowohl das Gewitter, das den ›Gott‹ (in der ersten Fassung der 2. Strophe) charakterisierte, auch die Göttin sinkt willig hin. Hinter dem Bild vom »Schnitter« steht das Emblem vom ›Schnitter Tod‹.

Gedichtaufbau, Reim- und rhythmische Führung dieses bei Berücksichtigung nur einiger weniger Elemente der Lehmannschen Poetologie außergewöhnlich verschlüsselt anmutenden Textes wirken geradezu konventionell, man ist versucht zu sagen: banal. Nur ein Detail erschließt sich bei der Lektüre der anscheinend so volksliedhaften Strophen ziemlich schnell: Der Augenschein (oder das Druckbild) der vierzeiligen Strophen trügt. Die Reimfügung bringt es an den Tag: Es handelt sich um ein Gedicht aus sechs überlangzeiligen Strophen, die durchgehend paarreimig angelegt sind. Dieser Tatbestand, der sich bereits bei der Analyse ganz früher Lehmann-Gedichte ähnlich nachweisen läßt, dort auch in genau derselben Weise (›vierzeiliger‹ Strophen) verhüllt wird, verweist erneut auf die tiefere Bedeutung des Reims bei Lehmann. Für diesen Dichter ist der Reim letzten Endes ein Indiz des magischen Kosmos. Der Reim, das heißt die mit klanglichen Mitteln vollzogene Weltsynthese nach dem ›Fall‹ des Menschen, der zum Chaos (›Klaffen‹) aller Verhältnisse, in den Ur-Gegensatz geführt hat, der Reim macht aus der ›ungereimten‹ Existenz, aus dem Grauen der Gestaltlosigkeit das heil(ig)e Wunder der Gestalt. Hatte dem Sohn-Gemahl der Göttin das Begehren das Gesicht »verbogen« (Strophe 5), der Reim ›schlichtet‹ es wieder.

Damit läßt sich neben allen anderen Ergebnissen dieser notwendig summarisch verfahrenden Gedichtbetrachtung auch noch nachweisen, wie unbeirrt und gradlinig die Lyrik Lehmanns gewisse Grundformen und Grundelemente ständig variiert, wobei sie sie unablässig vertieft und verdichtet, ohne die einmal gewählten Versuchsbedingungen zu sprengen. Will man diese gut naturwissenschaftliche Verfahrensweise konservativ nennen, muß man sich vom Autor entgegenhalten lassen, daß jedes gelungene Gedicht modern ist.

Die Magd

Wenn laut die schwarzen Hähne krähn,
vom Dorf her Rauch und Klöppel wehn,
rauscht ins Geläut rehbraun der Wald,
ruft mich die Magd, die Vesper hallt.

Klaubholz hat sie im Wald geknackt,
die Kiepe mit Kienzapf gepackt.
Sie hockt mich auf und schürzt sich kurz,
schwankt barfuß durch den Stoppelsturz.

Im Acker knarrt die späte Fuhr.
Die Nacht pecht schwarz die Wagenspur.
Die Geiß, die zottig mit uns streift,
im Bärlapp voll die Zitze schleift.

Ein Nußblatt wegs die Magd zerreibt,
daß grün der Duft im Haar mir bleibt.
Riedgras saust grau, Beifuß und Kolk.
Im Dorf kruht müd das Hühnervolk.

Schon klinkt sie auf das dunkle Tor.
Wir tappen in die Kammer vor,
wo mir die Magd, eh sie sich labt,
das Brot brockt und den Apfel schabt.

Ich frier, nimm mich ins Schultertuch.
Warm schlaf ich da im Milchgeruch.
Die Magd ist mehr als Mutter noch.
Sie kocht mir Brei im Kachelloch.

Wenn sie mich kämmt, den Brei durchsiebt,
die Kruke heiß ins Bett mir schiebt,
schlägt laut mein Herz und ist bewohnt
ganz von der Magd im vollen Mond.

Sie wärmt mein Hemd, küßt mein Gesicht
und strickt weiß im Petroleumlicht.

Ihr Strickzeug klirrt und blitzt dabei,
sie murmelt leis Wahrsagerei.

Im Stroh die schwarzen Hähne krähn.
Im Tischkreis Salz und Brot verwehn.
Der Docht verraucht, die Uhr schlägt alt.
Und rehbraun rauscht im Schlaf der Wald.

Wenn wir neben das soeben betrachtete Lehmann-Gedicht Huchels *Die Magd* stellen, dann geschieht das nicht allein der Motivgleichheit zuliebe. Es handelt sich um zwei Texte, die fast gleichzeitig entstanden sind. Huchels *Die Magd*, obwohl erst in der von Willy Haas herausgegebenen Zeitschrift ›Die literarische Welt‹ 7/47 (1931), S. 3 veröffentlicht, wurde bereits 1926 geschrieben.[41] Huchel wie Lehmann treten damit aus den Schatten ihrer je isolierten poetischen Biographie heraus und schließen sich zu Zeugen einer literarischen Zeitstimmung der 20er Jahre zusammen.

Huchels Gedicht *Die Magd* ist von Axel Vieregg so eingehend untersucht und in allen seinen Aspekten als ein exemplarischer Beleg für die Gattung der matriarchal-mythischen Schicht aufgeschlüsselt worden, daß wir uns hier mit wenigen Hinweisen begnügen können.

Lehmanns Gedicht umfaßt 6, Huchels 9 Strophen. In der Erstfassung waren es bei Huchel noch 8 Strophen.[42] Beide Gedichte weisen also eine 3er-Struktur auf, neben der durch den bei beiden fortlaufenden Paarreim eine 2er-Struktur einhergeht. Polarität und zyklischer Charakter werden durch dieses schlichte und zugleich raffinierte formale Mittel in eindrucksvoller Weise miteinander verschränkt. Dabei betont Huchel den zyklischen Charakter dadurch noch stärker als Lehmann, daß er die erste und letzte Strophe weitgehend identisch formuliert. Selbst wenn Huchel in späteren Gedichtfassungen die erste und letzte Strophe im Wortlaut stärker voneinander absetzte, so blieb das Prinzip von Identität und Variation doch deutlich erhalten.

Wir können aufgrund unserer Untersuchungen der frühen Lyrik Lehmanns feststellen, daß sie bis auf wenige Beispiele nicht gebundener Prosagedichte stets diese Grundfigur zeigen. Dasselbe gilt für die Kombination von Polarität und Zyklizität, wie wir es bei Huchels *Die Magd* ausgeführt sehen.

Der hier im Formalen realisierte Zusammenhang mit den Phasen des Mondes und dem größeren Zyklus von Leben und Tod bedarf wohl kaum der Hervorhebung. Da von einem Ergebnis bewußter Gestaltung gesprochen werden muß, läßt sich der Terminus »Privatmythologie« in dem Sinne relativieren, daß wir es hier mit Strukturen zu tun haben, deren Verankerung im geschichtsübergreifend Archetypischen längst erkannt ist.

In formaler Hinsicht muß dieser Nachweis genügen.

Zum Symbolgehalt des Huchel-Gedichtes, ausgehend von dem bereits erwähnten Charakter der letzten Strophe, möchten wir an die Deutung von Vieregg in vollem Umfang anknüpfen:

> Denn indem Huchel *Die Magd* abschließt [. . .] senkt er in 5 Bildern des Verlöschens das Leben in einen Urgrund ein, der, wie »der Wald« – so das letzte Wort des Gedichtes – Stätte der Zeitlosigkeit und ewiger Wiedergeburt ist, wechselnd nur in den jeweiligen Individuationen der einzelnen Bäume, aber beständig als immerwährendes lebendiges Ganzes. Wie wir schon sagten, ist es diese Anschauung, die der Struktur des Gedichtes sowohl als auch der des Bandes unterliegt: des Kreises, der schon den Griechen höchster Ausdruck der Wiederkehr des immer Gleichen war. Ebenso liegt in der *Frucht*kapsel der schläfernden Klettenmarie der Gedanke der Wiedergeburt im Todesschlaf begriffen.[43]

Die »schwarzen Hähne«, seit dem berühmten letzten Wort des Sokrates in ihrer Doppelsinnigkeit bekannt, sind das Symbol des Hades, der Persephone. Die Doppelgesichtigkeit der Großen Göttin als Mutter des Lebens und des Todes gleichzeitig ist seit Bachofens *Mutterrecht* (1861) ausführlich nachgewiesen. Brot und Salz, im Gegensatz zum christlichen Brot und Wein, sind die heidnischen Symbole des Lebens. Wenn die Uhr »alt« schlägt, so öffnet sich hier u. E. der Kreislauf von Leben und Tod aber in Richtung auf ein Jenseits der Zeit, der Zeitlosigkeit. Schon im Wort des Platonischen Sokrates mischt sich die Bedeutung von Tod und Genesung. Die Untersuchungen Viereggs zu Huchels Lyrik, vor allem der späten, machen es deutlich, daß hinter der Zeitlichkeit sich für Huchel nicht nur eine schattenhafte Hadeswelt verbirgt, vielmehr ein ewiges Licht sich öffnet.[44] Das deutet sich bereits in der polaren Identität von weißem Mittagslicht und weißem Schnee als Symbol von Schlaf und Tod der Natur und des Kosmos an. Die ›Jenseitswelt‹ ist freilich kein räumliches Jenseits, vielmehr ein bewußtseinsmäßiger Übergang: der Zusammenfall der Gegensätze, das Aufhören des von ihnen erzeugten Chaos, das den Tod erst hervorbringt, der Beginn des ›Lebens-im-Tode‹. Hier beginnt anstelle der Welt des Nacheinander oder des Wechsels die Welt des Zugleich, das ›Nu‹, das nunc-stans der Mystiker. Diese ›ontologische‹ Perspektive des späten Huchel, wir glauben sie aber schon in seinem Gedicht von 1926 zu beobachten, war von Anfang an die Dominante der Lehmannschen Poetologie und Poesie.

In diesem Sinne haben Lehmann wie Huchel über die Wiederentdeckung der magisch-matriarchalen Seins-Schicht hinaus um eine Seins-Vergewisserung gekämpft, um eine – positiv gewendete – ›Seinsvergessenheit‹, die der mystischen Unio von Mensch und Welt vergleichbar ist. Daß dabei die Polarität, die Seinsverzweiflung – als Sprachverzweiflung beim frühen Lehmann, der an den Pessimismus des 19. Jahrhunderts anknüpfte, deutlich faßbar – aufs Äußerste gesteigert erscheinen mußte, was bei Huchel vor allem inhaltlich in den Bildern seiner negativen Theologie zu beobachten war, liegt in der Logik einer solchen ›Seins-Technik‹ begründet.

Anmerkungen

1 Als Naturlyriker der Lehmann-Schule gilt Huchel bei Soergel/Hohoff, *Dichtung und Dichter der Zeit,* Düsseldorf 1964, Bd. 2, S. 631. Unter dem Begriff des Hermetismus suchte H. D. Schäfer, *Zur Spätphase des hermetischen Gedichts,* in: Manfred Durzak (Hg.), *Die deutsche Literatur der Gegenwart: Aspekte und Tendenzen,* Stuttgart 1971, S. 148–169, Lehmann, Eich und andere zu subsumieren. ›Kryptisch‹ wirkte Huchel auf John Flores (vgl. auch Times Literary Supplement, 28. 9. 1967, S. 912).

2 Nach H.-Chr. Kirsch, *Ein Guru der Großen Mutter,* Der Spiegel 36/23 (1982), S. 186 warnte Bloch bei der Analyse der Schriften C. G. Jungs vor einem faschistoiden ›Fühldenken‹, das Intuition gegen Verstand ausspiele.

3 Vgl. A. J. A. Vieregg, *Wort und Ding bei Wilhelm Lehmann,* in: Wirkendes Wort 5 (1979), S. 302–317.

4 Claude David, *Trois générations de poètes – Lehmann, Huchel, Grass,* in: Le Monde, 15. 11. 1967.

5 Wilhelm Lehmann, *Gesammelte Werke in acht Bänden,* Bd. 1: *Sämtliche Gedichte,* Stuttgart 1982, S. 392 ff.

6 Wilhelm Lehmann, *Maß des Lobes,* in: Deutsche Zeitung und Wirtschaftszeitung, Nr. 33, 8./9. 2. 1964, S. 17 (Rezension von Peter Huchels *Chausseen Chausseen,* Frankfurt/M. 1963).

7 Über den Stand der Huchel-Interpretation bis 1972 informiert Axel

Vieregg, *Die Lyrik Peter Huchels – Zeichensprache und Privatmythologie,* Berlin 1976, S. 9–20.

8 *Die sogenannten Zwanziger Jahre,* First Wisconsin Workshop, hg. v. Reinhold Grimm und Jost Hermand, Bad Homburg v. d. H./Berlin/Zürich 1970, S. 169–201.

9 Friedrich Ueberwegs *Grundriß der Geschichte der Philosophie,* Bd. 4, Berlin [11]1916, S. 242–249.

10 Lehmann promovierte 1905 in Kiel mit einer sprachwissenschaftlichen Untersuchung *Das Präfix uz- im Altenglischen* bei Ferdinand Holthausen. An Wundt dürfte ihn vor allem dessen Vorliebe für den Totemismus interessiert haben. Zum Totemismus bei Wundt vgl. Richard Hamann/Jost Hermand, *Epochen deutscher Kultur von 1870 bis zur Gegenwart,* Bd. 2: *Naturalismus,* Frankfurt/M. 1977, S. 148 und 174.

11 Der Jung-Schüler Erich Neumann hat diesen Text (vgl. E. N., *Die Große Mutter. Eine Phänomenologie der weiblichen Gestaltungen des Unbewußten,* Olten und Freiburg [5]1981, S. 63) als Muster seiner Gattung herausgestellt. Der Text erschien in George Meredith, *A Reading of Earth,* London/New York 1888.

12 Genannt sei vor allem das Oskar Loerke gewidmete *Ahornfrüchte,* in: *Gesammelte Werke,* Bd. 1, S. 47. Dazu läßt sich Huchels frühes Gedicht *Unter Ahornbäumen* stellen (*Die Sternenreuse, Gedichte 1925–1947,* München 1967, S. 70).

13 Italienisches Tagebuch, 12. 10. 1910.

14 *Über die Sprache,* in: Die Kolonne 1/6 (1930), S. 45; *Reisen des Auges,* in: Die Kolonne 2/2 (1931), S. 13; *Man trägt wieder Erde,* in: Die Kolonne 2/4 (1931), S. 47.

15 *Man trägt wieder Erde,* vgl. Anm. 14.

16 Hans Dieter Schäfer, *Wilhelm Lehmann, Studien zu seinem Leben und Werk,* Bonn 1969, S. 129.

17 *Das Innere Reich. 1934–1944. Eine Zeitschrift für Dichtung, Kunst und deutsches Leben,* bearbeitet von Werner Volke, Marbacher Magazin 26 (1983). Der ›Kolonne‹-Kreis (Eich, Huchel, Langgässer, E. Meckel, Oda Schäfer u. a.) fand für kurze Zeit noch ein schmales Publikationsforum in V. O. Stomps' Zeitschrift ›Der weiße Rabe‹ (Schäfer, a. a. O., S. 126 u. Anm. 238).

18 Vgl. Anm. 5.

19 Schäfer, a. a. O., S. 270f., Anm. 19.

20 Vieregg, *Die Lyrik Peter Huchels,* S. 7 (Trakl), Schäfer, a. a. O., S. 292, Anm. 245 (Trakl).

21 Vieregg, a. a. O., S. 130.

22 Ludvík Kundera, *Die wendische Mutter,* in: *Über Peter Huchel,* hg. von Hans Mayer, Frankfurt/M. 1973, S. 111–118.

23 Der Briefwechsel Huchels mit Hans Henny Jahnn (hg. v. B. Goldmann, Mainz 1974), der sich über die Jahre 1951–1959 erstreckte, läßt

keine direkten Schlüsse darüber zu, wie weit Jahnn seinerseits Huchel in der von uns untersuchten Richtung beeinflußt haben könnte. Bei Vieregg, a. a. O., S. 20, Anm. 40 wird Jahnns Bezug zu Bachofen und dem Mutterrecht angedeutet und wahrscheinlich gemacht, daß Huchel diesen Bezug gesehen hat. Da es sich hier aber erst um Verhältnisse der 50er Jahre handelt, lassen sich aus ihnen kaum Anhaltspunkte gewinnen, um die Grundlagen Lehmanns und Huchels zu präzisieren.

24 Vieregg, a. a. O., S. 19f. Huchel (Vieregg, a. a. O., S. 16) bezog die Berliner Universität 1923.

25 Vieregg, a. a. O., S. 15f.

26 G. E. Bauer-Rabé, *Er war kein Enkel Eichendorffs*, in: Literatur in Wissenschaft und Unterricht 5 (1973), S. 1–22.

27 In: Die literarische Welt (hg. v. Willy Haas) 7/51.52 (1931), Weihnachtsbeilage, S. 2.

28 Walter Killy, *Wandlungen des lyrischen Bildes*, Göttingen [4]1964, S. 44. Lehmann hat dieses Buch auffallend positiv rezensiert. Er dürfte bei Killy demnach eine Rechtfertigung seiner eigenen poetischen Technik gesehen haben.

29 H. D. Schäfer, *Zur Periodisierung der deutschen Literatur seit 1937*, in: Literaturmagazin 7, Reinbek b. Hamburg 1977, S. 95–113. Otto Knörrich, *Die deutsche Lyrik der Gegenwart*, 1945–1970, Stuttgart 1971, versucht ebenfalls einen neuen Periodisierungsansatz.

30 Bernd Goldmann, *Hans Henny Jahnn – Peter Huchel. Ein Briefwechsel 1951–1959*, Mainz 1974.

31 Vieregg, a. a. O., S. 15, Anm. 25 u. S. 156.

32 Vieregg, a. a. O., S. 128f.

33 Schäfer, *Wilhelm Lehmann*, S. 250 u. S. 310, Anm. 431.

34 Die Ergebnisse der Untersuchungen Viereggs (*Die Lyrik Peter Huchels*, S. 128f.) lassen Huchels durchgängigen Glauben an einen Weltverlauf erkennen, »dessen zyklisches Wesen zwar jede chiliastische Hoffnung ausschließt, aber im Wissen von der ewigen Wiederkehr einen Halt gibt«. Demgegenüber zeigen seine Gedichtinterpretationen m. E. bei Huchel eine Entwicklung von einem dezidierten Bruch mit der christlichen Tradition in den 20er Jahren hin zu einer zunehmenden Bejahung jener Lebensmächte, die im Zeichen der Großen Mutter zwar Schöpfung und Vernichtung gleichermaßen verhängen, aber ein Reich todlosen Lebens jenseits der Zeit eröffnen, somit eine Wiedergewinnung der Transzendenz einschließen.

35 Vieregg, a. a. O., S. 14ff. (Böhme-Beziehungen bei Lehmann und Huchel, wobei die Prioritätsfrage für den Ansatz unerheblich bleibt).

36 Im Anschluß an die theologischen Schriften des Pseudo-Dionysius Areopagita läßt sich diese Darstellung der Gotteserfahrung als ›negative Theologie‹ kennzeichnen. Daß sie gerade auch für die Kunst des Mittelalters eine entscheidende Rolle spielte, zeigt neuerdings wieder Rosario

Assunto, *Die Theorie des Schönen im Mittelalter*, Köln/Düsseldorf ²1983. Auf Lehmann wirkten in antiklerikalem Sinne bereits die Ausläufer des Naturalismus (vgl. Richard Hamann/Jost Hermand, *Epochen deutscher Kultur von 1870 bis zur Gegenwart*, Bd. 2: *Naturalismus*, Frankfurt/M. 1977, S. 85 ff.).

37 Wilhelm Lehmann, *Gesammelte Werke*, Bd. 1, S. 349 und S. 500.

38 Peter Huchel, *Gesammelte Werke*, Bd. 1: *Die Gedichte*, Frankfurt/M. 1984, S. 52–54 u. S. 381.

39 Wilhelm Lehmann, *Gesammelte Werke*, Bd. 1, S. 500: »Am 3. 12. 1956 versuchte Umarbeitung unter dem Titel ›Liebhaber in allen Gestalten‹.«

40 Bei seiner eingehenden Interpretation des Huchel-Gedichts *Die Magd* hat Axel Vieregg (a. a. O., S. 99) bereits auf den Zusammenhang der Io-Gestalt mit dem matriarchalen Symbol der *Mondkuh* hingewiesen. Im kretisch-mykenischen Stierkult wie im spanischen Stierkampf hat die Verehrung der Großen Mutter als Kuh ihren historischen Niederschlag gefunden.

41 Peter Huchel, *Gesammelte Werke*, Bd. 1, S. 381.

42 Ebd.

43 Axel Vieregg, *Die Lyrik Peter Huchels. Zeichensprache und Privatmythologie*, Berlin 1976, S. 111 f.

44 Vieregg, a. a. O., S. 38 ff. (zu *Hinter den weißen Netzen des Mittags*), S. 52 f. (*Aristeas*), S. 53–55 (*Zwölf Nächte*), S. 66 f. (*Die Gaukler sind fort*) u. ä.

III

Peter Huchel in der literarisch-historischen Diskussion

Axel Vieregg
Peter Huchels Lyrik

Wer sich mit den Gedichten Peter Huchels befaßt, wird bald bemerken, daß seine Interpreten sich schwer getan haben, dieses Werk zwischen den Polen einer sogenannten Naturlyrik einerseits und einer politischen Lyrik andererseits anzusiedeln. Gewiß, auch in den am ehesten als politisch zu verstehenden Gedichten ist ein naturlyrisches Element zu beobachten, aber gerade dort zeigt es sich sehr deutlich, daß dieses Element der Huchelschen Lyrik nicht zu der Definition passen will, die der als der eigentliche deutsche Naturlyriker geltende Wilhelm Lehmann von der Naturlyrik gab. Er sagte, es gehe bei ihr um »das Glück des anschauend Fühlens«, und er meinte, mit Hilfe dieser Charakterisierung, in einem recht mißgünstigen Artikel[1], Huchel tadeln zu müssen für die »Unschärfe«, wie er sagt, einer Metaphernsprache, die nicht etwa wie die seine weitgehend mimetisch verfährt, sondern die Landschaft ganz und gar dem Willen des Dichters unterwirft.

Denn was sich in Huchels Gedicht, durch dessen sinnliche Prägnanz, dem Leser zunächst als ein Angeschautes vermittelt, wird von Huchel oft unmerklich in ein Bezugsfeld gesetzt, innerhalb dessen es auf ein Anderes, außerhalb der beobachteten Natur Liegendes transzendiert. Dieses Andere, das sich erst nach Erstellung einer Wortkonkordanz seines gesamten Werkes erschließt, das aber auch ohne verstandesmäßige Erschließung stets spürbar mitschwingt, bedingt, in diesem Mitschwingen, in hohem Maße die Faszination der Huchelschen Lyrik. Seine Natursprache ist eine Zeichensprache, und dieser Zeichencharakter der Naturdinge, auf den Huchel übrigens mehrfach ausdrücklich hinweist – »ein Napf aus Laub und andere Zeichen«, »der nicht zu Ende geschlagene Kreis aus Nadeln und Nässe. Dies ist dein Zeichen«[2] – war es, der Lehmann verwirrte, weil er das reine, nur sich selbst meinende Naturbild suchte. Auf welch subtile Weise bei Huchel das Naturbild hintergründig visionär werden kann, zeigt z. B. das von Huchel für das ›Merian‹-Heft »Berlin« ausgewählte Gedicht *Ankunft:*

Ankunft

Männer mit weißen
zerfetzten Schärpen
reiten am Rand des Himmels
den Scheunen zu,
Einkehr suchend
für eine Nacht,
wo die Sibyllen
wohnen im Staub der Sensen.

Grünfüßig
hängt das Teichhuhn
am Pfahl.
Wer wird es rupfen?
Wer zündet im blakenden Nebel
das Feuer an?
Weh der verlornen
Krone von Ephraim,
der welken Blume
am Messerbalken der Mähmaschine,
der Nacht
auf kalter Tenne.

Ein Huf
schlägt noch die Stunde an.
Und gegen Morgen
am Himmel ein Krähengeschrei.

Man könnte meinen, das Gedicht sei wegen der vielleicht »märkisch« anmutenden Landschaft und Bauernwelt in ein dem Thema »Berlin« gewidmetes Heft gesetzt worden. In Wirklichkeit ist dieses Märkische, das hier zum Bild wird, so angelegt, daß es, mit Hilfe des als Schlüssel gegebenen Wortes »Ephraim«, hindeutet auf die Prophetien Jesajas. Das Bild ist nämlich gleichzeitig auch Zitat, und auf diese zweite Ebene transponiert, das zeigt der Zusammenhang der zitierten Bibelstellen, enthüllt das Gedicht in dem Analogiegeschehen der Zerstörung des alten Reiches Israel sowie der Belagerung Jerusalems als Strafe für ein sündhaftes Leben, die Schuld, die zur Teilung Deutschlands und der Isolierung Berlins führte, ohne daß dies mit einem einzigen Wort direkt gesagt wäre.[3]

Auch da, wo das Naturbild anscheinend rein auftritt, geht es um mehr als »das Glück des anschauend Fühlens«, nämlich um die gleichnishafte Funktion: die bei Huchel häufige Krähe z. B., wie sie auch in *Ankunft* im »Krähengeschrei« erscheint, ist zwar vom Leser unmittelbar als der über den märkischen Winterfeldern gesehene und gehörte Vogel sinnlich erfaßbar, bezieht aber ihre künstlerische Spannung aus der hier nur erahnbaren, sich jedoch aus dem Zusammenhang anderer Stellen ergebenden Bedeutungserweiterung zu Totenvogel und Unglückskünder, auch zu der Krähe des Aristeas der griechischen Mythologie, dem Unterweltsboten, dem es möglich war zu sterben und doch wieder von den Toten zurückzukehren: »Ich, Aristeas, als Krähe einem Gott gefolgt«, schreibt Huchel einmal.

Es läßt sich nachweisen, daß ein solches Durchsichtigwerden des Einzelwortes auf mythologische, biblische und literarische Bezugsräume das Wesen der Huchelschen Sprache ausmacht, der es auf diese Weise gelingt, dem alltäglichen Wort, das Huchel, im Gegensatz etwa zu Celan, mit Vorliebe verwendet, seine poetische Potenz zurückzugeben. Vor allem aber wird nun, innerhalb dieser Bezugsräume, das Einzelwort durchsichtig auf eine Thematik, in der sich die Pole Naturlyrik und politische Lyrik zu einem Dritten, nämlich zu einer existentiellen Lyrik vereinen. Der Lyrik Hölderlins nicht unähnlich, entwickelt diese ihr eigenes privatmythologisches Bildsystem, dessen Erhellung erst die Voraussetzung zu einem tieferen Verständnis schafft.

In einer Selbstinterpretation[4] bezeichnet Huchel seine Technik als »das Bild als Gleichnis«. Auch spricht er dort, im Plural, von den »Schichten«, die seine Gedichte hätten und die es von den Interpreten aufzudecken gelte. Dies legt die Frage nahe, ob die Technik der Verschlüsselung durch Gleichnis oder Zitat sich nicht auch in solchen Gedichten wiederfindet, die sich nicht als vorwiegend politisch zu erkennen geben. Und die zweite Frage, ob der jeweilige Text mit dem Aufdecken der politischen Schicht erschöpft ist. Vielleicht erschließen sich hinter der politischen Schicht noch andere Schichten, von denen Huchel ja im Plural spricht. Er wehrt sich geradezu gegen eine einseitig politisch-biographische Interpretation seiner Gedichte: er will, schreibt er, daß sich sein Text behaupte »gegen seine Interpreten, gegen etwaige Spekulationen, Erhellungen und Biographismen«. In dem eben genannten Gedicht *Ankunft* erschließt sich eine zweite, über das Politische hinausgehende Schicht durch die Frage: »Wer zündet im blakenden Nebel / das Feuer an?« Dies ist nämlich die Frage nach Gott! Jesaja hatte geschrieben: »Dann wird er den Unflat der Töchter Zion waschen und die Blutschulden Jerusalems vertreiben von ihr durch den Geist, der richten und ein Feuer anzünden wird.« Für Huchel gibt es diese Zuversicht nicht, die Frage bleibt ohne Antwort. Auch in dem Gedicht *Elegie,* 1962 geschrieben, als Huchel, bis dahin Herausgeber von *Sinn und Form,* in Ungnade fiel, muß in der Todesfahrt Homers nach Ios, die Huchel dort evoziert, mehr gesehen werden als die biographische Parallele des erzwungenen Verstummens des unter Hausarrest gestellten Huchel im Bilde des blinden sterbenden Dichters Homer. Auch hier steht am Ende der schweigende Gott, ja eine ekelerregende, abstoßende Transzendenz: am Gestade des Jenseits findet der Reisende in den Tod nicht neues Leben und Erlösung, sondern »Knaben [. . .] mit leeren Netzen und Läusen im Haar«. Das bei Huchel häufige Wort »leer« steht in seinem Werk immer als Zeichen der leeren Transzendenz, der »leeren Finsternis des Himmels«, wie Huchel einmal schreibt, eines Himmels »ohne Stern und Gnade«. So erweist sich in *Ankunft* und *Elegie,* wie auch in vielen anderen Gedichten, die politische Dunkelheit letztlich als ein Gleichnis für die Gottesferne, als der kalte und dunkle Zustand einer Welt, in der Gott schweigt.

Die Gottesferne ist nun in der Tat *das* zentrale Thema Huchels, das sich in den Bildern der Vereisung und Verfinsterung durch sein ganzes Werk zieht und schon in den dreißiger Jahren deutlich ausgesprochen wurde, nämlich in dem kurzen Prosatext *Von den armen Kindern im Weihnachtsschnee,* einer Antiweihnachtsgeschichte, wo ein leuchtender Christbaum zwei Büdnerkinder in einen Spukwald lockt und sie dort im Schnee erfrieren läßt, sowie in dem Hörspiel *Die Brigg Santa Fé* (1937), das ein in der Weihnachtszeit von »höllischem Eis«, wie es heißt, eingeschlossenes Schiff zeigt – eine Anspielung auf Caspar David Friedrichs Gemälde vom Schiff im Eismeer, das als »gescheiterte Hoffnung« (hier der gescheiterte *Glaube*: Santa *Fé* = fides) interpretiert worden ist. Diese Texte sind bisher so gut wie ignoriert worden, auf das Thema der Gottesferne bei Huchel wurde man erst aufmerksam, als Huchel es in seinem letzten Gedichtband zum Titel erhob: *Die neunte Stunde,* in der Christus am Kreuz die Worte schrie: »Mein Gott, mein Gott, warum hast du mich verlassen.« Allerdings wird von dorther erst sichtbar, wie bewußt Huchel schon in den Titeln seiner Bände sein gesamtes Werk unter den Aspekt der Todesverfallenheit im Zeichen der Gottesferne stellt, nämlich in der Akzeleration der Zeit, dem Näherkommen des Todes: *Chaus-*

seen Chausseen – wo das alte Motiv der Lebensreise anklingt, daher die immer wiederkehrende Odysseus-Gestalt bis hin zum *Grab des Odysseus* im letzten Band – *Gezählte Tage* und schließlich *Die neunte Stunde*.

Auch in den frühesten, noch unter dem Namen Helmut Huchel veröffentlichten Gedichten stellt Huchel jede Suche nach Gott, der hinter Nebeln und Schatten immer ein Deus absconditus bleibt, als illusorisch hin, und er tut dies in einer Sprache, die an Jakob Böhme erinnert, mit dem er sich, wie Huchel dem Verfasser dieser Arbeit schrieb, sehr intensiv beschäftigt hat:

Du Name Gott, wie kann ich dich begreifen?
Du schweigst bewölkt. Du bist. Wir aber werden
nicht Frucht aus deinem Wort. O regne Licht
in uns! Wir blühen wohl in deinem Reifen,
dann aber welken wir, noch in Gebärden,
denn mystisch dunkelt uns dein Angesicht.

Zum erstenmal klingt in diesem Gedicht auch das Thema der prometheischen Revolte an: »Sind nicht alle Stufen / der Erlösung Taten nur aus unserem Samen?« fragt Huchel dort.[5] Diese Revolte zieht sich durch Huchels gesamtes Werk und gipfelt in dem im übrigen zu Recht vergessenen *Bericht aus Malaya* (1956), in dem er Mao Tse Tung feiert als »das Gestirn, / Das schimmernd geht am Rande der Nacht / Dem Morgen voran«. Das aber ist nach biblischer Auffassung Luzifer: »Wie bist du vom Himmel gefallen, du schöner Morgenstern«, schreibt wiederum Jesaja. Wo Gott nicht hilft, steht Luzifer-Prometheus dem Menschen auf dieser Erde bei. In dem Protest gegen einen ungerechten Gott – »O Jesu, was bist du lang ausgewesen, / o Jesu Christ? / Die sich den Pfennig im Schnee auflesen, / sie wissen nicht mehr, wo du bist« – begann Huchels Sympathie für den Sozialismus.

Wie alle großen Rebellen gegen Gott, sei es Nietzsche, der das intensiv gelebte Leben zum obersten Gut erhob, sei es Camus, für den es die im Dienste des Mitmenschen geleistete Arbeit war, schafft sich Huchel einen Ersatzgott; wie Hölderlin, der ebenfalls am christlichen Gott zweifelte, schafft er eine private Religion, aus der heraus sein Werk überhaupt erst verständlich wird; immer wieder unterstreicht er im Zitat seine Nähe zu Hölderlin. Huchels Privatreligion ist die Vorstellung einer als göttlich verstandenen gerühmten Erde, nicht im pantheistischen Sinne, sondern als eines sein Prinzip allein aus sich selbst heraus empfangenden Weltverlaufs, der aber nicht, wie der christliche oder wie Hegels Weltverlauf, linear ist, sondern zyklisch. Gerade in jenem zyklischen Wesen, im Wissen von der ewigen Wiederkehr, findet Huchel jenen Halt, den der Christ in Gott findet. Das prägnanteste Bild für diesen ewigen Kreislauf von Geburt, Tod und Neugeburt bringt Huchel dann auch in dem so bezeichnend *Das Gesetz* genannten großen Hymnus auf den Wiederaufstieg aus der Zerstörung des Krieges: es ist »das alte Schöpfrad der Nacht«, in der Urchaos, Tod und Mutterschoß sich zum ewigen Verschlingen und Wiedergebären vereinigen. Zum Zeichen des immer wiederkehrenden Lebens wird bei Huchel – auch dies ist nichts »anschauend Gefühltes«, wie Lehmann es bei Huchel vermißte – die bei ihm so häufige Pappel, der Lebensbaum. Es ist die Pappel des Herakles, die der griechischen Mythologie zufolge am Ufer des Acheron als Zeichen neuen Lebens wuchs. Bei Huchel findet sich diese Vorstellung unverändert, besonders ausgeprägt in dem Gedicht *Die Pappeln*, in dem auch Charon und der Acheron begegnen, wo aber die neue Saat im Zeichen der Pappel neues Leben verspricht:

> Schweigend schob der Fischer
> Den Kahn in den Fluß. Es klagte
> Die frierende Stimme des Wassers,
> Das Tote um Tote flößte hinunter.
> [. . .]
> Im Kahlschlag des Kriegs glänzt Ackererde,
> Es drängt die quellende Kraft des Halms.
> Und wo der Schälpflug wendet,
> Die Stoppel stürzt,
> Stehn auf dem Hang die beiden Pappeln.
> Sie ragen ins Licht
> Als Fühler der Erde.

Die Personifizierung nun, die Huchel für die von ihm als Gott gesetzte Erde findet, ist die allen frühen Mythologien gemeinsame Große Mutter, die Erdmutter: »Durch Wasser und Nebel wehte dein Haar, / Uralte Mutter, die alles gebar« schreibt er in der ersten Fassung von *Eine Herbstnacht*, oder in *Heimkehr:*

> Da war es die Mutter der Frühe,
> unter dem alten Himmel,
> die Mutter der Völker.
> Sie ging durch Nebel und Wind.

Das also ist die Frauengestalt, die Magd, die Frau, die Alte, die

Greisin, die als häufigste Figur bei Huchel in Dutzenden von Gedichten erscheint und deren Auftreten man bisher interpretiert hatte als Ausdruck von Huchels Interesse für eine unterdrückte Klasse der einfachen Knechte und Bauern. Blickt man nämlich genauer hin, so erkennt man, daß – wo immer diese Frauengestalt erwähnt wird – sie umgeben ist von den Attributen, die die frühe Mythologie ihr gab: Mond, Kuh, Milch, Katze, dem Lebensfaden – sie knäult Wolle oder strickt –, dem Hügel oder Hang als Gestalt gewordene Erdmutter (»auf dem Hang die beiden Pappeln«), der Schlange, der Nacht als Eingang zu Dunkelheit und Tod und dem Todestor, an dem Cerberus anschlägt. Denn sie ist ja nicht nur als Magd die Leben gebende, sondern als Greisin auch die Leben nehmende, sie ist die gute und die schreckliche Mutter, und beide Aspekte sind immer in ihr präsent, wie z. B. in *Damals:*

> [. . .]
> am Rand der Hügel wo ich gewohnt:
> Mein war die katzenäugige Nacht,
> die Grille, die unter der Schwelle schrie.
> Mein war im Ginster die heilige Schlange
> mit ihren Schläfen aus milchigem Mond.
> Im Hoftor manchmal das Dunkel heulte,
> der Hund schlug an, ich lauschte lange
> den Stimmen im Sturm und lehnte am Knie
> der schweigsam hockenden Klettenmarie,
> die in der Küche Wolle knäulte.
> Und wenn ihr grauer schläfernder Blick mich traf,
> durchwehte die Mauer des Hauses der Schlaf.

Eine häufig in Verbindung mit der Frauengestalt genannte Pflanze ist der Beifuß, wie etwa in dem Gedicht *Am Beifußhang.* Beifuß aber heißt volkstümlich »Mutterkraut« oder lateinisch »Artemisia«, der Hügel oder Hang ist die Gestalt gewordene Artemis. So sind bei Huchel die Naturbilder auch zu lesen.

Huchel verdankt, wie er im persönlichen Gespräch bestätigte, seine eingehende Kenntnis der zur Großen Mutter gehörenden Symbolik, zu der auch der tellurische Untergrund, die so häufig bei ihm genannte Teich- und Sumpfwelt als Zeugungsgrund kommt, dem umfangreichen Werk Johann Jakob Bachofens *Das Mutterrecht,* das – 1861 veröffentlicht – zum erstenmal die Gestalt der Großen Mutter und deren Erscheinungsformen in den frühen Mythologien ausführlich untersuchte. Huchel lernte das Werk in seinem zweiten Studiensemester kennen. Wie Hölderlin die griechischen Himmlischen in seine Gegenwart versetzen wollte, so will auch Huchel die Erdmutter in unserer Zeit erkennen und ihr neue Verehrung angedeihen lassen. Denn Huchel spricht an kaum einer Stelle von einer als griechisch, ägyptisch oder anderweitig antik verstandenen Gestalt, kennzeichnet sie vielmehr als »wendisch«, d.h. als beheimatet in der heute noch bestehenden slawischen Restbevölkerung der näheren Umgebung Berlins, aus der Huchel stammt, einer Bevölkerung, deren Erd- und, im Spreewald, Wasserverbundenheit Huchel das Erlebnis eines zyklischen, an Jahreszeiten und Lebensalter gebundenen Weltverständnisses vermitteln konnte:

Aber am Morgen,
es dämmerte kalt,
als noch der Reif
die Quelle des Lichts überfror,
kam eine Frau aus wendischem Wald.
[...]
Da war es die Mutter der Frühe,
unter dem alten Himmel,
die Mutter der Völker.

(*Heimkehr*)

Hier ist im Auge zu behalten, daß der Wald, aus dem »die Mutter der Frühe« tritt, für Huchel das Zeichen des Weiterlebens der Spezies in der zyklischen Erneuerung von Absterben und neuem Wuchs darstellt, auch wenn das Individuum, der einzelne Baum stirbt: »Sie legten die Säge an den Baum / und töteten mich«, schreibt Huchel in dem späten Gedicht *Im Kun-Lun-Gebirge*.

Mit der Stellung des Individuums vor der Vergänglichkeit aber kommen wir zu Huchels Alterswerk und zu der Frage, die dieses an ihn stellt: kann Huchel die umrissenen Grundpositionen seines Werkes, antichristliche Revolte und Vergötterung der Erde, bis zum Ende aufrechterhalten? Wie weit trägt, so müssen wir fragen, eine solche Privatreligion ihren Schöpfer angesichts des Todes, um den alle seine späten Gedichte kreisen? Um die Antwort vorwegzunehmen: sie trägt nicht, so wie auch Hölderlins Privatmythologie diesen zum Schluß nicht mehr trug. Huchel erzählte im privaten Gespräch das persönliche Erlebnis eines Fluges in einer bulgarischen Staatsmaschine, in der er, als er in der DDR noch in Amt und Würden war, mit hohen bulgarischen Funktionären in einen Sturm geriet. Als die Maschine notlanden mußte, sanken alle Funktionäre in die Knie und riefen laut die Jungfrau Maria an. Dies, fügte Huchel hinzu, habe ihm doch zu denken gegeben: der Sozialismus habe doch keine Antwort auf das Problem des Todes. Denn an dieser Stelle bricht die Vergottung des Diesseits zusammen, der Zyklus der ewigen Wiederkehr, den Huchel gefeiert hatte, wird unterbrochen. Den Weg von der Geburt zum Tod, dessen einzelne Stationen Huchels Gedichte markieren und den er einmal, sein Ziel vorwegnehmend, in einem frühen Nachkriegsgedicht so bezeichnet hatte: »zwischen den beiden / Sicheln des Mondes wurde ich alt,« – um ihn dann doch wieder in das ewige Geschehen des ›Waldes‹ einmünden zu lassen: »wie der blutgetränkte Fluß, / wie der aschig trauernde Wald« – diesen Weg beschreiten die späten, nach 1970 geschriebenen Gedichte bis zu seinem Ende und leugnen nun ausdrücklich die Relevanz eines Mythos, der ihn bis dahin getragen zu haben schien. Er sieht sich auf die Nietzschesche Frage zurückgeworfen, die immer auch hinter seinem Grundproblem der Gottesfinsternis gestanden hatte:

»Was taten wir, als wir diese Erde von ihrer Sonne losketteten? Wohin bewegt sie sich nun? Wohin bewegen wir uns? Fort von allen Sonnen? Stürzen wir nicht fortwährend? Und rückwärts, seitwärts, vorwärts, nach allen Seiten? Gibt es noch ein Oben und Unten? Irren wir nicht wie durch ein unendliches Nichts? Haucht uns nicht der leere Raum an? Ist es nicht kälter geworden? Kommt nicht immerfort die Nacht und mehr Nacht?«

Unter der blanken Hacke des Monds
werde ich sterben,
ohne das Alphabet der Blitze
gelernt zu haben.

Im Wasserzeichen der Nacht
die Kindheit der Mythen,
nicht zu entziffern.

Unwissend stürz ich hinab,
zu den Knochen der Füchse geworfen.

(Aus: *Gezählte Tage*)

Huchel gebraucht hier das Wort ›Mythen‹ zum erstenmal, so als versuche er nun – 1971 – den wesentlichen Bestandteil seiner Vorstellungswelt im Abstraktum zu objektivieren, um ihm prüfend gegenüberzutreten und ihn wie eine vormals schützende, nun aber wertlose Hülle abzuwerfen. Ähnliches geschieht ja auch in dem an gleicher Stelle, im *Merkur* vom Januar 1972 zuerst veröffentlichten Gedicht *Pe-Lo-Thien* in der erstmaligen Nennung der »Masken«, deren sich Huchel so oft bedient hatte – man denke an Titel wie *Polybios, Alkaios, Der Garten des Theophrast,* die Maske des Jesaja in *Ankunft* –, die aber jetzt ›geschunden‹ sind:

> Aus eisigen Wassern
> tauchen die Tage auf,
> störrisch und blind.
> Mit geschundenen Masken
> suchen sie frierend
> das dünne Reisigfeuer
> des Verfemten,
> der hinter der Mauer lebt
> ...

Nun gelingt auch die Einmündung in das ewige Geschehen des ›Waldes‹, in dem der einzelne Baum zwar stirbt, das Ganze aber weiterlebt, nicht mehr, vielmehr wird der Baum zum häßlichen ›Gerippe‹ und der Wald, im Bilde des »Marders«, zum bedrohlichen Anderen, zum Feind:

> Dies ist dein Rastplatz,
> alter Mann,
> ein Ahorngerippe.
> ...
> Es blickt dich
> der Wald mit den Augen
> des Marders an.
>
> (*An der Lachswasserbucht*)

Insgesamt sind es vier Gedichte, in denen Huchel (in der genannten Nummer des *Merkur*) zum erstenmal Bilanz zieht: *Unter der blanken Hacke des Monds, In der Lachswasserbucht, Bei Wildenbruch* und *Pe-Lo-Thien.* Sie alle besagen dasselbe: der Dichter nimmt, im Angesicht des Todes, um den sie kreisen, Abschied von seinem Werk. Sind es im ersten die »Mythen«, die er abweisen will, im letzten die »Masken«, die durchsichtig werden, so zerbricht im zweiten die zyklische Einheit mit der Erde, dem »Wald«. Auch diese Vorstellung wird, in einem etwas späteren Gedicht, zum erstenmal direkt angesprochen: während die ewig sich erneuernde Schöpfung die Spezies, den »Wald«, weiterleben läßt, wird der einzelne Baum zum Zeichen des unterbrochenen Kreislaufs, zum Zeichen des Todes. In demselben Sinne hatte Huchel einmal das Überleben der »Herde« gefeiert: »Uralter Hirt, dein Volk zu hüten, / gingst du im Staub der Herde nach, ... Umkreist vom Hund, beschirmt von *Widdern* / sah ich die Herde weidend ziehn« (*Wendische Heide*). Von dieser Herde nimmt das einzelne Tier Abschied:

Abschied von den Hirten

Nun da du gehst
vergiß die felsenkühle Nacht,
vergiß die Hirten,
sie bogen *dem Widder* den Hals zurück
und eine graubehaarte Hand
stieß ihm das Messer in die Kehle.

Im Nebelgewoge
schwimmt wieder das Licht
der ersten Schöpfung. Und unter *der Tanne*
der nicht zu Ende
geschlagene Kreis aus Nadeln und Nässe.
Dies ist dein Zeichen. Vergiß die Hirten.

(Aus: *Gezählte Tage*)

Unzweideutig weist Huchel hier auf seine eigene Person: wie er dem Verfasser in einem Gespräch mitteilte, meint er, der an einem dritten April unter dem Sternbild des Widders geboren wurde, mit dem Widder sich selbst.

Den für den Dichter schwerwiegendsten Verlust behandelt das dritte im ›Merkur‹ veröffentlichte Gedicht, *Bei Wildenbruch.* Der Name des kleinen märkischen Dorfes Wildenbruch, eine Wegstunde von dem Dorf seiner Kindheit, Alt-Langerwisch, entfernt, wird zum Bild des ›wilden Bruchlands‹ der menschlichen Beziehungen, dem ›steinigen Grund‹ der ›sandigen Öde‹ der früheren Gedichte über die Sprache, die sich nun als unfähig erweist, die Kommunikation, die Huchel mit seinem Werk gesucht hatte, herzustellen. Zum letztenmal erscheint das bei Huchel so häufige Zeichen der »Distel«, unter deren stacheliger Abwehr er seine Sprache angesiedelt hatte, um sie vor dem Zugriff Uneingeweihter zu schützen:

Unter der Wurzel der Distel
Wohnt nun die Sprache,
Nicht abgewandt,
Im steinigen Grund.

(*Unter der Wurzel der Distel*)

Hier tragen Krähen, die – wir sahen es – bei Huchel immer als Totenvögel standen, die Botschaft der Sprache in die leere Transzendenz, in die »weiße Finsternis des Himmels«:

Eine Distel,
deren Gedächtnis der Wind zerfasert.

[. . .]
Bald frißt der Nebel
aus der Krippe kahler Äste.

Das Geständnis des Jahrs, die Krähen
tragen es in die weiße Finsternis des Himmels.

Technisch gesehen heißt dies: Huchel abstrahiert nun, im Mittel der direkten Nennung, von seinem Werk; er macht in seinen späten Gedichten jene Stationen explizit, die in seinem früheren Werk impliziert, aber nicht direkt ausgesprochen waren: ›Maske‹, ›Finsternis des Himmels‹, ›Mythos‹ und ›Kreis‹. Dadurch wird die Sprache dieser Gedichte nüchterner, lakonischer, in der den ganzen Komplex einbeziehenden Abstraktion summarisch. Eben darum geht es: Huchel zieht die Summe seines Werkes, und es ergibt sich für ihn, so will es scheinen, in jedem Falle das Nichts. Ist es aber allein Desillusion, die ihn so sprechen läßt? Die Literaturgeschichte kennt berühmte Fälle von Widerrufungen in letzter Stunde, so den Hölderlins, der, nach dem Versuch, Griechentum und Christentum zu versöhnen, zum letzteren zurückstrebte und auf dem Weg scheiterte. Müssen wir in Huchels Objektivierung der Mythen und deren Zurückweisung sein »Könnt ich Magie von meinem Pfad entfernen« sehen, so scheitert er wie jener: Huchel bleibt, in der doppelten Bedeutung des Wortes, in der Welt seines Mythos ›verhaftet‹; die »Krippe«, in der Jesus, der Bringer neuen Lebens lag, ist weiterhin leer – die »Krippe kahler Äste« –, ja der Gott verhüllende Nebel »frißt« aus ihr.

So stellt sich nun, an der Grenze zu diesem Nichts und überwältigender als zuvor, jene mythische Gestalt ein, die Huchel gerade zu dessen Verdeckung am häufigsten beschworen hatte: die Erdmutter, die zwanzig Jahre zuvor zum letztenmal von ihm bei ihrem eigentlichen Namen genannt worden war. Aber, war es damals die »uralte Mutter, die alles gebar«, so ist sie, deren Leben gebenden Aspekt er gerühmt hatte, deren Todesaspekt er im Glauben an die ewige Wiedergeburt überwunden sah, jetzt endgültig und ausschließlich die häßliche, verschlingende, schreckliche Mutter, die auf ihn zukommt. Ihre erneute Nennung nach langer Zeit wirkt hier jedoch nicht objektivierend, sondern konkretisiert sie als Gorgo, ihr ehemals freundliches Mondsymbol wird nun »zur blanken Hacke des Monds«. Immer wieder stellt sich das Bild des Abgrunds ein: »unwissend stürz ich hinab«, und während der Lebensbaum, der Ölbaum Athenes, »oben« »im schroffen Anstieg« zurückbleibt, wächst ihm unten, »am Rand der Teiche«, der Totenbaum, die Weide entgegen:

Ölbaum und Weide

Im schroffen Anstieg brüchiger Terrassen
dort oben der Ölbaum.
Am Mauerrand der Geist der Steine.
Noch immer die leichte Brandung
von grauem Silber in der Luft,
wenn der Wind die blasse Unterseite des Laubs
nach oben kehrt.

Der Abend wirft sein Fangnetz ins Gezweig.
Die Urne aus Licht versinkt im Meer.
Es ankern Schatten in der Bucht.
Sie kommen wieder,
verschwimmend im Nebel,
durchtränkt vom Schilfdunst märkischer Wiesen,
die wendischen Weidenmütter,
die warzigen Alten mit klaffender Brust
am Rand der Teiche,
der dunkeläugig verschlossenen Wasser,
die Füße in die Erde grabend,
die mein Gedächtnis ist.

(Aus: *Gezählte Tage*)

Das Gedicht wurde 1971 in Italien geschrieben, wo Huchel nach seiner Ausreise aus der DDR zunächst lebte, und wurde von ihm zum Zeitpunkt der Veröffentlichung der genannten vier Gedichte im ›Merkur‹, im Januar 1972, im Rundfunk gelesen. Daß ihn gerade in Italien, im Land des Lichtes, das für ihn das Zeichen der Neugeburt war – wir erinnern uns an *Die Pappeln:* »auf dem Hang die beiden Pappeln. / Sie ragen ins Licht / Als Fühler der Erde« – »die wendischen Weidenmütter« einholen und sich in sein Gedächtnis eingraben, als wollten sie Besitz von ihm nehmen, zeigt doch wohl, daß die Hülle, die abzulegen er bemüht scheint, festgewachsen ist und er der mythisierten Erde, die ihn jetzt bedroht, nicht entkommen kann: sie ist identisch mit ihm, sie ist sein »Gedächtnis«. So sind auch die »Masken« in *Pe-Lo-Thien* festgewachsen, sie sind nicht etwa zerschlissen, sondern »geschunden«, wie es nur Haut sein kann, durch die der wunde ungeschützte Mensch sichtbar wird. Schöpfung und Schöpfer sind eines geworden, die Privatmythologie ist zur Privatreligion geworden, die auf ihren Stifter zurückschlägt. Es ist wohl kaum zuviel gesagt, wenn noch einmal an Hölderlin erinnert wird, der im November 1802, am Beginn seines Wahnsinns, schrieb: »wie man Helden nachspricht, kann ich wohl sagen, daß mich Apollo geschlagen«. Huchel bleibt der Versuch einer Rückkehr zum Christentum, der in Ansätzen nur in seinem künstlerisch sehr bedeutenden Jakob-Böhme-Gedicht *Alt-Seidenberg* faßbar wird[6], versagt. Er geht seinen einmal gewählten Weg konsequent zu Ende. Seine späten Gedichte sind Zeugnisse einer immer auswegloseren Bewußtwerdung des Verfallenseins an die selbstgeschaffene Glaubenswelt.

Zunächst projiziert er seine eigene Stellung gegenüber der christlichen Religion auf eine persona und wählt als Parallele eine Gestalt, die sich, wie er selbst, zu ihrem Verderben mit »Hexen« eingelassen hatte und nicht mehr fähig war zu beten – *Macbeth* (GT): »But wherefore could not I pronounce ›Amen‹? /I had most need of blessing« (2. Akt, 2. Szene). Fühlt Huchel, daß auch er nun dieses Segens bedarf? Im Gedicht versucht er, sich von den Hexen abzuwenden, er will ihre Sprache nicht mehr sprechen:

> Mit Hexen redete ich,
> in welcher Sprache,
> ich weiß es nicht mehr.

Doch damit ist es nicht getan, sie lassen sich nicht bannen:

> Aufgesprengt
> die Tore des Himmels,
> freigelassen der Geist,
> in Windwirbeln,
> das Gelichter der Heide.

Das ist die heidnische, die »wendische Heide« des gleichnamigen Gedichtes – »Hexenheide« nennt Huchel sie schon in einem frühen Gedicht –, aber auch die Heide in Shakespeares Stück. Nach Shakespeares Vorstellung richtet sich der unheilige, von den Hexen erzeugte Wind gegen die Kirche. Die Strophe weist auf die Worte, die Macbeth zu den Hexen spricht: »you untie the winds, and let them fight / Against the Churches« (4. Akt, 1. Szene). Gleichzeitig jedoch, durch eine geschickte Überblendungstechnik, unterstreicht Huchel in dieser Strophe seine Nähe zu Hölderlin und zu dessen Versuch einer Aussöhnung mit dem christlichen Gott: die Strophe ist nämlich, über die Shakespeare-Anspielungen hinaus, ein teilweise wörtliches Zitat aus Hölderlins spätem Fragment *Das Nächste Beste*, in dem es Hölderlin, wie die zweite Fassung und die Lesarten zeigen, um eine Verbindung der griechischen »Himmlischen« mit dem ›ewigen Vater‹ zu gehen scheint. Vergebens versuchen die Lesarten der dritten Fassung, »Gott« und den »heiligen Geist« in die Hymne einzufügen. In der zweiten und dritten Fassung lauten die Anfangszeilen:

> Offen die Fenster des Himmels
> Und freigelassen der Nachtgeist,
> Der himmelstürmende, der hat unser Land
> Beschwätzet, mit Sprachen viel, unbändigen.

Es ist bezeichnend, daß Huchel den Hölderlin-Text von »Fenster des Himmels« abwandelt zu »Tore des Himmels«. Zum einen entspricht dieser Wortlaut seiner Tor-Symbolik und ihren Assoziationen zur Erdmutter, zu Nacht und Tod (vgl. oben *Damals*), zum anderen gelingt ihm so die Verschmelzung mit dem Shakespeare-Text, der diese Assoziationen verstärkt. In der berühmten Pförtner-Szene öffnet sich nach dem Mord an Duncan für Macbeth das Tor zur Hölle:

Porter Here's a knocking indeed! If a man were Porter of Hell Gate, he should have old turning the key. (knocking) Knock, knock, knock! Who's there i'th' name of Belzebub? (II 2)

Hölderlins Himmel erscheint so bei Huchel als Hölle, als der leere finstere Himmel, den er angeklagt hatte. Und während sich Hölderlins Fragment, soweit sich dies erkennen läßt, auf die Rückkehr der »Himmlischen« und auf die »Wahrheit« des ewigen Vaters hin zubewegt, lauert in Huchels Gedicht ein Tod, der keine Erlösung bringt:

Am Meer
die schmutzigen Zehen des Schnees.
Hier wartet einer
mit Händen ohne Haut.
Ich wollt, meine Mutter hätt mich erstickt.

Aus den Ställen des Winds
wird er kommen,
wo die alten Frauen
das Futter häckseln.

Diese beiden Strophen weisen auf die erste Szene des vierten Aktes, in der die Hexen um den Kochkessel, »at the pit of Acheron«, versammelt sind, an dem ja auch Hekate erscheint. Was sie hier »häckseln«, sind die Zutaten für ihre Zauberbrühe, in die auch der Finger eines bei der Geburt von der Mutter erstickten Kindes – »Finger of birth-strangled babe« – gehört. Mit Hilfe dieser Brühe machen die drei Geister, die Macbeth erscheinen, ihre unheilvollen, todbringenden Prophezeiungen. Endlich schließt das Häckseln des Futters auch die Vorstellung ein, daß der einzelne in seinem Tode zum ›Futter‹ für das neue Leben wird: es ist die ›blanke *Hacke* des Monds‹, die dieses Futter *häckselt,* die Große Erdmutter als verschlingende.

Hölderlins Fragment endet in der zweiten Fassung mit der Hoffnung auf die göttliche Wahrheit: »Wahrheit schenkt aber dazu / Den Atmenden der ewige Vater.« Huchels Gedicht schließt mit der Anspielung auf die letzten Worte Macbeths, bevor dieser von Macduff getötet wird, Worte, in denen es ebenfalls um das Finden einer Wahrheit geht: Macbeth wird sich plötzlich bewußt, daß er den Hexen nicht hätte trauen dürfen – »be these juggling fiends no more believed«. Er weiß nun, daß ihr Zauber ihn nicht schützt. Dennoch versucht er, sich gegen Macduff zu verteidigen: »before my body / I throw my warlike shield« (V, 8). Bei Huchel ist der »Argwohn« zur Gewißheit geworden, er nimmt ihn, den nicht mehr schützenden »Helm«, ab und stellt sich der Nacht, die ihn wie ein Gebäude einschließt:

Argwohn mein Helm,
ich häng ihn ins Gebälk der Nacht.

Mit logischer Zwangsläufigkeit geht Huchel die nächsten Schritte. Die Entwicklung ist dieselbe, die schon für den Band *Gezählte Tage* galt: was zunächst noch impliziert und nur in Anspielungen gesagt worden war – in *Macbeth*, das seinerseits in der Nennung der Hexen eine Konkretisierung bedeutete, das Öffnen der Höllentore, die Erscheinung Hekates am Acheron –, wird im letzten Band, *Die neunte Stunde*, unmißverständlich in der direkten Nennung ausgesprochen. Es ist, als enthüllte dasjenige, was zunächst nur aus der Ferne als ›Zeichen‹ in Huchels Lyrik wahrgenommen und daher als bloßes Naturbild oder als Gestalt des einfachen Lebens mißverstanden werden konnte, im Näherkommen sein eigentliches Gesicht: darin liegt das Spezifische von Huchels später Lyrik. Das »alte Schöpfrad der Nacht«, der Kreislauf von Geburt, Leben und Tod, der in *Das Gesetz* begrüßt worden war – eine sinnlich nachvollziehbare, aber doch im Grunde unanschaulich bleibende Genitivmetapher –, ist nun ganz konkret eine stampfende Walkmühle geworden, in der das Leben zermalmt wird:

Noch stampft die Walkmühle nachts.
Manchmal horche ich als Krähe
dort oben in der Pappel am Fluß,
reglos in der untergehenden Sonne
den Tod erwartend,
der auf vereisten Flößen wohnt.

(*Aristeas II*)

Laut Herodot fand Aristeas in einer Walkmühle den Tod. Huchel weiß, daß es für ihn innerhalb seiner anti-christlichen Privatreligion keine Erlösung geben kann und daß das jenseitige Ufer des Acheron, auf dessen vereiste Flöße er hier blickt, die Hölle ist; erinnert sei an das »höllische Eis« seines frühen Hörspiels *Die Brigg Santa Fé*. Diese Kälte ist nun allumfassend (*Begegnung*), der Schlitten steht zur Abfahrt bereit:

kalt weht die Nacht
ans alte Gehöft,
im Vorhof fahles Gelichter
Schlitten, Gepäck, verschneite Laternen,
in den Töpfen Tod,
in den Krügen Gift,
das Testament an den Balken genagelt.

Das Verborgene unter
den Klauen der Felsen,
die Öffnung in die Nacht,
die Todesangst
wie stechendes Salz ins Fleisch gelegt.

Jegliche Larmoyanz aber ist Huchel fremd: in einer Geste heroischen Trotzes bekennt er sich weiterhin zu der luziferischen Revolte der von Gott abfallenden Engel, die uns schon begegnet war, obwohl das Gebäude, das da in der Revolte gegen Gott errichtet werden sollte, in Trümmern liegt. Die letzten Zeilen lauten:

Laßt uns niederfahren
in der Sprache der Engel
zu den zerbrochenen Ziegeln Babels.

Es überrascht daher nicht, daß das unmittelbar auf *Begegnung* folgende Gedicht das letzte, das eigentliche Gesicht des Rebellen trägt und mit den Worten beginnt: »Der Teufel sitzt nachts / im Beichtstuhl des Nebels.« Auch die Frauengestalt, die vom Leben gebenden zum Leben nehmenden Aspekt fortschreitend älter werdend Huchel als Magd, Frau, Alte, Greisin und schließlich als Hexe begleitet hatte, erscheint jetzt endgültig und unzweideutig als mit der Hölle verbunden:

Ferne Tochter
der asiatischen Göttin,
die Feuersteinsichel
hast du verloren
am Rand der höllischen Teiche.
Du hörst das Gebell in der Nacht,
das der Radspur folgt von Lager zu Lager.

(*Unterwegs*)

In Hölderlins *Brod und Wein*, jener großen Hymne auf die Vereinigung der christlichen mit der eigenen paganischen Vorstellungswelt, wird am Ende die Hölle überwunden: von dem dionysischen und eucharistischen Wein ›trinket Cerberus und schläft‹, heißt es bei Hölderlin. Hier aber, wie schon in *Macbeth* in einer Umkehrung des Hölderlin-Zitats aus *Das Nächste Beste* die Tore eines zur Hölle gewordenen Himmels aufspringen, dringt das Gebell der Höllenhunde von allen Seiten herein. Bei Hölderlin kommt zu guter Letzt doch noch ein Christus – bei Huchel stirbt er, von der Hölle besiegt: Der Fisch als Christussymbol, als das Akrostichon des griechischen ›ichthys‹, wird ausgeweidet – »Wundmale« sagt Huchel und weist damit auf die Kreuzigung – das Wort, das den Tod überwinden könnte, weht davon; was bleibt, ist die Klage:

Ein Mann,
das Fangnetz über die Schulter geworfen,
steht am Gewässer
und weidet die Fische aus.
Wundmale
die Kiemen der Fische,
sie leuchten im Mond.
Das Wort, ausgesät für die Nacht,
treibt fort, wurzelt im Wind.
Endlos
die Regenlitanei.

(*Nachts*)

»Wundmale / die Kiemen der Fische, sie leuchten im Mond« – »Unter der blanken Hacke des Monds werde ich sterben«, hatte Huchel gesagt. Der Mond aber, wir sahen es schon, ist das alte Symbol der Großen Mutter, die als Hekate /Persephone das Leben wieder fordert, das sie als Magd und Frau, als Demeter gegeben hatte. Sie ist es, die Christus hier besiegt, und so erscheint sie dann, unmittelbar vor dem Gedicht vom besiegten Christus, zum erstenmal ebenfalls in ihrer wahren Gestalt:

Persephone

Die Abgründige kam,
stieg aus der Erde,
aufgleißend im Mondlicht.

Huchel akzeptiert. Nach dem immer intensiveren Ausdruck der Angst, des Grauens und des Entsetzens im immer deutlicher werdenden Angesicht eines Todes ohne Erlösung, beschließt Huchel sein Werk mit einer Abschiedsgeste von fast heiterer Resignation, in einem Gedicht, das bewußt als eines seiner letzten konzipiert wurde:

DER FREMDE geht davon
und hat den Stempel
aus Regen und Moos
noch rasch der Mauer aufgedrückt.
Eine *Haselnuß* im Geröll
blickt ihm mit *weißem* Auge nach.

Jahreszeiten, Mißgeschicke, Nekrologe –
unbekümmert geht der Fremde davon.

Welch bescheidene Summe zieht hier einer der großen Meister der deutschen Lyrik. In drei lakonischen Worten werden ein Leben und ein Schaffen abgelegt und zurückgelassen, wie sonst nur in den grimmigen letzten Texten von Günter Eich. Aber nichts von Grimmigkeit hier. Huchels Liebe zur Erde, die die Natur in seinen Gedichten zum Leben brachte wie bei kaum einem anderen, sein persönliches schweres Geschick als politisch Verfemter, die Stellung, die sein Werk gefunden hat, sie gerinnen zu den einfachen Worten: »Jahreszeiten, Mißgeschicke, Nekrologe.« Ein Fremder geworden auf Erden – noch einmal klingt das Motiv der Lebensreise an, die nun zu ihrem Ende gekommen ist – geht er davon: unbekümmert. Aber wenn auch der einzelne Baum stirbt – »unter der Tanne der nicht zu Ende geschlagene Kreis« –, der Wald bleibt bestehen: eine Samenkapsel, die neues Leben birgt, die Haselnuß der Fruchtbarkeitsmythen, bleibt, damit an anderer Stelle und in anderer Gestalt der Kreislauf wieder beginnen kann. Damit kehrt Huchel, in seinem letzten Gedicht überhaupt, noch einmal ganz an den Anfang seines Dichtens zurück, nämlich zu dem Bild der Nuß, die in den Gedichten *Kindheit in Alt-Langerwisch* und *Die Magd* als Versprechen des Lebens gestanden hatte, wie es ähnlich auch bei der Langgässer und bei Günter Eich gebraucht wird.[7]

> Kindheit, o blühende Zauch,
> wo wir im *nußweißen* Tag,
> klein im Holunderrauch
> waren den Hummeln nach.

und:

> Ein *Nußblatt* wegs die Magd zerreibt,
> daß grün der Duft im Haar mir bleibt.

Ob allerdings diese Saat noch jemals aufgehen wird, bleibt in *Der Fremde geht davon* als Frage offen: sie liegt ja »im Geröll«, dem »steinigen Grund«, der »sandigen Öde« anderer später Gedichte. Was einmal Leben versprach, signalisiert nun, im ›weißen Auge‹, den Tod.

Ein Kreis jedoch schließt sich, nämlich – wie es jetzt ganz deutlich geworden sein dürfte – ein vollendetes, durchgehend bewußt und zwingend komponiertes Kunstgebäude, das für ihn, wie in dem ähnlichen Entwurf Hölderlins, den Charakter einer Privatreligion annahm, derem Gebot er folgt. Wir ehren Huchel, indem wir eintreten in dieses faszinierende, dieses dichtestgefügte Kunstgebäude der jüngeren deutschen Lyrik.

Anmerkungen

1 *Maß des Lobes. Zur Kritik der Gedichte von Peter Huchel,* in: Deutsche Zeitung und Wirtschaftszeitung, 8./9. 2. 1964.

2 *Die Sternenreuse*, München 1967, S. 70; *Gezählte Tage,* Frankfurt/M. 1972, S. 68.

3 Vgl. meine Interpretation in *Über Peter Huchel,* hg. von Hans Mayer, Frankfurt/M. 1973, S. 105.

4 In: *Doppelinterpretationen. Das zeitgenössische deutsche Gedicht zwischen Autor und Leser,* hg. v. Hilde Domin, Frankfurt/M. 1966, S. 96.

5 In: Das Kunstblatt 9 (1925), S. 166, unter dem Namen Helmut Huchel.

6 Vgl. meine Interpretation in: A. V., *Die Lyrik Peter Huchels – Zeichensprache und Privatmythologie,* Berlin 1976, S. 139–145.

7 Vgl. Huchels abschließend zitierte Zeilen aus *Die Magd* mit den z. T. wörtlichen Anklängen in der Episode des Nüssepflückens in Eichs Erzählung *Katharina* aus den dreißiger Jahren: »›Wie gut das riecht‹, sagte sie und zerrieb ein Blatt in den Händen. Wir waren eingehüllt in diesen wunderlichen Duft, als wäre die ganze Welt ein Nußbaum. Ich spürte mein Herz klopfen, da ich Katharina so nahe sah. Sie hielt sich mit dem linken Arm an dem Stamme fest, leicht von mir weggebogen, aber ihr Knie berührte mich, und diese leichte Berührung war wie ein betäubender Besitz, eine erste Nähe, ich fühlte an Lunge und Herz und Geschlecht gleichermaßen, wie sie mich anders machte« (*Werke*, Bd. 4, S. 226).

Joseph P. Dolan

Die Politik in Peter Huchels früher Dichtung

In einem Gespräch mit dem Verfasser dieser Abhandlung legte Peter Huchel Wert darauf zu betonen, daß er schon als junger Mann mit dem Marxismus sympathisiert habe und daß Ernst Bloch sein »väterlicher Freund« gewesen sei.[1] Im selben Geiste versuchte er, sich von der Literaturzeitschrift ›Die Kolonne‹ zu distanzieren, indem er ihren Herausgeber, Martin Raschke, als »Snob« bezeichnete und seinen Ersten Preis im zweiten Lyrikwettbewerb der ›Kolonne‹ als das Ergebnis eines Streichs abtat, den ihm sein Freund Hans Joachim gespielt habe. Nach Huchels Aussage hatte Joachim für den ersten Wettbewerb der Zeitung eine Handvoll Gedichte ohne Wissen des Autors eingesandt. Huchel wurde nicht einmal eine ehrenvolle Erwähnung zuteil. Dann ging Huchel nach Berlin und erwarb sich einen gewissen Ruf aufgrund seiner Beiträge für die ›Literarische Welt‹. Joachim sandte jetzt die Gedichte für den zweiten Wettbewerb erneut ein, wieder ohne Wissen Huchels, der diesmal den Ersten Preis gewann. Die ›Kolonne‹, die zwischen Dezember 1929 und Mitte 1932 erschien, pflegte eine elitäre Konzeption der Kunst und des Künstlers, kämpfte heftig gegen »Tendenzliteratur« und veröffentlichte viel unpolitische Naturlyrik. Es ist klar, daß Huchel in diesem Gespräch versuchte, sich von den Konservativen des ›Kolonne‹-Kreises zu distanzieren und gleichzeitig eine gewisse Kontinuität in seinen politischen Ansichten herzustellen, die ihn von der Weimarer Republik durch das Dritte Reich und in die DDR geleiteten.

Während er sich noch der Gunst des kommunistischen Regimes erfreute, erfolgte eine Würdigung Huchels durch Eduard Zak, der ebenfalls die Aufmerksamkeit auf die Zusammenhänge zwischen Huchels früher Dichtung und seinen späteren Aktivitäten als Dichter und Herausgeber von ›Sinn und Form‹ in Ost-Berlin lenkte. Zak fand, daß der junge Huchel eine tiefe Sympathie für die ursprünglichen Gestalten des Volkes hatte, wie z. B. die Wanderarbeiter, die Bauernknechte und Kuhmägde des ländlichen Brandenburgs, eine Sympathie, die sich unmittelbar in der Forderung nach sozialer Gerechtigkeit und nach Selbstbestimmung für die Arbeiter und Bauern niederschlug. Dieses Bewußtsein der sozialen Verhältnisse auf dem Lande enthüllt nach Zak »den in die Zukunft weisenden Gehalt in Huchels Werk«.[2]

Es wäre sinnlos, diese Behauptungen widerlegen zu wollen, vor allem im Licht solcher Gedichte wie *Der polnische Schnitter*, das die Verse enthält:

> Acker um Acker mähte ich.
> Kein Halm war mein eigen.[3]

Andererseits ist es leicht möglich, Ausmaß und Art von Huchels politischen Sympathien falsch zu beurteilen. Unser Vorhaben ist es, einen Teil seiner frühen Dichtung sowohl immanent als auch in ihrem historischen Kontext zu untersuchen, um so Anhaltspunkte für Huchels frühes politisches Denken zu gewinnen. Auf diese Weise können Existenz und Art möglicher Kontinuitäten genauer bestimmt werden.

Für sich betrachtet, paßt der größte Teil von Huchels früher Dichtung gut in die Kategorie »Naturlyrik« und scheint in den Seiten der ›Kolonne‹ durchaus nicht fehl am Platz zu sein. In vielen frühen Gedichten sparte Huchel in der Tat politische und soziale Themen aus und vermied alles offenkundig Tendenziöse, jenes Stigma, das bürgerliche Literaturkritiker nur allzu gern den Werken linksgerichteter Schriftsteller aufdrückten. Es gehörte jedoch zur Atmosphäre jener Zeit, daß selbst ein offenbar harmloses, unpolitisches »Natur«-Gedicht den Zeitgenossen eine eindeutig politische Botschaft vermitteln konnte. Wie Johannes R. Becher in ›Die Linkskurve‹ schrieb: »Und wenn ihr schweigt, wir fragen, worüber ihr schweigt: in euch schweigt die Klasse, auch euer Schweigen ist Stellungnahme.«[4] Also müssen wir bei unserem Versuch, Huchels politische Wertsetzungen zu entdecken, nicht nur auf das achten, was er ausspricht, sondern auch auf das, was er nicht ausspricht.

Für dieses Vorhaben ist eine oberflächliche Aufzählung thematischer Kategorien nicht ausreichend. Um Peter Huchels Antwort auf seine historische Situation wirklich zu verstehen, müssen wir so tief wie möglich in seine dichterische Welt eindringen. Nur indem wir die »Tiefenstruktur« aufspüren, gewinnt das Bild der Natur und des ländlichen Lebens seine volle Bedeutung. Um diese Grundlagenarbeit zu leisten, haben wir das bekannte Gedicht *Der*

Knabenteich zur Analyse ausgewählt, das John Flores als Huchels größte Leistung auf dem Gebiet der Naturlyrik bezeichnet hat.[5]

Der Knabenteich

Wenn heißer die Libellenblitze
im gelben Schilf des Mittags sprühn,
im Nixengrün der Entengrütze
die stillen Wasser seichter blühn,
hebt er den Hamen in die Höhe,
der Knabe, der auf Kalmus blies,
und fängt die Brut der Wasserflöhe,
die dunkel wölkt im Muschelkies.

Rot blüht um ihn die Hexenheide,
fischäugig blinkt der Teich im Kraut.
Der graue Geist der Uferweide
wird über Sumpf und Binsen laut,
wo dünn der Ruf der scheuen Unken
tönt wie ein Mund der Zauberei . . .
Der Knabe horcht, ins Ohr gesunken
sind Wind und Teich und Krähenschrei.

Verzaubert ist die Mittagshelle,
das glasig grüne Algenlicht.
Der Knabe kennt die Wasserstelle,
die anders spiegelt sein Gesicht.
Er teilt das Schilf, das splittrig gelbe:
froschköpfig plätschert hoch der Nick –
und summt und spritzt und ist derselbe
wie einst mit tierhaft wildem Blick.

Und auch der Teich ist noch derselbe
wie einst, da dein Mund Kalmus blies,
dein Fuß hing ins Sumpfdottergelbe
und mit den Zehen griff den Kies.
Wenn dich im Traum das teichgrüntiefe
Gesicht voll Binsenhaar umfängt,
ist es als ob der Knabe riefe,
weil noch dein Netz am Wasser hängt.[6]

Wie so viele von Huchels frühen Gedichten wiederholt *Der Knabenteich* eine Kindheitserfahrung, um dem Erwachsenen durch den Kontakt mit der Natur wieder die Ganzheit zuteil werden zu lassen. Das Gedicht *Die Magd* z. B. erfaßt die Beziehung zwischen dem Kind und der betagten Dienstperson, die »mehr als Mutter noch« ist und letztlich mit der »Großen Mutter« identifiziert wird. Gedichte wie *Herkunft*, *Bartok* oder *Der Ziegelstreicher* beschwören Gestalten aus des Dichters Kindheit herauf, die im Einklang mit der Natur lebten und das Kind mit der Sicherheit dieser Harmonie umgaben. Die meisten der frühen Gedichte haben jedoch die Person des Dichters selbst als Kind zum Gegenstand. Neben *Der Knabenteich* könnte man *Kindheit in Alt-Langerwisch, Caputher Heuweg, Am Beifußhang* und viele andere erwähnen.

Kindheitserinnerungen aller Art waren in den zwanziger Jahren sehr beliebt. Sie bedeuteten nach Dietrich Bode »Rückkehr hinter den Krieg und die Revolution, Suche nach den verlorenen Zusammenhängen, einem Lebensganzen, Urbildern, nach Naivität«[7] und nicht Erweckung revolutionären Bewußtseins. Schriftsteller wie Ernst Jünger, R. A. Schröder, J. Weinheber und der Herausgeber der ›Kolonne‹, Martin Raschke – alle von konservativer Prägung – folgten dem Trend zur Autobiographie. Kindheitserinnerungen waren um so anziehender, als sie ein Gegenmittel gegen die graue Nüchternheit der »Neuen Sachlichkeit« darstellten, die als Reaktion auf das Pathos des Expressionismus Wert auf eine quasi-wissenschaftliche Beobachtung legte.

In dem Wort »Kraut« in der zweiten Strophe von *Der Knabenteich* können wir einen Niederschlag dieses neuen Gefühls für Objektivität erblicken. Statt exotischer Früchte oder tropischer Blumen, die nur in schützenden Gewächshäusern oder in Phantasieländern jenseits des Meeres gedeihen, werden uns ganz gewöhnliche, einheimische Kräuter präsentiert. Der Dichter ist sichtlich bemüht, billige oder sentimentale Effekte zu vermeiden. Er möchte vielmehr eine wirkliche Landschaft mit ihrer authentischen Flora und Fauna beschreiben, selbst auf die Gefahr hin, den Leser zu verwirren, der möglicherweise nie etwas von Kalmus, Sumpfdotter, Hexenheide oder Entengrütze gehört hat. Zak behauptet, daß diese spezifische, geographisch verankerte Terminologie, die auch die Namen verschiedener landwirtschaftlicher Gerätschaften umfaßt, ein Beispiel für Huchels Volksnähe sei, und er kann in diesem Zusammenhang Huchel selbst zitieren:

> Wenn sich der Dichter mit der Sprache der Arbeit, der Arbeitsvorgänge, das heißt, mit der Sprache des Volkes beschäftigt, wenn er diese nicht poetisch verbrämt, wohl aber zu seiner eigenen Sprache werden läßt, so wird er im Gedicht ganz neue Wege gehen können.[8]

Wenn man andererseits Huchels Dichtung mit den zeitgenössischen Produktionen Wilhelm Lehmanns und Elisabeth Langgässers vergleicht, die ebenfalls ein wissenschaftlich exaktes Vokabular ausbildeten, das sich auf die Tier- und Pflanzenwelt und das Landleben bezog, so entdeckt man bald, daß es sehr einseitig wäre, in Huchel einen bäuerlichen, an Robert Frost erinnernden Volksdichter zu sehen; alle drei Dichter stehen in der Poeta-doctus-Tradition des Barock, denn es ist offensichtlich, daß ihre Dichtung nicht für Bauernknechte und Kuhmägde bestimmt war, sondern für eine hochgebildete Elite.

Aber *Der Knabenteich* ist nicht nur eine 32-zeilige Naturbeschreibung. In der Fülle exakter Beobachtungen ist unauffällig eine sehr einfache Handlung eingebettet. In der ersten Strophe hebt der Knabe sein Netz in die Luft empor und macht sich daran, die Brut der Wasserflöhe zu fangen; aber diese einfachen Handlungen gehen praktisch in den beigefügten Einzelheiten und angehängten Relativsätzen unter, die eine übermäßige Betonung auf die Szenerie legen. Außerdem wird das erste Erscheinen des Knaben bis zur fünften Zeile aufgeschoben. Die Bewegung, die er ausführt, ist jedoch von Bedeutung. Indem er sein Netz in die Luft emporhebt, behauptet er seine Unabhängigkeit von der Umwelt, sein wesensmäßiges Anderssein wird durch seinen harmlosen Zeitvertreib des Flöhefangens verstärkt, der eine unterschwellige Aggression gegenüber der Natur offenbart. Des Knaben Unabhängigkeit von der Natur wird jedoch bereits in der ersten Strophe untergraben: zunächst durch die völlige Vorherrschaft der Gegenstände der Natur und dann durch den verzaubernden Klang der Sprache, der bereits jetzt das Bewußtsein des Knaben in einen Zustand passiver Rezeptivität einlullt. Es ist jedoch keine melodische Sprache im romantischen Sinne. Der romantische Dichter spielt souverän mit dem Versmaß, um das Auf und Ab seiner Empfindungen zu verkörpern, aber innerhalb dieses Prozesses wird der einzelne Gegenstand entwertet, wie Heinrich Henel schreibt:

> Durch ungleiche Füllung der Senkungen und durch Hebungen von sehr verschiedenem Gewicht, durch feinste Nuancierung der Längen und Kürzen wird ein Erlebnis vermittelt, das alles Einzelne Gesehene auflöst in ein geheimnisvolles, nur dem Ohre vernehmbares Dasein.[9]

Die Sprache Huchels ist nicht von dieser Art. Das Versmaß ist völlig regelmäßig; die ganz wenigen Ausnahmen ereignen sich nur dort, wo sie als bedeutsame Zäsuren innerhalb des Grundthemas fungieren können. Ein Gedicht mit diesem regelmäßigen Rhythmus nimmt einen neutralen Raum ein, in dem jeder Gegenstand einen bestimmten Platz hat und für sich selbst existieren kann. Um noch einmal Henel zu zitieren:

Ein regelmäßiges Metrum vermittelt wenig Empfindung, aber dafür sind die Dinge selbständig und können auch außerhalb der dichterischen Sphäre bestehen.[10]

Wir wollen uns diesen neutralen Raum näher ansehen, indem wir noch einmal die letzten vier Zeilen der ersten Strophe lesen:

hebt er den Hamen in die Höhe,
der Knabe, der auf Kalmus blies,
und fängt die Brut der Wasserflöhe,
die dunkel wölkt im Muschelkies.

Ausgiebiger Gebrauch von Alliteration und Assonanz stellt sicher, daß alle betonten Silben dasselbe Gewicht haben. Buchstäblich jede betonte Silbe ist in ein Gitterwerk von Lauten eingefügt, wie z. B. die Silbe »Ha« in »Hamen«, die durch Alliteration mit »Höhe« und »hebt« und durch Assonanz mit »Knabe«, »Kalmus« und »Wasser« verbunden ist. »K« wiederum verbindet »Knabe« und »Kalmus« mit »dunkel«, »wölkt« und »-kies«; »ö« kommt nicht nur in »Höhe« und »wölkt« vor, sonder auch in »-flöhe«; »u« verknüpft »dunkel« mit »Brut« und »Muschel« und so weiter. Die Wirkung all dessen ist nicht eine freischwebende Melodie, unabhängig von den Gegenständen, sondern vielmehr ein Klang, der in den Gegenständen verankert ist und von ihnen ausströmt.

Daß dies die Absicht des Dichters ist, wird besonders in der zweiten Strophe deutlich, in der die Handlung auf ein bloßes Zuhören reduziert ist: »Der Knabe horcht, ins Ohr gesunken / sind Wind und Teich und Krähenschrei.« Wie in der ersten Strophe erscheint der Knabe erst gegen das Ende hin, wodurch die Natur wiederum ihre Vorherrschaft behauptet. Der Klang des Gedichtes ist der Klang der Natur, die den Knaben von seiner aggressiven Unabhängigkeit weglockt und ihn zwingt, mit ihr eins zu werden. Als ob sie durch sein feindseliges Verhalten beleidigt wäre, leistet die Natur Widerstand und schützt sich, indem sie den Knaben ihrem Zauber unterwirft. Das wird – vielleicht überdeutlich – zum Ausdruck gebracht in den Versen:

Der graue Geist der Uferweide
wird über Sumpf und Binsen laut,
wo dünn der Ruf der scheuen Unken
tönt wie ein Mund der Zauberei ...

Auch ohne die ausdrückliche Erwähnung des »grauen Geistes« wäre es deutlich genug gewesen, daß der Knabe in ein Reich der Magie getaucht worden ist.

Die Assimilation wird in der dritten Strophe vollendet. Wieder wird uns zunächst eine Beschreibung geboten: »Verzaubert ist die Mittagshelle, / das glasig grüne Algenlicht.« Sobald der Knabe aufgehört hat, Flöhe zu fangen und sein Ohr den Tönen seiner Umgebung geliehen hat, ist es eine ausgemachte Sache, daß er bald genauso verzaubert sein wird wie die Mittagshelle; aber zunächst regt sich eine Erinnerung in ihm: »Der Knabe kennt die Wasserstelle, / die anders spiegelt sein Gesicht.« Aus Erfahrung weiß er, was dort geschehen kann. Wie weit diese Erinnerung zurückreicht oder wie oft die Erfahrung stattgefunden hat, wissen wir nicht, aber letztendlich würden wir mit Sicherheit das Stadium des ungeborenen Kindes erreichen, das die ursprüngliche Einheit von Selbst und Welt im Mutterleib genießt. Wie dem auch sei, die Erinnerung und die innere Einwilligung spielen die entscheidende Rolle: unmittelbar darauf teilt er das Schilf und ist nicht länger er selbst, sondern es muß von ihm gesagt werden: »froschköpfig plätschert hoch der Nick ...« (»Nick« steht hier für das gebräuchlichere »Nix«.) Die Vollständigkeit der Verwandlung wird durch die metrische Unregelmäßigkeit betont, die einen Akzent auf »frosch-« legt. Der Knabe ist nun völlig eins mit der Natur, »derselbe / wie einst mit tierhaft wildem Blick«.

An dieser Stelle könnte das Gedicht enden, da der Prozeß, der in der ersten Strophe begonnen hat, abgeschlossen ist. Die Wörter »derselbe / wie einst« dienen jedoch als Übergang zu einer letzten Strophe, die aus einer neuen Perspektive gesprochen wird, nämlich derjenigen eines Erwachsenen, der sich aus dem Reich der Erinnerung löst und sich gleichzeitig den Weg für eine Rückkehr freihält. Solange der Teich derselbe bleibt wie früher, wenigstens in der Erinnerung, ist es für den Erwachsenen jederzeit möglich, zu ihm zurückzukehren und von der Natur assimiliert zu werden. Die Figur des Gedichtes hat dies in den ersten drei Strophen bewiesen. Die Assimilation des Knaben durch die Natur ist jedoch nur ein Teil der gesamten Handlung des Gedichtes, die durch den umfassenderen Vorgang gebildet wird, in dem die erwachsene Figur sich mit dem Knaben identifiziert, der zu einem Teich geht, um sein vergessenes Netz zu holen. Dadurch, daß der Erwachsene eins geworden ist mit seiner Kindheit, kann er wieder eins werden mit der Natur. Der Mann hat also für einen Augenblick die Zeit überwunden, ja sie eigentlich umgekehrt und damit die wesensmäßige Einheit aller seiner Lebensstufen sichergestellt. Indem er die Zeit umkehrte, hat er sich selbst an der Quelle allen Lebens in der Natur verjüngt. Wasser und besonders kleine Wasseransammlungen sind allgemein Symbole des Mutterleibes, und es wird sicherlich impliziert, daß der Mann zum Mutterleib zurückkehrt, um wiedergeboren zu werden.

Somit ist in dem Gedicht eine Art zyklischer Zeit hergestellt worden. Indem der Mann, versunken in seine Erinnerungen, zum Teich geht, um sein Netz zu holen, ist er zu der Eingangssituation gelangt, in welcher der Knabe am Rande des Wassers sein Netz hebt. Der gesamte Vorgang könnte damit von vorne beginnen. Das Netz ist die Verbindung zwischen den beiden Welten, gewissermaßen der Knotenpunkt zwischen aufeinanderfolgenden Zyklen. Vom Standpunkt des Mannes aus gesehen, steht es in der Welt der Kindheit, aber weil es das Symbol individuellen Bewußtseins ist, bleibt es dem Erwachsenen zugänglich. Wenn er das Netz sucht, wird er in die Welt seiner Kindheit zurückversetzt. Für den Knaben ist das Netz ein Hindernis auf dem Wege der Assimilation an die Natur, aber gleichzeitig ist es das Symbol seiner eigenen potentiellen Reife. So wie der Teich im Knaben enthalten ist, und der Knabe im Teich, so ist der Mann im Kinde gegenwärtig, und das Kind im Manne. Diese zwei ineinandergesetzten zyklischen Modelle bestimmen die »Tiefenstruktur« des Gedichtes. Das naturwissenschaftliche Vokabular bewirkt in Verbindung mit den berauschenden Klangmustern einen Zauber, der das Individuum in eine transhistorische und transpersonale Sphäre entrückt.

Damit haben wir unsere Analyse des Gedichtes abgeschlossen, aber bevor wir versuchen, seine politischen Implikationen aufzudecken, müssen wir uns folgendem Problem stellen: wie ist es möglich, politische Vorstellungen aus einem dichterischen Werk abzuleiten, das bewußt der Politik aus dem Wege geht. Es hat den Anschein, als ob wir unsere Diskussion darauf beschränken müßten, die Affinitäten von Huchels Dichtung zu verschiedenen politischen Haltungen aufzuzeigen, indem wir den gemeinsamen Gebrauch von Sujets nachweisen, die sich in der damaligen Zeitsituation mit konventionellen politischen Vorstellungen verbanden. Guido Zernatto, der österreichische Dichter, der beim ersten Wettbewerb der ›Kolonne‹ den Ersten Preis gewann, liefert uns ein gutes Beispiel dafür, wie diese Methode funktioniert. Zernatto schrieb Gedichte über die ländliche Gesellschaft seiner Heimatprovinz Kärnten. Er vermied jede offene Behandlung politischer oder sozialer Fragen und konzentrierte sich statt dessen auf die universellen Themen von Geburt, Tod, Heirat, Naturkatastrophen usw. Doch als er diese Gedichte schrieb, lebte Zernatto in Wien und war Mitglied einer politischen Reformbewegung geworden. Nach 1918 hatte Wien einen starken Zuzug aus den Alpengebieten erfahren, der zur Folge hatte, was Zernatto »eine beginnende geistige Neubesiedlung der alten Metropole an der Donau« nannte.[11] Diese Provinzler wollten einen neuen Staat nach ihren Vorstellungen und in ausdrücklicher Opposition zu starken marxistischen Einflüssen in Wien aufbauen. Die Provinzen erscheinen ihnen als die Quelle christlicher Tugend und eines unverdorbenen Lebens. Zernattos dichterische Vorliebe für ländliche Themen und Naturbilder gewann deshalb im Rahmen dieses Versuches, Österreich sowohl staatlich als auch kulturell zu erneuern, politische Bedeutung.

Der Gegensatz zwischen ländlicher Tugend und städtischem Laster war schon seit einiger Zeit Gemeingut: Stefan George und Rilke vertraten diese Sichtweise, nicht zu reden von Adalbert Stifter, der gerade in den zwanziger Jahren eine bescheidene Renaissance erlebte. Diese Erhebung des Landlebens zum Vorbild für das gesamte Volksleben war typisch für die konservative Reaktion gegen die Moderne. Gerade die Wahl ländlicher Themen bringt Huchel deshalb in die Nähe vieler konservativer Autoren, mit denen er schon aufgrund der gemeinsamen Bevorzugung des Kindheitsthemas verbunden war. Sogar das Motiv des unverbildeten Landmannes als des wahren Vertreters des »Volkes« und damit als Quelle regenerierender Werte für die überkultivierte, überrationalisierte urbane Zivilisation klingt in Huchels Dichtung an. Auch diese Vorstellung hatte ihre Tradition speziell in konservativen Kreisen: sie fand sich in Julius Langbehns einflußreichem Werk *Rembrandt als Erzieher* aus dem Jahre 1890, wo behauptet wird, daß die idealisierte Landbevölkerung noch in »Niederdeutschland« existiere, ein dehnbarer Begriff, der das Heimatland von

Adel, Härte und froher Dienstbarkeit bezeichnen soll. Nach Langbehn waren neben Rembrandt auch Shakespeare und Bismarck »Niederdeutsche«.[12]

Wieweit Huchel irgendwelche konkreten politischen Vorstellungen der konservativen Kritiker teilte, läßt sich anhand seiner Dichtung nicht feststellen. Nichtsdestoweniger besteht eine Verbindung zum allgemeinen Phänomen des Konservativismus insofern, als Huchels frühe Dichtung die Natur und das Landleben als Quelle von Ganzheit, Gemeinschaft und humanen Traditionen zeichnet, die sämtlich von der Moderne im Namen der Rationalität und des Profits pervertiert worden sind. Die Vorstellung verlorener Werte ist, wie Martin Greiffenhagen zeigt, ein Wesensmerkmal des Konservativismus.[13] Erst nachdem wir die schleppenden Wolken des Ruhms verloren haben, wie Wordsworth es ausdrückt, erkennen wir, daß wir ursprünglich von Gott herkommen. Dann beginnen wir, gegen unseren gegenwärtigen Zustand aufzubegehren, um die verlorene Harmonie zurückzugewinnen. Unsere Analyse von *Der Knabenteich* hat eben diesen rückwärtsgewandten, wesensmäßig konservativen Impuls offenbart, einen verlorenen Wert wiederzugewinnen. Mit anderen Worten: Es ist schließlich doch möglich, über die bloße Entdeckung äußerer Ähnlichkeiten in der Stoffwahl hinauszugehen, denn das Gedicht verwendet nicht nur Naturbilder, sondern es zeigt auch bezüglich der Zeit diejenige innere Struktur, die das Wesen des Konservativismus ausmacht. In beiden liegt eine grundsätzliche Ablehnung der Geschichte, eine fehlende Bereitschaft, historische Ereignisse als solche zu akzeptieren. So widerspricht nicht nur Huchels Vorliebe für die Themenbereiche Natur und Kindheit der marxistischen Forderung nach offenem politischen Engagement, sonder es steht auch seine zyklische Auffassung der Zeit in direktem Gegensatz zum marxistischen Insistieren auf der Unumkehrbarkeit der Geschichte. Wir stellen deshalb fest, daß sich Huchel im historischen Zusammenhang der zwanziger Jahre, bewußt oder unbewußt – und im Gegensatz zum Konzept der Kontinuität, die er offenbar gewahrt wissen möchte – in das Lager der Konservativen begeben hat.

Auf der anderen Seite hat Huchels Konservativismus Grenzen, und wir können ihn in keiner Weise mit dem radikalen Flügel konservativer Ideologen in Verbindung bringen, der als direkter Vorläufer der nationalsozialistischen Weltanschauung anzusehen ist. Wie George Mosse uns zeigt, war der Naturmystizismus ein wesentliches Element in dem Sammelsurium irrationaler Quellen für das nationalsozialistische Denken. Diese abwegige Form des Naturmystizismus war jedoch mit der Sonnenanbetung verbunden, wobei die Sonne das Symbol par excellence des Vater-Gottes, des Patriarchen und des charismatischen Führers war. Tarnharis »Hakenkreuz-Brief« z. B., ein repräsentatives Dokument der politischen Rechten in den zwanziger Jahren, trug auf seiner Titelseite das Bild »einer astralen Figur mit einer sonnenumfluteten Hakenkreuzfahne, die über einem Mann wehte, der in einer Landschaft kniete«. Dazu kommentiert Mosse: »Die Kombination von Sonnenanbetung, Naturverherrlichung und völkischem Glauben hätte kaum eine bessere Darstellung finden können.« [14] Was Huchel von den radikalen Sonnen- und Machtanbetern trennt, ist gerade seine Hingabe an das *weibliche* Prinzip als einer integrierenden Kraft im Seelenleben des einzelnen wie im Gemeinschaftsleben der Gesellschaft. Seine Verehrung gilt nicht der Sonne, sondern dem Mond.

In seinem Buch *Die Lyrik Peter Huchels. Zeichensprache und Privatmythologie* lenkt Axel Vieregg unsere Aufmerksamkeit auf den tiefen Einfluß, den die Schriften Johann Jacob Bachofens auf den jungen Huchel hatten.[15] Bachofen, ein Zeitgenosse Nietzsches, widmete sich in seinen umfangreichen Schriften über frühe Zivilisationen der Analyse und Interpretation des matriarchalischen Prinzips in seiner prägenden Wirkung auf alle Bereiche des Lebens. Nach J. Rosteutscher gehörten Bachofens Sympathien eindeutig der matriarchalischen Gesellschaft, die die ursprüngliche göttliche Kreativität verkörpert, und nicht dem autoritären und hierarchischen Patriarchat.[16] Was Huchels Aufmerksamkeit erregt haben muß, ist die Tatsache, daß Bachofen das Matriarchat in »die Region des tiefsten Tellurismus, die Sumpfzeugung mit all ihren Produkten, Tieren nicht weniger als Pflanzen« [17] versetzt. Es ist natürlich genau diese Art von Region, die uns in *Der Knabenteich* mit unvergleichlicher Wirksamkeit dargeboten wird und die auch im Privatleben des Dichters eine zentrale Stellung einnimmt. In einer solchen Gegend wuchs er auf dem Hof seines Großvaters in Alt-Langerwisch in Brandenburg heran.

Noch wichtiger für uns als diese aus der Kindheit stammende Beziehung zu einer bestimmten Art von Landschaft ist die Verbindung, die Bachofen zwischen dem Tellurismus und der sozialen Organisation des Matriarchats herstellt. Der matriarchalische Kult des Dionysos, sagt Bachofen, brachte der Antike einen Glanz, der selbst das Raffinement moderner Kunst und modernen Lebens in den Schatten stellt. Er löste alle Bindungen, nivellierte alle Unterschiede und führte das Leben zurück zu den Gesetzen der Materie, indem er der Verschönerung der körperlichen Existenz den absoluten Vorrang einräumte. Aber dieser Fortschritt in Richtung einer Versinnlichung des Lebens geht einher mit der Auflösung der politischen Organisation und dem Zusammenbruch des staatlichen Gefüges:

An der Stelle reicher Gliederung macht sich das Gesetz der Demokratie der ununterschiedenen Masse, und jene Freiheit und Gleichheit geltend, welche das natürliche Leben vor dem zivilgeordneten auszeichnet, und das der leiblich-stofflichen Seite der menschlichen Natur angehört ... Die dionysische Religion ist zu gleicher Zeit die Apotheose des aphroditischen Genusses und die der allgemeinen Brüderlichkeit.[18]

Auffällig in dieser Beschreibung der Gesellschaft ist das Fehlen eines charismatischen Führers, d. h. eines absoluten Patriarchen, eines der Hauptelemente in der utopischen Vision pangermanischer Kulturkritiker wie Lagarde, Langbehn und Moeller van den Bruck, von den Sonnenanbetern ganz zu schweigen. Für Huchel jedoch ist die dominierende Figur die »Große Mutter« in all ihren Erscheinungen; anders als bei einem Himmels- oder Sonnengott, dessen Autorität von oben oktroyiert wird und eine pyramidenförmige Machtstruktur erzeugt, quillt der Einfluß der »Großen Mutter« aus der Erde empor, um gewissermaßen horizontal zu verströmen und jedem Einzelwesen den direkten Kontakt mit den Quellen des Lebens und der Kreativität zu gewähren. Eigentlich dürften wir im Zusammenhang mit dem matriarchalischen Prinzip überhaupt nicht mehr von Autorität sprechen, d. h. von Macht, die über feste Befehlsstränge von oben nach unten geleitet wird. Das matriarchalische Modell entspricht eher einem organischen Fließen des Lebensstromes, aus dem jeder direkt schöpfen kann.

Huchels frühe Dichtung ist so mit Bildern aus dem Bereich der »Großen Mutter« durchdrungen, daß man Bachofens Einfluß ernst nehmen muß. Zwei einfache Beispiele müssen genügen, um den Erfindungsreichtum und die Feinheit zu illustrieren, mit denen Huchel seine matriarchalischen Sympathien versinnbildlicht. Die Pflanze »Beifuß« wird in mehreren Gedichten erwähnt, und sie kommt auch in der Überschrift des kleinen Gedichtes *Am Beifußhang* vor, in dem die lyrische Figur sich wiederum an eine Kindheitserfahrung erinnert, nämlich daran, wie sie einen Hügel erklomm, der mit Beifuß bewachsen war, dann in der Sonne einschlief und nach lebhaften Träumen wieder aufwachte. Der lateinische Name für die Pflanze, artemisia, weist auf die prä-hellenische Göttin Artemis hin, die im alten Griechenland allgemein verehrt wurde und deren ureigenste Sphäre die Wälder, Hügel und unbebauten Landflächen waren; sie wachte über Fruchtbarkeit und Geburt. Daß diese Pflanze auf einem Hügel wächst, auf dem das Kind einschläft und der die Brust der »Großen Mutter« darstellen muß, unterstreicht nur die mystische Beziehung zwischen dem Kind und der Erde.[19]

Eine noch direktere Verbindung zu Bachofen bildet das »Schilf«, das uns schon von *Der Knabenteich* her vertraut ist. Schilfgräser wachsen auch in vielen anderen frühen Gedichten und sind für Bachofen »die Zeugen und Sinnbilder der regellosen Begattung von Wasser und Erde«.[20] Die matriarchalische Gesellschaft ist durch diese unbegrenzte Fruchtbarkeit charakterisiert, unbehindert von hierarchischen Strukturen, wie sie von den oberen Regionen des Lichts und der Luft aufgezwungen werden. Schilf hat darüber hinaus eine Offenbarungsfunktion, wodurch der Charakter des Teiches als Symbol für den Mutterleib unterstrichen wird. Das Mysterium der Zeugung vollzieht sich unsichtbar für den Menschen »in den dunklen Gründen der feuchten Tiefe«, aber dieser geheime Vorgang wird uns durch das Schilf und die anderen Pflanzen, die aus dem Sumpf emporwachsen, verraten: »In den Sumpfpflanzen, welche aus der Tiefe des Schlammes ans Licht emporwachsen, tritt die Frucht des in Selbstumarmung empfangenden Stoffes vor der Sterblichen Blick«.[21] Wenn der Knabe in *Der Knabenteich* das Schilf zerteilt, um ins Wasser zu springen, müssen wir darin notwendigerweise die Rückkehr zum Ursprung aller Zeugung im Schoße der »Großen Mutter« sehen.

In der Vision der matriarchalischen Kultur mit den dazugehörigen sozialen Merkmalen fehlen natürlich konkrete Einzelheiten bezüglich des genauen Aussehens einer solchen Gesellschaft. In vieler Hinsicht dient Huchels Gebrauch von Bildern aus dem Bereich der »Großen Mutter« lediglich dazu, eine persönliche Religion zu artikulieren, d. h., er ist Teil seines Versuches, mit dem Problem der Sterblichkeit fertigzuwerden, welcher seinerseits nur der private Ausdruck des allgemeinen Dilemmas des Historizismus ist. Wie Lothar Köhn klargestellt hat, kann die Literatur der zwanziger Jahre nur insofern als Einheit betrachtet werden, als sie den Versuch darstellt, die Allmacht der Geschichte zu überwinden, die aus der historizistischen Auffassung von der Zeit als zielgerichtet und unumkehrbar resultiert.[22] Aber Huchels Rückkehr zu dem archaischen Konzept einer umkehrbaren Zeit und ihre Verbindung mit der »Großen Mutter« hat bestimmte politische Implikationen, und wir können die Beziehungen zwischen ihnen und den zeitgenössischen politischen Alternativen aufzeigen.

Zum Beispiel kann man sagen, daß die matriarchalische Gesellschaft insofern mit der marxistischen Gesellschaftsutopie vereinbar ist, als beide die Machtausübung von oben ablehnen und sie dem Volk übertragen. Bachofens Worte »ununterschiedene Masse« und »Brüderlichkeit« drücken eine Gesellschaftsform aus, die der Machtpyramide autoritärer Regierungsformen ebenso entgegengesetzt ist wie der atomistisch organisierten kapitalistischen Gesellschaft. Das Fehlen eines männlich orientierten Führerkults ist ebenfalls wesentlich für das Matriarchat und ist im Prinzip mit der »Diktatur des Proletariats« vereinbar, während es dem Traum »konservativer Revolutionäre« von einem neuen autoritären Staat widerspricht. Am nächsten kommt Huchel konkreten Vorschlägen in seinem eindeutigen Protest gegen die ungerechte Landverteilung in *Der polnische Schnitter*. Im übrigen bleiben Huchels Gemeinsamkeiten mit dem Marxismus auf eine allgemeine Sympathie mit der Arbeiterklasse und auf den Wunsch nach nicht-hierarchischer Selbstbestimmung des Volkes beschränkt. Huchel war nicht bereit, sich einer Parteidisziplin zu unterwerfen, und trat niemals einer marxistischen Partei bei. Nach allem, was über den Gegensatz zwischen dem horizontalen Matriarchat und dem pyramidalen Patriarchat gesagt worden ist, scheint es klar, daß Huchel, bei aller Sympathie für den Marxismus, nur konsequent war, wenn er die absolute Autorität der Partei ablehnte. Die bürokratisch-autoritäre Struktur, die der Kommunismus Ende der zwanziger Jahre angenommen hatte, war unvereinbar mit dem egalitären Geist des Matriarchats. Wie Werner Wilk geschrieben hat:

> Nein, es wäre auch wirklich allzu viel verlangt, sich diesen Lyriker als Kombattanten von Funktionären vorzustellen, deren Denken auf Parolen und Parteigehorsam reduziert wurde. Aber Marxist aus persönlicher Neigung mag er wohl immer gewesen sein.[24]

Darüber hinaus wird schon allein vom Klang seiner Verse her deutlich, daß Huchel nicht daran interessiert ist, zu belehren oder seine Leser zum Handeln zu bewegen. Wie schon früher angedeutet, artikuliert der Dichter in erster Linie eine persönliche Antwort auf die Allmacht der Geschichte. In diesem Sinne zeigt Huchel seine Zugehörigkeit zu der alten bürgerlichen Tradition der »Innerlichkeit«, die der inneren Welt der Vorstellung, der Tiefe, der Wahrheit, der Vervollkommnung der Persönlichkeit usw. den höchsten Stellenwert zuerkennt und mit Verachtung auf die aktive Teilnahme am äußeren, historischen Leben herabsieht. Diese Betonung des inneren Lebens und die Pflege der Poeta-doctus-Tradition bringen Huchel wieder in die eigenartige Gesellschaft pangermanischer Kulturkritiker wie Lagarde und Langbehn, die gegen die Mittelmäßigkeit, Vulgarität und Geschmacklosigkeit eines zunehmend industrialisierten Deutschlands wetterten und die fürchteten, daß der Prozeß der sozialen Nivellierung die kulturellen Errungenschaften von Generationen vernichten und den Helden und Genius für alle Zeiten daran hindern würde, seine Gegenwart fühlbar zu machen. Die blendend sinnliche Qualität von Huchels Versen ist ebenso wie seine Ablehnung der Parteiautorität ein klares Bekenntnis zum Recht des Individuums, seiner persönlichen Vorstellung von Vollkommenheit zu folgen.

Um gerecht zu sein, muß man jedoch zugeben, daß Huchel eine sehr viel komplexere Vorstellung von den Gefahren sozialer Nivellierung hatte als die pangermanischen Kulturkritiker, insofern als einerseits für ihn bürgerliche Gleichheit nicht notwendigerweise ästhetische Mittelmäßigkeit bedeutete, und andererseits Elitenbildung nicht notwendig identisch war mit Heroismus oder Qualität mit Macht. In dem pyramidal geordneten Staat, von dem die Alldeutschen träumten, schloß Vorzüglichkeit des Geistes von Natur aus Macht und Heroismus mit ein; im Grunde war es die moralische Höherwertigkeit der Deutschen, die ihr Streben nach Macht rechtfertigte. Aber Huchels und Bachofens matriarchalische Konzeption erlaubte es dem Individuum, ja forderte es geradezu auf, sich auszuzeichnen, und trennte doch gleichzeitig die Höherwertigkeit von der Macht. Jedes Einzelwesen in einer matriarchalischen Gesellschaft hat, weil es in direktem Kontakt mit den Quellen göttlicher Kreativität steht, die Möglichkeit, sich auf seine Weise auszuzeichnen, und es ist nicht gezwungen, andere im Kampf um diese Quellen von ihrem Platz zu verdrängen.

Nach allem, was wir gesagt haben, hätte Huchels Wahl nach 1945 offensichtlich in beide Richtungen führen können: die parlamentarische Demokratie im Westen schien größere individuelle Freiheit zu garantieren; der Sozialismus im Osten schien eine größere Chance für »Brüderlichkeit« zu bieten. Werner Wilk nimmt an, daß Huchels Tätigkeit als Chefredakteur von ›Sinn und Form‹ der entscheidende Faktor dafür gewesen sein könnte, daß er in den Osten ging und dort blieb.[25] Die andere mögliche Erklärung für Huchels Entscheidung, in der DDR zu bleiben, kann jedoch nicht ausgeschlossen werden, vor allem, da seine Sympathie für die Bauern aufrichtig gewesen zu sein scheint. Als in den Jahren 1945 und 1946 in der Sowjetischen Besatzungszone die Bodenreform begann, begrüßte Huchel die Verteilung des Landes unter die Bauern mit einem enthusiastischen Gedichtzyklus unter der Überschrift *Das Gesetz*. Diese Reform muß ihm zunächst als der Beginn jener Gesellschaftsform erschienen sein, die Bachofen so verführerisch beschrieben hatte. Das Problem war, daß keine moderne Gesellschaft die Voraussetzungen des Matriarchats verwirklichen kann, ohne sich dadurch selbst zu zerstören. Huchels politisches Denken war zu sehr Teil seiner lyrischen Vorstellungswelt, um jemals außerhalb der Sprache Gestalt annehmen zu können.

Nachfolgende Ereignisse wie die feierliche Ungültigkeitserklärung der Schenkungsurkunden, die den Bauern angeblich »für immer« ausgehändigt worden waren, das Zusammenlegen der privaten Landflächen zu Kollektiven und Huchels wachsende Entfremdung von der DDR infolge seiner unabhängigen Haltung als Chefredakteur von ›Sinn und Form‹ fallen nicht mehr in den Rahmen dieser Untersuchung. Für einige Jahre zumindest scheint Huchel jedoch das Gefühl gehabt zu haben, daß sein mystizistischer Ausgangspunkt in der Politik verwirklicht werden würde. Nachdem diese Hoffnung zerstört worden war, mußte er sich wieder dem alten Problem zuwenden: Sterblichkeit. Seine Kriegserfahrungen und seine Enttäuschungen bezüglich des Sozialismus zerstörten auch seinen jugendlichen Glauben an die »Große Mutter«. Sie war letzten Endes auch nur ein privater Traum. In seiner Sammlung *Gezählte Tage*, erschienen 1972, sagt Huchel seiner mythendurchwirkten Kindheitswelt Lebewohl und läßt gleichzeitig sein zentrales Anliegen – ungelöst – wieder hervortreten.

> Unter der blanken Hacke des Monds
> werde ich sterben,
> ohne das Alphabet der Blitze
> gelernt zu haben.

Im Wasserzeichen der Nacht
die Kindheit der Mythen,
nicht zu entziffern.

Unwissend
stürz ich hinab,
zu den Knochen der Füchse geworfen.

Aus dem Amerikanischen übersetzt von Volker v. Auw.

Anmerkungen

1 Im Frühjahr 1975 gewährte mir Peter Huchel freundlicherweise eine Unterredung in seinem Heim in Staufen, in der Nähe von Freiburg im Breisgau. Ich stütze mich auf mein Gesprächsprotokoll, das ich unmittelbar im Anschluß daran verfaßt habe.

2 Eduard Zak, *Der Dichter Peter Huchel*, in: Neue deutsche Literatur 1 (1953), S. 171.

3 Peter Huchel, *Die Sternenreuse. Gedichte 1925–1947*, München 1967, S. 14.

4 Johannes R. Becher, *Unsere Front*, in: Die Linkskurve 1 (1929), S. 1.

5 John Flores, *Poetry in East Germany*, New York/London 1971, S. 128.

6 Die hier wiedergegebene Fassung ist entnommen aus *Die Sternenreuse*. Das Gedicht erschien zuerst mit leichten Abweichungen im Jahre 1932 in der ›Kolonne‹ 3 (1932), S. 27, und in *Neue lyrische Anthologie*, hg. v. Martin Raschke, Dresden 1932. In der Kolonne-Fassung lautet die vierte Zeile der ersten Strophe: »die Rosen auf dem Wasser blühn«; in der zweiten Zeile der zweiten Strophe steht »liegt« anstelle von »blinkt«; und in der fünften Zeile der letzten Strophe findet sich für »teichgrüntiefe« die Schreibweise »teichgrün tiefe«.

7 Dietrich Bode, *Georg Britting: Geschichte seines Werkes*, Diss. Marburg 1960, S. 21.

8 Zitiert von Zak, a. a. O., S. 167.

9 Heinrich Henel, *Erlebnisdichtung und Symbolismus*, in: DVjs 32 (1958), S. 76.

10 Ebd., S. 77.

11 Zitiert von Hans Brunnmayr (Hg.), Guido Zernatto, *Die Sonnenuhr*, Salzburg 1961, S. 137.

12 Siehe Fritz Stern, *The Politics of Cultural Despair*, Garden City 1965, S. 189–190.

13 Martin Greiffenhagen, *Das Dilemma des Konservatismus in Deutschland*, München 1971, S. 66.

14 George L. Mosse, *The Crisis of German Ideology*, New York 1964, S. 77.
15 Axel Vieregg, *Die Lyrik Peter Huchels. Zeichensprache und Privatmythologie*, Berlin 1976, s. besonders S. 20.
16 Joachim Rosteutscher, *Die Wiederkunft des Dionysos: Der Naturmystische Irrationalismus in Deutschland*, Bern 1947, S. 51.
17 Johann Jacob Bachofen, *Mutterrecht und Urreligion*, hg. v. Rudolf Marx, Leipzig 1927, S. 132.
18 Ebd.
19 Wie Vieregg kommentiert, »er liegt im Mutterkraut ›am Beifußhang‹, also ganz buchstäblich ›am Busen‹ der als Göttin Artemis erlebten Erde« (a. a. O., S. 104).
20 Bachofen, a. a. O., S. 55.
21 Bachofen, a. a. O., S. 76.
22 Lothar Köhn, *Die Überwindung des Historismus*, in: DVjs 48 (1974), S. 704–766, und 49 (1975), S. 95–165.
23 Siehe Huchels autobiographische Skizze (überarbeitet und erweitert von Hans A. Joachim), *Europa neunzehnhunderttraurig*, in: Die Literarische Welt 7 (2. 1. 1931); abgedruckt in Peter Huchel, *Gesammelte Werke*, Bd. 1, Frankfurt/M. 1984, S. 213–218.
24 Werner Wilk, *Peter Huchel*, in: Neue Deutsche Hefte 9/90 (1962), S. 87.
25 Ebd.
26 Peter Huchel, *Gezählte Tage*, Frankfurt/M. 1972, S. 71.

Jürgen Gregolin
»Merkwürdige menschliche Gestalten«

Zur literarischen Figur des ›Unterprivilegierten‹ im Frühwerk Peter Huchels

»Das Verhältnis der Arbeit zum *Akt der Produktion* innerhalb der *Arbeit*«, so liest man in den *Ökonomisch-philosophischen Manuskripten*, »ist das Verhältnis des Arbeiters zu seiner eignen Tätigkeit als einer fremden, ihm nicht angehörigen« und damit »von ihm unabhängigen«.[1] Diese von Marx und Engels festgehaltene geschichtliche Erfahrung von Entfremdung ist in mehr oder weniger deutlicher Form in denjenigen Gedichten aus dem Frühwerk Peter Huchels transparent, welche über die *literarische* Figur der Knechte, Mägde, Saison- und Landarbeiter die Deklassierung einer für ökonomische Ausbeutung exemplarischen Gruppe konkretisieren. Die ästhetische Modellierung systembedingter Ungleichheit vermag jedoch nur dann kritisches Potential zu entfalten, wenn die entfremdenden Verhältnisse nicht zu einem Raum ausgestaltet sind, in dem das Subjekt jenseits kapitalistischer Verwertungsprozesse die authentische Erfahrungsmöglichkeit von Identität fände; zum utopischen Horizont nicht Strukturen verklärt werden, die im *realen* ökonomisch-politischen Zusammenhang die Bedingungen von Herrschaft sind. Manifeste Kritik an der Wirklichkeit verhielte sich dieser gegenüber dann bloß affirmativ als Schein; an Paradigmen wie *Herkunft* oder *Die Magd* ist dies abzulesen.[2]

Nur wo dagegen die »Ungerechtigkeit« der »äußeren Verhältnisse«[3] nicht zur Folie erfahrener Identität verfälscht wird, sondern – auf der Strukturebene – die »klassifikatorische Grenze«[4] für die literarische Figur definiert, kann sich der jeweilige Text »als *Korrektiv* im Kontrast zur gesellschaftlichen Totalität«[5] erweisen. Indem derart die poetische Abbildung der *wirklichen* Entfremdung sich nicht in deren Reproduktion erschöpft, vielmehr die »Negativität des Positiven«[6] verdeutlicht, kann an Erkenntnis freigesetzt werden, »was die Ideologie verbirgt«.[7] Die Geschichtlichkeit der ästhetischen Modelle zu veranschaulichen bedeutet, sowohl »das an eine je historisch-konkrete Totalität gebundene Moment des Ideologischen« als »auch dessen antizipierend-utopisches Moment«[8]

im gesellschaftlichen Zusammenhang der extratextuellen Strukturen zu interpretieren, die dem ästhetischen Objekt als dem »Reflex und Projekt« auf die Wirklichkeit[9] zugrunde lagen: An exemplarischen Beispielen aus den 1948 publizierten *Gedichten*[10] kann im Zusammenhang geschichtlicher Prozesse und literarischer Evolution das dialektische Verhältnis von Ideologie und Utopie in der Korrelation von Wirklichkeit und ihrem strukturellen Abbild[11] klargemacht werden. Weil dieser »Wechselbegriff« von utopischem Potential und ideologischer Basis[12] für die *qualitative* Differenz von ästhetischem Modell zur Wirklichkeit funktional ist, läßt sich hinsichtlich des hier verhandelten thematischen Komplexes die These formulieren, daß sich nirgends ein solcher Grad von utopischer Intention herauskristallisiert, der gegen die realen Bedingungen »gesellschaftliche Resistenzkraft« besäße[13] – auch (oder gerade) in denjenigen Texten nicht, die mit der aufgegriffenen sozialen Thematik zunächst »die Geschichte gegen den Strich zu bürsten« scheinen.[14] Selbst dort, wo die *Fremdbestimmtheit* des historischen Subjekts als Kategorie der Kritik fungiert gegen die Mechanismen kapitalistischer Ausbeutung (wie im *Polnischen Schnitter*), ist die Umsetzung der Entfremdungsproblematik nur in ambivalenter Form realisiert.

Auf die immerhin mögliche kritische ›Intention‹ seiner frühen Lyrik hat noch Peter Huchel selbst in einem Interview mit Hansjakob Stehle hingewiesen, als er die ›marxistische Prägung‹ seiner »stets mit dem landarmen Proletariat« »beschäftigten« Gedichte betonte.[15] Wenngleich Aussagen eines Autors über seine Produktion nicht die Interpretation legitimieren können[16], der dann lediglich die Bestätigung des ›eigentlich Gemeinten‹ zum erkenntnisleitenden Interesse diente, gäben solche oder ähnliche Stellungnahmen zumindest doch Anlaß, Huchels Texte anders als bisher geschehen zu diskutieren: weil mit der Implikation gesellschaftlicher Veränderung ein Maßstab gesetzt würde, welcher dem interpretierenden Zugriff die Kritik an den Texten ermöglichte.

Die Ergebnisse freilich stünden allemal im Kontrast zu einer Werkrezeption, deren Homogenität sich darin erweist, daß die je spezifische Bedeutung durchgehend entkonkretisiert wird. Generell zeigt sich an den einzelnen Argumentationen die Tendenz, in den Gedichten organisiertes kritisches Potential mit der Betonung eines ›sozialen Gefühls‹ oder eines sozialpathetischen Appells in der letztlich psychologischen Kategorie der Motivation, in mögliche produktionsästhetische Konzeptionen aufzulösen, eben damit die Qualität der Texte erklären zu wollen – und gerade dadurch deren ideologisches Substrat zu unterschlagen.

In der Konsequenz eines für die Huchel-Forschung kennzeichnenden biographisch-psychologisierenden Verfahrens mißlingt es notwendig, die ästhetische Erkenntnis von Wirklichkeit zu beschreiben: Statt jene durch die Interpretation herauszustellen, wird der *Autorenbiographie* die *literarische* Figur kurzgeschlossen, ein Strukturmoment des Textes also in die *reale* Sozialisation des Textproduzenten übersetzt – womit allenfalls der *Stoff* für die Verarbeitung gemeint sein kann, nicht der *Abbild*charakter der Modelle. In diesem Zusammenhang berührt auch der ständig bemühte ›soziale Impetus‹ nur am Rande die ästhetische Bedeutung, weil damit lediglich eine ›rekonstruierte‹ Autorintention beschrieben wird statt der Transformation gesellschaftlicher Entfremdungsphänomene in die literarische Abbildung. Offenkundig ist dabei die besondere Funktion, die dieser textübergreifenden Etikettierung zukommt; denn sind schon mit der permanenten Aneinanderreihung der *literarischen* Figur die semantischen Unterschiede zwischen den Gedichten verstellt[16a], so wird über diese vermeintliche Beschreibung des thematischen Komplexes hinaus durch das ›Sozialengagement‹ ein positives Bewertungskriterium behauptet, mit dem sich noch Texte qualifizieren ließen, welche (wie die eingangs zitierten) die gesellschaftlichen Verhältnisse schon als die Bedingung für die Identität des Subjekts vermitteln. Mit der Argumentation auf der Ebene der Entstehungsbedingungen, indem das lyrische Subjekt mit dem Autor identifiziert wird und die literarische Figur zu dessen sozialer Umwelt sich vereinfacht, kann über die allgemeine Behauptung vom »Mitleid« mit diesen »Armen und Ausgebeuteten« aus »sozialem Gewissen«[17] potentiell – abstrahiert vom konkreten Modell – jeder Abbildung literarischer Wert zukommen, welche die Figur als Strukturmoment enthält. Unterlaufen wird wegen des Rückgriffs auf mögliche Motive der Entstehung und wegen der behaupteten geschichtlichen Überwindung der abgebildeten Wirklichkeit die Funktion der Gedichte – sei sie affirmativ oder kritisch. Gegenüber der frühen Rezeptionsphase des Werks, während derer schon die Thematisierung der historisch Entrechteten abbildtheoretisch verkürzt als »humanistisches Prinzip des echten Realismus« definiert wurde[18] – von Wilhelm Lehmann in seiner Polemik gegen Huchel denn auch unreflektiert zum Anlaß einer Einordnung in den »sozialistischen Realismus« genommen[19] –, scheinen spätere Interpretationen eher auf der Voraussetzung zu gründen, daß die ›soziale‹ Lyrik Huchels noch zuviel gesellschaftliche Sprengkraft besitzen könnte. Deren erkenntnisvorbeugende Reduktion spiegelt sich dabei in kaum voneinander abweichender Form in den einzelnen Positionen wider: So setzt Manfred Dierks den einmal als »Parteinahme für die Entrechteten« identifizierten »Strophen sozialer Anklage« die Gewißheit entgegen, daß es sich hier – gemeint ist *Der polnische Schnitter* – »sicherlich« nicht um eine »gesellschaftlich-historische Einsicht« handle, sondern »eher« um »Sympathie«[20]; Sabine Brandt transzendiert den »lyrischen Tribut an die Armen«, »aus spätem Dank« und »sozialem Protest«, zum universalen »Wissen von Gut und Böse«[21] oder beschränkt die letztlich politische Ebene auf »soziale Momente« aus »humanem Impetus«.[22] Für Ingo Seidler ist »Huchels Anteilnahme am Los dieser Enterbten oder nie Beerbten« zwar unzweifelhaft erwiesen, jedoch erscheint ihm die »Parteinahme« des Autors »für die Zukurzgekommenen« als »frei von Ideologie« [!], weil sie »spontan« aus »produktiver Rückerinnerung« entstanden[23], also ohnehin »fast« »wertfrei« sei (Peter Wapnewski).[24] Axel Vieregg nimmt gar explizit mit dem Hinweis auf »antichristliche kommunistische Propagandalyrik« sowohl *Die Hirtenstrophe* wie auch das *Weihnachtslied*[25] von seiner Argumentation aus, da man mit einer Interpretation dieser Texte »Huchel keinen Dienst erwiesen« hätte.[26] Kritisches Potential und ideologische Essenz der thematischen Reihe werden gleicherweise prophylaktisch neutralisiert – ob nun dem Produzenten die »volle Anteilnahme für die Ursachen des Murrens und Grollens« attestiert wird (Werner Wilk)[27] oder ob man in den Gedichten eine gegenüber »sozialanklägerischem Pathos« positiv abgegrenzte »realistische« Gestaltung zu erkennen meint (Franz Schonauer)[28], in der »kommentarlos und konkret« die »soziale Lage« des »märkischen Dorfproletariats jener zwanziger und dreißiger Jahre« »registriert« sei (Helmut Mader).[29] Indem die Abbildungen generell als bildliche Vergegenwärtigung dessen bezeichnet werden, »was war«[30], gerät durch die Kontraktion von *Biographie* und *Stoff* zur ›Bedeutung‹ der Texte die *historische Dokumentation* einer »sozialen Wirklichkeit«[31], die allemal nur das biographisch verbürgte Faktum meint: das »Kindheitsland mit armen Leuten« nämlich[32], das in der »nachzeichnenden Erinnerung«[33]

unmittelbar vergegenwärtigt werde; in der literaturwissenschaftlich ohnehin inadäquaten Kategorie der ›Erinnerungs-‹ und ›Kindheitsgedichte‹ sind die wirklichen Bedingungen in ihrer vermeintlichen Abgegoltenheit begriffen. Was solcherart in geschichtliche Distanz verwiesen bleibt, weil offensichtlich im Rezeptionskontext der industriellen Gesellschaft durch die konkretistische Rückkoppelung der Figur ihr exemplarischer Charakter sich dem Bewußtsein verschließt, kann im Zusammenhang mit der falschen Text/Kontext-Relation gleichsam als exotisches Interieur entworfen werden: »Sonderbare Menschen«[34], »vertraute oder nicht ganz geheure Figuren«[35], »skurrile«[36] oder »merkwürdige menschliche Gestalten«[37] heißen dann die *literarische* Figur wie auch die *wirklichen* Individuen innerhalb entfremdeter Existenzformen, denen noch im Vokabular die Erklärung des Mangels verweigert ist, welche doch in der Beschränkung auf das ›Sozialgefühl‹ des Autors noch wenigstens vage anklang (obgleich die dadurch implizierte Verlagerung in den subjektiven Innenraum die Kompensation gesellschaftlicher Ungleichheit auch funktionalisierbar macht). Wenn schon nicht innerhalb der thematischen Reihe (erst auszudifferenzierende) ästhetische Qualität degradiert wird, so reproduziert die Forschungsliteratur dergestalt zumindest ein eher unbewußt erfaßtes ideologisches Substrat, wie es beispielsweise auf *Bartok* zutrifft. Das »angstvolle Wissen um die Veränderbarkeit eines solchen Zustandes« von Herrschaft, welches Karl Krolow allgemeingültig den Gedichten einschreiben möchte[38], ließe sich ebenso auf diejenigen Interpreten beziehen, denen eine wie immer manifeste objektivierte Parteilichkeit der Texte in der (nicht zu leugnenden) sozialen Motivation Peter Huchels aufgeht und welche die abgebildeten Bedingungen lediglich dem Entstehungskontext der lyrischen Produktion einpassen, nicht in ihrer geschichtlichen Permanenz reflektieren. Ungenau und zu oberflächlich blieben bislang vereinzelte Versuche, kritisches Potential über dessen bloße Geschichtlichkeit hinaus zu skizzieren.[39]

Dagegen gelang es über die die empirische Wirklichkeit ›bloß‹ bestätigenden Deutungsansätze hinaus, auch noch die dissonanten Verhältnisse im Kontext der literarischen Produktion durch harmonisierende Umschreibungen zur geschichtlichen Idylle zu verfälschen und die Transformation der Wirklichkeit in ihr strukturelles *Abbild* anders zu interpretieren, als es historische Erfahrung lehren könnte. Wo man den Gedichten »ländlichen, bäuerlichen

Grund« mit »archaischer Kraft« und »vitaler Substanz« zuspricht (Christiane Muschter)[40] oder in ihnen eher negativ nur »Bäuerliches« »ins Kraut« schießen sieht (Dieter Segebrecht)[41], sind die Texte unterschiedslos zum trivialen Muster verbogen. »Zeitlose bäuerliche Lebensweise« soll offenbar in den »Gestalten« aufscheinen (Olof Lagercrantz)[42], hinter denen als den »Geschichtslosen« für Karl Krolow »die Mächte« »auflauern«[43] – mit deren Hilfe sich letztlich die wirklichen Bedingungen zur metahistorischen »Zufalls-Existenz« und zu »kreatürlich gebundener Humanwelt« verklären lassen.[44] Jost Nolte deklariert gar zur Bedeutung der gesamten thematischen Reihe die ideologische Essenz einzelner Texte. ›Kongenial‹ entrückt sich ihm die *literarische Figur als die Konzentration der realen Ausbeutung*, gilt als *autonomes Subjekt*, das allemal »mit dem Leben auf selbstverständliche Weise fertig« werde und dem »Selbstbehauptung ein leichtes Geschäft« sei.[45] Wilhelm Lehmann hat in objektivem Zynismus eine solche Perspektive umrissen: »Den wirtschaftenden Frauen, den erntenden Bauern, den netzflickenden Fischern, den melkenden Mägden sieht es sich gut zu; man weiß, daß ihr aller Metier nicht leicht ist.«[46]

»Kritische Würdigungen«, so vermerkt Axel Vieregg im editorischen Nachwort der *Gesammelten Werke* richtig, »sind dem Werk Peter Huchels in großem Maße zuteil geworden; an Ehrungen hat es nicht gefehlt. Die wissenschaftliche Forschung steht jedoch noch am Anfang.«[47]

Mit der beschriebenen *Ent*konkretisierung von Bedeutung ist eine poetische Modellierung gesellschaftlicher Entfremdungsphänomene, ihre je spezifische Transformation in den qualitativ immerhin unterschiedlichen Gedichten nicht zu diskutieren.

Nur wenn die *literarische* Figur als das *exemplarische Subjekt* entfremdeter Arbeit verstanden wird, läßt sich die jeweilige Funktionalisierung der Figur im Strukturgefüge der Texte interpretieren. Deren ästhetische Qualität muß sich in diesem Zusammenhang daran bemessen, ob »die Arbeit in einer Form« suggeriert wird, »worin sie dem Menschen ausschließlich angehört«[48] oder ob die Entfremdung »innerhalb der *produzierenden Tätigkeit*« sowie auch im »Verhältnis zu den Produkten«[49] im Sinne ihrer Aufhebung thematisiert ist. Wie im Kontext der *Gedichte* die ästhetischen Objektivationen zur konsistenten Überblendung gesellschaftlicher Zusammenhänge geraten, im Extrem (als Ausdruck historisch indifferenten Bewußtseins) die Verdinglichung innerhalb der Warengesellschaft zum geschichtlichen Ende aller Widersprüche entwerfen, wie dagegen auch noch »utopischer Überschuß«[50] im ideologischen Verwertungszusammenhang befangen bleibt, läßt sich an den Paradigmen *Bartok* und *Der polnische Schnitter* veranschaulichen.

Scheinbar realisiert sich in *Bartok* das Verhältnis des Subjekts zur Wirklichkeit als eines zum ökonomischen Produktionsprozeß, innerhalb dessen der einzelne reduziert ist auf bestimmte Seiten seiner Existenz.[51] An Erkenntnis würde derart freigesetzt, wie mit der Herrschaft des Systems Individualität nur *gebrochen* erfahren, auch die Charakterisierung des einzelnen in bloß fragmentarischer Form ermöglicht wird, insofern er »nach den Bedürfnissen des Systems als homo oeconomicus definiert ist«.[52] Die geschichtliche Erfahrung ästhetisch umzusetzen, nach der im Rahmen verdinglichter Verkehrsformen sich *Individualität* lediglich *in ihrer verdinglichten Erscheinung* festhalten läßt, mißlingt aber wegen der organisierenden Perspektive des Modells, welche die Selbstentfremdung, wie sie der eingangs zitierte Passus aus den *Ökonomisch-philosophischen Manuskripten* bestimmt, eben nicht in ihrer gesellschaftlichen Deformiertheit offenlegt. In der unbegriffenen Reflexion des lyrischen Subjekts wiederholt sich dann nur die reale Erfahrung, daß im Horizont absoluter Integration in den Arbeitsprozeß der einzelne Kontur nur zu gewinnen vermag als Funktionsträger im System:

Hinter des Abends rußigem Schein,
als er im Stall die Kiepe flocht,
schlief der alte Bartok ein.
Morgens qualmte versengt der Docht.
Ging er nicht eben noch ums Haus,
brannte die Wespennester aus,
karrte die Kleie, senste Luzerne,
füllte das Öl in die Wagenlaterne?
Regendurstiger Acker blieb,
Kummet, Geschirr und Peitschenhieb,
Wasser und Heu und Futtergang,
kleebewachsener Wiesenhang.
Und es weht der Hahnenschrei
an dem schlafenden Fenster vorbei.
Obst auf sonnigen Latten dorrt.
Nur der Alte ist tot und fort.

Auf dem Brette über dem Herd
trocknen noch seine Kürbiskerne.
Aber ein andrer schirrt morgens das Pferd,
dengelt und wetzt und senst die Luzerne.
Hinter dem nebelsaugenden Strauch
wartet verlassen die Weidenreuse.
Abends, über des Flusses Rauch,
flattern wie immer die Fledermäuse.

»Zutiefst Partikulares«[53] nur ist vermittelt, wenn die entfremdeten Bedingungen ein gleiches Bewußtsein zeitigen. Die Beschreibung fremdbestimmter Existenz verdeckt mithin in der Korrespondenz mit den wirklichen Strukturen dasjenige, was Erkenntnis doch sein müßte: Weil das Gedicht eben *nicht* abbildet, wie gerade in dem Versuch, gegen das System sich der Individualität des einzelnen zu versichern, die Herrschaft der ökonomischen Verhältnisse sich erweist; daß die Individualität des Subjekts nur über seine Funktionen faßbar wird, welche doch in ihrer Häufung die Intensität des Mangels, den gesellschaftlichen Grad der Verdinglichung ausdrücken. Über die Summe der Tätigkeiten den einzelnen zu definieren bezeichnet schon die Irrelevanz individueller Charakteristika gegenüber einer gesellschaftlichen Organisation, deren störungsfreier Verlauf in der Einebnung des Individuellen eine notwendige Bedingung hat. Was sich dann zum ›Besonderen‹ des einzelnen verdichtet, ist freilich vom Produktionsprozeß nicht mehr unterschieden.

Das im Sinne des ästhetischen Vorscheins auf das emanzipierte, autonome Subjekt nur als dessen Äußerliches Bestimmbare wird im Strukturgefüge des Textes über die literarische Figur zur Identität verklärt, transferierte Phänomene der wirklichen Entfremdung verzerren erkennbare Funktionen zu integrierenden Momenten für den Funktionsträger. Im semantischen Inventar des Gedichts sind Bilder zu Sequenzen kombiniert, mit denen universale Entfremdungsmechanismen, die wirkliche Unterdrückung in eine von allen Widersprüchen befreite Existenz aufgelöst und auf ein idyllisches Interieur projiziert werden, das die konkreten Bedingungen von entfremdeter Arbeit kaschiert: »Regendurstiger Acker blieb [. . .]./Und es weht der Hahnenschrei/an dem schlafenden Fenster vorbei.« Nur scheinbar fungiert so die umgekehrte Subjekt/Objekt-Relation in der dritten Strophe (V.9–16) als Korrektur systembedingter Ausbeutung. Sowohl die hier aufscheinende dezidiert verdinglichte Beziehung des Subjekts gegenüber den von ihm unabhängigen, verselbständigten Produktionsmitteln als auch die Aneinanderreihung der Arbeitsgänge dienen zur Präzisierung vorgeblicher Verdienste, die dem einzelnen zugeschlagen werden – als sei die oktroyierte Tätigkeit in der fremdbestimmten Existenz noch als individuelle Leistung zu bezeichnen. Im Zusammenhang mit der euphemistischen Verschleierung des Todes durch die ›Schlaf‹-Metapher (V. 3,14) konkretisiert sich die ›kritische Intention‹ des Textes. Statt als Erkenntnis freizusetzen, daß wegen der prinzipiellen Austauschbarkeit der zu Funktionsträgern degradierten Individuen dem Tod des einzelnen unter den ökonomischen Verhältnissen allenfalls periphere Bedeutung zukommt, reproduziert das Gedicht genau jene Existenzbedingungen, in denen der Tod den Stellenwert einer Unterbrechung im permanenten Arbeitsprozeß besitzt und nur insofern zum Anlaß der Erinnerung dient. Den einzelnen als Ausfall im Produktionsbetrieb zu begreifen, transportiert ungebrochen die historisch-ökonomische Voraussetzung der bloß fragmentarischen Erinnerung, die es doch zu decouvrieren gilt. Zu zeigen wäre, daß unter dem Primat warenbestimmter Arbeitskraft und der Konkurrenz ihrer Träger die Heraushebung des einzelnen im Moment seiner Substitution notwendig abbricht, weil er mit der Gewährleistung des reibungslosen Funktionsablaufs durch den verfügbaren Konkurrenten zum unwesentlichen Faktor wird.

Nicht gegen die konsistenten Bedingungen mobilisiert die Abbildung ihr kritisches Potential, nicht gegen das systemimmanente Konkurrenzprinzip; statt dessen verweist die larmoyante, enthistorisierte Klage um die ›Vergänglichkeit‹ der Individuen die geschichtliche Bedrohung des Subjekts einzig in die existentielle Extremsituation, wie es die Ko-Opposition der Verseinheiten deutlich macht: »Nur der Alte ist tot und fort.« – »Aber ein andrer schirrt morgens das Pferd« - »Abends, über des Flusses Rauch,/ flattern wie immer die Fledermäuse.«[54] (V.16, 19, 23 f.) Wegen der konsequenten Verlagerung der historischen Problematik aus der kausalen Prozeßhaftigkeit politisch-ökonomischer Zusammenhänge in die geschichtlich-existentielle – in den Tod des einzelnen, der schon kein individueller mehr sein kann – vermag das Modell genau jene gesellschaftliche Organisationsform zum authentischen Erfahrungsraum für das emanzipierte Subjekt zu behaupten, in der die Ware als »Universalkategorie«[55] die Verkehrsformen entfremdet. Dem Todesmotiv kontrastiert die fremdbestimmte Existenz: Leben ›an sich‹ als ein positiver Wert. Zur Identität des Subjekts mit seinen Bedingungen verklärt das Gedicht noch jenseits der bloßen Funktionalität des einzelnen Gegenstände der unmittelbaren Reproduktion, die als dessen ›Besonderes‹ im Systemzusammenhang restlos aufgehen (»Auf dem Brette über dem Herd/ trocknen noch seine Kürbiskerne./ [...] Hinter dem nebelsaugenden Strauch / wartet verlassen die Weidenreuse.« [V. 17f., 21f.]). Weil sich innerhalb der »universalen Entfremdung und Selbstentfremdung«[56] die Individualität des Subjekts auf die Objektivationen seiner Arbeit reduziert, wird nur die Integration in die allgemeinen Verhältnisse wiederholt, statt daß eine »Durchbrechung des verdinglichten Bewußtseins«[57] erreicht wäre. Begründet ist dies gerade in der Perspektive des Textes. Als *erkenntnisvermittelnde Organisationseinheit* deckt das lyrische Ich eben nicht die historisch wirksamen Mechanismen auf, welche die Form entfremdeter Existenz bedingen, wie sie sich in der literarischen Figur als dem exemplarischen Subjekt ökonomischer Entfremdung konzentriert. Zum Bewußtsein wird so nur schon Bekanntes: Ist das lyrische Ich »das *erscheinende Subjekt*«, »Vorbild des individuellen Ichs, nicht sein Abbild«[58], so entwirft *Bartok* dagegen durch die »in Objektivität umschlagende Subjektivität« des Gedichts[59] dasjenige zur angemessenen Wirklichkeitserkenntnis des *historischen Subjekts,* was bloß die Beschreibung der geschichtlichen Bedingungen in ihrer Erscheinungsform sein kann – ohne daß abgebildet würde, was doch sein sollte. Mit dieser ästhetischen Reproduktion der »Verdinglichung aller Beziehungen zwischen den Individuen, die ihre menschlichen Eigenschaften in Schmieröl für den glatten Ablauf der Maschinerie verwandelt«[60], wird genau *nicht* »noch nicht Subsumiertes in die Erscheinung« gesetzt[61], welches den Widerstand gegen die gesellschaftliche Wirklichkeit festhielte, gegen die *wirkliche* Herrschaft des Systems und die Ohnmacht des einzelnen. Indem die über das lyrische Ich konstituierte Perspektive *nicht* im Ensemble der Strukturmomente in ihrer erkenntnisverstellenden Form decouvriert und somit auch nicht als erkenntnisproduzierendes Moment funktional wird, erscheint das Gedicht gegenüber gesellschaftlicher Veränderung indifferent, bestätigt »unreflektiert das bestehende gesellschaftliche System«.[62] Wegen der mangelnden Aktivierung historischen Perspektivbewußtseins affirmiert das »*ideologische Korrelat* der Wirklichkeit«[63]

in der konkreten Referenz auf die Bedingungen des Rezeptionskontexts genau jene ökonomischen Strukturen, die sich im Nachkriegsdeutschland (unverändert) etablierten und mit der allenfalls ›soziales Mitleid‹ provozierenden Geste unberührt bleiben. Statt jenes nur zu konstatieren, wie es die zitierte Literatur zum Werk Peter Huchels größtenteils zum Ausdruck bringt, muß die Interpretation über die phänomenologische Ebene hinaus zur Kritik am literarischen Modell führen.

Kontrastiv zur beschriebenen ästhetischen Verdoppelung der wirklichen Produktionsverhältnisse radikalisiert *Der polnische Schnitter* gesellschaftskritisches Potential, um gegen die Stabilität der Verhältnisse das »Kontinuum der Geschichte aufzusprengen«.[64] Zum utopischen Horizont entwirft diese im Frühwerk Huchels offenste Kapitalismus-Kritik die Aneignung der Produktionsmittel durch das *proletarische Subjekt*, repräsentiert in der literarischen Figur des Saisonarbeiters, in deren Individuation sich die klassenkämpferische Programmatik zum allgemeinen Bewußtsein verdichtet. Dabei lassen die Widersprüche dieses »Rollengedichts«[65] erneut erkennen, wie innerhalb der thematischen Reihe die ästhetische Umsetzung der Entfremdungsproblematik letztlich mißlingt – gerade auch dann, wenn die Abbildung gegen die entfremdete Existenz konkretistisch Projektionen von Identität entfaltet.

Klag nicht, goldäugige Unke,
am algigen Wasser des Teichs.
Wie eine große Muschel
rauscht der Himmel nachts.
Sein Rauschen ruft mich heim.

Geschultert die Sense
geh ich hinab die helle Chaussee,
umheult von Hunden,
vorbei an rußiger Schmiede,
wo dunkel der Amboß schläft.

Draußen am Vorwerk
schwimmen die Pappeln
im milchigen Licht des Mondes.
Noch atmen die Felder heiß
im Schrei der Grillen.

O Feuer der Erde,
mein Herz hält andere Glut.

Acker um Acker mähte ich,
kein Halm war mein eigen.

Herbststürme, weht!
Auf leeren Böden
werden die hungrigen Schläfer wach.
Ich geh nicht allein
die helle Chaussee.

Am Rand der Nacht
schimmern die Sterne
wie Korn auf der Tenne,
kehre ich heim ins östliche Land,
in die Röte des Morgens.

Während der ökonomisch-politische Zusammenhang von Privateigentum und Ausbeutung in *Bartok* in keiner Weise als begriffener vermittelt ist, da die bloße Reproduktion fremdbestimmter, dem einzelnen undurchschaubarer Existenz nur erkenntnisverzerrend wirkt, gar die ideologische Verschleierung der gesellschaftlichen Mechanismen wiederholt, so gilt es für den *Polnischen Schnitter* festzuhalten, daß hier reflektierte Entfremdung in einen bewußtseinsbildenden Prozeß überführt wird, wie er sich in der literarischen Figur konzentriert.

Deren eindeutige soziale Situierung konnotiert diejenigen ökonomischen Bedingungen, die im Kontext der ästhetischen Produktion noch der signifikante Ausdruck allgemeiner Unterdrückung, systematischer Deformierung durch die Kapitalinteressen waren und durch den heroischen Gestus revolutionär bestimmter Bewußtseinsbildung in ihrer Kontinuität vom Modell aufgebrochen werden. Destruiert ist der historische Zyklus von Produktion und Reproduktion – die geschichtlichen Bedingungen des abgebildeten proletarischen Subjekts –, um die kollektive Bewußtheit von gesellschaftlicher Verdinglichung zu veranschaulichen, welche die Voraussetzung für deren Aufhebung sei. Die Abbildung konstituiert gegen die wirklichen Verhältnisse[66] deren Korrektur, indem sie mit der Unterbrechung des geschichtlichen Gleichlaufs, der »messianischen Stillstellung des Geschehens«, eine »revolutionäre Chance im Kampf für die unterdrückte Vergangenheit« transparent macht.[67]

Zur ›Chance‹ wird die Bewußtheit freilich als eine, die schon die allgemeine wäre, nicht als eine, die das lyrische Subjekt, die literarische Figur, im »Gestalten des Noch-Nicht-Gewordenen«[68] antizipiert; als Faktum gilt schon, was Vor-Schein nur sein kann: »Akker um Acker mähte ich,/ kein Halm war mein eigen.// Herbststürme weht!/ Auf leeren Böden/ werden die hungrigen Schläfer wach.« (V. 18–23) Der dialektische Prozeß von Bewußtwerdung und Veränderung[69] ist dabei nur das emphatisch verkürzte Umschlagen von Erkenntnis in Aktion; als ob sich mit dem Moment, in dem die »*materielle* Grundlage« sich »selbst zum Gedanken« drängt[70], ein allgemeines Bewußtsein einstellte – wie es die Metapher vom ›Erwachen‹ verdeutlicht (V. 22) –, das unvermittelt jene aktivistische Solidarität hervorbrächte, die mit der aufgehobenen Vereinzelung der Individuen das Konkurrenzprinzip zielgerichtet durch die amorphe Masse aufhöbe (»Ich geh nicht allein/ die helle Chaussee« [V. 23 f.]).

Die hier dennoch angelegte Freisetzung von der kapitalistischen Konkurrenzorganisation zur »Entfaltung des Individuums« und zur Bedürfnisbefriedigung außerhalb des »Warenmarkts«[71] erfolgt allerdings dann nicht durch jene revolutionäre Aktion der »assoziierten Produzenten«[72], die wenigstens den Schein autonomen Handelns für sich hätte. Statt dessen zeichnet das Gedicht den utopischen Horizont der Aufhebung aller Widersprüche als einer *geschichtlich schon möglichen*, die Befreiung des proletarischen Subjekts durch den Eintausch der Systeme, die Realisierung des kollektiven Traums im heroischen Aufbruch. Entstünde in dieser Weise die Gesellschaft der Gleichen, nämlich durch die freie Wahl verfügbarer Produktionsverhältnisse, die das historische Subjekt als von ihm unabhängig existentes »Reich der Freiheit«[73] schon vorfände, so vermittelte der Text genau dasjenige Bewußtsein, dessen die Individuen einzig und notwendig bedürften; zur bloß voluntaristischen Annahme vorgefundener Bedingungen würde dann *Selbst*bestimmung, zum kollektiven Auszug die revolutionäre Aktion. Wörtlich genommen werden muß der Exodus der Ausgebeuteten deshalb, weil die unzweideutige Konnotation des Textes (*Der polnische Schnitter*; das »östliche Land« [V. 28]) die aus der expressionistischen Literatur herbeizitierte vitalistische ›Aufbruchs‹-Metaphorik, die Schablone der »Erlösungs- und Menschheitsverbrüderungsvisionen«[74] im veränderten gesellschaftlichen Gesamtprozeß kontextualisiert, deren aufgebrauchtes kritisches Potential überdies (erneut) in die Affirmation herrschender Strukturen transferiert. Bekannt sein müßte so nur jenes ›Reich der Freiheit‹, das es im ›hic et nunc‹ mit dem territorialen Wechsel zu erreichen gelte, und nicht brauchte es das Bewußtsein politischen Handelns als Kategorie gesellschaftlicher Veränderung, um das über die korrigierte Metapher der Entgrenzung – in der Analogie von »Korn« und »Sternen« (V.27, 26) – gestaltete Bild endgültiger Versöhnung des Subjekts mit seinen Bedürfnissen historisch einzuholen.

Indem über die Ausgrenzung von Antagonismen systemimmanente Widersprüche unterschlagen werden und so die »durch den Neubauernstatus entstandene Eigentumsideologie«[75] mit dem Blick auf die extremen Bedingungen kapitalistischer Ausbeutung aus dem Bewußtsein gerät, bricht diese Konzeption einer Gemeinschaft frei produzierender Individuen freilich noch die dezidierte Kapitalismus-Kritik; die Negation des einen Systems ist funktional für die Stabilisierung des anderen. Der Verweis auf dessen historische Situierung macht deutlich – in der Rückkopplung an den ideologischen Kontext –, daß die »Aufteilung der Junkergüter unter kleine Bauern« und die »Beseitigung der imperialistischen Kapitalsmonopole« nicht schon als die »Vollendung einer demokratischen Revolution« begriffen werden kann.[76] Das ideologische Substrat des *Polnischen Schnitters* ist dabei produktionsästhetisch einer Literaturkonzeption zuzuschlagen, die das »Aufheben von Entfremdung als Norm proletarischer Öffentlichkeit« im Zusammenhang »mit der Wirklichkeit der sozialistischen Arbeitswelt« zur Direktive literarischer Produktion erklärte.[77] Mit der politischen Funktionalisierung dieser ›Aufbruchs‹-Ästhetik geht dann der Text vollends im ideologischen Verwertungszusammenhang auf: »Am Rand der Nacht/ schimmern die Sterne/ wie Korn auf der Tenne,/ kehre ich heim ins östliche Land,/ in die Röte des Morgens.« (V.25–29)

Den trivialen Geschichtsentwurf, nach welchem das proletarische Subjekt unmittelbar und direkt in seine Rechte eingesetzt wird, stützt ein Metaphernarsenal, das sowohl die Entfremdung als auch die Projektion ihrer Aufhebung in eine dem einzelnen letztlich verborgene Sinnkonstitution auflöst. Mit der geschichtstranszendierenden Integration der Individuen in einen mythischen Gesamtzusammenhang verliert der umrissene Erkenntnisprozeß endgültig seine historische Dimension, wird das Subjekt begrenzt auf die Funktion eines ausführenden Organs prädisponierter, metahistorischer Bestimmungen. Das entworfene Bild der Identität gerät zur ›irdischen‹ Erfüllung eines universal-kosmischen Schöpfungsmythos, dessen zerstörte Integrität durch die Aufhebung der entfremdeten Existenzbedingungen zu beheben wäre. (»Klag nicht, goldäugige Unke,/ am algigen Wasser des Teichs./ Wie eine große Muschel/ rauscht der Himmel nachts./ Sein Rauschen ruft mich heim.« [V.1–5]) Mit der (für die frühe Lyrik Huchels kennzeichnenden) Transformation von Mythologemen aus dem Werk Johann Jakob Bachofens wird auf diese Weise die Legitimation des historisch konnotierbaren Umwandlungsprozesses aus dem rationalen Diskurs verlagert, und ebenso entzieht sich die geschichtliche Beseitigung entfremdender Zustände der Verfügung des Subjekts – weil die Individuen nur ein ihnen entrücktes Telos erfüllen. »Die irdischen Ereignisse«, so hat es Bachofen festgehalten, »knüpfen sich an kosmische an. Sie sind ihr tellurischer Ausdruck.«[78] Der abgebildete automatisierte Geschichtsprozeß erhält seine transzendente Begründung; in deren Mystifikation wird dann das »östliche Land« (als die Konvergenz von utopischem Horizont und ideologischem Substrat) mit dem System des organisierten Konkurrenzkapitalismus schematisch kontrastiert: als historisch konsequente, vorausbestimmte Korrektur der die geschichtsprozessuale Sinnhaftigkeit deformierenden Warengesellschaft. In diesem Zusammenhang von einem »Hymnus an die Wiedergeburt«[79] zu sprechen meint dann, sowohl die ideologische Verklärung durch die Abbildung zu wiederholen wie auch den ideologischen Kontext ihrer Wirkungsbedingungen, in dem der ›utopische Überschuß‹ des *Polnischen Schnitters* zu gesellschaftspolitischen Gesamtstrategien funktionalisiert werden kann. Die mißlungene ästhetische Umsetzung der realen ökonomischen Entfremdungsproblematik – immerhin als Realisierungsversuch ein thematisch innovatives Moment im Kontext des lyrischen Frühwerks – hält freilich noch in der falschen Versöhnung die Erfahrungen einer Wirklichkeit fest, deren Rigidität mit dem Entwurf der ›Erlösung‹ korrespondiert: Im kollektiven Auszug der Unterdrückten ist die Ohnmacht der Individuen zum Bild verdichtet – daß innerhalb der entfremdenden hermetischen Strukturen des kapitalistischen Systems nicht einmal der Raum zur Verweigerung bleibt.

Im Mißlingen der ästhetischen Modelle berühren sich *Bartok* und *Der polnische Schnitter*; gleichwohl ist deren qualitative Differenz festzuhalten: Repräsentiert *Bartok* den exemplarischen Bewußtseinshorizont des bürgerlichen Subjekts im Schnittpunkt der Entfremdung sowohl von der eigenen geschichtlichen Entwicklung wie auch von den revolutionär-antizipatorischen Ideen von ›Freiheit‹, ›Gleichheit‹ und ›Brüderlichkeit‹, so vermag *Der polnische Schnitter* noch im ideologischen Verwertungszusammenhang seiner ästhetischen Wirklichkeitsverklärung im geschichtlichen Entwurf doch das utopische Potential der »wirkliche[n] Genesis [...] am Ende«[80] aufzuzeigen.

Differenzierter als bisher muß die unterstellte Thematisierung der »entrechteten Menschen [...] im scheinbaren Frieden der Weimarer Republik«[81] analysiert werden, das konstatierte »soziale und damit geschichtliche Element«[82] im lyrischen Frühwerk Peter Huchels: durch die Beziehung des »Ideologischen wie des Utopischen [...] auf Entfremdung und deren Aufhebung«.[83]

Anmerkungen

1 Karl Marx, *Ökonomisch-philosophische Manuskripte*, in: K. M./Friedrich Engels, *Werke*, Ergänzungsbd. 1, Berlin 1968, S. 515.

2 Peter Huchel, *Gedichte*, Berlin 1948, S. 7f. und 12f.

3 Herbert Marcuse, *Über den affirmativen Charakter der Kultur*, in: H. M., *Kultur und Gesellschaft 1*, Frankfurt/M. 131980 (edition suhrkamp 101), S. 88.

4 Jurij M. Lotman, *Die Struktur literarischer Texte*, München 21981 (UTB 103), S. 337; zum terminologischen Zusammenhang siehe vor allem S. 311–368.

5 Karl-Heinz Hucke, *Utopie und Ideologie in der expressionistischen Lyrik*, Tübingen 1980, S. 19.

6 Theodor W. Adorno, *Standort des Erzählers im zeitgenössischen Roman*, in: Th. W. A., *Noten zur Literatur*, hg. v. Rolf Tiedemann, Frankfurt/M. 1981 (stw 355), S. 46.

7 Theodor W. Adorno, *Rede über Lyrik und Gesellschaft*, in: Th. W. A., *Noten zur Literatur*, Frankfurt/M. 1981 (stw 355), S. 51.

8 Peter Hahn, *Kunst als Ideologie und Utopie. Über die theoretischen Möglichkeiten eines gesellschaftsbezogenen Kunstbegriffs*, in: Peter Bürger (Hg.), Seminar: *Literatur und Kunstsoziologie*, Frankfurt/M. 1978 (suhrkamp taschenbuch wissenschaft 245), S. 254.

9 Karel Kosík, *Die Dialektik des Konkreten. Eine Studie zur Problematik des Menschen und der Welt*, Frankfurt/M. 1976, S. 123.

10 Allgemein werden die hierin enthaltenen Gedichte als *das* Frühwerk re-

zipiert; unberücksichtigt bleiben dabei meist jene lyrischen Texte, die bereits 1925 im ›Freiburger Figaro‹ oder im ›Kunstblatt‹ publiziert wurden, wie auch die Veröffentlichungen in der ›Literarischen Welt‹, sofern sie nicht 1948 neu ediert worden sind. Auf die Frühstufen im Werk Huchels sind meines Wissens nur zwei Interpreten eingegangen: Axel Vieregg, *Die Lyrik Peter Huchels. Zeichensprache und Privatmythologie*, Berlin 1976, S. 17 und 19; Eduard Zak, *Der Dichter Peter Huchel. Versuch einer Darstellung seines lyrischen Werkes*, in: Neue Deutsche Literatur 1/1 (1953), S. 168. Zum lyrischen Gesamtwerk siehe jetzt Peter Huchel, *Gesammelte Werke* in zwei Bänden, hg. v. Axel Vieregg, Frankfurt/M. 1984, Bd. 1.

11 Siehe dazu Jurij M. Lotman, *Vorlesungen zu einer strukturalen Poetik. Einführung, Theorie des Verses*, München 1972 (Theorie und Geschichte der Literatur und der schönen Künste 14), S. 34–44.

12 Ernst Bloch, *Ideologie und Utopie*, in: E. B., *Abschied von der Utopie? Vorträge*, hg. und mit einem Nachwort versehen v. Hanna Gekle, Frankfurt/M. 1980 (edition suhrkamp 1046), S. 69.

13 Theodor W. Adorno, *Ästhetische Theorie*, hg. v. Gretel Adorno und Rolf Tiedemann, Frankfurt/M. 1980 (suhrkamp taschenbuch wissenschaft 2), S. 335.

14 Walter Benjamin, *Geschichtsphilosophische Thesen*, in: W. B., *Zur Kritik der Gewalt und andere Aufsätze*, mit einem Nachwort versehen von Herbert Marcuse, Frankfurt/M. ^{4}1981 (edition suhrkamp 103), S. 83.

15 In: Die Zeit, 2. 6. 1972.

16 So zum Beispiel aber Axel Vieregg, a. a. O., S. 8: »Das Manuskript hat Peter Huchel vorgelegen, und der Verfasser hatte die große Freude, von Herrn Huchel die Bestätigung zu erhalten, daß er in allen Grundthesen mit dessen Intentionen übereinstimme« (es folgt der Brief).

16a So zum Beispiel neben Olof Lagercrantz (*Ein großer deutscher Dichter*, in: Hans Mayer [Hg.], *Über Peter Huchel*, Frankfurt/M. 1973 [edition suhrkamp 647], S. 145) auch Frank Trommler/Herbert Wiesner, *Huchel*, in: Herbert Wiesner (Hg.), *Lexikon der deutschen Gegenwartsliteratur*, München 1981, S. 239f.

17 Hans-Jürgen Heise, *Verzicht auf das herbe Aroma des Konkreten*, in: Schwäbische Zeitung, 3. 11. 1972.

18 Uwe Berger, *Zwei Dichter unserer Zeit. Zum 50. Geburtstag von Peter Huchel und Erich Arendt*, in: Aufbau 9/4 (1953), S. 360. Siehe dazu auch Herbert Ihering, *Der Lyriker Peter Huchel*, in: Sonntag (Berlin), 29. 5. 1949; in gleichem Sinne wie Berger Eduard Zak, a. a. O., S. 170. Ähnlich zusammenfassend argumentiert noch die *Geschichte der deutschen Literatur. Von den Anfängen bis zur Gegenwart*, Bd. 11, hg. v. Horst Haase, Berlin 1977, S. 83f. Vgl. auch Sabine Brandt, *An taube Ohren der Geschlechter. Endlich gibt es wieder eine Ausgabe früher Huchel-Gedichte*, in: Die Zeit, 8. 12. 1967.

19 Wilhelm Lehmann, *Maß des Lobes. Zur Kritik der Gedichte von Peter Huchel*, in: Deutsche Zeitung und Wirtschaftszeitung, 8./9. 2. 1964.
20 Manfred Dierks, *Peter Huchel*, in: Heinz Ludwig Arnold (Hg.), *Kritisches Lexikon zur deutschsprachigen Gegenwartsliteratur*, Bd. 2, München 1978 (edition text + kritik), S. 6.
21 Sabine Brandt, *An taube Ohren der Geschlechter*; so auch Ellen Kayser, *Peter Huchel wird am 3. April 70 Jahre alt*, in: Die Tat (Zürich), 31. 3. 1973.
22 Sabine Brandt, *Huchels frühe Gedichte*, in: Der Monat 19/227 (1967), S. 66.
23 Ingo Seidler, *Peter Huchel und sein lyrisches Werk*, in: Hans Mayer (Hg.), a. a. O., S. 70f.
24 Peter Wapnewski, *Nachwort*, in: Peter Huchel, *Ausgewählte Gedichte*, Frankfurt/M. 1982 (Bibliothek Suhrkamp 345), S. 127. Pointierter konstatiert auch Karl Krolow eine »durch keine Ideologie getrübte Menschlichkeit«: *Die Lyrik in der Bundesrepublik seit 1945*, in: Dieter Lattmann (Hg.), *Die Literatur der Bundesrepublik Deutschland seit 1945*, Teil 3: Lyrik, München/Zürich 1973, S. 404.
25 Peter Huchel, *Gedichte*, S. 32f. und S. 34.
26 Axel Vieregg, a. a. O., S. 87.
27 Werner Wilk, *Peter Huchel*, in: Neue Deutsche Hefte 90 (1962), S. 82.
28 Franz Schonauer, *Peter Huchels Gegenposition*, in: Akzente 12 (1965), S. 407.
29 Helmut Mader, *Abschied von den Hirten*, in: Hans Mayer (Hg.), a. a. O., S. 126.
30 Hellmuth Karasek, *Peter Huchel*, in: Hans Mayer (Hg.), a. a. O., S. 18.
31 Jürgen P. Wallmann, *Überschattet von Resignation und Trauer. Über den Lyriker Peter Huchel anläßlich seines 70. Geburtstags am 3. April*, in: Mannheimer Morgen, 2. 4. 1973.
32 Sabine Brandt, *An taube Ohren der Geschlechter.*
33 Manfred Dierks, a. a. O., S. 5.
34 Karl Krolow, *Apokalyptische Landschaft. Zum Tod von Peter Huchel*, in: Frankfurter Allgemeine Zeitung, 7. 5. 1981.
35 Manfred Dierks, a. a. O., S. 5.
36 Sabine Brandt, *An taube Ohren der Geschlechter.*
37 Ingo Seidler, a. a. O., S. 70.
38 Karl Krolow, *Die Lyrik in der Bundesrepublik seit 1945*, S. 404.
39 Vage nur spricht Gerd Mahr vom »Leiden des Menschen am Menschen« in den Gedichten, Wolfgang Maier sieht in ihnen die »Sehnsüchte und Vergeblichkeiten einer um Selbstverwirklichung ringenden Menschlichkeit«. (Gerd Mahr, *»Vielen reißt das Wasser/die Steine unter den Füßen fort«. Gedichte von Peter Huchel. »Gezählte Tage«*, in: Deutsches Allgemeines Sonntagsblatt, 4. 3. 1973; Wolfgang Maier,

Langsam und leise. Über Peter Huchel, in: Frankfurter Allgemeine Zeitung, 25. 3. 1969.)

40 Christiane Muschter, *Lyrische Streifzüge, Vom Trost des Erinnerns*, in: National-Zeitung Basel, 17. 11. 1968.

41 Dieter Segebrecht, *Herkunft. Peter Huchels frühe Gedichte*, in: Frankfurter Allgemeine Zeitung, 3. 4. 1968.

42 Olof Lagercrantz, a. a. O., S. 145.

43 Karl Krolow, *Apokalyptische Landschaft*.

44 Karl Krolow, *Ein Mann der Gesichte hat. Peter Huchel zum 70.*, in: Hannoversche Allgemeine Zeitung, 3. 4. 1973. Karl Krolow, *Die Lyrik in der Bundesrepublik seit 1945*, S. 404.

45 Jost Nolte, *Sie gaben Befehl, die Wurzel zu roden. Zu Peter Huchels Gedichtband »Die Sternenreuse«*, in: Die Welt der Literatur, 22. 6. 1967.

46 Weiter heißt es dort: »Uns schenken sich hier Wunder von Wolken, Weiden, Bäumen, Vogelscharen, langen, vor sich hinspinnenden Chausseen an Gutshöfen vorbei und durch Dörfer, über Heidestrecken und Hügelschwellung.« (Wilhelm Lehmann, *Einfälle*, in: W. L., *Sämtliche Werke in drei Bänden*, Bd. 3, Gütersloh 1962, S. 253).

47 In: Peter Huchel, *Gesammelte Werke*, Bd. 1, S. 362.

48 Karl Marx, *Das Kapital. Kritik der politischen Ökonomie*, Bd. 1, Berlin 1969, S. 193.

49 Karl Marx, *Ökonomisch-philosophische Manuskripte*, S. 514.

50 Peter Hahn, a. a. O., S. 253.

51 Siehe Karel Kosík, a. a. O., S. 95.

52 Karel Kosík, a. a. O., S. 93.

53 Theodor W. Adorno, *Rede über Lyrik und Gesellschaft*, S. 50.

54 Siehe dagegen die Deutung des Todesmotivs bei Axel Vieregg (a. a. O., S. 115 und S. 68), nach der »nur die Tiere der Toten« als »dämonische Fledermäuse vom jenseitigen Ufer« zurückkehrten, »aber ins Unheimliche gesteigert«.

55 Georg Lukács, *Geschichte und Klassenbewußtsein*, Neuwied und Berlin 1968 (*Werke* 2), S. 260; siehe auch S. 257–287.

56 Theodor W. Adorno, *Standort des Erzählers im zeitgenössischen Roman*, S. 43.

57 Theodor W. Adorno, *Ästhetische Theorie*, S. 292.

58 Herbert Kraft, *Strukturen der Lyrik*, in: Joachim Krause, Norbert Oellers und Karl Konrad Polheim (Hg.), *Sammeln und Sichten. Festschrift für Oscar Fambach zum 80. Geburtstag. Sonderdruck*, Bonn 1982, S. 333.

59 Theodor W. Adorno, *Rede über Lyrik und Gesellschaft*, S. 56.

60 Theodor W. Adorno, *Standort des Erzählers im zeitgenössischen Roman*, S. 43.

61 Theodor W. Adorno, *Rede über Lyrik und Gesellschaft*, S. 50.

62 Herbert Kraft, *Kunst und Wirklichkeit im Expressionismus. Mit einer Dokumentation zu Carl Einstein*, Bebenhausen 1972, S. 27.
63 Karl-Heinz Hucke, a. a. O., S. 24.
64 Walter Benjamin, a. a. O., S. 90.
65 Horst Haase, (Hg.) a. a. O., S. 83.
66 Zum Kontext der Produktionsbedingungen siehe Helmut Böhme, *Prolegomena zu einer Sozial- und Wirtschaftsgeschichte Deutschlands im 19. und 20. Jahrhundert*, Frankfurt/M. [8]1981 (edition suhrkamp 253), S. 115; Bruno Buchta, *Die Junker und die Weimarer Republik. Charakter und Bedeutung der Osthilfe in den Jahren 1928–1933*, Berlin 1959, S. 35 und 41 f. Siehe auch Jürgen Kocka, *Klassengesellschaft im Krieg. Deutsche Sozialgeschichte 1914–1918*, Göttingen 1973 (Kritische Studien zur Geschichtswissenschaft 8), S. 98.
67 Walter Benjamin, a. a. O., S. 92.
68 Ernst Bloch, *Das Prinzip Hoffnung*, Frankfurt/M. [8]1982 (stw 3), S. 143.
69 Es sei in diesem Zusammenhang an Engels' Brief an Joseph Bloch vom 21. September 1890 erinnert: »Nach materialistischer Geschichtsauffassung ist das *in letzter Instanz* bestimmende Moment in der Geschichte die Produktion und Reproduktion des wirklichen Lebens. Mehr hat weder Marx noch ich je behauptet. Wenn nun jemand das dahin verdreht, das ökonomische Moment sei das *einzig* bestimmende, so verwandelt er jenen Satz in eine nichtssagende, abstrakte, absurde Phrase. Die ökonomische Lage ist die Basis, aber die verschiedenen Momente des Überbaus (. . .) üben auch ihre Einwirkung auf den Verlauf der geschichtlichen Kämpfe aus und bestimmen in vielen Fällen vorwiegend deren *Form*.« (Karl Marx/Friedrich Engels, *Werke*, Bd. 37, Berlin 1967, S. 463).
70 Karl Marx, *Zur Kritik der Hegelschen Rechtsphilosophie*, in: Karl Marx/Friedrich Engels, *Werke*, Bd. 1, Berlin 1983, S. 386.
71 Herbert Marcuse, a. a. O., S. 76.
72 Friedrich Engels, *Anti-Dühring*, in: Karl Marx/Friedrich Engels, *Werke*, Bd. 20, Berlin 1983, S. 261 (siehe in diesem Zusammenhang auch S. 260f.).
73 Ernst Bloch, *Das Prinzip Hoffnung*, S. 199.
74 Silvio Vietta (Hg.), *Lyrik des Expressionismus*, Tübingen 1976 (Deutsche Texte 37), S. 157.
75 Jan Berg u. a. (Hg.), *Sozialgeschichte der deutschen Literatur von 1918 bis zur Gegenwart*, Frankfurt/M. 1981, S. 481.
76 Alexander Abusch, *Der Irrweg einer Nation*, Berlin 1947, S. 268.
77 Bernhard Greiner, *Im Zeichen des Aufbruchs: die Literatur der fünfziger Jahre*, in: Hans-Jürgen Schmitt (Hg.), *Die Literatur der DDR*, München/Wien 1983 (Hansers Sozialgeschichte der deutschen Literatur vom 16. Jahrhundert bis zur Gegenwart 11), S. 343.

78 Johann Jakob Bachofen, *Das Mutterrecht. Eine Untersuchung über die Gynaikokratie der alten Welt nach ihrer religiösen und rechtlichen Natur*, hg. von Hans-Jürgen Heinrichs, Frankfurt/M. [4]1982 (suhrkamp taschenbuch wissenschaft 135), S. 100.
79 Axel Vieregg, a. a. O., S. 116.
80 Ernst Bloch, *Das Prinzip Hoffnung*, S. 1628.
81 Peter Hamm, *Vermächtnis des Schweigens. Der Lyriker Peter Huchel*, in: Merkur 18 (1964), S. 481.
82 Hans Peter Bayerdörfer, *Weimarer Republik*, in: Walter Hinderer (Hg.), *Geschichte der deutschen Lyrik vom Mittelalter bis zur Gegenwart*, Stuttgart 1983, S. 469.
83 Peter Hahn, a. a. O., S. 254.

Hubert Ohl

Peter Huchel: Das lyrische Werk im Spiegel seiner Titelgedichte*

...Verse sind nicht, wie die Leute meinen, Gefühle (die hat man früh genug), – es sind Erfahrungen.
Rilke, *Die Aufzeichnungen des M. L. Brigge.*

I

Wie wenig Rang und Wirkung eines dichterischen Lebenswerkes sich nach dessen äußerem Umfang bemessen, bezeugt die Lyrik Peter Huchels auf eindrucksvolle Weise. Vier schmale Gedichtbände sind alles, was wir von ihm besitzen – und dennoch sind die Arbeiten einiger neuerer deutschsprachiger Lyriker, zumal aus der DDR, undenkbar ohne sein prägendes Vorbild. Es genügt, auf Johannes Bobrowski als einem Älteren oder Sarah Kirsch aus der jüngeren Generation zu verweisen.

Daß die künstlerische Qualität der Huchelschen Lyrik sehr früh anerkannt wurde, hat nichts mit seiner langjährigen Tätigkeit als Redakteur der Zeitschrift ›*Sinn und Form*‹, alles dagegen mit seinem sensiblen Sinn für poetische Prägnanz wie seiner fast skrupulösen, jedenfalls überaus wachen Selbstkritik zu tun. Bedenkt man, daß die in den vier Gedichtbänden gesammelte Ernte dieses über fünfzig Jahre währenden Schriftstellerlebens nur etwa zweihundert Gedichte umfaßt (wenn man von den wenigen während der Nazizeit entstandenen Hörspielen absieht), ermißt man, wie sparsam der als Herausgeber so publikationsfreudige Autor mit dem eigenen dichterischen Wort umgegangen ist, mit welch außerordentlichem Maß an selbstkritischer Zurückhaltung er seinen eigenen Versen gegenüberstand. Peter Huchel hat denn auch nur weniges aus der Hand gegeben (oder ohne spätere Umarbeitung gelassen), von dem man sagen könnte, es sei schwach oder ganz mißlungen. So ist ein Werk von eindrucksvoller Dichte und Einheitlichkeit des Niveaus entstanden, dessen unbestrittene Qualität für die Lyrik der Gegenwart Maßstäbe gesetzt hat. Das ist um so bemerkenswerter, als Huchel – allen (voreiligen) Einordnungsversuchen der Literaturkritik zum Trotz – stets Einzelgänger geblieben ist; nie hat er einer »Schule« angehört oder bestimmte Richtungen vertreten. Er ist dem eigenen Ton, den er früh gefunden hat, über alle Wandlungen seiner lyrischen Mittel hinweg treu geblieben.

Wenn ich im folgenden den Versuch unternehme, wesentliche Stadien seines Werkes an den Titelgedichten seiner vier Gedichtsammlungen aufzuweisen, dann steht dieser Versuch unter der – vielleicht nicht verallgemeinerungsfähigen, im Blick auf Huchel aber beweisbaren – These, daß diese vier Gedichte auch repräsentativen Charakter für die Entfaltung seines Gesamtwerkes besitzen. Ihre Repräsentativität gilt sowohl hinsichtlich zentraler Motive oder Themen wie im Blick auf die Entwicklung seiner lyrischen Formensprache. Daß hinter allem immer auch der Mensch Peter Huchel sichtbar bleibt, gilt uns dabei weder als selbstverständlich noch als nebensächlich.

II

An diesen vier Gedichten, von denen die Rede sein soll, ist einerseits der Prozeß ablesbar, den Huchels Sprache durchläuft: von einer eher konventionell anmutenden, jedenfalls im Umkreis traditioneller lyrischer Mittel sich bewegenden Formensprache über deren langsame Auflösung, einer Verknappung oder Verkürzung der Syntax wie der Bildlichkeit, die den Mitteilungscharakter dieser Sprache immer stärker reduziert und die schließlich zu einer Chiffrensprache führt, die sich, am Rande des Verstummens angesiedelt, nur noch partiell aufschlüsseln läßt. In diesem Sinne zeichnet das lyrische Werk Peter Huchels den Entwicklungsgang der europäischen Lyrik unseres Jahrhunderts noch einmal auf bezwingende, weil fern aller Moden sich vollziehende Weise nach. Diese vier Titelgedichte stehen aber andererseits auch stellvertretend für zentrale Themen- und Motivkomplexe, die sich – von Anfang an – in Huchels Gedichtbänden finden:

– Die Erinnerung an eine Kindheit, die durch ihre Nähe zum Bergenden eines noch naturhaften Daseins gekennzeichnet ist,
– die Erschütterung dieser Geborgenheit durch die Erfahrung von Zeit und Geschichte, und das bedeutete für Huchel und seine Generation die Erfahrung von Krieg und Zerstörung, politi-

scher Ohnmacht und Hoffnung auf freie Selbstbestimmung des Menschen,
- die Bekundung einer wachsenden Ohnmacht der Sprache, der Drohung einer Sprachlosigkeit, die durch die erzwungene Isolierung des Dichters in der 2. Hälfte der 60er Jahre verstärkt wird und
- schließlich die sich intensivierende Metaphorik von Erstarrung, Verlust und Tod.

Diese vier Komplexe verteilen sich nicht säuberlich auf die vier Gedichtbände, sondern sind zugleich da – allerdings in unterschiedlicher Intensität. In den frühen Gedichten nimmt die Erinnerung an die Welt der in ländlicher Umgebung verbrachten Kindheit einen breiten Raum ein (*Kindheit in Alt-Langerwisch*, *Der Knabenteich*, *Die Magd*, *Der glückliche Garten*); der zweite Band (*Chausseen Chausseen*) kulminiert in der Erfahrung des Krieges und des von ihm hinterlassenen namenlosen Elends (obgleich es in ihm auch eine Reihe von Südgedichten gibt); der dritte Band, *Gezählte Tage*, greift diese früheren Motive wieder auf, verstärkt sie aber durch die politischen und moralischen Erfahrungen des in seinem Hause Eingesperrten; im letzten Gedichtband, *Die neunte Stunde*, finden sich wie in einer ›Engführung‹ viele Motive aus den früheren Sammlungen wieder, aber sie spiegeln sich nun in dem dunklen Grund von Trauer und Todesahnung.

Ein Wort noch zu der zeitlichen Einordnung der vier Gedichtsammlungen. *Die Sternenreuse*, die für den heutigen Leser die Gedichte Huchels aus den Jahren 1925 bis 1947 versammelt, ist nicht die erste Gedichtsammlung, die Huchel veranstaltet bzw. veröffentlicht hat. Er hatte schon Ende 1932 eine erste Sammlung seiner bis dahin entstandenen Gedichte zusammengestellt, den bereits gesetzten Band Anfang 1933 aber wieder zurückgezogen und bis 1941 nur noch insgesamt siebzehn neue Gedichte veröffentlicht.[1] Erst 1948 gibt er in Ost-Berlin die Sammlung *Gedichte* heraus, die nun die zwischen 1925 und 1947 entstandenen Gedichte vereinigt; von diesem Band erscheint 1950 eine westdeutsche Ausgabe in Karlsruhe. Fünfzehn Jahre lang veröffentlicht Huchel nur einzelne seiner Gedichte, zumeist in ›Sinn und Form‹, deren Chefredakteur er seit 1949 ja war, gelegentlich auch in westdeutschen Zeitschriften, etwa den ›Neuen deutschen Heften‹. Seit 1962 seines Amtes bei ›Sinn und Form‹ enthoben und seither unter Hausarrest lebend, bringt er 1963 (bei S. Fischer in Frankfurt) den Band *Chausseen*

Chausseen heraus, der im wesentlichen die seit 1949 entstandenen Gedichte enthält. Das Echo, das dieser Band sehr rasch fand, veranlaßte ihn schließlich, die seit langem nicht mehr greifbaren frühen Gedichte wieder herauszubringen; sie erscheinen 1967 (bei Piper in München) unter dem Titel *Die Sternenreuse. Gedichte 1925–1947*.

Auch die dritte Gedichtsammlung Huchels ist mit einem Wendepunkt seines Lebens verknüpft. 1971 darf er, nach über acht Jahren einer fast völligen Isolation, in den Westen ausreisen, zunächst für ein Jahr als Stipendiat der Villa Massimo nach Rom; 1972 kommt er in die Bundesrepublik. Während seines römischen Aufenthaltes bereitet er den Band *Gezählte Tage* vor, der 1972 (bei Suhrkamp) erscheint und der die Gedichte aus den Jahren des Eingeschlossenseins enthält.

Huchels letzter Gedichtband, *Die neunte Stunde*, den er mehr auf Drängen des Suhrkamp-Verlages als aus eigenem Entschluß an die Öffentlichkeit gab, erschien 1979, zu einem Zeitpunkt also, da der Dichter durch seine Krankheit schon gezeichnet war. Dieser Band ist in vollem Ernst, was Robert Musil ironisch einen »Nachlaß zu Lebzeiten« genannt hat.

III

Der besondere Rang der Huchelschen Lyrik ist auch von der Literaturkritik früh erkannt worden – das hat freilich nicht verhindern können, daß er lange mit schiefen Urteilen der Kritik hat leben müssen. Da Natur bzw. Landschaft einen bedeutenden Bildbereich seiner Gedichte ausmachen, wurde er sehr bald als Naturlyriker abgestempelt. Man sah in ihm, auch in späteren Jahren, vor allem den Freund und Generationsgenossen Günter Eichs oder den aus der Schule Wilhelm Lehmanns stammenden Poeten der Natur. Diese Katalogisierung sagt freilich auch einiges über die Zeit aus, in der Huchel zu publizieren begann.

Als er um die Mitte der Zwanziger Jahre seine ersten Gedichte in Zeitschriften veröffentlichte, hatte der literarische Expressionismus seinen Höhepunkt zwar schon überschritten, wirkte aber dennoch in mannigfaltiger Weise weiter. Das Mythologem von den »Goldenen Zwanzigern« verdeckt, daß auch die zweite Hälfte dieses Jahrzehnts – trotz einer gewissen politischen und ökonomischen Konsolidierung der Weimarer Republik in den Jahren 1924 bis

1928 – »golden« höchstens im Sinne einer vielfältigen und disparaten künstlerischen Produktivität war. Es sind in Wahrheit ja, auch in künstlerischer Hinsicht, höchst unruhige, zerklüftete, von den verschiedensten, einander durchkreuzenden Aktivitäten gekennzeichnete Jahre gewesen. Ich erinnere nur an wenige Daten aus der Literatur: 1924 war Thomas Manns *Zauberberg* erschienen; in den Jahren 1925 und 1926 gibt Max Brod die beiden großen Romanfragmente seines Freundes Franz Kafka heraus, 1927 veröffentlicht Gottfried Benn seine *Gesammelten Gedichte*, ein Jahr später hat in Berlin Brechts *Dreigroschenoper* Premiere, und 1929 erscheint Alfred Döblins *Berlin Alexanderplatz*. Auf dem Hintergrund dieser wenigen Titel schon kann man, denke ich, nachvollziehen, wie seltsam es die Zeitgenossen anmuten mußte, als in diesem hektischen Berlin ein junger Mann erschien, von dem man nur wußte, daß er aus der Mark Brandenburg stammte, und der so tat, als gäbe es diese Riesenstadt und ihre Aufgeregtheiten gar nicht, indem er Gedichte über seine Kindheit und Erinnerungen an sein Leben auf dem Lande drucken ließ.

Schon in Huchels frühen Gedichten gewann freilich ein entschiedenes soziales Engagement Sprache, ein Pathos des Mitleids mit den Zukurzgekommenen und Entrechteten, den besitzlosen Landarbeitern, die der Heranwachsende auf dem Gut seines Großvaters kennengelernt hatte. (Von diesem Komplex soll im Zusammenhang mit dem 2. Gedichtbeispiel die Rede sein.)

Die Literaturkritik übersah sie zunächst zugunsten jener Gedichte, deren vorherrschende Naturbildlichkeit ins Auge sprang. Auch in bezug auf diese Gedichte hätte man indes schon früh bemerken können, daß sich hier keine Sehnsucht nach naturhafter Idyllik kundgab, ebensowenig wie Huchels Kindheitsgedichte sentimentale Verklärung einer »besonnten Vergangenheit« bedeuten. Es gibt im ganzen Werk Huchels kaum ein Gedicht, in welchem eine außerhalb der Zeit stehende Natur (als bloße *physis*) Gestalt gewönne. Die Jahreszeiten in seinen Gedichten sind immer auch Sinnbilder menschlicher Lebenszeit. Es geht schon in seiner frühen Lyrik im übrigen immer wieder um die Erfahrung des Herausgetretenseins aus einem anfänglichen Zusammenhang mit dem Leben in der Natur; es sind Gedichte der Erinnerung, die aus dem Abstand des Erwachsenen zu der Welt der Kindheit nach dem Sinn eines Lebens fragen, das seinen ursprünglichen Halt in dem bergenden Raum naturhaften Daseins verloren hat. Nicht um Rückkehr, sondern um Bewältigung der eigenen Gegenwart also geht es. Nicht zufällig finden sich in diesen Gedichten immer wieder Zeitadverbien wie »damals«, »als« oder »schon«.

IV

Beispielhaft läßt sich das eben Gesagte an unserem ersten Gedichtbeispiel, *Die Sternenreuse*, ablesen. Es ist nach Huchels eigener Angabe 1927 in Frankreich entstanden; dieser Hinweis genügt, um den Leser davor zu bewahren, es als »Erlebnislyrik« mißzuverstehen.

Schon der staunend-fragende Gestus des ersten Verses läßt das Gedicht als Rückblick, als Kontamination von Kindheits- und Erwachsenenwelt erkennen:

Daß du noch schwebst, uralter Mond?
Als jung noch deine Scheibe schwebte,
hab ich an einem Fluß gewohnt,
wo nur das Wasser mit mir lebte.
Das Wasser scholl, es war Gesang,
ich schöpfte und mein Atem lauschte,
wie es um Steine tönend sprang
und schäumend schoß und niederrauschte.

Zwei Felsen, wie bestäubt von Ruß
und steil und schmal wie eine Schleuse,
umstanden damals noch den Fluß.
Im Wasser hing die Sternenreuse.
Ich hob die Reuse aus dem Spalt,
es flimmerten kristallne Räume,
es schwamm der Algen grüner Wald,
ich fischte Gold und flößte Träume.

O Schlucht der Welt, des Wassers Schwall
kam wie Gesang: war es mein Leben?
Damals sah ich im dunklen All
ganz nah die Sternenreuse schweben.

Auch wer dieses Gedicht zum ersten Mal hört oder liest, kann sich nur schwer dem Zauber seiner Musikalität oder der bezwingenden Magie seiner Bilder entziehen. Wir fühlen, daß dieses lyrische Ich von einer lange zurückliegenden nächtlichen Stunde spricht, in welcher es dem Geheimnis des Daseins so nahe zu sein glaubte wie dem Sinn seines eigenen Lebens, das »damals« noch als mögliche Bestimmung vor ihm lag. Das Sternbild, das sich in einem Wasser seiner Kindheitslandschaft spiegelte, war Sinnbild einer letzten Geborgenheit und Verheißung eines Gelingens, von dem der hier Sprechende sich geschieden weiß. Wir fühlen uns ergriffen von dem Schwebenden einer Sprache, die Evokation eines geahnten Sinnes und Klage um dessen Verlust zugleich ist. Diesem ersten Eindruck korrespondiert die strenge und genaue Formgebung des Gedichts. Auf zwei Strophen, die aus je acht vierhebigen Versen bestehen (auftaktigen Versen, also »vierhebigen Jamben«), folgt eine dritte Strophe, die nur vier Verse umfaßt. Was die ersten beiden Strophen in insgesamt 16 Versen als Erinnerungsbild beschwören, findet in der verkürzten Schlußstrophe sein abschließendes Resümee. Die Strophen selbst sind von fast volksliedhaft einfacher Architektur; je vier Verse werden durch Kreuzreim verbunden, jeweils zwei dieser Vierzeiler treten zu einer Strophe zusammen. Die Gefahr einer solchen Addition liegt auf der Hand: Beide Teile können, durch die Reimgebung in sich abgeschlossen, selbständige Einheiten bleiben, die nur durch die Druckanordnung zu einer ›Strophe‹ zusammengesetzt werden. Huchel entgeht jedoch der Gefahr eines solchen additiven Verfahrens, indem er die beiden Strophenteile syntaktisch verfugt. In der 1. Strophe sind das Subjekt des 4. und 5. Verses identisch (»das Wasser«); die Bewegung des ersten Satzes drängt dadurch über das Kolon am Ende von Vers 4 hinaus und bindet so beide Strophenteile zusammen. In der zweiten Strophe findet sich einerseits ein ähnliches Verfahren (das Bild der »Sternenreuse« aus Vers 4 wird in der »Reuse« in Vers 5 wiederaufgenommen), andererseits wird die Satzbewegung kunstvoll gestaut, indem bereits die ersten drei Verse eine syntaktische Einheit bilden, der 4. Vers dagegen als eigener Satz für sich steht: Er bildet zugleich das Bild- und Sinnzentrum des ganzen Gedichts.

Zu der kunstvollen Konzentration dieser Strophe, auch als Verknüpfung ihrer beiden Teile wie deren Verschränkung mit der Schlußstrophe, gehört auch die Art, wie Huchel das Bild der Felsschlucht variiert und steigert. Die »Zwei Felsen«, die »steil und schmal« den Fluß umstanden (Vers 9 ff.), verengen sich in Vers 13 zu einem »Spalt«, wodurch sie einen eigentümlich unanschaulich-abstrakten Charakter gewinnen, um sich zu Beginn der dritten Strophe (Vers 17) zur »Schlucht der Welt« zu erweitern. Einerseits ist hier das Bild der »zwei Felsen« vollends verlassen, seine Konkretheit aufgehoben und entrealisiert, andererseits aber erfährt es als Vokativ einer Genitivmetapher – »O Schlucht der Welt« – eine außerordentliche Bedeutungsausweitung und Ausdrucksintensivierung. Eine zunächst ganz unscheinbare Realitätsvokabel wird so zum Inbild einer Welt- und Selbsterfahrung, in der Hoffnung und Mißlingen, Sehnsucht und Scheitern einander durchdringen.

Versucht man nun aber, über das bisher Beobachtete hinaus, die Bildersprache dieses Gedichts rational weiter aufzulösen, stößt man sehr bald auf einen ebenso stillen wie entschiedenen Widerstand, den dieses Gedicht seinem Interpreten entgegensetzt. Schon die Aussage, daß die »Scheibe« des Mondes »jung« schwebte, ist ja logisch nicht nachvollziehbar. (Von einem ›jungen‹ Mond sprechen wir, wenn seine Sichel im ersten Viertel steht; das Gedicht beharrt aber auf seiner »Scheibe«.) So kommt das adverbial gebrauchte »jung« doch wohl eher (im Sinne eines eigentlich gemeinten Adjektivs) dem Betrachter des Mondes zu, der »damals« selbst noch jung war. Ebensowenig wird man es als reale Aussage nehmen wollen, wenn die 2. Strophe (in Vers 11) behauptet, daß nur »damals« die zwei Felsen den Fluß umstanden – als seien Felsen so schnell vergänglich wie Sträucher oder auch nur ein Menschenleben. Auch hier dient das Zeitadverb der Intensivierung des in der Kindheit Erlebten. Der zweite Teil dieser (zweiten) Strophe verläßt denn ja auch vollends den Bereich der Empirie. Und was hat es mit dem Wasser auf sich, aus dem das lyrische Ich »schöpfte«, auf dessen »Gesang« es lauschte und aus dem es die »Sternenreuse« hob und »Träume« »flößte«? Dieses Gedicht greift nicht nur hinsichtlich von Vers- und Strophenbau auf Traditionen der deutschen Lyrik zurück (das tat ja selbst ein Expressionist wie Georg Heym), sondern auch in bezug auf seine Bildlichkeit; es spielt auf Bilder der Überlieferung an, indem es sie doch gleichzeitig ganz in ein Eigenes verwandelt. Ich denke etwa an Goethes berühmte Verse (aus dem *Divan*-Gedicht *Lied und Gebilde*):

> Schöpft des Dichters reine Hand,
> Wasser wird sich ballen.

Es scheint, als habe Huchel schon früh die Möglichkeit eigenen Dichtertums geahnt und ihr in der Bildlichkeit dieses Gedichts – im erinnernden Rückblick – Ausdruck gegeben. Der Ahnung eigener Bestimmung korrespondiert die Positivität einer Sinnerfahrung, die sich im Licht der Sterne bezeugt (die als Chiffre der Transzendenz ja wiederum eine traditionelle Aura besitzen). Aber das Ganze dieses Gedichts steht doch unter der Spannung von Vergangenheit und Gegenwart; es beschwört das »damals« Gesehene aus der Perspektive des Heute.

Diese ›doppelte Optik‹ (wenn ich so sagen darf) bindet die ersten wie die letzten beiden Verse besonders eng zusammen. Wie eingangs der fragende Aufblick zum gegenwärtig schwebenden »uralten« Mond die Erinnerung an seine einstmals »junge« Scheibe auslöst, so sprechen die Schlußverse von der »damals« »ganz nah« gesehenen Sternenreuse aus dem nicht ausgesagten, aber in der Erfahrung des »dunklen Alls« gegenwärtigen ›Heute‹. Dies Zugleich zweier ›Zeitperspektiven‹ macht die Komplexität und d. h. auch: den Rang dieses Gedichtes aus.

Das Bild der »Sternenreuse« schließlich ist sicher eine der eindrucksvollsten Wortschöpfungen, die Huchel geglückt ist. Es verschränkt auf ebenso einfache wie überzeugende Weise den Sinnbezirk der Transzendenz, also jenen Bereich, den Kant mit dem »gestirnten Himmel über mir« gemeint hat, mit dem Alltag der Bauern und Fischer, mit denen der junge Huchel lebte. Das Bild der »Sternenreuse« macht ein Allgemeines auf überraschende Weise konkret, ohne es doch der Sprache planer Mitteilung auszuliefern. Daß auch der Bereich der Humanität (bei Kant ist ja noch von dem »moralischen Gesetz in mir« die Rede) zu dem Bedeutungsumkreis dieses Bildes gehört, beginnt man zu ahnen, wenn im Eröffnungsgedicht der Sammlung *Gezählte Tage* im Bild Ophelias die Leiche eines an der innerdeutschen Grenze erschossenen Mädchens sich in einer »Stacheldrahtreuse« verfängt (GT, S. 7).

V

Damit aber haben wir schon den zweiten Bereich der Huchelschen Dichtung, die Erfahrung von Zeit und Geschichte, betreten, für den in unserer Reihe das Gedicht *Chausseen* steht. Auch der flüchtige Blick gewahrt, daß es die Erfahrung eines geschichtlichen Chaos auszusprechen sucht, das – als »Erwürgte Abendröte/Stürzender Zeit« – noch die Natur in seinen Untergang hineinzureißen scheint. Dieses in der Sammlung *Chausseen Chausseen* für sich stehende Gedicht gehört indessen in den Kontext eines größeren

Gebildes, mit dem es nicht nur entstehungsgeschichtlich verbunden ist. Es ist nötig, auf diesen Zusammenhang wenigstens kurz einzugehen.

Chausseen ist ein (ursprünglich titelloses) Bruchstück aus einem ebenfalls Fragment gebliebenen größeren Poem, das Huchel 1950 in seiner Zeitschrift ›Sinn und Form‹ unter dem Titel *Das Gesetz* veröffentlicht hat: dem Versuch einer poetischen »Chronik« von Kriegsende und Untergang wie dem versuchten Neubeginn in der DDR nach der Verkündung des Gesetzes über die Bodenreform (1949). Daß Huchel glauben konnte, die Bodenreform der DDR würde die armen Landarbeiter der ehemaligen Rittergüter Ostelbiens zu freien, Eigentum besitzenden Bauern machen, hängt mit seiner Einstellung zu denjenigen zusammen, die seine Kindheit und Jugend begleiteten. Seine Sympathie gehörte (ich habe schon darauf hingewiesen) jenen proletarischen Randgestalten dörflichen Lebens, mit denen der Junge auf dem Gut seines Großvaters umging, den Hirten und Ziegelstreichern oder jenen polnischen Saisonarbeitern, denen oft nicht einmal die Sense gehörte, mit der sie die Ernte einbrachten. Daß der Acker, den sie bearbeiteten, oder das Vieh, das sie tränkten, nun ihnen gehören sollten, wie das Gesetz über die Bodenreform ihn glauben machte, das schien Huchel eine historische Wende zu bezeichnen, wert, vom Wort des Dichters gepriesen zu werden:

O Gesetz,
mit dem Pflug in den Acker geschrieben,
mit dem Beil in die Bäume gekerbt!
Gesetz, das das Siegel der Herren zerbrochen,
zerrissen ihr Testament!

O erste Stunde des ersten Tags,
der die Tore der Finsternis sprengt!
O Licht, das den Halm aus der Wurzel treibt!
O Feuer ohne Rauch!
Zwischen Acker und Stern,
O Volk, die ganze Tiefe ist dein!
[...]
So leg den neuen Grund!
Volk der Chausseen,
zertrümmerter Trecks!
Reiß um den Grenzstein des Guts!

Deine Pfähle schlag ein,
ackersuchendes Volk!

Geh auf die Tenne, die deine Väter
als Knechte mit Tierblut gehärtet.
Fege zusammen das magere Korn,
beize es für die Saat!

Treibe das Vieh durchs Koppeltor.
Altmelkende Kühe mit rissigem Euter,
Stiere mit wunden
knochigen Flanken
sie fressen sich satt.
Kannen und Eimer warten auf Milch.

In den Maschinenhof geh.
Hier, wo die Nässe
aus kahler Krippe
sparriger Äste fraß,
im Vorwerk, von Ratten und Rost behaust,
wartet der Amboß auf dich,
die erste Hacke zu schmieden
aus stumpfer Mähmesserklinge!

[...]
Erschöpftes Volk,
beweg den erschöpften Acker!
Wenn auch das Zugseil
die Schulter zerschneidet –
wecke sie auf, die aschige Erde,
mit schälendem Pflug,
ehe das Jahr
sein windiges Scheunentor schließt
und der Nebel sich staut an den Sternen.[2]
[...]

Man mag den sich hier bekundenden politischen Optimismus heute belächeln oder in diesen zukunftfreudigen Versen sogar eine Art poetischen »Sündenfalls« Huchels erblicken – einen moralischen Sündenfall (wie andere politische Bekenntnisse) stellen sie nicht dar. Die schlechte Wirklichkeit, die aus diesem Gesetz hervorgegangen ist, widerlegt allenfalls die – letztlich unpolitische – Gutgläubigkeit des Autors, nicht aber die Moralität, die hinter seiner Deutung steht. Die Anfang der 50er Jahre einsetzende Kollektivierung der Landwirtschaft in der DDR machte Huchels politische Hoffnungen sehr bald zunichte. Er hat denn auch die »Chronik« als Ganzes nie mehr publiziert und ihre gut gemeinten, aber dichterisch schwachen ›positiven‹ Partien der Vergessenheit anheimgegeben. Dagegen hat er einige Bruchstücke daraus, z. B. auch den zum Komplex des »Gesetzes« gehörenden, 1952 erstmals publizierten, wahrhaft apokalyptischen *Bericht des Pfarrers vom Untergang seiner Gemeinde*[3] in den Band *Chausseen Chausseen* aufgenommen – also allein solche Stücke, die vom Grauen des Krieges und der Erfahrung einer im Chaos versinkenden Zeit sprechen. Zu ihnen gehört auch das Gedicht *Chausseen*:

Erwürgte Abendröte
Stürzender Zeit!
Chausseen, Chausseen.
Kreuzwege der Flucht.
Wagenspuren über den Acker,
Der mit den Augen
Erschlagener Pferde
Den brennenden Himmel sah.

Nächte mit Lungen voll Rauch,
Mit hartem Atem der Fliehenden,
Wenn Schüsse
Auf die Dämmerung schlugen.
Aus zerbrochenem Tor
Trat lautlos Asche und Wind,
Ein Feuer,
Das mürrisch das Dunkel kaute.

Tote,
Über die Gleise geschleudert,
Den erstickten Schrei
Wie einen Stein am Gaumen.
Ein schwarzes
Summendes Tuch aus Fliegen
Schloß ihre Wunden.

Im Kontext des »Gesetzes« umfaßte es noch zwei weitere Verse; am Ende der jetzigen Fassung stand ein Gedankenstrich, danach hieß es noch:

während in heller Sonne
das Dröhnen des Todes weiterzog –

womit der chronikale Charakter des Ganzen zwar betont, die vorangehenden Schreckensbilder aber relativiert wurden.

Golden lodern die Feuer
der Völker rings:

in diesem hölderlinisch anmutenden, hymnischen Ton konnte noch Georg Trakl in einem seiner letzten Gedichte den nahenden Krieg besingen (*Die Nacht*).[4] In Huchels Gedicht gewinnt das Ende des Zweiten Weltkriegs die Dimension einer universalen Katastrophe. Durch Hinzufügung zweier Adjektive steigert er die eher traditionelle Metapher von der ›Abendröte der Zeit‹ zu einer apokalyptischen Vision. Es scheint das Ende allen Lebens auf Erden gekommen, wenn sie, mit den Augen toter Pferde, den Himmel brennen sieht. Das Gedicht sagt nicht ausdrücklich, daß auf diesen »Kreuzwegen der Flucht« die Trecks deutscher Flüchtlinge aus dem Osten einander begegnen, schließt diese Deutung freilich auch nicht aus – wenngleich sie den Bedeutungsumkreis dieser Metapher wohl nicht erschöpft. »Kreuzwege der Flucht«: In diese Kontamination von Christi Leidensweg mit dem namenlosen Elend der vor den Schrecken des Krieges Flüchtenden ist das Leid all derer eingegangen, die Opfer dieser Schreckenszeit gewesen sind. Auch die scheinbar ›realistische‹ Bildlichkeit der mittleren Strophe kann nicht darüber hinwegtäuschen, daß diese »Nächte« keine reale Zeitangabe mehr bedeuten: Die Zeit selbst ist Nacht geworden, eine einzige Finsternis, in welcher es kein Licht mehr zu geben scheint.

Dem pathetisch gesteigerten Einsatz des Gedichts korrespondiert das eher statische Gegenbild seiner Schlußverse, in denen die Dynamik des evozierten Geschehens erstirbt. Syntaktisch gesehen, folgt den prädikatlosen Sätzen der ersten vier Verse zwar ein vollständiger Schluß-Satz, aber nur, um in ihm die Bewegung, mit der die Strophe noch einmal einsetzt, vollends zur Ruhe des Todes gerinnen zu lassen – ein Vorgang, der sich auf der Ebene figuraler Rede, erneut gesteigert, wiederholt. An den Vergleich

Den erstickten Schrei
Wie einen Stein am Gaumen

schließt sich eine absolute Metapher, deren syntaktische Einbindung ihr eine apodiktische Knappheit verleiht, die das Grauen des Krieges in ein abschließendes Bild zusammenfaßt:

Ein schwarzes
Summendes Tuch aus Fliegen
Schloß ihre Wunden.

Undenkbar, daß in diesem Gedicht sich noch ein Reim fände, Harmonie bedeutend, wo es nur Disparates und Zerstörtes mehr gibt. Auch seine Sprache fügt sich nur selten noch zur Einheit eines Satzes zusammen; unvollständige Sätze werden parataktisch gereiht, an die Stelle der Mitteilung treten auch hier Evokation und Expression. Wir besitzen nicht viele Gedichte in unserer neueren Lyrik, die so überzeugend die barbarische, alles zerstörende Gewalt des Krieges verlautbaren.

VI

Huchel hat dem Band *Chausseen Chausseen* ein Wort des hl. Augustinus als Motto vorangestellt: »... im großen Hof meines Gedächtnisses. Daselbst sind mir Himmel, Erde und Meer gegenwärtig ...«. Auch die memoria des Lyrikers Peter Huchel bewahrt nicht nur Bilder des Krieges und Schreckens auf; schon in diesem Band finden sich Gedichte auf südliche Städte und Landschaften, etwa *Verona*, *Thrakien*, *San Michele* oder *Südliche Insel*, denen sich aus dem Band *Gezählte Tage* weitere hinzugesellen. Aber es ist nicht die jahrhundertealte Südsehnsucht nördlicher Völker, die sich hier ausspricht; selbst wo der Dichter die »heitere Klarheit« südlicher Natur oder Kunst wahrnimmt, sieht er sie doch vor allem unter der gnadenlosen Helle und sengenden Hitze eines Lichtes, das alles Leben in Öde, Erstarrung und Todesdrohung verwandelt. Nur in wenigen Gedichten hat dieser Autor den Süden als Gegenbild des Nordens gezeichnet, als Chiffre eines helleren und leichteren, vor allem: sinnerfüllten Lebens.

Das letztere ist der Fall in dem Gedicht *Gezählte Tage*:

Gezählte Tage, Stimmen, Stimmen,
vorausgesandt durch Sonne und Wind
und im Gefolge rasselnder Blätter,
noch ehe der Fluß
den Nebel speichert im Schilf.

Vergiß die Stadt,
wo unter den Hibiskusbäumen
das Maultier morgens gesattelt wird,
der Gurt gezogen, die Tasche gepackt,
die Frauen stehn am Küchenfeuer,
wenn noch die Brunnen im Regen schlafen.
Vergiß den Weg,
betäubt vom Duft des Pfeifenstrauchs,

die schmale Tür,
wo unter der Matte der Schlüssel liegt.

Zwei Schatten,
Rücken an Rücken,
zwei Männer warten im frostigen Gras.
Stunde,
die nicht mehr deine Stunde ist.
Stimmen,
vorausgesandt durch Nebel und Wind.

(GT, S. 21)

Wieder haben wir es mit einem in drei Abschnitte gegliederten Gebilde zu tun, und wieder, wie in *Die Sternenreuse*, stehen erfahrene bzw. erlittene Gegenwart und erinnerte, von Leben und Sinn erfüllte Vergangenheit sich gegenüber. Das Bild des herannahenden Herbstes, Nebel und Schatten verdunkeln die eigene Gegenwart; der hier Sprechende lebt eigentlich nur im »großen Hof« seines »Gedächtnisses«, Erinnerung und Imagination müssen ihm ersetzen, was ihm die gegenwärtige Realität verweigert. Es ist konkret jene Realität, die der Dichter acht Jahre lang ertragen mußte: Gefangener im eigenen Haus zu sein; unter ständiger Beobachtung von Spitzeln des Geheimdienstes, fast ohne Kontakt zur Außenwelt leben zu müssen; als Schriftsteller von jenem geistigen Leben abgeschnitten zu sein, das er mit der Redaktion seiner Zeitschrift selbst über ein Jahrzehnt beeinflußt hatte.

So persönlich uns dieses Schicksal anmuten möchte, so wenig geht es darin auf, bloß privat zu sein: Niemand von uns wird übersehen können, daß Peter Huchel gerade darin ein Repräsentant unserer Zeit ist, daß er vor allem auch ihr Opfer war.

Leben allein als erinnertes Leben, das vergessen werden soll: Dieses Paradox beschwört die zweite Strophe im Bild der morgendlichen Frühe einer südlichen Stadt, die zu neuem Leben erwacht; als Beginn eines Lebensalltages, ganz im Konkreten einer fast idyllischen – d. h. auf bleibende menschliche Verhältnisse bezogenen –, überdies eher dörflichen als städtischen Situation gefaßt.

Die alltäglichen und wiederkehrenden Verrichtungen, das Satteln des Maultieres (das doch wohl die Männer besorgen), während die Frauen noch am Herd stehen; das Zugleich von Ausgreifen und Heimkehr, Vorsorge des Menschen und zweckloser Schönheit der Natur: all das ergibt ein Bild des Lebens, das um so wahrer ist, je unpathetischer und alltäglicher es erscheint.

Diesem Erinnerungsbild eines sich in sich selbst erfüllenden Lebens steht die eigene Gegenwart als entfremdete gegenüber: als »Stunde,/ die nicht mehr deine Stunde ist«.

Die dritte Strophe sagt zwar direkt, daß es sich bei den »zwei Schatten« um die Schatten der Bewacher handelt, dennoch erscheinen Schatten, Kälte (das »frostige Gras«), Nebel und Wind als Elemente einer universaleren Bedrohung. Von einem Geborgensein in der Natur kann hier vollends keine Rede mehr sein. Derjenige, der hier spricht, lebt selbst fast nur als Schatten unter Schatten.

Es ist nicht leicht, den Titel des Gedichts zu deuten. »Gezählte Tage« – das könnten die kontrollierten und registrierten Tage eines Eingesperrten sein, ebenso aber auch die von ihm selbst ›gezählten‹ Tage, insofern er auf deren Ende hofft. Schließlich auch jene Tage, die seine Erinnerung ihm ›vorzählt‹, als Bilder des versäumten Lebens vorhält. Vermutlich müssen alle diese Bedeutungen zusammengesehen werden.

Angesichts der partiellen Dunkelheit auch dieses Gedichtes bedeutet es einen besonderen Glücksfall, daß wir von ihm eine frühere, in einer Zeitschrift (1968) veröffentlichte Fassung besitzen. So bietet sich uns die Möglichkeit, im Vorbeigehen wenigstens einen Blick auf Huchels Arbeitsweise zu werfen und dabei zumindest die Grundprinzipien seiner Umarbeitung eines Gedichtes zu skizzieren. Sie lassen sich vorgreifend als Tendenz zur Verknappung bezeichnen, als Stauung des lyrischen Vorgangs, der auf eine Intensivierung des sprachlichen Ausdrucks zielt.

Gezählte Tage, Stimmen, Stimmen,
Vorausgesandt durch Sonne und Wind
Und im Gefolge rasselnder Blätter,
Noch ehe sich rötet das frostige Gras,
Der Fluß den Nebel speichert im Schilf.

Vergiß die Stadt,
Wo die Brunnen im Regen schlafen.
Vergiß die Klippe,
Ein Feuer fiel vom Himmel ins Meer.
Vergiß den Weg,
Betäubt vom jähen Duft der Rosen.
Ein rostiger Schlüssel lag im Sand,
Er schloß das Dunkel auf.

Zwei Schatten,
Rücken an Rücken,
Zwei Sträucher,
Zwei Männer warten vor deinem Haus.
Stunde,
Die nicht mehr deine Stunde ist,
Stimmen,
Vorausgesandt durch Nebel und Wind.[5]

Halten wir vorab fest: In diesem Fall ist die Gliederung des Gedichtes ebenso unangetastet geblieben wie seine Anfangs- und Schlußverse; die verändernden Eingriffe gelten vor allem dem Mittelteil sowie den Schlußversen der ersten und (spiegelverkehrt) den ersten Versen der letzten Strophe.

Die Haupttendenzen der Veränderung – Verknappung, Stauung und Intensivierung – lassen sich sogleich an dem ersten Eingriff des Dichters erkennen. In der ersten Fassung lautet der Schluß der ersten Strophe:

Noch ehe sich rötet das frostige Gras,
Der Fluß den Nebel speichert im Schilf.

Möglich, daß die Neigung zur aufzählenden Reihung mit dem Thema (dem Titel) des Gedichts zusammenhängt; Huchel scheint jedenfalls empfunden zu haben, daß diese Verse eher eine epische Aufzählung denn eine lyrische Verdichtung des Strophenschlusses darstellen: Er streicht eine der aufgereihten Einzelheiten (»sich rötet das frostige Gras«) und erreicht durch eine neue Versbrechung, daß das bedeutsame Bild des Nebels betont an den Beginn des letzten Verses tritt:

noch ehe der Fluß
den Nebel speichert im Schilf.

Die ›epische Reihung‹ tritt in der früheren Fassung am entschiedensten in der mittleren Strophe hervor; in dem dreimaligen anaphorischen Einsatz »Vergiß–Vergiß–Vergiß« beschwört sie intensiv erfahrenes Leben als das Zu-Vergessende. So überzeugend (und different) die Bilder, für sich genommen, sind, die der Dichter für dieses Leben findet – die im Regen schlafenden Brunnen der Stadt, der glühende Sonnenuntergang (»Ein Feuer fiel vom Himmel ins Meer«) wie der »jähe Duft der Rosen«, der den Weg »betäubt« – sei es, daß ihm ihre bloße Reihung nicht genügte, sei es, daß er das Bild der Schlußverse –

Ein rostiger Schlüssel lag im Sand,
Er schloß das Dunkel auf

– innerhalb dieser Strophe als einen zu starken Gegensatz (oder gar als unmotiviert) empfand, er baut die Strophe völlig um. Man mag es bedauern, daß dabei mit den eben zitierten Versen ein intensives Bild der Bedrohung ganz dem Rotstift zum Opfer fällt, die Strophe gewinnt in der endgültigen Fassung gleichwohl an Stimmigkeit und Geschlossenheit der lyrischen Situation. Fast unmerklich wird dabei, was wir das »Idyllische« dieser morgendlichen Stunde nannten, dennoch abgeschwächt, indem es zugleich stärker der südlichen Bildwelt amalgamiert wird: Aus dem »jähen Duft der Rosen« wird der »Duft des Pfeifenstrauchs«, und die nur in ›übertragener‹ Bedeutung zu lesenden Schlußverse der ersten Fassung (»Ein rostiger Schlüssel lag im Sand,/ Er schloß das Dunkel auf«) werden konkretisiert im Blick auf die Grundsituation dieser Strophe:

die schmale Tür,
wo unter der Matte der Schlüssel liegt.

Die reihende Aufzählung realer Einzelheiten kennzeichnet auch die ersten Verse der Schlußstrophe, ihr gelten daher wiederum die Korrekturen des Autors:

Zwei Schatten,
Rücken an Rücken,
Zwei Sträucher,
Zwei Männer warten vor deinem Haus.

Zunächst tilgt er eine der Variationen für die wartenden Männer, die etwas gewaltsam-idyllische Naturbildlichkeit der »Zwei Sträucher«; war deren Aussagekraft (als Chiffre der Bedrohung) schon minimal, so verbleibt der folgende Vers (»Zwei Männer warten vor deinem Haus«) vollends in einem vordergründig realistisch-beschreibenden Gestus. Die tiefgreifende Änderung, die Huchel gerade mit diesem Vers vornimmt, erinnert an das Verfahren der Überarbeitung, das wir aus Trakls Lyrik kennen. Das in der ersten Strophe eliminierte Bild des »frostigen Grases« durfte als Chiffre der Erstarrung nicht gänzlich aus dem Gedicht verschwinden, um so mehr, als ja das ihm allenfalls entsprechende Bild des »rostigen Schlüssels«, der das Dunkel aufschloß, bereits ohne ein entsprechendes Äquivalent getilgt worden war. So tritt das »frostige Gras« nun an die Stelle der beschreibenden Erläuterung »vor deinem

Haus« und hebt diese bloß ›realistische‹ Angabe auf eine Ebene der Sinnbildlichkeit, in welcher es, die Situation dieser »gezählten Tage« noch einmal zusammenfassend, bedeutungs- und sinntragende Funktion gewinnt. Jetzt erst hat das Gedicht jene strenge Fügung gewonnen, in welcher auch die verstärkende Variation des zweiten Verses

Vorausgesandt durch Sonne und Wind

im letzten Vers

Vorausgesandt durch Nebel und Wind

seine poetische Rechtfertigung erhält.

VII

»Nicht zähle die Jahre, zähle die Stunden« (Ch, S. 24), lautet die Forderung in dem Odysseus-Gedicht *Hinter den weißen Netzen des Mittags* aus *Chausseen Chausseen*. Gezählte Tage – gezählte Stunden: das sind zuletzt wohl die ›eigenen Stunden‹, Stunden des Lebens, die dem einzelnen allein gehören, bei einem Schriftsteller sicher auch die Stunden besonderer Produktivität. Die ›eigene‹ Stunde kann aber auch diejenige sein, die auf jeden von uns wartet. Im gleichen Band findet sich eine *Elegie* auf den Tod Homers:

Es ist deine Stunde,
Mann auf Chios.
Sie naht über Felsen
und legt dir Feuer ans Herz.

(Ch, S. 12)

»Deine Stunde« als die Stunde des Todes, das ist in der christlichen Mythologie die »Neunte Stunde« als die Sterbestunde Christi. Auf sie spielt das Titelgedicht des vierten Bandes an:

Die Hitze sticht in den Stein
das Wort des Propheten.
Ein Mann steigt mühsam
den Hügel hinauf,
in seiner Hirtentasche
die neunte Stunde,
den Nagel und den Hammer.

Der trockene Glanz der Ziegenherde
reißt in der Luft
und fällt als Zunder hinter den Horizont.

(NS, S. 32)

Überblickt man noch einmal die Reihe der vier Gedicht-Titel, dann fällt als erstes eine entschiedene Verengung der Perspektive – im räumlichen wie im zeitlichen Sinne – auf: Die Sternenreuse, Chausseen Chausseen – Gezählte Tage, Die neunte Stunde. Diese Reduktion des lyrischen Vorwurfs – nennen wir sie einmal etwas prosaisch: der Gegenstandsbereiche – ergreift im letzten Gedicht sowohl die Anordnung seiner Verse wie seine Sprache. *Die neunte Stunde* besteht nur noch aus zwei Abschnitten von sieben und drei Zeilen; die Dreigliedrigkeit der früheren Gedichte ist aber noch in der syntaktischen Struktur zu erkennen: Die erste Strophe ist deutlich in zwei voneinander unabhängige Sätze gegliedert.

Diese drei Sätze sind im übrigen auch grammatisch korrekt – und entziehen sich doch vollends einem Verständnis, das eine Mitteilung von Sachverhalten erwartet. Ein solches sich ins Schweigen verschließende, Ungesagtes einschließende Gedicht öffnet sich – wenn überhaupt – nur noch partiell dem Zugriff des Interpreten.

Einen ersten Anhalt bietet die mit dem Titel gegebene Anspielung auf Christi Kreuzestod; die Gestalt eines Mannes, der »den Hügel« heraufsteigt, die Kreuzigungswerkzeuge Jesu in der Tasche, scheint diesem Bedeutungsumkreis zu entsprechen. Auch der Schlußabschnitt ließe sich von hier aus verstehen; der Dichter hätte dann sowohl den Bericht von der Verfinsterung des Himmels als auch vom Zerreißen des Tempelvorhangs in Jesu Sterbestunde in eine Naturbildlichkeit übertragen, die der Gestalt seines Hirten adäquat wäre. Sogar »das Wort des Propheten« ließe sich benennen, da (abgesehen von den Psalmen) bei Jesu Kreuzigung nur eine Stelle aus den prophetischen Büchern des Alten Testamentes genannt wird, Jesaja 53,12; Markus etwa zitiert es (Mk. 15,28): »Er ist unter die Übeltäter gerechnet.«

Huchel als »christlicher Dichter«? Das doch wohl nicht. Er greift auf den Bericht von der Leidensgeschichte Christi zurück in derselben Absicht, mit der er sich in seiner Lyrik antiker Mythologeme bedient: um das gegenwärtige Leiden des Menschen dichterisch sagbar zu machen.

Das tertium comparationis zwischen der Leidensgeschichte Christi und seinem eigenen Leiden an der Welt bilden dabei die Worte des Propheten Jesaja: »Er ist unter die Übeltäter gerechnet.« Das zu sein, sagten dem Dichter auch jene nach, die ihn zum öffentlichen Schweigen verurteilten, während der Herrschaft Ulbrichts nicht weniger als während des »Dritten Reiches«.

Aber – wäre die Kontamination eines so privaten Schicksals mit Christi Kreuzigung nicht doch vermessene Blasphemie? Nur dann, wenn Huchels Lebensweg in der Tat bloß privat wäre und nicht gerade darin repräsentativ, daß er ein Opfer der Zeit war wie viele andere. Und: wenn der Kreuzestod Christi für einen modernen Autor nur die Erzählung vom Tod Jesu bedeuten dürfte und nicht auch Sinnbild werden könnte für das Leiden des Menschen am Menschen überhaupt. In diesem Sinne ist Huchels Gedicht die weltliche Kontrafaktur eines religiösen Geschehens, das es ernst, aber nicht wörtlich nimmt, dem es gerade dadurch seine Dignität bewahrt, daß es die religiöse Überlieferung für das Leiden des heutigen Menschen durchsichtig macht. Allerdings ohne den Trost der Auferstehung – und in diesem Sinne auch nicht christlich. Huchels Gedicht spricht von jener »Neunten Stunde«, die jeder Mensch mit sich trägt; es spricht allerdings aus einer Position der Immanenz, für die der Tod das unwiderrufliche Ende des Lebens bedeutet:

Die Erde schenkt uns keine Zeit
über den Tod hinaus.

(*Verona*, Ch, S. 15)

Die Kunst der Moderne unseres Jahrhunderts steht, wo sie wirklich modern, d. h. Ausdruck zeitgenössischen Bewußtseins ist und keine heimlichen Rückversicherungsverträge abschließt, außerhalb von Trost und Hoffnung. Für sie gilt als Maxime der Satz Thomas Manns (den dieser wiederum Adorno entlehnt hat): zulässig in der Kunst sei allein noch »der unverstellte und unverklärte Ausdruck des Leides in seinem realen Augenblick« *(Doktor Faustus)*.[6]

Das Alphabet,
das du besitzt,
reicht nicht aus,
Antwort zu geben
der wehrlosen Schrift [.]

(GT, S. 59)

heißt es in dem Gedicht *Keine Antwort* aus *Gezählte Tage*. Mehrfach klingt im Spätwerk des Dichters ein Ton tiefer Resignation auf, so in den Versen (ebenfalls aus *Gezählte Tage*):

UNTER DER BLANKEN HACKE DES MONDS
werde ich sterben,
ohne das Alphabet der Blitze
gelernt zu haben.

Im Wasserzeichen der Nacht
die Kindheit der Mythen,
nicht zu entziffern.

Unwissend
stürz ich hinab,
zu den Knochen der Füchse geworfen.

(GT, S. 71)

Die neuere Kunst fand ihre Würde stets darin, Ausdruck der Zeit zu sein, der sie entstammt; keine Sicherheit oder Hoffnung dort zu versprechen, wo die Zeit selbst rat- und hoffnungslos ist. Aber sich dieser Ratlosigkeit zu stellen, weil nur im bewußten Durchgang durch sie die Möglichkeit einer neuen Antwort sichtbar werden kann.

Huchel hat sich kaum öffentlich über Dichterkollegen geäußert, in poetischer Form, soweit ich sehe, nur einmal, mit verhaltenem Spott jene bedenkend, die auf alles eine Antwort parat haben, weil sie sowohl das eine wie das andere zu sagen in der Lage sind:

DIE FÄHIGKEIT
der Dichterspinnen,
aus eigener Substanz
das dünne Seil zu drehen,
auf dem sie dann geschickt
mit zwei Gesichtern
und einer Feder
durch alle Lüfte balancieren.

(GT, S. 83)

Der Versuchung zu solcher Art Zwiegesichtigkeit hat der Dichter ebenso widerstanden wie der Verlockung, sich unter das schützende Dach einer Ideologie zu stellen, die ihm probate Antworten auf seine »Unwissenheit« hätte liefern können. Er hat sich schon früh, als marxistische Freunde ihn zum Eintritt in die KPD bewegen wollten, zu der selbstgewählten Maxime bekannt, »auf eignes Risiko« leben zu wollen, und er ist ihr treu geblieben – ohne jene Selbstgerechtigkeit, die den Stab über die Schwächen anderer bricht:

Nicht jeder geht aufrecht
durch die Furt der Zeiten.
Vielen reißt das Wasser
die Steine unter den Füßen fort.

(GT, S. 94)

Daß Peter Huchel seine moralische Integrität auch in den »finsteren Zeiten« unseres Jahrhunderts bewahrt hat, verleiht seiner Lyrik ihre Verbindlichkeit, es sichert seiner Person aber auch unsere fortdauernde Achtung.

Anmerkungen

* Dieser Aufsatz geht auf einen Vortrag zurück, der zuerst im Herbst 1981 vor dem Kulturkreis Kirchzarten/Schw., in erweiterter Form im Frühjahr 1983 an der Universität Poznań gehalten wurde.
Die Gedichte Huchels werden (unter Angabe der Seitenzahl) mit folgenden Siglen zitiert:
ST *Die Sternenreuse, Gedichte 1925–1947,* München 1967.
Ch *Chausseen Chausseen,* Frankfurt/M. 1963.
GT *Gezählte Tage,* Frankfurt/M. 1972.
NS *Die neunte Stunde,* Frankfurt/M. 1979.
Eine instruktive Auswahl kritischer Würdigungen und Interpretationen Huchelscher Gedichte enthält der Band: *Über Peter Huchel*, hg. v. Hans Mayer, Frankfurt/M. 1973 (es 647).

1 Vgl. dazu jetzt den Kommentar von Axel Vieregg in der von ihm besorgten Ausgabe: Peter Huchel, *Gesammelte Werke,* Bd. 1: *Die Gedichte,* Frankfurt/M.: Suhrkamp 1984, S. 365 f.

2 Sinn und Form 2/4 (1950), S. 132–134.

3 Sinn und Form 4/3 (1952), S. 60 f.

4 Georg Trakl, *Dichtungen und Briefe*, hg. v. Walther Killy und Hans Szklenar, Salzburg 1970, S. 90.

5 Neue deutsche Hefte 15/117 (1968), S. 30.

6 Thomas Mann, *Gesammelte Werke in dreizehn Bänden*, Frankfurt/M. 1974, Bd. 6, S. 321.

Peter Hutchinson
Der Wortklang bei Huchel

»Ich raune so lange meine Verse, bis die notwendigen – die hellen und die dunklen – Vokale die Grundstimmung der Seele ausdrücken.«

Mit diesen Worten aus Peter Huchels eigener Feder beschreibt der Dichter Karl Krolow das literarische Schaffen seines Kollegen.[1] Aber es wäre falsch, wenn man annähme, daß es alleine auf die Vokale ankomme, um eine solche »Grundstimmung« zu erzeugen. Schließlich ist es immer noch der Konsonant, der die Qualität eines Vokals bestimmt, und Huchel manipuliert jene auf eine Weise, die mehr Effekte erzielt als nur Vokalvielfalt. Darüber hinaus kann man Vokale nicht isoliert betrachten; semantische und rhythmische Elemente tragen gleichermaßen zur Wirkung eines Gedichts bei. Und wenn in dieser Untersuchung der Laut im Vordergrund steht, dann nur deshalb, weil dessen Bedeutung in Huchels Gedichten hervorgehoben werden soll, ein Merkmal, das bislang weitgehend außer acht gelassen wurde.

Wenn man einen Dichter nach seiner Auffassung von Dichtung befragt, dann zählt er in seiner Antwort meist Bilder, Metaphern und Rhythmus auf, während der Wortklang selten Erwähnung findet. Huchel dagegen, so möchte es scheinen, würde seine Liste gerade damit eröffnen. In einem Gespräch mit Hansjakob Stehle z. B. ist er in seiner Einstellung sehr bestimmt:

Lyrik wurde zu allen Zeiten nur für wenige geschrieben. Die eigentliche Lyrik bestand immer nur aus Wortklängen und Metaphern, und der Dichter dachte nie daran, für wen er schrieb. Er schrieb einfach.[2]

Auch in einer Eigenauslegung seines Gedichts *Winterpsalm* mißt er dem Wortklang größte Bedeutung zu:

Bei [dem Versuch einer Selbstinterpretation] liefe [der Dichter] Gefahr, die vorliegenden Metaphern gegen neue auszutauschen. Auch gäbe es kein sicheres Zurück in den Beginn, Wortklänge, Bildvisionen, auf kein Thema hin geordnet . . .[3]

Hier, wie schon zuvor, stellt man fest, daß der eigentliche Ausgangspunkt die Frage ist, *wie etwas klingt*. Ähnlich viel Gewicht auf das Hörempfinden legt Huchel in einem Brief an Professor August Closs (auf den schon andernorts hingewiesen wurde).[4] Dort betont er die Bedeutung von Wortklängen bei seiner Art des Dichtens und erläutert, wie er sich manchmal Klangverbindungen über Jahre hinweg merkt, bevor sie in einem Gedicht wieder offenbar werden.

Für viele Dichter bedeutet der Begriff »Wortklang« nichts als »Harmonie«. Man denke nur an die französischen Dichter des späten neunzehnten Jahrhunderts oder an deutsche Poeten wie Mörike oder Hofmannsthal, wobei letzterer einer der wenigen ist, die bei ihrer Auffassung der Dichtung Klang für erwähnenswert halten.[5] Aber wenn solche Dichter von »Klang« reden, meinen sie eigentlich »*Wohl*klang«, und sie verstehen darunter etwas ganz anderes als Peter Huchel. Für diesen war die Erregung sowohl angenehmer als auch unangenehmer Laute grundsätzlich poetisch, ein Prinzip, das schon vom ersten Philosophen der deutschen Dichtung, Alexander Gottlieb Baumgarten, vertreten wurde.[6] Viele andere Dichter folgten Baumgarten in dieser Auffassung: Ob Mißklang oder Euphonie – beides gehört zu ihrem Repertoire. Baumgartens Zeitgenosse Brockes machte zum Beispiel in einer Fußnote zu einem seiner Gedichte auf die Fähigkeit der deutschen Sprache aufmerksam, diese beiden konträren Effekte hervorzurufen, in seinem Fall etwa durch besonderes Hervorheben oder Vermeiden des »etwas hart lautenden R«.[7]

Für die Diskussion des Lauteffekts in Huchels Werk wird auf jeweils ein Beispiel aus seinen vier Gedichtsammlungen zurückgegriffen, wobei aber die Stücke vermieden werden sollen, in denen der Laut eine zu auffallende Rolle spielt (zum Beispiel *Oktoberlicht*, *Dezember 1942*, *Ophelia*). Statt dessen bieten sich die Gedichte an, die den einzelnen Sammlungen ihren Namen liehen (*Der Knabenteich* – Titel der unveröffentlichten Sammlung, die 1932/33 erscheinen sollte; *Chausseen* – zuerst unter dem Titel *Chausseen Chausseen* erschienen; *Gezählte Tage* und *Die neunte Stunde*). Eine solche Methode hat den Vorteil, daß möglichen Schlußfolgerungen ein repräsentativerer Charakter zugestanden werden kann. Die Entwicklung, die von diesen Gedichten illustriert wird, ist wohlbekannt. War der Reim am Ende von *Chausseen Chausseen* zwar nur selten, aber doch noch vorhanden, so verschwindet er in *Gezählte Tage* völlig. Gleiches gilt für das regelmäßige Metrum. Und Laute, die in den früheren Werken wiederholt als »reich« bezeichnet werden, haben sich zu grelleren und später zu gedämpfteren Verbindungen entwickelt. Die Gründe für diese Entwicklung sind hauptsächlich historische: Im Wandel der persönlichen und politischen Umstände ändert sich die Sichtweise eines Dichters und damit auch die Auswahl seines Stoffes. Aber auch, wenn dem Laut in Huchels späteren Werken weniger Bedeutung zukommt, ist er immer noch in einer Weise präsent, die der Stimmung des Gedichts entspricht. Dieses Verfahren wird recht deutlich in der ersten Strophe des *Knabenteiches*:

Wenn heißer die Libellenblitze
im gelben Schilf des Mittags sprühn,
im Nixengrün der Entengrütze
die stillen Wasser seichter blühn,
hebt er den Hamen in die Höhe,
der Knabe, der auf Kalmus blies,
und fängt die Brut der Wasserflöhe,
die dunkel wölkt im Muschelkies.

Bevor diese Zeilen erörtert werden, sollte man sich vielleicht die allgemeinen Lauteffekte von Vokalen und Konsonanten ins Gedächtnis zurückrufen. Gerhard Storz beschreibt sie in seiner bekannten Untersuchung über Sprache und Dichtung:

> Deutlich hörbar wird an den Vokalen wie an gewissen Konsonanten, ob sie in der Region des vorderen Mundes und der Lippen oder in den Hohlräumen der Nase und des Rachens gebildet werden – nasale oder gutturale Tonbildung läßt den Sprechton gedeckt oder dumpf erscheinen, die dentale oder labiale macht ihn offen und klar.[9]

Manche Literaturkritiker behaupten, daß bestimmte Vokale auf das Gemüt bestimmte Auswirkungen haben, andere hingegen widersprechen. Einigkeit läßt sich schlecht erzielen, wenn so viel von dem Zusammenwirken anderer Laute und vor allem von den semantischen Elementen abhängt.

Storz' Anmerkungen zu »dumpfen« und »klaren« Lauten weisen ohne Zweifel auf dasselbe hin wie die eingangs zitierten Worte von Huchel. Sie gelten auch in der ersten Strophe vom *Knabenteich*, dessen vier Anfangszeilen hauptsächlich aus Lauten bestehen, die vorne im Mund gebildet werden, während es bei den folgenden vier Zeilen umgekehrt ist. Die Natur ist »hell«, und erst der Knabe bringt »Dunkelheit« mit sich. Doch bevor man dies feststellt, fällt auf, wie häufig bestimmte Silben widerhallen.[10] Reime wie »blitze« und »grütze«, »sprühn« und »blühn« stellen reichhaltige Verbindungen her und sind selbst durch Assonanz mit vielen anderen Teilen der Strophe verknüpft. So wird etwa auf das »b« und »l« in »blitze« im ersten Teil des Kompositums schon vorausgewiesen; das gleiche gilt für das »i«, das in den folgenden drei Worten zweimal nachhallt (auch das »l« und das »b« tauchen in den folgenden Zeilen noch mehrmals auf). Dem Wort »sprühn« in Zeile 2 geht viermal das »s« voraus, und sein »ü« wird wieder in »grün« und, leicht abgewandelt, in »grütze« aufgenommen – wobei wir letzteres ein wenig dehnen müssen, da es sich auf »blitze« reimen soll. »Grütze« steht also irgendwo in der Mitte zwischen diesen beiden Lauten und verbindet sie. Natürlich werden sie schon durch ihre Endposition sichtbar verknüpft. Dem fünfmaligen beruhigenden »n« in Zeile 3 folgt das mehrmalige »s« in Zeile 4, wodurch wiederum Anklänge an Zeile 2 wach werden, die ihr natürliches Gegenstück darstellt. Das »b« in »blühn« weist auf »he*b*t« in der Folgezeile hin, wo die Alliteration von »h« hervorsticht und die steigende Kadenz auf das Wirken des Knaben hinweist. In Zeile 6 fällt das zweimalige »k« auf (das wiederum mit dem viel weicheren »h« der vorherigen Zeile scharf konstrastiert), wobei beide einem »a« voranstehen, aber der leichte Mißklang wird gemildert durch die Laute in »blies«, die das »l« und »s« in »Kalmus« widerspiegeln. »Blies« enthält außerdem Anklänge auf das »b« in »Knabe«, das in der Folgezeile in »Brut« aufgenommen wird. Dort paaren sich »*f*angen« mit »*f*löhe«, und das starke »w« in »*W*asser« findet sein Gegenstück in »*w*ölkt« in Zeile 8, dessen »ö« uns natürlich wieder auf »flöhe« verweist. Das dunkle »u« in »Brut« taucht wieder auf in »d*u*nkel« und »M*u*schel« und klingt noch einmal an in der Dumpfheit des dreifachen »k« in jener langsamen Endzeile.

Obwohl der Leser sich der lautlichen Dimension in diesen Zeilen, insbesondere der Wiederholungen und klanglichen Querverbindungen, bewußt ist, kann man dem Dichter nicht den Vorwurf machen, er habe es bei diesem subtilen Spiel mit den Silben zu weit getrieben. Was den Sinn betrifft, gehören jeweils zwei Zeilen zusammen, und während es bei den ersten zwei Paaren jeweils einen Zeilensprung gibt, fehlt dieser bei den beiden folgenden, in denen ein langsameres Tempo vorherrscht. In der Tat gilt im allgemeinen, daß Huchels Verse sich eher gemächlich als schnell fortbewegen: Der Klang wird ausgekostet, und er macht sich sogar den Rhythmus für seine eigenen Ziele zunutze.

Huchels frühe Dichtung läßt nicht immer die Zurückhaltung erkennen, die im *Knabenteich* zu finden ist, und obwohl *Die Magd* allgemein Anerkennung findet und wohl eines seiner berühmtesten Frühwerke ist, bedroht das Streben nach lautlichen Effekten das Gleichgewicht des Gedichtes. Nehmen wir die ersten acht Zeilen, um es mit dem *Knabenteich* zu vergleichen:

> Wenn laut die schwarzen Hähne krähn,
> vom Dorf her Rauch und Klöppel wehn,
> rauscht ins Geläut rehbraun der Wald,
> ruft mich die Magd, die Vesper hallt.
>
> Klaubholz hat sie im Wald geknackt,
> die Kiepe mit Kienzapf gepackt.
> Sie hockt mich auf und schürzt sich kurz,
> schwankt barfuß durch den Stoppelsturz.

Die Wirkung ist hier ganz anders als bei den subtilen Querverbindungen im *Knabenteich*. Ein wichtiger Unterschied liegt darin, daß diese Zeilen schwierig zu artikulieren sind. Es ist beschwerlich, wenn man versucht, diese Vokale und Konsonanten, mit ihren vielen verschiedenen Artikulationspunkten, zusammenzufügen. Ja, die zwei letzten Zeilen könnte man fast als Zungenbrecher bezeichnen. In der ersten Strophe taucht das [e:] an fünf Stellen auf wie auch das »au«, was um so auffälliger ist, da es nie den Endreim bildet. Ein klares »r« verknüpft die beiden letzten Zeilen. Hier zeigt sich der Dichter geschickt, aber spätestens in der zweiten Strophe überwiegt der lautliche Effekt, und der wiederholte Gebrauch der durchdringenden »k«, »(k)t«, »s« und »z« wirkt scharf und unangenehm. Allein das »k«, vielleicht der auffallendste aller Konsonanten, taucht hier nicht weniger als neunmal auf, das zischende »s« fünfmal. Das gleiche gilt für das offene »a«, das sich an fünf Stellen findet, auch wenn es lautlich nicht ganz so eindringlich ist, während die letzten beiden Zeilen von »s« und [ʃ] dominiert werden. Der Gesamteffekt einer solchen Konstruktion ist sicherlich nicht Musik für die Ohren. Es wirkt gekünstelt, nicht mehr als eine Sprachspielerei.

Chausseen ist typisch für Huchels Kriegsgedichte. Die entsetzlichen Szenen, die hier beschrieben werden, eignen sich kaum für harmonische Laute – dafür um so mehr für schrillere. Alle drei Strophen bestehen zum größten Teil aus einfachen Äußerungen ohne Verben, aus Kombinationen von unangenehm klingenden Substantiven, die nicht leicht über die Zunge gehen, abrupt in ihrem Rhythmus angesichts des Chaos, das sie widerspiegeln. Um so mehr muß überraschen, daß sowohl Vokale als auch Konsonanten durch Wiederholungen verbunden sind:

Erwürgte Abendröte
Stürzender Zeit!
Chaussen. Chausseen.
Kreuzwege der Flucht.
Wagenspuren über den Acker,
Der mit den Augen
Erschlagener Pferde
Den brennenden Himmel sah.[12]

In den ersten zwei Zeilen fällt der mehrmalige Umlaut auf, der allein durch seine klangliche Formung die Idee des Würgens widerspiegelt. Dies wird unterstrichen durch die dicht aufeinanderfolgenden Konsonanten und das mehrmalige kurze »t« und »z«. Dieser Eindruck ändert sich in Zeile 3; Sätze aus nur einem Wort tragen zu einem gemächlichen Tempo bei, was durch die tiefen hinteren Vokale und die weichen Konsonanten noch verstärkt wird, so daß die ganze Zeile einer rhythmischen Pause gleichkommt. Auch in Zeile 4 wirkt der Rhythmus weniger dringend als im Anfangspaar; andererseits aber sind die harsch klingenden »Kreuzwege« dem Ohr so wenig eingängig, daß wir durch diese Deutung der *Chausseen* zurückverwiesen werden auf die Stimmung im Anfangsbild. Zeile 5 wiederum ist hart und aggressiv mit ihren hinteren Vokalen, die hier mit scharfen Konsonanten kombinieren, ein Phänomen, das in den restlichen Strophen vorherrscht. Die rhythmische Betonung liegt auf den Adjektiven »erschlagener« und »brennenden«, die nichts anderes wollen als schockieren. Ihr bestimmender Laut steht durch Assonanz und Alliteration mit anderen Teilen der Strophe in Verbindung: »erschl*agen*« erinnert an »*Wagen* . . .« (auch auf die beiden anderen dazwischenstehenden a-Laute folgt ein harter Konsonant), und »brennenden« mit seinem zweifachen [ən] enthält den am häufigsten auftauchenden Laut in den letzten vier Zeilen.

Lautliche Querverbindungen sind noch auffälliger in der letzten Strophe:

Tote,
Über die Gleise geschleudert,
Den erstickten Schrei
Wie einen Stein am Gaumen.
Ein schwarzes

Summendes Tuch aus Fliegen
Schloß ihre Wunden.

Der abrupte Beginn der ersten Zeile läßt innehalten, während die folgenden drei Zeilen nach vorne drängen. Die Hauptlaute sind offensichtlich der Konsonant [ʃ] und der Diphthong »ei«, die beide viermal vorkommen, während das alliterative »g« in »Gleise geschleudert« wieder in »Gaumen« aufgenommen wird. In den Endzeilen sind es wieder [ʃ] und »s«, wobei das [ʃ] nur zweimal, das »s« aber ganze fünfmal auftaucht. Herrschen in den ersten vier Zeilen hohe und vordere Vokale vor, dann sind es in den letzten drei Sibilanten: Artikulationsschwierigkeiten bei den Vokalen untermalen das Bild des Würgens, während das Summen der Fliegen durch Zischlaut und Rhythmus zum Ausdruck kommt.

Wenn die Grundstimmung in *Chausseen Chausseen* eine des Schreckens ist, dann ist sie in *Gezählte Tage* – und auch in der gleichnamigen Sammlung – eine der Resignation. Aber auch in diesen Gedichten der späten sechziger Jahre hält das Interesse des Dichters für Lautmuster an. In der Eröffnungsstrophe von *Gezählte Tage* finden wir die gleiche Vorliebe für wiederkehrende Laute und wechselnde Vokalhöhe, die wir schon im Frühwerk beobachtet haben:

Gezählte Tage, Stimmen, Stimmen,
vorausgesandt durch Sonne und Wind
und im Gefolge rasselnder Blätter,
noch ehe der Fluß
den Nebel speichert im Schilf.[13]

Die Syntax zwingt den Leser zu Zeilensprüngen, wodurch ihm das Unbehagen des Sprechers bewußt wird. Auch die Laute deuten auf dieses Gefühl, wenn hohe Vokale mit offenen abwechseln. Da sich bestimmte Konsonanten wiederholen, wird dem Leser deutlich, wie er sich von einer Lautverbindung zur nächsten bewegt. Die Strophe wird in der Tat durch feine Querverbindungen zusammengehalten. Gleich zu Beginn der ersten Zeile begegnen wir einem chiastischen g-t/t-g, und in der Folgezeile wird dieses »t« zweimal mit »s« kombiniert. Der s-Laut tritt noch stärker hervor in Zeile 2 (in der zwar noch »g« und [t] vorkommen), während in der dritten alle Hauptkonsonanten dieser Strophe vorhanden sind: »g«, »l«, »s«, und »t«. In der kurzen vorletzten Zeile begegnen wir wieder dem »l« und »s«, die auch in der letzten Zeile vorherrschen, wo sie einen Chiasmus bilden, der dem der Anfangszeile vergleichbar ist (l-s/s-l). Der hervorstechendste Vokal ist ohne Zweifel das »e«: zwar ist es zu Beginn noch recht unauffällig, aber ihm kommt von Zeile 3 an größere Bedeutung zu, wo die langen offenen Vokale nicht leicht über den Mund gehen und das Tempo verlangsamen. Ein plötzlicher Kontrast zu diesen langen offenen Vokalen liegt in der Schärfe der Worte »sp*ei*chert im Sch*i*lf«.

Es ist offensichtlich, daß durch eine solche Anwendung von Laut und Rhythmus der Gehalt der einzelnen Strophen hervorgehoben wird. Das geduldige Warten in der Anfangszeile wird gestört durch den heraufziehenden Winter, so wie das ausgewogen gleichmäßige Tempo zu Beginn einem unruhigen, unsicheren Rhythmus weichen muß. Herbstliche Laute klingen an in den beinahe lautmalerisch »rasselnden Blättern«, und bedrohliche Winternebel ziehen herauf in dem undurchdringlichen »speichert im Schilf«.

Huchels schon in den ersten Sammlungen spürbarer Hang zum Hintergründigen wird noch weiter vorangetrieben in der Sammlung *Die neunte Stunde*. Hier werden die Gedichte immer unzugänglicher, die Metaphern immer undurchdringlicher; in zunehmendem Maße begegnen wir dunklen Anspielungen auf Mythologie, Geschichte, die Bibel, und natürlich auch Huchels eigenes Werk – Wörter wie »Feuer«, »Tod«, »Kälte«, »Rauch« usw. tauchen regelmäßig auf und dienen als Querverweise auf andere Gedichte. Obwohl sich seine thematische Auswahl verändert, bleibt Huchel auch in diesen letzten Gedichten seiner Vorliebe für das Klangliche treu. Als Beispiel möge das Gedicht dienen, von dem sich der Titel der Sammlung herleitet:

Die neunte Stunde

Die Hitze sticht in den Stein
2 das Wort des Propheten.
Ein Mann steigt mühsam
4 den Hügel hinauf,
in seiner Hirtentasche
6 die neunte Stunde,
den Nagel und den Hammer.

8 Der trockene Glanz der Ziegenherde
reißt in der Luft
10 und fällt als Zunder hinter den Horizont.

Eines der auffallendsten Merkmale in diesem Gedicht ist der häufige Gebrauch des »h« (für das Huchel eine besondere Vorliebe zeigt): Fast alle wichtigen Substantive beginnen damit, und wenn man genau hinschaut, kann man sogar verfolgen, wie es sich über die ganze Seite hinwegbewegt. Ausgehend vom Beginn der Zeile (»Hitze«, »Hügel«) pflanzt es sich über eine Mittelposition (»Hirtentasche«), dann über die Endstellung einer kurzen Zeile (»Hammer«) und schließlich über » . . .herde« bis zum allerletzten Substantiv am Ende der letzten und längsten Zeile fort. Ohne Zweifel kommt dem Substantiv in Huchels Dichtung größere Bedeutung zu als dem Verb, und Huchel gelingt es durch seinen Kunstgriff, diese Substantive sowohl für das Ohr als auch das Auge zu verbinden. Doch auch hier mag es wie in einigen seiner frühesten Gedichte scheinen, als triebe Huchel das Spiel mit der Sprache ein wenig zu weit.

Vom klanglichen Standpunkt gesehen, ist der Unterschied zwischen den beiden Strophen beträchtlich. Die erste beginnt mit kurzen, hohen, schrillen Vokalen, wobei es sich bei allen um »e« oder »i« handelt, die an Durchdringungskraft von keinem anderen Laut übertroffen werden. Im Gegensatz dazu sind die Hauptvokale in der zweiten Zeile offen und lang, wodurch das verbergänzende Objekt hervorgehoben wird. Die Zeilen 3 und 4 vermitteln die Idee des langsamen, beschwerlichen Aufstiegs nach Gethsemane, ausgedrückt durch mühsam zu artikulierende Laute (wie etwa die langen und sehr unterschiedlichen Vokale) und durch den Zeilensprung, zu dem der Leser auf der Suche nach dem verbergänzenden Objekt gezwungen ist. In den Zeilen 5 bis 7 dominiert das »n«, wiederum in Verbindung mit langen, offenen Vokalen. Diese Zeilen sind so getragen, daß man sich an einen Trauermarsch erinnert fühlen könnte.

Was in der zweiten Strophe brüchig und spröde anmutet, wird verstärkt durch Laute mit einem wahrlich knisternden Effekt: So fällt in Zeile 1 insbesondere das Aufeinandertreffen harter Konsonanten und kurzer Vokale auf, wie etwa in einem Wort wie »trokkene«, dem noch ein hartes »g« und ein zweifaches »z« folgen; oder in dem schrillen Verb »reißt« (das übrigens die einzige betonte Silbe am Anfang einer Zeile ist); das »z« taucht noch mehrmals auf in der folgenden Schlußzeile.

Aus diesem vorläufigen Überblick über ein Gebiet, dem bislang wenig Aufmerksamkeit zuteil wurde, läßt sich schließen, daß eine eingehendere und auf einer strikteren Methode beruhende Untersuchung zu tieferen Einblicken in Huchels Dichtweise und deren Entwicklung führen kann. Dabei könnten insbesondere die Veränderungen in seinem Gebrauch des Wortklangs mit seinen persönlichen Umständen und der jeweiligen politischen Lage in Beziehung gesetzt werden. Es sollte außerdem möglich sein, deutliche Korrelationen zwischen besonderen Bildern und besonderen Lauten herzustellen. Mit einer gut durchdachten Computerstudie könnten nützliche Informationen über die Häufigkeit von Konsonanten und Vokalen im Vergleich zu »normalen« poetischen Texten gewonnen werden. (Eine kurze Analyse deutet auf bestimmte Abweichungen.)

Aber schon an dieser Stelle kann man ohne Einschränkung sagen, daß Huchel zu jeder Zeit seiner dichterischen Laufbahn dem Laut besondere Bedeutung beimaß. Zu jeder Phase bedient er sich eines großen, oftmals abstrusen Wortschatzes, was ihn in die Lage versetzt, das lautmalerische Potential seiner Sprache in einem größeren Maße auszunutzen, als dies einem phonetisch und semantisch eher konventionellen Dichter möglich wäre. Wie wir gesehen haben, zieht Huchel in bestimmten Phasen bestimmte Laute vor. In seinen frühen Jahren offenbart sich ein Übermaß an oft reichen Lauten, vor allen Dingen an tiefen, hinteren Konsonanten. In den sechziger Jahren dagegen wurden hohe Vokale häufiger. Wenn man sagen kann, daß »au« der auffallendste Laut in seinen frühen Jahren war, dann gebührt in der späteren Phase diese Stellung wohl dem »ei«. Bei den Konsonanten fällt ein solcher Wandel nicht so leicht auf, obwohl in seinem Spätwerk die Alliteration offensichtlich häufiger vorkommt als die Assonanz.

Insgesamt kann man sagen, daß es in der Häufigkeit der Vokale und ihrem Verhältnis zu Konsonanten zwischen seiner frühen Dichtung und der späten keinen klaren Wandel zu geben scheint. Helmut Meiers grundlegende Analyse dieser Beziehung legt dar, daß das Verhältnis zwischen Konsonanten und Vokalen bei der Norm der Prosatexte 60,46 zu 39,54 % beträgt, bei poetischen Texten 62,12 zu 37,88 %. Meier hob hervor, daß ein Abweichen von dieser Norm nicht nur ungewöhnlich, sondern auch schwer zu erreichen sei.[15] Eine stichprobenartige Analyse legt den Schluß nahe, daß bei Huchel ein leicht erhöhter Gebrauch von Konsonanten vorkommt. Allerdings gibt es auch bestimmte Abschnitte in seinen Gedichten, in denen die Anzahl der Konsonanten beträchtlich wird: So liegt etwa in der dritten Strophe von *Der Knabenteich*, in der die Zauberkraft der Natur heraufbeschworen werden soll, die Zahl der Konsonannten kaum unter der absoluten Höchstzahl, die je in einem poetischen Text gefunden worden ist.

Weit größere Bedeutung als dem Verhältnis zwischen Vokalen und Konsonanten kommt der Häufigkeit bestimmter Konsonanten zu. In einigen Strophen herrschen bestimmte Konsonanten oder Konsonantenverbindungen vor, die die Aussage des Gedichts unterstützen oder sie bis zu einem gewissen Grade tatsächlich schaffen. Es wäre aber falsch anzunehmen, daß nur lautlich ausdrucksstarke Wörter Anwendung finden: Huchel hat eine Vorliebe für bedeutungsschwere und assoziationsreiche Wörter, ohne die seine Gedichte weniger eindrucksvoll wirkten. Stellt zwar auch manchmal eine *übertriebene* Anwendung des Lautes die Qualität eines Gedichtes in Frage, so kann man sich insgesamt des Eindrucks nicht erwehren, daß die Gedichte, in denen der Klang eine untergeordnete Rolle spielt, nicht zu seinen besten gehören.

Anmerkungen

1 Karl Krolow, *Apokalyptische Landschaft. Zum Tod von Peter Huchel*, in: Jahrbuch der Deutschen Akademie für Sprache und Dichtung, 1981, 1. Lieferung, S. 100. Das Zitat erscheint auch in Krolows Aufsatz über Huchel in *Die Lyrik in der Bundesrepublik*, in: Dieter Lattmann (Hg.), *Die Literatur der Bundesrepublik Deutschland*, München [2]1975. (Vgl. Huchel, *Gesammelte Werke*, Bd. 2, Frankfurt/M., S. 295.)

2 Hansjakob Stehle, *Gegen den Strom. Zum erstenmal berichtet Peter Huchel von den Jahren seiner Isolierung in der DDR*, in: Die Zeit, 2. 6. 1972. Vgl. auch das Interview mit Frank Geerk, in: Peter Huchel, *Gesammelte Werke*, Bd. 2, S. 388.

3 *Doppelinterpretationen. Das zeitgenössische deutsche Gedicht zwischen Autor und Leser*, hg. und eingeleitet von Hilde Domin, Frankfurt/M. [2]1966, S. 96.

4 Peter Hutchinson, *Aspects of Peter Huchel's Compositional Technique as Illustrated by »In der Bretagne«*, in: Neophil. 62 (1978), S. 434–441. (Vgl. Peter Huchel, *Gesammelte Werke*, Bd. 2, S. 346.)

5 Hugo v. Hofmannsthal, *Poesie und Leben. Aus einem Vortrage*, *Gesammelte Werke in Einzelausgaben*, Frankfurt/M. 1950, S. 306.

6 Alexander G. Baumgarten, *Meditationes philosophicae de nonnullis ad poema pertinentibus*, Halle 1735, s. insbesondere § 93–96.

7 Barthold Hinrich Brockes, *Die auf ein starkes Ungewitter erfolgte Stille*, in: ders., *Irdisches Vergnügen in Gott*, I. Teil.

8 Peter Huchel, *Gesammelte Werke*, Bd. 1: *Die Gedichte*, Frankfurt/M. 1984, S. 59.

9 Gerhard Storz, *Sprache und Dichtung*, München 1957, S. 49.

10 Ich benutze wo möglich die Buchstaben selber; es ist aber gelegentlich notwendig, die phonetische Umschrift nach den Grundsätzen des »IPA« zu geben.

11 Peter Huchel, *Gesammelte Werke*, Bd. 1, S. 52.

12 Ebd., S. 141.

13 Ebd., S. 184.

14 Ebd., S. 241.

15 Helmut Meier, *Deutsche Sprachstatistik*, Hildesheim 1964, S. 249.

Joachim Müller

Verwandelte Welt – Zur Lyrik Peter Huchels

»Einst fliege ich auf
zu den Gazellen des Lichts,
sagt eine Stimme.«
(*Die neunte Stunde*)

Peter Huchel schuf ein dem Umfang nach schmales, doch in seiner Substanz überaus gewichtiges lyrisches Lebenswerk, das heute schon weltliterarisch zählt. Es bietet sich in vier Gedichtbüchern dar, die nicht nur Sammlungen von Einzelgedichten sind, vielmehr eine überlegte Komposition erkennen lassen, die sich auch in Binnengruppierungen bekundet. Innerhalb dieser Gruppen, deren Aufeinanderfolge schlichte römische Ziffern anzeigen und deren innere Zusammengehörigkeit evident ist, finden sich einige zyklische Reihen. Den vier thematisch benannten Gedichtbüchern geht ein Band voraus, der schlicht *Gedichte* heißt: 1948 erschienen, enthält er 1925 bis 1947 entstandene Gedichte in drei Gruppen, die noch Namen haben: *Herkunft*, *Die Sternenreuse*, *Zwölf Nächte*.

Bis auf vier nicht wieder veröffentlichte Gedichte ist der Inhalt dieses Frühbandes identisch mit dem Gedichtbuch *Die Sternenreuse* (SR), das im Untertitel *Gedichte 1925–1947* heißt und 1967 erschien. Vorher, 1963, kam das Buch *Chausseen Chausseen* (Ch), dem 1972 *Gezählte Tage* (T) und 1979 *Die neunte Stunde* (St) folgten. Thematisch heben sich die vier Bücher nicht im Sinn einer ›Entwicklung‹ voneinander ab, da vom ersten bis zum letzten Buch sowohl die heimatlichen Landschaften mit den Kindheitserinnerungen, die Rückblicke auf die düsteren Kriegs- und Nachkriegsjahre als auch die Fernsichten in südliche und exotische Räume, die Tieflotungen in historische oder mythische Figuren und Ereignisse begegnen. Die Bücher wie ihre Binnengruppen sind gleichsam aufeinander konzentrisch zugeordnet und intensivieren in vielschichtigen Versionen wiederkehrende Motive. Was sich, schrittweise, ändert, sind die Darbietungsformen, die Aussageweisen: Während Sternenreuse noch vorwiegend vierzeilige, paarweise reimende Strophen enthält, überwiegen in Ch die reimlosen Gebilde, wenn auch die dennoch gereimten, wie schon einige in Sternenreuse, sehr kunstvolle Reimsysteme aufweisen (dabei wirken selbst seltene, ungewöhnliche Reime wie Kummet-Grummet; Meteore-Pore niemals manieriert). Ch hat noch eine große Zahl von langzeiligen und vielstrophigen Gedichten, während in den nun durchweg reimlosen Büchern T und St die Aussagen sprachlich immer komprimierter werden und in spruchhafter Lakonik gipfeln. Was solche Reduktion, Engführung und Kargheit angeht, so trifft sich Huchel im literarhistorischen und ästhetischen Stellenwert mit seinen Zeit- und Generationsgenossen Erich Arendt (1903–1984), Günter Eich (1907–1972), Johannes Bobrowski (1917–1965) und Paul Celan (1920–1970); mit ihnen verbinden ihn auch die komponierten Gedichtbücher und Binnengruppierungen.

Wie diese vier Dichter setzt auch Huchel spezifische Sprachkunstmittel wie Alliteration, Assonanzen und rhythmische Geballtheit in den reimlosen Gedichten ein. Wenn man auch bei Huchel noch Metaphern und Symbole findet, ohne die poetische Aussagen besonders in der Lyrik kaum auskommen, treten bei ihm die Vergleiche mit wie und als ob immer mehr zurück. Ihm ist vielmehr eigentümlich eine sehr besondere Art der dichterischen Transgression: ich möchte sie Verwandlung nennen. Sie hat häufig eine verfremdende Funktion. Es sind das nicht nur Anthropomorphisierungen wie noch »des Nebels kalter Biß« oder »das Licht,/das sich vom Ast die letzte Birne [. . .] bricht« (SR). Es sind nicht Bilder, sondern Vorgänge, wenn es heißt: »[. . .] Und auf dem Wasser Fegt der Wind Den Schatten Der Blätter zusammen« (Ch), nicht die Blätter am Land. Naturerscheinungen werden personalisiert, ja individualisiert: »Mit Katzenpfoten Klettert der Efeu Den Stamm hinauf«. Im Felsen »zittert das starre/Geäst der Metalle [. . .] Es stellen Die Schatten im Unterholz Ihr Fangnetz auf« (Ch). »Der Mond legt fasrige Gaze/über die Wunden der Dächer«. »Aus eisigen Wassern/tauchen die Tage auf,/störrisch und blind« (T): Wenn die Tage störrisch und blind sind, so ist das fast ein ontisches Geschehen, und dieses lyrische Verfahren ist mehr als eine Goethesche Metamorphose, anders als ein Gestaltwandel der evolutionären Natur, sondern ist eine autonome Setzung, ja man könnte von einer säkularen Transsubstantiation sprechen. In der düsteren Vision einer verödeten Schneelandschaft hat die Schleiereule eine »herzstarre Maske/aus Federn weißen Feuers,/das weder Zeit noch Raum berührt« (St); eine Stunde »trägt Auf felsiger Schulter Das Reisig der Nacht« (Ch); das sind weder auflösbare

Metaphern noch auf bestimmte Bedeutungen verweisende Symbole, sondern Umsetzungen aus einer Dimension realer Gegebenheiten in eine solche nur lyrisch geltende, aus dichterischer Entschiedenheit lebende Phänomenalität, die paradoxale und ambivalente Sinnbereiche öffnet.

Wie sich mittelalterliche Dichter in den Miniaturbildern mit Familien- und Geschlechterwappen präsentieren, so könnte man aus den lyrischen Bekundungen Huchels ein Wappen imaginieren, das eine Krähe, eine Distel und einen Zug von Toten trüge. In dieser Triade wird Huchels traumatische Erfahrung der Kriegs- und Notzeiten verwoben. Doch darf man sich aus seinem Gedichtwerk auch ein lichteres Wappen erdenken, auf dem eine Amsel, ein Ahorn oder eine Erle und ein Stern zu sehen wären. Beide Ensembles sind signifikant für die lyrische Struktur. Ein Gedicht, zugleich ein Beispiel für die spruchhafte, streng rhythmisierte Lakonik der Spätgedichte, spricht das Janushafte poetischen Tuns aus: »Die Fähigkeit/der Dichterspinnen,/aus eigener Substanz/das dünne Seil zu drehen,/auf dem sie dann geschickt/mit zwei Gesichtern/und einer Feder/durch alle Lüfte balancieren« (T). Ingrimmige Ironie: Der Dichter balanciert auf einem dünnen Seil. Seine Existenz ist stets gefährdet, besonders in einer aufgewühlten und lebensfeindlichen Epoche wie der des Zweiten Weltkrieges, der ihm vorhergegangenen und der ersten ihm folgenden Jahre. Die durch menschliche Schuld bewirkten Heimsuchungen lassen alle kreatürliche Not aufbrechen, die nur gemildert wird durch den vegetativen und animalischen Wechsel der Tages- und Jahreszeiten. Sie sind für Huchel mehr als terrestrische Stadien der Gestirnenläufe, mehr als naturmagische Signale. Sie bezeichnen existentielle Befindlichkeiten, und ihre lyrische Substanz enthält und erhält häufig den Rang eines währenden Trostes. Hier und da scheint als Zeichen der Hoffnung ein Stern auf. So in dem schönen Gedicht »In memoriam Paul Eluard« (Ch):

Freiheit, mein Stern,
Nicht auf den Himmelsgrund gezeichnet,
Über den Schmerzen der Welt
Noch unsichtbar
Ziehst du die Bahn
Am Wendekreis der Zeit.
Ich weiß, mein Stern,
Dein Licht ist unterwegs.

Analog zum Weltallskörper zielt der Stern Freiheit mit seinem Licht auf den Menschen. Für solchen Stern engagiert sich der Dichter. Solches Motiv leitet in der gedrängten Übersicht über Huchels Werk zu den zentralen Themen der vier Bücher, deren Titelgedichte sie markieren. Sie stehen in dreien der Bücher etwa in der Mitte. Im Buch *Gezählte Tage* visiert das Titelgedicht vom Anfang der zweiten Gruppe her sogleich den thematischen Kern. Alle vier Titelgedichte bilden gleichsam eine Achse, um die sich das lyrische Geschehen breitet. Es geht von diesen Kerngedichten eine ebenso ordnende wie differenzierende Wellenbewegung in mehrfach gebrochener Stufung aus. Es sei versucht, die vier Titelgedichte als Leit- und Kerngebilde paraphrasierend zu interpretieren: *Die Sternenreuse* ist ein Erinnerungsgedicht (geschrieben 1927). Das lyrische Ich wohnt in einer Landschaft, der das Wasser eines Flusses das Gepräge gab. Das Wasser ist ein durchgehendes motivisches Signum. Das Wasser wirkte damals noch ganz romantisch: Es war Gesang, es scholl, tönte, rauschte. Es sprang und schäumte um Steine. Felsen umstanden den Fluß. Sie werden hier noch durch wie-Vergleiche veranschaulicht: »[...] wie bestäubt von Ruß/und steil und schmal wie eine Reuse«. Das verweist auf das Titelkompositum. Als Gegenstand ist die Reuse ein Korb zum Fischfang. Er wird zugleich in ein Anderes verwandelt: Die Sterne werden – statt der Fische – in dem in den Fluß versenkten Korb gefangen, aus dem sie flimmern. Es ist kein Vergleich: Es sind »kristallne Räume«, die flimmern, und dies Sternenflimmern in der Reuse bewirkt den Vorgang, der als Transgression des kindlichen Blickes in die märchenhafte Vorstellung verstehbar wird: »[...] ich fischte Gold und flößte Träume«. Die letzte Strophe weitet die Flußlandschaft und den subjektiven Reflex in ein Welt-Bild. Die Frage drängt an: War das Getöse, »des Wassers Schwall« in diesem Fluß zwischen Felsen »mein Leben«? Nahm es mein Leben als einen Gesang vorweg? Nur der junge Dichter vermag im nostalgischen Rückblick auf die frühe Kindheit solch lyrisches Fragen herauszuhören, kann sich noch in Sternen und Träumen gespiegelt finden.

Die Sternenreuse, der Spiegel der Sterne in der im Flußwasser hangenden Reuse erhellt noch das dunkle All. Das 1933 datierte Gedicht *Havelnacht* nimmt das Motiv noch einmal auf, auch hier »schwimmen Sterne in die Reusen«, auch hier konstituieren Sterne, Fluß, Wasser, Schleuse, Reuse, Fischer und Fische, dazu Alge,

Schilfrohr, Weide die lyrische Landschaft. Aber Gegenstände, Lebewesen, Pflanze und Tier, Mond und Sterne – hier noch romantisches Fluidum, Nachhall von Volksliedtönen – geraten ins Wehen, Schweben und Wiegen. Es ist Nacht, und Duft aus alten Jahren neigt sich »ins Wasser sacht«. Im ersten Gedichtbuch waltet insgesamt eine lyrische Spannung zwischen Gegenständlichem und Atmosphärischem. Was des Dichters Blick an Konkretem wahrnimmt, wird sogleich in ein Bedeutsames verwandelt, in eine andere Dimension transponiert. Die Konturen der noch als real erkennbaren Phänomene werden loser, alles Geschehen wird doppelsinnig und vielstimmig. Das Titelgedicht des Bandes *Chausseen Chausseen, Chausseen* überschrieben, doch schon im dritten Vers das Kennwort appellativ verdoppelnd, beschwört mit ihm die düstere Welt der letzten Kriegszeit herauf. Die Chausseen sind »Kreuzwege der Flucht«. Auf die Fliehenden, die knapp den Feuern der Verwüstung entkamen, wird noch geschossen. Manche gerieten mit ihren Wagen vom Wege ab und hinterließen auf dem Akker erschlagene Pferde. Alle diese real vorstellbaren Vorgänge sind in Ungewöhnliches umgesetzt: »Erwürgte Abendröte«, der Acker sieht »mit den Augen Erschlagner Pferde Den brennenden Himmel«. »Aus zerbrochenem Tor Trat lautlos Asche und Wind, Ein Feuer, Das mürrisch das Dunkel kaute«. Es sind kühne Personalisierungen, in denen sich Naturerscheinungen wie Abendröte, Sonnenuntergang mit den Feuern durch Menschen angerichteter Zerstörung zu unheimlichen Wesen steigern. Vielartiges wird assoziiert und kombiniert, es ersteht ein nur in dieser Schreckenswelt mögliches und nur hier geltendes Phänomen traumatischer Sensibilisierung. Dieses Gedichtbuch ist eingerahmt vom Motto, einem Wort des Augustinus, und einem Verweis auf Thomas von Aquino im letzten Gedicht *Psalm*, dessen gedrängte Schlußverse – »Und nicht erforscht wird werden Ein Geschlecht, Eifrig bemüht, Sich zu vernichten« – deutlich an Brechts Gedicht »Vom armen B. B.« erinnern.

An das Titelgedicht reihen sich, als vierte Gruppe des Buches, fünf Gedichte, die das Elend der Flucht, Zerstörung, Töten heraufbeschwören. Beim Untergang eines Dorfes berichtet der Pfarrer von der mit der Kirche verbrennenden Christusfigur und wiederholt dreimal anaphorisch-klagend, unerbittlich anklagend: »Hier war kein Gesetz«. Gott war nicht mehr zu erkennen im Grauen der Vernichtung. Es kam kein Simon von Kyrene, Christi

Kreuz, das Kreuz der gepeinigten Menschheit zu tragen. Im Treck, der durch Eis und Nacht dahintreibt, sich ans letzte Gehöft eben noch hält, wird ein Kind geboren – Kontraposition zu Passion und Tod Christi, und während rings nur Nacht kam, heißt es zweimal: »Das Kind war nahe dem Tag«. Der rhythmisch-assonant artikulierte Satz wirkt als Verheißung. Ein folgendes Gedicht setzt die biblische Motivik fort: *Dezember 1942*; im Volkston mit einfachem Reimpaar. »Bethlehems Stall«, doch »Drei Landser«, statt der heiligen drei Könige mit Gold, Weihrauch und Myrrhen, ziehen vorbei, ohne »des Kindes Schrei« zu hören, sie »sehn keinen Stern«, kein weihnachtliches Leuchten. Zwei schauerliches Geschehen darbreitende Verse reimen auf zwei Wörter der verfremdenden lateinischen Bibelzitate; auf »offerunt«, der Darbringung der Könige aus Morgenland: »Um kahles Gehöft streicht Krähe und Hund«, und auf »Dominus« – geboren ist uns der Heiland –: »Auf fahlem Gerippe glänzt Öl und Ruß«. Grotesker Widerspruch. Es ist kein Weg und Gang zur Krippe in der Welt-Unzeit des Winters 1942, der dem Eindringling zum Verhängnis wurde: »Vor Stalingrad verweht die Chaussee«. Dennoch: Das Unabänderliche dieses Verses nimmt die biblischen Zitate mit ihrem uralten Eigenglanz, die Namen Bethlehem und Maria sowie »des Kindes Schrei« in sich auf, denn in solchen Worten war für einen winzigen Moment das dem Grauen Entgegenstehende auch hier lyrisch gegenwärtig. Im Gedicht *Die Pappeln* überleben diese Bäume am Fluß den Krieg. Vegetatives und Animalisches rührt sich, was drastisch geprägte Figurationen gewährleisten, indem sie die schöne Heimat mit der goldenen Herbsternte aufrufen: »Wenn Korn und Milch in der Kammer schlafen, Sprühen die Funken Vom Amboß der Nacht. Die rußige Schmiede des Alls Beginnt ihr Feuer zu schüren. Sie schmiedet Das glühende Eisen der Morgenröte«.

Huchel löst sich völlig von naturmagischen Traditionen. Er paßt nicht in die Rubrik eines Naturdichters und ist von idyllisierender Kontemplation weit entfernt. Weltaltes Zeichen des Lebensbaums impliziert die Frage, ob Töten not-wendig ist. Hier hat Huchels tiefsinnige Lakonik den verschlossenen Ton von Brechts Buckower Elegien, ohne hermetisch zu sein. Im letzten Gedicht dieser Gruppe, »Soldatenfriedhof«, mit fünftausend Kreuzen, klingt die alte Sage von den Wiedergängern auf. Sie gewinnt, in kunstvollen Binnenassonanzen artikuliert, eine schwerelose Aura: »Als Fensterschatten Lehnen sie an der Wand der Bar./Sie hauchen Eis in die Gläser, Sie blicken aus Gitarren Den Frauen nach.«

Das Titelgedicht in dem durchweg reimlosen Buch *Gezählte Tage* verkettet noch intensiver als zuvor Zeitgeschichte und Lebenserfahrung miteinander und transponiert wiederum beides in lyrische Dimension, in der real Gegebenes transparent wird. »Stimmen,/vorausgesandt durch Sonne und Wind«, künden den Wandel der Jahreszeiten an. Spätsommer und Frühherbst überschneiden sich, verhalten sich gleichsam enharmonisch zueinander. Vergessen seien Erinnerungen an südlichwarme Gefilde, in denen Hibiskusbäume wachsen, und an gesicherte Behausung. Gezählt sind immer die Tage – der Basso continuo dieses Bandes –, in welcher Landschaft, welchem mythischen oder geschichtlichen Bereich der Mensch auch lebt. Der lyrische Horizont öffnet sich in unermeßliche Weiten: Homers Odyssee ist da; es begegnen die alttestamentliche Hagar, Shakespeares Ophelia und Macbeth, die Legende von Undine, Nymphen und Sibyllen, die halb märchenhaften Delphine, Venedig und Nîmes, südliche und östliche Landschaft, Gaukler und Heilige: Alle diese lyrisch bewegten Phänomene haben ihre Zeit, gezählte Tage des Lebens und Nachlebens. Alle Lebensmöglichkeiten sind beschränkt, sosehr jede Kreatur ihren Grund in sich selbst hat, autonom ist. Ensemble von Seiendem: ein Bussard am Himmel, ein Glockenton, »der über schimmernde Wasser/den Rauch/der Oliven trägt«, reales Feuer ist »durchweht von Stimmen,/die du nicht kennst«. Verwandlung eines Sternbildes in lyrische Aktion: »Schon in die Nacht gebeugt,/ins eisige Geschirr,/schleppt Hercules/die Kettenegge der Sterne/den nördlichen Himmel hinauf« (*Unterm Sternbild des Hercules*). Die Sterne sind dem menschlichen Auge eine verkettete Egge. Auch im letzten Buch ein offener Horizont in Zeiten, Gestalten und Räume: Die altbabylonische Sage von Gilgamesch und Enkidu, noch einmal Odysseus, ferner ein Grieche Aristeas; Schottland und Irland, bretonische Gärten und dänische Wiesen, mährisches Dorf und märkischer Tageslauf; Toskana, Padua, Rom; Fernöstliches; noch einmal Shakespeare, mit Lear und Hamlet. Persephone »Die Abgründige [...] aus der Erde [...] an die Nacht gelehnt«. Mythische, märchenhafte, historische, geographische Welt erschließt sich in emblematischer Evokation, in lyrischer Transsubstantiation, steht je für sich selbst und weist in ihr je Anderes. Das Titel- und Mittelgedicht ist biblisch bestimmt: Nach den Evangelien des

Matthäus (27,45 f.), des Markus (15,34) und des Lukas (23,44) stirbt Jesus in der neunten Stunde, das ist damals von früh sechs Uhr an gerechnet nachmittags drei Uhr. Wenn der zweite Vers »das Wort des Propheten« beruft, kann nur Psalm 22 gemeint sein, der mit Davids Ruf einsetzt: »Mein Gott, mein Gott, warum hast du mich verlassen?« und dies eben ist der Aufschrei Jesu in der neunten Stunde nach Matthäus und Markus. Der Mann, der im Gedicht mühsam den Hügel hinaufsteigt, ist zweifellos Christus selbst, an der Hirtentasche kenntlich – der Topos vom Hirten Christus, der eine Herde hütet, stützt sich auf Ev. Johannes (10,12): »Ich bin der gute Hirte. Er lässet sein Leben für die Schafe«, und zuvor (Joh. 1,29): »Siehe, das ist Gottes Lamm, das der Welt Sünde trägt«. In Huchels Gedicht trägt Christus selbst in ergreifender dichterischer Konkretisierung seine neunte Stunde, seine Todesstunde mit sich, dazu Nagel und Hammer, die auf die Kreuzigung vorausdeuten. Die Ziegenherde der letzten drei Verse mag nur lyrische Szene sein, sie erinnert jedoch nochmals das Bild vom Hirten und der ihm anvertrauten Menschenherde. Es ersteht eine fahle Landschaft, die nicht statisch verharrt, sondern ihren Eigenglanz fortreißt und ihn als Zunder »hinter den Horizont« fallen läßt. Christi Tod wird über Zeit und Raum hinweg zündende Kraft ausstrahlen. Häufig sind im letzten Gedichtbuch archaische Landschaften, urzeitliche Verhaltensweisen, kreatürliche Ensembles wie die Zigeunerin (*Unterwegs*); den jungen Hund säugend »säugt sie den hungrigen Wind im Schnee«: Menschliches verwandelt sich in Naturhaftes, Natur substantiiert sich im Menschlichen. Ähnlich im lyrischen Zugleich eingebunden: »Der leichte Widerhall von Schritten,/Bittgänge, Gespräche im Laub,/nur von der Amsel vernommen« (*Bretonischer Klostergarten*).

In Peter Huchels Gedichtwerk verwandelt sich Gegenständliches, ob Pflanze und Tier, ob Landschaft im jahreszeitlichen Wechsel, ob Mythe, ob Geschichte, in lyrische Gegenwärtigkeit, in dichterische Existenz. Der Dichter ist Seismograph der Zeitkrisen und Gewissen der Geschichte. Er engagiert sich für alle, die Leid tragen und denen Unrecht geschieht. Alles Erfahrene verwandelt er in den imaginativen Raum aus Sprache, in dem Sein transparent wird. Die sprachlich-rhythmische Seinsversion gilt in sich selbst, ohne sich hermetisch zu verschließen. Der schwerblütige Dichter Huchel verantwortet im lyrischen Gefälle vom Reimvers bis zum Wortblock seine Zeit. Indem er alles miterlebte bittere

Leid aussagt, verwandelt er es in ein Überwindbares. Die noch so düstere, doch in dichterisch gewagter Gestalt bewältigte Wirklichkeit verheißt hinter dem verhangenen Horizont das Dennoch künftigen Weltbestands.

Gert Ueding

Aus dem Buch der Natur ins literarische Wort

Peter Huchels gesammelte Werke in zwei Bänden

Ein Verbrechen ist es geworden (so will man uns einreden), nicht über Bäume zu reden, doch was da überall geredet wird, sei es in grüner, roter oder schwarzer Umrahmung, entspringt, kritisch betrachtet, demselben Denken, dessen praktische Folgen wir in der Naturzerstörung sehen. Es sind ja dieselben Leute, die die Achtung, die sie der Natur schuldig zu sein glauben, dem Menschen entziehen und Andersdenkende als Feinde und Verräter denunzieren, die es zu überwältigen, nicht etwa zu überzeugen gilt. Auch so wird Natur zur bloßen Manövriermasse in politischen und sozialen Auseinandersetzungen, der ideologische Raubbau ersetzt den technischen, und das gute Gewissen ist als richtige Gesinnung gleich inbegriffen.

Am besten und immer noch ist das Rettende aufgehoben im Gedicht, als Mahnung und Verlangen, doch auch als kritischer Maßstab, an dem alles Naturgerede zuschanden wird. »Das Alphabet,/das du besitzt,/reicht nicht aus,/Antwort zu geben/der wehrlosen Schrift.« Die Verse Peter Huchels stammen aus dem Jahre 1972, am Tatbestand hat sich seither nichts geändert, die wehrlose Schrift der Natur ist nicht verständlicher geworden, von Antworten zu schweigen. Der »Schatten auf dürrem Weingerank«, der Umriß der Krähe, die sich »Aufs schwimmende Nebelhaupt/der Eiche« setzt, die so unendlich vielgestaltige *signatura rerum* entzieht sich immer noch der gewöhnlichen Vorstellungskraft des Menschen und jeder vorgegebenen Theorie.

Dichtung war für Huchel, der von 1903 bis 1981 lebte, zuallererst (die frühesten Gedichte, auch Hörspiele zeigen es) die Kunst der Entzifferung, Übertragungskunst aus dem Buch der Natur ins literarische Wort; darin besteht bei aller Verschiedenheit, bei der thematischen und formalen Spannweite der Gedichte, die jetzt erstmals und gewiß zur Überraschung manches Kritikers abgemessen werden kann, die innere Einheit dieses Werks. Die Suche nach dem »Licht aus Laub und Lehm« (*Laubasche*, 1935), das Horchen auf die »Stimme im heißen Staub« (*Der Garten des Theophrast*, 1962), die Aufmerksamkeit auf die »Schrift der Algen« (*In Bud*, 1979) – aus solchen Wendungen geht der durchgängige Beweggrund von Huchels Dichtkunst hervor, sie ist der Bedeutung der Naturzeichen selber auf der Spur und gehört in eine gedankliche Tradition, die von Pico della Mirandola und Paracelsus über Leibniz bis zu Ernst Bloch (dem Freunde Huchels) reicht, zwar durch die modernen, quantifizierenden Naturwissenschaften verdrängt oder überlagert wurde, doch in Kunst und Literatur virulent blieb.

Unter der blanken Hacke des monds
werde ich sterben,
ohne das Alphabet der Blitze
gelernt zu haben.

Im Wasserzeichen der Nacht
die Kindheit der Mythen,
nicht zu entziffern.

Unwissend
stürz' ich hinab,
zu den Knochen der Füchse geworfen.

Wenn für Peter Huchel die Natur auch »so subtil und so scharpf in iren dingen« geblieben ist (wie sie der verehrte Theophrastus beschrieb), so ist doch der Optimismus, die Scharfsinnigkeit der Dinge verstehen und deuten zu können, zunehmend geschwunden, und im späteren Werk des Dichters überwiegen die zweifelnden Töne; noch immer redet die »Weltalte Schrift« zu ihm, doch fremd und vieldeutig ist ihre Sprache, unzugänglich auch seiner Entzifferungskunst.

Sie ist trotzdem für die Struktur seiner lyrischen Sprache entscheidend geblieben. Wenn archäologische und philologische Wissenschaften eine unbekannte und verschollene Sprache aus alten Inschriften zu rekonstruieren versuchen, konzentrieren sie sich zunächst auf wenige, aber häufig vorkommende, vielleicht dem Analogieschluß zugängliche Zeichen – nicht anders hat es Peter Huchel gehalten. Immer wieder hat er derart seine Aufmerksamkeit denselben natürlichen Signaturen gewidmet: der Mondsichel etwa, die einmal eine »Himmelsbrücke« ist, auch das Instrument des Frühlingszaubers, doch dann zu Hacke und Sense werden kann, eine »eiserne Sichel« und »Messer des Mondes«, das ins Herz schneidet und Träume mäht; oder dem »Tau und Schauer vom Holunder« (»Weiße Blüte,/Willst du mich betäuben?«), der im Herbst eine ganz andere Lesart nahelegt (»schwarze Tränen/beeren schon traurig vom Geäst«); oder den Amseln (»zartknochig liegt die Amsel/im Sand«), den weißbrüstigen Schwalben mit dem »windschnellen Schrei«, den Nebelkrähen, die der Winter schickt (»Schatten überm blanken Eise«) und natürlich immer wieder den Jahreszeiten, deren Korrespondenz mit dem menschlichen Leben zu den ältesten Überzeugungen gehört.

Frühling und Herbst sind die häufigsten Pole in Huchels Lyrik, doch schon der junge Dichter bevorzugte die Monate September, Oktober: »Du kennst den Weg, den öden Weg/Oktober flog schon oben fort.« Ein Stück traditioneller Attitüde ist in dieser Herbstmelancholie, sie trägt aber nicht weit und wird abgelöst vom Bilde einer auch im Verfall noch gärenden, schöpferisch vielgestaltenden Natur. »Herbst, dunkler Herbst, voller Gerüche, wo Wind dein Feuer groß beschrie,/wo Laub zu Gold kocht, dunkle Küche/der erddurchflammten Alchimie [...]«: archetypische Erinnerungen mischen sich mit früher Lebenserfahrung.

In einer Selbstanzeige zum Gedichtband *Der Knabenteich* von 1932 (den Peter Huchel dann, möglicherweise aus politischen Gründen, nicht veröffentlichte und den Axel Vieregg erst mit Hilfe des Nachlasses in den *Gesammelten Werken* zu rekonstruieren vermochte) beschreibt Huchel den biographischen Beweggrund seiner Lyrik: »Dort, in Alt-Langerwisch/Mark, bin ich zwar nicht geboren, aber dort bin ich schon als Kind hingekommen. Mit vier Jahren, als meine Mutter erkrankte, gab man mich zu den Großeltern aufs Land [...]. Dies muß gesagt werden [...] Denn es ist die *Landschaft des Kindes*, es ist die *Landschaft der Mark*, aus der diese Verse ihr Leben ziehen.«

Ein Chronist der verlorenen Kindheit ist Huchel bis ins Alter geblieben, doch steigerte er das Thema weit über das persönliche, auch private Erleben hinaus. Ausgangspunkte sind die konkreten Begebenheiten, die sinnenkräftigen Erinnerungen: die Wiege (»Mit gemaltem Rosenlaube/schaukelst du mich hoch und tief«), die gluckende Henne, Mund und Tasche voller Äpfel und Nüsse, eine Vesper im Gras und immer wieder die unermüdliche Magd (»Die Magd ist mehr als Mutter noch«) – Erinnerungen, die Huchels Gedichte nie wieder verlassen werden, wenn sie auch späterhin den Volkslied- und Balladenton verlieren und oft nur noch in Chiffren auftauchen; sie werden dann nur demjenigen wirklich beredt, der in ihnen das Endglied der langen Reihe zu sehen vermag, aus der sie hervorgegangen sind. »Der Holunder öffnet die Monde«: eine lange Geschichte kulminiert in dieser Metapher und läßt erst gar nicht den Eindruck von Preziosität und Künstlichkeit aufkommen – ihr Zauber lebt vom frischen Blick des Kindes, der immer noch darin enthalten ist.

Nein, die Kindheit ist nicht bloß private Reminiszenz, elegischer Fixpunkt späterer Jahre, sondern in allen so kostbaren Einzelheiten auch Gleichnis menschlicher Glückserwartung. Im fragmentarischen Gedichtzyklus *Bericht aus Malaya* sagt der Lehrer Wu Bing zu seinem Begleiter: »Nicht immer male, was du siehst. / Male die Bilder der Hoffnung!« Die programmatischen Verse stehen nicht zufällig in einem Kreis politischer Gedichte, die vom Schicksal chinesischer Partisanen 1942 berichten. Die eigene Kindheit hat Peter Huchel die überzeugenden Bilder der Hoffnung geliefert, doch laden sie nicht zur Kontemplation ein: »So aber sprach Wu Bing: / ›Das unzerstörbare Licht, / Durch das wir heute ruhelos schreiten, / Es liegt auf den Bildern der Hoffnung‹.« Ein Kraftfeld geht von ihnen aus, zur Tätigkeit stimulierend.

Die Traumbilder der märkischen Kindheit tragen einen Überschuß, den Imperativ einer wirklichen Befreiung des Menschen als Anfang einer neuen Weltgeschichte. Mit dieser Utopie sind Peter Huchels Gedichte verbündet, sie zeigt auch das Maß der Schändungen in aller bisherigen Wirklichkeit: »Hier sah ich das Kind / wie in den kältesten Winkel des Alls gebettet; gestoßen / aus der Höhle des Bluts / ans harte Licht zersplitterter Fenster – / aber das Kind, / in nasse Flicken des Nebels gehüllt, / nahe war es dem Tag!« Damit der Traum vom besseren Leben handlungsfähig werde, muß er als Triebkraft im menschlichen Bewußtsein wachgehalten werden, und es unterscheidet die Kunst von bloßer Agitation, daß sie Erwartung und Hoffnung niemals preisgibt an noch so glänzende Scheinerfüllungen, ja allen betrügerischen Schein zersetzt.

Nur in zwei, drei Gedichten ist Peter Huchel der Versuchung erlegen, Utopie und Wirklichkeit zu identifizieren, der Irrtum stellte sich dann schnell heraus, er hat sich niemals daran festgehalten. Höchstes und fernstes Ziel seiner Kunst ist es ja, alles Politische überflüssig zu machen, eben das machte, ob im Dritten Reich oder in der DDR, ihre politische Sprengkraft aus. »Wo kommen wir her, wo gehen wir hin?« Beide Fragen (sie bilden den Eingangsvers des Gedichts *Der Kreis*) gehören zusammen, Ursprung und Ziel sind vermittelt, auf einer neuen Ebene wird die Kindheit zum Zukunftsereignis, voller Produktivität und Bewegung nach vorwärts, Umbruch und Zeitenwende signalisierend. In diesem Zeichen hat nicht nur das Christentum, sondern auch noch Rousseau gesiegt.

Der religiöse Zug vieler Gedichte, die biblischen Bilder und Redeweisen haben keinen anderen Sinn, als die Vorstellung einer heilserfüllten Kindheit in ihrer allseitigen, auch objektiv historischen Wirkungskraft aufzuzeigen, das religiöse Bewußtsein selber als die noch kindliche Gestalt der Grenzüberschreitung kenntlich zu machen. So geht die Erinnerung an die Magd aus Kindertagen ganz selbstverständlich über ins Bild der Heiligen Magd und Jungfrau, Gebet und Psalm werden als Formen des Gedichts wiederaufgenommen und variiert. Allerdings entstehen in dieser Sphäre auch die fragwürdigsten Verse Huchels (»Wir aber werden in Gebärden immer tiefer / und können Gottes Sternenhände fassen«), wenn es ihm nämlich nicht gelingt, die religiös fixierte Andachtsfigur auch aufzubrechen und in andere, neue Regionen weiterzutreiben.

Volllkommen gelungen ist diese künstlerische Operation aber in einer besonderen, auch längst religiös geprägten Anschauung: der allegorischen Deutung des Lebens als einer Pilgerschaft und der Geschichte als eines Wanderzuges durch Wüste und Gefahren. Die damit verbundenen Motive, Bilder und Figuren ziehen sich selber wie eine breite Straße oder – um gleich Huchels Formulierung zu nehmen – wie eine »Chaussee« durchs gesamte Werk. Dieser Ausdruck taucht wohl zum ersten Mal 1932 in einem Gedicht auf, überschrieben *Wilde Kastanie*, und scheint hier noch ganz der kindlich-sinnlichen Erfahrung verhaftet:

Doch wenn der Sturm der roten Blätter
bis in die alten Wipfel stößt,
im raschelnden Oktoberwetter
die Spinne aus dem Netz sich löst,
dann springen braun Kastanienbälle
von allen Ästen der Allee,
sie rollen, von des Windes Kelle
getrieben hin auf der Chaussee.

Von der späteren Ausweitung und metaphorischen Vertiefung des Bildes (»Ich geh nicht allein / die helle Chaussee«, heißt es 1948), die im Gedichtband *Chausseen Chausseen* von 1963 kulminiert, fällt auch auf die frühen Verse ein neues Licht; ebenso wie die Zeilen »Chausseen. Chausseen. / Kreuzwege der Flucht« kann man sie nun auch als Gleichnis für Zerstreuung und Versprengung, für den Abfall vom großen Baum des Lebens lesen, mit allen Zeichen der Flucht, des Verlassenseins, der Hinfälligkeit.

Zwei große Verbindungslinien durchziehen Huchels Werk, und wer ihn nur auf die Natur festlegen wollte, hätte nicht einmal die halbe Wahrheit, weil in der wechselseitigen Ergänzung ihre eigentliche Bedeutung liegt. Tieren und Pflanzen, dem ganzen Zeichennetz der Landschaften und Naturdinge, entspricht komplementär der Gegenstandsbereich der menschlichen, der historischen Welt: Straße und Wirtshaus, Reise und Rast, Schiff und Fährhaus, Stadt und Haus, doch auch die Erzeugnisse der Kultur gehören hierher, das Theater (*König Lear, Ophelia*), Religion und Mythos (*Das Grab des Odysseus*), schließlich die politische Geschichte mit ihren Katastrophen Krieg, Gefangenschaft, Tod.

So vielfältig die Themen, so abwechslungsreich sind die Formen und Töne: Ballade, Lied, Gebet; Strophe und freie Rhythmen; Nänie und Elegie; Rollengedicht und historische Miniatur; ob der berühmte *Bericht des Pfarrers vom Untergang seiner Gemeinde*, ob die Anrufung Shakespearescher Figuren oder die lyrische Vergegenwärtigung südlicher Städtebilder – sie stehen in nichts den großen Naturgedichten nach.

Gewiß, das lyrische Lebenswerk Peter Huchels ist, mit dem Benns oder Brechts, gar manches Vielschreibers unserer Tage verglichen, von geringem Umfang und paßt mit allen wichtigen Varianten, Seitenstücken, Nachlaßgedichten auf 350 Buchseiten. Doch wie auch mancher Weg nach innen erst ins Weite führt, so treten durch die äußere Beschränkung erst die bis ins feinste nuancierte Vielförmigkeit der Bild- und Verssprache und das Übermaß des Werkstoffs hervor, der die Substanz seiner Gedichte ausmacht, auch wo sie unfertig oder mißlungen sind. Denn nicht die Trennung, den Antagonismus von Natur und Gedichte, bekräftigen die beiden großen Tendenzen in Huchels Lyrik, sondern ihre Wiedervereinigung. Auf diesen Fluchtpunkt hin sind alle Gedichte geschrieben.

Die Versöhnung von Mensch und Natur, Geschichte und Landschaft ist das Ziel, zu dem hin Huchels Dichtung unterwegs ist, beharrlich in allen Rückschlägen und treu den Anfängen in der märkischen Kindheit. Nur im Gedicht sind ihm die überzeugendsten Bilder dieser Hoffnung gelungen, weil die Sprache der Lyrik für die offenen, vorausdeutenden Symbolerlebnisse, für die geheimen Korrespondenzen der geschiedenen Lebenssphären den genauesten Ausdruck zu finden vermag.

Wie ausschließlich Peter Huchel Lyriker gewesen ist, demonstriert unübersehbar die Werksausgabe, die im zweiten Band *Vermischte Schriften* versammelt, darunter vor allem vier Hörspiele (von insgesamt vierundzwanzig überlieferten, doch hat der Herausgeber die meisten, darin der Selbsteinschätzung des Autors folgend, als Brotarbeiten eingestuft und im Anhang aufgeführt). Dazu Reden und Stellungnahmen zu verschiedenen Anlässen, eine schmale Briefauswahl (Huchel sei, schrieb Hans Mayer, »als Briefschreiber wohl nur mit dem Fachausdruck ›aleatorisch‹ zu kennzeichnen«) und Interviews – alles unentbehrliche Materialien zu Leben und Werk, aber zumeist von keinem darüber hinausführenden Interesse.

Allein die ersten Hörspiele – besonders *Die Magd und das Kind* – sind streckenweise der frühen Lyrik ebenbürtig. Axel Vieregg hat auch diesen Band mit den notwendigen bibliographischen Anmerkungen versehen, aber auf jede weiter gehende Sacherläuterung oder gar kommentierende Deutung verzichtet. Peter Huchel gehörte nicht zu den in Selbstkommentaren oder bei der Katalogisierung des eigenen Werks besonders eifrigen Schriftstellern, das hat dem Herausgeber die Arbeit (etwa der Datierung einzelner Gedichte) schwergemacht, ihn andererseits auch von aller Stoffhuberei entbunden. So läßt die Ausgabe zwar einige Wünsche offen (besonders vermißt man eine zusammenfassende literaturhistorische und kritische Einleitung), aber sie entspricht auch den Intentionen und dem Charakter des Autors auf besondere Weise, der alles, was er zu sagen hatte, ins poetische Wort faßte – im Gedicht *Die Wasseramsel* hat er uns ganz beiläufig das schönste Selbstporträt überliefert:

Könnte ich stürzen
heller hinab
ins fließende Dunkel,

um mir ein Wort zu fischen,

wie diese Wasseramsel
durch Erlenzweige,
die ihre Nahrung

vom steinigen Grund des Flusses holt.

Goldwäscher, Fischer,
stellt eure Geräte fort.
Der scheue Vogel

will seine Arbeit lautlos verrichten.

[illegible] Hilfe [illegible] dem [illegible]
[illegible]
[illegible] warum [illegible]
[illegible]
[illegible] zu [illegible]
[illegible] und [illegible] zu [illegible]
[illegible] der Interesse.

[illegible] der Mann und das Auge [illegible] Axel Vartoy [illegible]
[illegible] zu [illegible] Hamburg [illegible]
[illegible] Schrift die Ausgabe [illegible]
[illegible] zusammenfassend [illegible]
[illegible] des [illegible]
[illegible]

[illegible]

IV

Zum letzten Gedichtband

Elsbeth Pulver

Das brüchige Gold der Toten

Zum neuen Gedichtband von Peter Huchel: »Die neunte Stunde«

Gezählte Tage hieß der vorletzte Gedichtband von Peter Huchel – *Die neunte Stunde* ist der Titel des neuen, der Gedichte von 1972 bis 1979 enthält. Die Veränderung ist bezeichnend: von den bereits abgezählten, immerhin noch vorhandenen Tagen zur Todesstunde – einen Schritt weiter in der bereits seit längerem eingeschlagenen Richtung. Das Titelgedicht ist beispielhaft für die Gefühlslage des ganzen Bandes:

Die Hitze sticht in den Stein
das Wort des Propheten.
Ein Mann steigt mühsam
den Hügel hinauf,
in seiner Hirtentasche
die neunte Stunde,
den Nagel und den Hammer.

Der trockene Glanz der Ziegenherde
reißt in der Luft
und fällt als Zunder hinter den Horizont.

Der Hirte, Figur aus der idyllischen Naturlyrik, ist zum Todesboten geworden, zum Henker sogar, die ihn umgebende Natur zur Todeslandschaft, vielmehr, im gesamten der Gedichte gesehen, zu einer Landschaft hart an der Grenze des Lebens, durchsetzt mit Todeszeichen. Ein Motiv, das mehrfach auftaucht, ist das Tellereisen, die Todesfalle der Tiere; vom »Winterverlies« ist die Rede; »das Banner ist zerfetzt, die Trommel durchlöchert / die Sänfte, / von acht zerlumpten Knechten getragen, war leer«. Die Natur selbst, für Huchel einst erfüllter Lebensraum, ist zur Todeschiffre geworden, der Mensch nur eine kleine Figur in ihrem Bannkreis. Anläßlich früherer Gedichte Huchels hat Peter Wapnewski gesagt, Natur werde »zum Zwecke der Vermittlung finaler Phasen gebraucht«: »Versteinerung, Verkrustung, Verkarstung, Vereisung«. Von einer zunehmenden Verdunkelung könnte man auch sprechen oder von der sich immer mehr ausdehnenden Leere. Die Leere, das Nichts wird wiederholt genannt, in immer neuen Variationen, immer anderen Verbindungen: »Ich, der Nachzügler, / ging ihm voran mit leeren Händen«; »Verse, die an nichts erinnern«; »Nichts zu berichten« (ein lapidarer Gedichtsanfang); »Die milde Leere des Sommers«.

Der Naturlyriker Peter Huchel war immer auch ein Dichter der Bildungswelt; Figuren der Mythologie spielten bei ihm stets eine wichtige Rolle. Es gab auch Phasen in seinem Leben, da sein Gedicht Themen der unmittelbaren, auch der politischen Gegenwart erfaßte, ohne doch die Verwurzelung in der Naturlyrik vergessen zu lassen. Einige der stärksten Zeitgedichte der neueren deutschen Literatur stammen aus seiner Feder. Von der Gegenwart ist in diesen letzten Gedichten nicht mehr die Rede, jedenfalls nicht ohne Verfremdung; in der Todeslandschaft gibt es keine Zeit; nichts, was in der Zeit geschah, ist von Dauer, es braucht nicht einmal erinnert zu werden: »wozu den Sommer beschwören«. Figuren aus der Mythologie dagegen finden sich auch hier häufig, aber nicht als etwas, das der Vergänglichkeit standhält, Sterben überdauert, vielmehr als Chiffren der menschlichen Existenz, die der Hinfälligkeit des Lebendigen und der Leere ausgeliefert ist. »Niemand wird finden das Grab des Odysseus«, sagt Huchel:

Mein ist alles, sagte der Staub,
das Grab der Sonne hinter der Wüste,
die Riffe voller Wassergetöse,
der endlose Mittag, der immer noch warnt
den Seeräubersohn aus Ithaka,
das Steuerruder, schartig vom Salz,
die Karten und Schiffskataloge
des alten Homer.

(Das Grab des Odysseus)

Von Odysseus bleibt nicht mehr als vom Zigeuner Itau, den man noch lange hier und dort gesehen haben will:

In Wahrheit
zog Itau, der Zigeuner,
im hellen Juli
durchs Bischofslila der Disteln
für immer fort.

(Entzauberung)

Weggehen, sich entfernen, Abschied nehmen – auch dies wichtige Motive in Huchels späten Gedichten. Lebenszeichen dagegen sind in dieser endzeitlichen Landschaft kaum vorhanden; wo sie gesetzt werden, scheint es zögernd zu geschehen, und ihr Grund ist dunkel und unsicher:

> Noch immer tanzt abends
> der rote Ulan
> mit Bauerntöchtern auf der Tenne des Nebels,
> die Ulanka durchweht
> von Mückenschwärmen über dem Moor.
>
> Im Wasserschierling
> versunken
> die preußische Kalesche.
>
> *(Brandenburg)*

Huchel hat nie strengere, nie knappere Gedichte geschrieben als diese letzten; sie sind einfach und hermetisch zugleich; jeder Satz ist verständlich, aber Bild steht unverbunden neben Bild, oft unzugänglich, immer anspielungsreich; ohne Offenheit zum Leser. Es gibt großartige Bilder in diesen Gedichten (»Unbewohnbar die Trauer, die an den Klippen verebbt«, »Das brüchige Gold der Toten«); sie sind unausdeutbar, aufs Zeichenhafte reduziert. Die Todeslandschaft ist zugleich eine Gegend extremer Einsamkeit. In dieser Hinsicht vor allem geht Huchel über die *Gezählten Tage* hinaus, wo vereinzelt noch Freunde vorkamen. Im neuen Band dagegen trägt auch die Verbindung zwischen den Menschen die Todesfarbe.

> Was bleibt, ist nicht mehr
> als der schwarze Draht in der Luft,
> der zwei Stimmen vereinigt.

Barbara Bondy

Tiefer ins Schweigen

Zu den neuen Gedichten Peter Huchels

Über solche Lyrik zu schreiben, ist auch ein schöner Widersinn; soll man dieses Sprache gewordene Schweigen referieren? Man geriete in den Widerspruch des Hofmannsthalschen Chandos-Briefs, der wortreich beklagt, daß er dem Schweigen verfiel. Nun ist Huchel, der Große, Alte, ohnehin nicht mehr rezensierbar, soll man vor diesem geschlossenen, Bewunderung, ja, und Liebe abnötigenden Lebenswerk vielleicht etikettieren und benoten? So kann es sich im wesentlichen nur darum handeln, seinen neuen, lange erwarteten Gedichtband anzuzeigen, ein paar Bilder und Strukturen zu erkennen. Bewegungen eines hohen Kunstverstandes und eines »innersten Gefühls« – wie Kleist die unwiderruflichen Seelenlagen nannte.

Dieser Band sammelt Gedichte aus den letzten sieben Jahren: Jahre, die tiefer in das hohe Alter hineinführten, die dem Dichter ein äußerlich entlastetes Leben boten (1971, zur Erinnerung, erlaubte Ostberlin dem Belästigten, Isolierten, Verfemten die Ausreise in die Bundesrepublik). Jahre auch, die Peter Huchel mit Ehrungen und Preisen und Auszeichnungen überhäuften, die äußere Welt schien sich ihm ehrfurchtsvoll zu neigen, auch die große Welt – zum 75. Geburtstag gratulierten der Bundespräsident Scheel und der Bundeskanzler Schmidt, kein selbstverständlicher Vorgang.

Dies alles – aber das Werk gerät dem Dichter immer tiefer ins Schweigen und in die Verrätselung. Der Schmerz als Mittelpunkt der Welterfahrung ist jetzt ganz freigesetzt, findet vielfältige, atemraubende Sprachbilder. Ihre Unwiderrufbarkeit, ihre strenge innere Gefügtheit läßt das Zitieren einzelner Zeilen und Sequenzen schwer zu. Hier das Gedicht, das dem Band den Namen gab, *Die neunte Stunde*; sie ist nach den Evangelisten die Stunde der Verfinsterung und der Todesverzweiflung des Gekreuzigten.

Die Hitze sticht in den Stein
das Wort des Propheten.
Ein Mann steigt mühsam
den Hügel hinauf,

in seiner Hirtentasche
die neunte Stunde,
den Nagel und den Hammer.

Der trockene Glanz der Ziegenherde
reißt in der Luft
und fällt als Zunder hinter den Horizont.

Schon in Huchels letztem Gedichtband, in den *Gezählten Tagen*, herrschten die Bilder der Hitze und Dürre und Öde; sie haben sich verstärkt, hier trifft man auf eine Bildwelt der Versteinerung, Splitterung, hier sind Steinbruch, Felsen, Steppe und Schlucht – es fehlt wieder das Seelenbild des Wassers, des Strömenden, Bewegenden, Erlösenden; das Wasser ist gefroren, Schneekälte, Schneenebel liegt jenseits der Dürre oder zieht über den Felsenschutt, dann fallen die bösen Bilder zusammen, »Staub« ist ein Wort, das immer wiederkehrt, meint tödliche Aufgegebenheit oder auch Demut:

Herr, dein Geheimnis ist groß
und eingeriegelt in die Stille der Felsen,
ich bin nur Staub,
der lockere Ziegel in der Mauer.

Das Todesthema tritt vor, fast immer ohne Trost, von Einverständnis ist nicht die Rede, in immer anderen Wendungen, verriegelt oder offen, erscheint das Entsetzen, nennt die Sprache oder hetzt die Sprache den Tod, wie hier, im großartigen Beginn des Gedichts *Melpomene*:

Bitterstachlig der Wald,
kein Küstenwind, kein Vorgebirge,
Das Gras verfilzt, der Tod wird kommen
mit Pferdehufen, endlos
über die Steppenhügel, wir gingen zurück,
am Himmel suchend das Kastell,
das nicht zu schleifen war.

Die Natur, so scheint es hier, hat diesen Sohn entlassen, der große Naturlyriker Peter Huchel, der früher in wunderbarer Genauigkeit die sichtbare Welt beschrieb, das vielsagende Gleichnis der Landschaft deutete, gibt keine Antwort mehr. Er schweigt, und die Natur schweigt vor ihm. Kein Abglanz mehr, keine Spiegelung. – Seelenbilder erzwingen die Abstraktion, übernehmen die Führung.

Unter den vierzig Gedichten dieses Bandes sind viele, die einen Eigennamen tragen, einen ganz bestimmten Menschen meinen,

Odysseus wieder und Aristeas, König Lear und Hamlet, Marsilius, den Ketzer von Padua, Jan-Felix Caerdal. Sie alle werden stellvertretend aufgerufen, Leidensgenossen, Leidens-Zeugen im Schmerz-Chaos, das hier nicht aufgehellt werden wird, so sagt der Dichter.

Ich, der Bretone,
mit meerdurchsickerten Schuhen
und einem Hemd aus Nebel
über dem Sonnengeflecht (. . .)

ging nun voran
mit leeren Händen
und einer Rinne Salz im Gesicht.

Das sind Zeilen aus *Jan-Felix Caerdal,* einem der vollkommensten Gedichte des Bandes. Künstlerisch schwächere gibt es natürlich, wie beim späten Celan auch, wo die äußerste Verrätselung die Sprache besiegt. Doch das ist nicht wichtig. Welche Siege wurden da errungen, wo Niederlage formuliert wird!

Karl Corino
Seelenführer in die Unterwelt

Zu Peter Huchels Gedichtband »Die neunte Stunde«

Als Peter Huchel 1971 der Diktatur der Funktionäre in der DDR entrann, war er entschlossen, die alten Zwänge nicht gegen neue einzutauschen: die des Marktes. 1972 veröffentlichte er bei Suhrkamp 90 Seiten Gedichte, das Ergebnis von neun Jahren Arbeit. Er wartete dann sieben Jahre, bis er jetzt einen weiteren Band folgen ließ. Ein halbes Dutzend Gedichte schreibt er im Jahr – wie kann er da leben?

Nun, Huchel erhielt seit seiner Übersiedlung in den Westen eine Anzahl von Preisen und Stipendien, der Verlag zahlte Vorschüsse auf eine Autobiographie, ein Mäzen stellte ihm ein Haus in der Nähe Freiburgs zur Verfügung. Von da aus unternimmt er zahlreiche (Lese-)Reisen durch das westliche Europa. So verdient er einen großen Teil seines Unterhalts, so holt er nach, was ihm während des Dritten Reichs und unter Ulbricht an Eindrücken versagt war, so er-fährt er neue Gedichte. Denn das Wort Rilkes (in dessen Turm zu Muzot er manchmal zu Gast ist), für einen Vers müsse man weit gereist sein, müsse man viele Städte und Landschaften gesehen haben, gilt auch für ihn.

Der Hof seines Großvaters in der Mark mit seinen Knechten, Tagelöhnern und vorbeistreichenden Zigeunern; die Hochkulturen des Zweistromlandes mit ihren Mythen (Gilgamesch); die griechische Antike (Persephone, Odysseus, Aristeas); die Dramenwelt Shakespeares mit Lear und Hamlet; Italien, die Bretagne, Schottland, Irland – damit sind die Motive Huchels schon fast vollständig erfaßt – wäre da nicht noch eines, das einen 76jährigen verständlicherweise immer stärker bewegt: der Tod.

Hinfällig
wie der Staub auf vergilbten
Manuskripten
ist mein Leben geworden.
Der Tod, der mürrische Maultiertreiber,
ich sah ihn gestern abend am Stall,
umschwirrt von Bremsen,
er weiß den Weg.

Dies ist bezeichnend für Huchels Weltbild: Ein zufällig begegnender Toscaner verkörpert für ihn den Seelenführer in die Unterwelt. Absurd und doch unwiderleglich. *Gezählte Tage* (so der Titel des vorausgegangenen Buches) – dieses Bewußtsein ist allgegenwärtig und sucht seine Bestätigung in den Chiffren der Natur:

In der weißen Abtei des Winters
ein lautloser Flügelschlag
Im Namen dessen –
bis ans Ende der Tage

»Abtei des Winters« – eine klassische Genitiv-Metapher. Damit ist ein wichtiges Element der Huchelschen Poesie bezeichnet. »Tenne des Nebels«, »Beichtstuhl des Nebels«, »Gazellen des Lichts«, »Federn weißen Feuers«, »Klauen der Felsen«, »goldene Nacht des Abends« sind Beispiele für eine Technik der Bildlichkeit, die den Surrealismus prägte und sich mit ihm ein wenig vernutzte. Huchel bemüht sich, seine Metaphern nie zum bloßen semantischen Trick werden zu lassen, der vom Sprachzentrum beliebig repetiert werden kann, sondern entwickelt sie immer neu aus der Anschauung.

Indes sollte man nicht verschweigen, daß auch dies mitunter die Bilder nicht vor Trivialität feit. »Kopfweiden«, die als »Besen . . . den Nebel fegen«, das sind alte Besen, die nicht mehr gut kehren. Auf der Suche nach Originalität wiederum wird manches preziös und nahezu unverständlich. In der Beschreibung eines Zigeunerlagers heißt es zum Beispiel: »Die streifende Rotte / vereister Blätter / fällte der Tag / mit Drähten über der Feuergrube«. Kann man etwas in der Luft Treibendes überhaupt »fällen«, und wenn ja, ist »der Tag« dann nicht eine pseudopoetische, mythisierende »Hilfsgröße«?

Zahlt Peter Huchel dem Alter Tribut? Das Reservoir ursprünglicher Bilder scheint mitunter erschöpft, und wie um dies zu demonstrieren, setzt der Autor die Todesvision *Todtmoos* komplett aus Wendungen eines benachbarten, sehr viel längeren Gedichts zusammen (*Im Kun-Lun-Gebirge*). Gewiß, an solchen Doubletten erweist sich die Verwandschaft von Seelen-Landschaften oder, um es goethisch auszudrücken, von »deutsch-chinesischen Jahreszeiten«. Zeigt sich aber nicht zugleich vor dem einen Unausweichlichen die Beliebigkeit der Ausweichmöglichkeiten, die Austauschbarkeit der Fügungen vor der letzten Fügung?

Ich will gestehen, *Die neunte Stunde* hat mich als Ganzes weniger beeindruckt als seinerzeit *Gezählte Tage.* Zu viele Paraphrasen von Literatur, zu viele Verse, »die an nichts erinnern« als an andere Verse in früheren Büchern Huchels oder seiner literarischen Eidhelfer. Es fehlen vielleicht die überragenden Gebilde, von denen man auf Anhieb sicher ist, sie bleiben. Es fehlt die Erschütterung, die von den Dichtungen der ganz Großen, Rilkes oder der Zwetajewa, ausgeht.

Ein solches Urteil mag ungerecht sein. Aber es zeigt noch in der Einschränkung die Erwartung, die sich mit Huchel allemal verknüpft, und den Rang, den er in unserer Lyrik einnimmt. Er verkörpert als einer der letzten jenen Humanismus, dem babylonische, griechische und Shakespearesche Mythen gleich nahe sind. Vor allem die Natur ist ihm so intakt geblieben, daß er sich fast umstandslos in ihr aussprechen kann. Bei vielen jüngeren Autoren steht die Gefährdung der Natur im Vordergrund und mit ihr die Gefährdung des Ich. Für Huchel mit seinen heroischen, unberührten Landschaften manifestiert sich im Heilen das untergehende Subjekt:

Die See schreibt
in der Schrift der Algen
die letzte Stunde des Logbuchs
auf salzige Felsen –
verleugne die Heimkehr,
sei unterwegs.

Wolfgang Heidenreich
Jahreszeiten, Mißgeschicke, Nekrologe

»Wie schwer es ist, dem Schweigen ein Wort abzuringen«: Zu Peter Huchels Gedichtband »Die neunte Stunde«

Haltbar bis Ende 1999 – mit einem solchen zwischen Hoffnung, Ironie und Book-Promotion verstrebten Titel für einen Gedichtband zeigt derzeit ein Peter Rühmkorf, wie er die Marktlage für lyrische Markenprodukte einschätzt: Der Kurs ist bei steigender Nachfrage und, nach offensichtlich jahrelangem Rückstau in ungezählten Dichterschubladen, bei rasch expandierendem Angebot anhaltend freundlich. Und so sättigt sich der Lyrik-Markt derzeit an dem durch Jargon und Schnodderigkeit gefederten Pathos, an der artistisch durch die Schickeria-Maske blinzelnden Leidensmiene Rühmkorfs; verschafft dem angetörnten Jugendstil eines Wondratschek, seiner Nachfolge der Beat-Generation (»Buddhismus zwischen Bier und Nescafé«) bisher ungekannte Auflagerekorde.

In solchen Zeiten des aktualitätsgebeutelten Parlandos, des Jeans- und Massenmedien-Looks in der Lyrik tun sich die 40 Gedichte in dem Band *Die neunte Stunde* des alten, in Staufen bei Freiburg lebenden Peter Huchel schwer. Die Rezensenten verhüllten ihre Leseschwierigkeiten teils hinter resignierender Sympathie, teils hinter brüchigem Respekt, durch dessen Fadenscheinigkeit gelegentlich schon mal unwirsche Ungnädigkeit durchstößt – besser, Gnadenlosigkeit: »Zahlt Peter Huchel dem Alter Tribut?« fragt Karl Corino, bemängelt »Austauschbarkeit der Fügungen vor der letzten Fügung«, und vermerkt, bei ihm, dem Leser, bleibe vor diesen Texten die Erschütterung aus, die von der »Dichtung der ganz Großen« ausgehe. (Rilke, meint er wohl, rüttelt die Seele besser durch.) Damit hat er sich die Wirkungsästhetik der Trivial-Literatur und die Klassenkategorien der Fußball-Ligen zu eigen gemacht. Und alt werden gilt nicht; auch vor »der letzten Fügung« (welcher Feinsinn) hat ein alter Dichter den Habitus der Seniorenrüstigkeit zu demonstrieren, dem Rezensenten etwas rasch Schlüssiges aus dem Bilderbaum vor die Füße zu schütteln.

Nicht mehr rezensierbar?

Barbara Bondy meint es mit Huchels Texten gut, findet auch noch Gutes, sieht sich als Leserin aber wohl ziemlich vor der Tür der Texte ausgesperrt: »Soll man dieses Sprache gewordene Schweigen referieren? ... Huchel, der Große, Alte, ohnehin nicht mehr rezensierbar ...« – findet sie ihn unleserlich, unlesbar?

Deutliche Zugangsschwierigkeiten offenbaren die beiden genannten Kritiker auch, wenn es nicht nur um eine Gesamtwertung, sondern um reale Lesebefunde geht. Bei ihren Fall-Studien, wie es um den »Naturlyriker« Huchel bestellt sei, findet die eine: die Natur habe diesen Sohn entlassen. Der große Naturlyriker gebe keine Antwort mehr. Er schweige, und die Natur schweige vor ihm. Der andere: Die Natur sei ihm so intakt geblieben, daß er sich fast umstandslos in ihr aussprechen könne. Wie nun? Schweigt er sich oder spricht er sich aus? Seine Antwort: »Jeder, der schreibt, weiß auch, wie schwer es ist, dem Schweigen ein Wort abzuringen.« Ist er es, der versagt, oder versagt sich ihm die Sprache?

Am liebsten hätte Peter Huchel seinen Lesern Fragen dieser Art erspart und seine Gedichte noch bei sich behalten. Sie seien noch nicht fertig, hatte er kurz vor der Buchmesse 1977 erklärt und kurzfristig die Druckerlaubnis zurückgezogen – ein Spielverderber im Termingeschäft des Medienmarkts. Einer, für den der poetische Prozeß und die Lebenszeit identisch sind; einer, der mit einigem nicht fertig wird.

Als er im Oktober 1977 nach Brüssel fährt, um den Literaturpreis der Europalia entgegenzunehmen, macht die »Frankfurter Allgemeine« Bilanz: Das wichtigste Messeereignis im Bereich der Lyrik sei ohne Zweifel der allerdings noch nicht erschienene Band *Die neunte Stunde*, der Peter Huchels Gedichte aus den Jahren 1972 bis 1977 zusammenfasse. Insgesamt gesehen habe in jenem Messeherbst die deutsche Literatur den Leser keineswegs im Stich gelassen – wer lesen wolle, könne genug finden.

Bei solcher Lage des Bedarfs und seiner Deckung – wozu also fertig werden, und für wen; fertig mit einem unstillbaren Prozeß, der seine Wörter, seine Verweis-Systeme und Bedeutungsarchitekturen raunend und dialektisch weiter umtreiben, weiterdichtend im Zeitfluß halten möchte. Dichten, das könnte also heißen: etwas, was entfallen will, behalten wollen. Also nicht Besitz, sondern dichtendes Gedächtnis.

Auch der Leser, der sich mit Geduld und Genauigkeit der 40 komplexen Texte annimmt, die der erkrankte Peter Huchel 1979 freigegeben hat, wird nicht Gefertigtes in Besitz nehmen, sondern Anteil nehmen müssen an der Gedächtnisarbeit, die diese Gedichte bis zurück in die archaische Frühe der Menschheitserinnerung leisten. Da wird vergegenwärtigt, was sich ins Fremde und Außersprachliche zu entziehen droht, gemäß dem Wort, das Huchel bei Augustin fand: »[...] im großen Hof meines Gedächtnisses. Daselbst sind mir Himmel, Erde und Meer gegenwärtig [...]« Aber auch dann, wenn sich der Leser in die Gedächtnishöfe dieser Gedichte hineinbegibt, muß er gegen eine Strömung in Huchels Bildern anarbeiten, die sich entziehen und in ihrer eigenen Dimension behaupten wollen, »[...] für sich selber stehen und sich nach Möglichkeit behaupten (wollen) gegen Interpreten, gegen etwaige Spekulationen, Erhellungen und Biographismen [...]« (Huchel, 1966).

Die verschwiegene Selbstbehauptung dieser Texte kann einem gegenwartsbefangenen, raschen Leser in der Tat als abweisende Geste erscheinen. Mit der einzigen Ausnahme eines Literaturhinweises auf die in vier Texten aufscheinende Gestalt des Ketzers Marsilius von Padua enthält sich Huchel aller Hinweise auf Namen, Fakten, Quellen. In die Gedichte aber arbeitet er meist aufschließende Deutzeichen ein, die nach Art altorientalischer Deutzeichen mehrdeutigen Strukturen Eindeutigkeit verleihen, den Bildern zugleich historische und geographische Realienzusammenhänge zufließen lassen.

An die Ränder des Sagbaren

Das Beispiel der beiden »Aristeas«-Gedichte zeigt, daß Huchel sich hier eines Motivs und des Itinerars des Herodot bedient, um sich aufzumachen an die dunklen Ränder der bewohnbaren Welt, in entlegen am Nächtlichen angesiedelte Geistesgegenden. Jener Aristeas, dessen Gedächtnis Herodot in seinen Historien (IV, 13–15) bewahrt, sei in einer Walkmühle in einen rätselhaft lebendigen Tod verfallen, um vom Gott Apoll zu einem Streifzug an die Ränder des Bekannten und Sagbaren verbannt zu werden. Nach sieben Jahren sei er wieder aufgetaucht, um ein historisch bezeugtes Gedicht, die *Arimaspea* über die Wanderungen der Skythen zu verfassen. Danach taucht er wieder weg aus Raum und Zeit, zeigt sich jedoch nach 240 Jahren ein letztes Mal, in der Gestalt eines Raben, als Diener und Begleiter des Apoll. Spiegelt man vorsichtig die Koordinaten des Herodot mit denen des Peter Huchel zusammen, dann erkennt man den schmerzlichen Sinn dieser alten Personen-Maske: die Verbannung des Dichters an den Rand des gesellschaftlichen und sprachlichen Wohnens, der »Koine«, in die Nähe der kimmerischen Finsternis, zu den Pappeln der Persephone, die den Tartaros säumen.

Auch in einem weiteren Ich-Gedicht (*Der Ammoniter*) verwebt Huchel historische und private Realien zur Chiffre einer persönlich-überzeitlichen Befindlichkeit. Im Tale Hinnom, am fluchbeladenen Ort einer letzten Verdammnis, brennt ein Angehöriger des feindlichen Brudervolks der Israeliten in täglicher Fron Urnen (für das südlich Jerusalems gelegene Tal sind historisch Töpferöfen bezeugt), zerschlägt sie des Abends wieder »vor der Sonne«, blind gegenüber der Sprache der schönen Natur – »der Geruch des Todes machte mich blind«. Das Tal Hinnom als Begräbnisstätte, als Ort des menschenverzehrenden Moloch-Kults; das anklingende Töpfer-Gleichnis des Propheten Jeremias – sobald die Deutzeichen entziffert sind, erhellen sich die Gedächtnis- und Bedeutungshöfe der Bilder, bis hin zum politisch-religiösen Bekenntnis.

Das Zeichen, das Wort, die Schrift und das Gedicht – sie werden in diesen Texten immer wieder angerufen als untaugliche, versagende Bedeutungs- und Gedächtnisträger. Ein Sog, der ihre Welthaltigkeit ausleert, macht sie unlesbar und stumm: Worte treiben weg, wurzeln im Wind, Namen verdämmern, längst vergessene Gespräche werden aufbewahrt, »Verse, die an nichts erinnern«. Und doch: Sie erinnern an die archaische Einheit von Zeichen und Bedeutung, von Bilderwelt und Weltbild. Vergänglichkeitsschmerz teilt sich mit, Teilhabe am Schicksal, verurteilt zu sein, »den alten Jammer / bis zur Vernichtung der Sinne zu sehen«. Aber Motiv und Leistung dieser Gedichte sind nicht prophetische Lamentatio (»[. . .] ein verwüstetes Haus zwischen Himmel und Erde [. . .]«), sondern die gegenströmige Memoria, das imaginäre Gespräch mit einem aus der Gegenwart bis in die Menschheitsfrühe herbeigerufenen Kreis von Geistern, Naturgestalten, Gedichten.

Im ersten Gedicht dieses Bandes wird in diskreten, aber genauen Kürzeln die Parallelgeschichte naturbeobachtender und dichtender Weltdeutung erinnert, wird das erste große Menschheitsgedicht angerufen, das Gilgamesch-Epos, das hervorgegangen war aus der babylonischen Deutung kosmischer Vorgänge. Dabei richtet Huchel seine Rede nicht an Gilgamesch, den göttlichen Sonnenhelden, Städtegründer, sondern an den aus der Natureinheit gefallenen, sterblichen Enkidu, den er vertraut anredet: »Sohn, kleiner Sohn Enkidu [. . .]«.

Oder im Gedenk-Gedicht für Günter Eich: Da wird in der lapidaren Verknappung weniger Zeilen ein Epitaph naturdichtender Bemühung errichtet – ein Bezugssystem zwischen Texten Peter Huchels und Günter Eichs, das einsetzt beim gemeinsamen Besuch der Arnimschen Gräber in Wiepersdorf vor nunmehr einem halben Jahrhundert, sich fortsetzt als Bild-Korrespondenz (Huchel: Der Knabenteich; Eich: Nicht geführte Gespräche, Zeilen an Peter Huchel) – und nun noch einmal im Abschied die Gemeinschaft beschwört: »Wir werden dem Schnee [. . .] kein Tedeum mehr sprechen [. . .]«.

Wer mag dieses dichterische Sprechen monologisch, schweigend nennen? Für den Leser, der Lesen lernt, wird das Schweigen beredt.

Rudolf Hartung

Keiner weiß das Geheimnis

Zum jüngsten Gedichtband von Peter Huchel

Der mehrmals angekündigte und mehrmals zurückgezogene Gedichtband *Die neunte Stunde* von Peter Huchel ist nun endlich erschienen; es ist die vierte Gedichtbuchveröffentlichung dieses 1903 geborenen Lyrikers, ein schmaler Band, ungefähr vierzig Gedichte aus den Jahren 1972 bis 1979 enthaltend. Vor sieben Jahren kam der letzte Band heraus: *Gezählte Tage.* Schon dieser Titel artikulierte Huchels Verhältnis zur Zeit: daß sie bemessen ist, die Tage gezählt sind – die eigene Lebenszeit wird von Peter Huchel emphatisch erlebt, schon in dem Band *Chausseen, Chausseen* hatte es geheißen »nicht zähle die Jahre, zähle die Stunden«.

Was aber hat es mit der »Neunten Stunde« auf sich? Man erinnert sich, daß um diese Stunde Jesus am Kreuz schrie und die Worte sprach: »Mein Gott, warum hast du mich verlassen?« Diese biblische Erinnerung liegt zweifellos jenem Gedicht zugrunde, das Huchel *Die neunte Stunde* überschrieben hat:

Die Hitze sticht in den Stein
das Wort des Propheten.
Ein Mann steigt mühsam
den Hügel hinauf.
In seiner Hirtentasche
die neunte Stunde,
den Nagel und den Hammer.

Der trockene Glanz der Ziegenherde
reißt in der Luft
und fällt als Zunder hinter den Horizont.

Der Tod steht also bevor, verbürgt durch das Wort des Propheten. Und der Tod ist an vielen Stellen dieser Gedichte zu spüren – »alles geht ins Schweigen hinüber« – »mein ist alles, sagte der Staub« »den Tod erwartend, / der auf vereisten Flößen wohnt« – »Der Tod, der mürrische Maultiertreiber, / ich sah ihn gestern abend am Stall, / umschwirrt von Bremsen, / er weiß den Weg.«

War schon in den *Gezählten Tagen* der Glanz der Welt weithin erloschen, so dominieren nun in dem neuen Band die Öde, der eisige Winter, und das Bewußtsein des Todes fällt fast überall als Schatten auf die immer noch gewußte und nur manchmal noch empfundene Herrlichkeit der Welt: »Der Geruch des Todes machte mich blind.« Wobei – das Gedicht *Die neunte Stunde* könnte in die Irre führen – der Tod nicht christlich gedeutet wird, das Schweigen nach dem Tod ist für Peter Huchel wohl die einzige Wahrheit. Was in den Gedichten dieses Bandes dagegen zu sprechen scheint, ist allenfalls die Wahrheit einer fingierten oder historischen Figur, so, wenn eines der Gedichte des kleinen Zyklus *Der Ketzer aus Padua* mit den ergreifenden Versen schließt:

> Herr, Dein Geheimnis ist groß
> und eingeriegelt in die Stille der Felsen,
> ich bin nur Staub,
> der lockere Ziegel in der Mauer.

Solche Ergebung in den Willen eines Höheren ist kaum von der Person, die im Gedicht spricht, auf den Autor zurückzuprojizieren. Daß, wie es in dem kleinen Gedicht *Todtmoos* heißt, die »Schriftzeichen / nicht zu entziffern« sind, daß keiner, wie es in dem vorausgehenden Gedicht heißt, das Geheimnis weiß – *das* dürfte die Wahrheit Peter Huchels sein, wie sie sich auch in dem Gedicht *Der Ammoniter* ausspricht:

> Überdrüssig der Götter und ihrer Feuer
> lebte ich ohne Gesetz
> in der Senke des Tales Hinnom,
> mich verließen die alten Begleiter,
> das Gleichgewicht von Erde und Himmel.

Ist es ein Zufall, daß bei all jenen Lyrikern, die wie Huchel, Eich oder auch Krolow das Dasein wesentlich im Horizont der Natur auslegten – um das ominöse Wort »Naturlyriker« zu vermeiden –, am Ende sei es Verdrossenheit, sei es Verzweiflung, wenn auch gebändigte, steht? Wohl kaum – das kreatürliche Leben ist traurig, wie jeder Blick ins Auge eines Tieres verrät; auch wußte Huchel schon früh – in seinem *Verona*-Gedicht, daß »inmitten der Dinge die Trauer« herrscht. All diese Lyriker verschmähen so etwas wie religiösen Trost und Jenseitsgewißheit, das Irdische ist das Ganze – darüber hinaus ist Schweigen, Leere, Verstummen. Bei Huchel kam von Anfang an ein schwerer, brütender Ernst hinzu, der Wille, das Leben ohne Beschönigung zu sehen und zu gestalten; dazu ein Pessimismus angesichts des Geschichtsverlaufs, den man abgründig nennen darf. (Im vorletzten Band hieß es: »Die Öde wird Geschichte / Termiten schreiben sie / mit ihren Zangen / in den Sand.«)

Darf man bei Peter Huchel – und den anderen »Naturlyrikern« – von einem gewissen Mangel an Spiritualität sprechen? Nur zögernd versucht man auf diese Frage eine Antwort. Gewiß, Huchel gestaltet die irdischen Dinge, aber indem er sie gestaltet und sie im immateriellen Wort wiedererstehen läßt, ist er Künstler und hat teil an der Sphäre des Geistes. Aufschlußreich dennoch, daß es in dem bereits erwähnten Gedicht *Der Ammoniter* heißt: »brannte Urnen jeden Tag / die ich abends vor der Sonne / am Felsen zerschlug« – daß also für das künstlerische Schaffen das Tun eines Töpfers steht. Darin verrät sich ein tiefes Verlangen nach Konkretheit: auch das Werk des Künstlers soll konkret sein bis hin zum Material, das er gestaltet.

Umgekehrt wird von Huchel das Irdische vergeistigt, so, wenn er früher vom »Geist der Steine« gesprochen und die Erde den »Leib des Herrn« genannt hat. Was aber bei diesem Dichter völlig zu fehlen scheint, ihn wohl auch nicht interessiert, ist die Sphäre des freischwebenden, auch des spielerischen Geistes. Sein Gedicht – das war schon anläßlich seines vorletzten Bandes zu sagen – war immer dinglich wie die Erde selber, aber zuweilen hat man doch den Eindruck, als sei diese Dinglichkeit im Gedicht etwas gerade noch Mögliches, abgewonnen dem Schweigen – und abgetrotzt einer Welt, die immer unsinnlicher wird: »Ich, der Nachzügler, / der einst / Geschmeide wie Ähren auflas ...«

Es mag damit auch zusammenhängen, daß Peter Huchel seit langem gerne mythische Muster und Motive wählt, antike Figuren, durch die er spricht: also eine Frühe des Geistes bevorzugt, da Abstraktes noch nicht die Gestalt verdrängt und ersetzt hat. Auch sein langes Festhalten an das in der Kindheit erfahrene Land hat hier seinen Grund – in der Kindheit sprechen noch die Dinge, und die Welt ist dicht mit ihnen angefüllt. Auch in dem neuen Band kehrt Huchel in einigen Gedichten noch einmal ins heimatliche Land zurück. Aber es ist nicht mehr dieselbe Welt – bezeichnenderweise ist eines dieser Gedichte *Entzauberung* überschrieben: Der verfemte König der Zigeuner lebt nur noch im Gedächtnis, »in Wahrheit / zog Itau, der Zigeuner, / im hellen Juli / durchs Bischofslila der Disteln / für immer fort«.

»Entzauberung« könnte wie über diesem Gedicht über vielen Arbeiten dieses Bandes stehen. Die Herrlichkeit der Welt ist verschwunden und ist nur als gewußte, als verschollene gegenwärtig, »Das Einhorn ging fort / und ruht im Gedächtnis der Wälder«.

Völlig verschwunden ist übrigens in diesem Band auch der Reim, den jedenfalls der frühe Huchel noch liebte. Jetzt findet sich nur noch ein einziger, und in diesen Versen wird bezeichnenderweise die »Stimmigkeit« dementiert: »Gerechtigkeit und Nachsicht / gab es auf dieser Erde nicht« (heißt es im ersten Gedicht des Zyklus *Der Ketzer aus Padua*, und man darf annehmen, daß diese Feststellung auch Peter Huchel unterschreibt).

Verzweifelte, bittere und düstere, vom Tod umwitterte Gedichte also, gewiß. Aber auch und dennoch männlich-kraftvolle Verse, magistrale Arbeiten eines großen Dichters – man spürt fast hinter jedem Vers den geballten Ernst einer dichterischen Existenz, die sich immer aller nur artistischen Spielerei und jeder Versbastelei verweigert hat. Eine »Botschaft« hat Peter Huchel für den Leser nicht, auch kein politisches Programm – verglichen mit dem vorletzten Band *Gezählte Tage*, in dem noch von den Tagen der Verfemung in der DDR die Rede war, fehlt jetzt die politisch-gesellschaftliche Sphäre fast völlig. Es herrscht »Friede« – so der Titel eines kleinen Gedichts –, aber es ist wesentlich ein Friede der Natur, nachdem die Schlachten geschlagen sind und die Ernte eingebracht ist:

Zugzeiten der Vögel.
In den stachligen
Grannen gedroschener Ähren
wohnt noch die milde Leere des Sommers.
In den Schießscharten des Wasserturms
wuchert das Gras.

V

Einzelinterpretationen

Hans Mayer

Zu Gedichten von Peter Huchel

1. *An taube Ohren der Geschlechter*

Es war ein Land mit hundert Brunnen.
Nehmt für zwei Wochen Wasser mit.
Der Weg ist leer, der Baum verbrannt.
Die Öde saugt den Atem aus.
Die Stimme wird zu Sand
Und wirbelt hoch und stützt den Himmel
Mit einer Säule, die zerstäubt.

Nach Meilen noch ein toter Fluß.
Die Tage schweifen durch das Röhricht
Und reißen Wolle aus den schwarzen Kerzen.
Und eine Haut aus Grünspan schließt
Das Wasserloch,
Als faule Kupfer dort im Schlamm.

Denk an die Lampe
Im golddurchwirkten Zelt des jungen Afrikanus:
Er ließ ihr Öl nicht länger brennen,
Denn Feuer wütete genug,
Die siebzehn Nächte zu erhellen.

Polybios berichtet von den Tränen,
Die Scipio verbarg im Rauch der Stadt.
Dann schnitt der Pflug
Durch Asche, Bein und Schutt.
Und der es aufschrieb, gab die Klage
An taube Ohren der Geschlechter.

Die Schlußzeile des Gedichts dient gleichzeitig als Überschrift. Der unselbständige Satzabschluß erhält durch solche Überschriftsform die volle Selbständigkeit eines geschichtlichen Urteils. Zwischen Überschrift und Schlußzeile wird das Gedicht unerbittlich eingefaßt. Wenn irgendeines, so ist dies hier ein statisches Gedicht. Die Form hat dem Inhalt zu entsprechen, denn es handelt sich um geschichtliche Statik.

Dabei scheint es zunächst, beginnt einer zu lesen, so auszusehen, als werde die poetische Substanz durch ein Spiel dialektischer Gegensätze bestimmt. Imperfekt und Imperativ stehen in den ersten

Verszeilen hart gegeneinander. Das Imperfekt als Prinzip des ewigen ›Es war einmal‹ berichtet vom Land mit den hundert Brunnen. Der Imperativ eines Sprechers aus der Gegenwart bittet, bei einem Besuch von zwei Wochen an den Trinkwasservorrat zu denken: wie bei einer Expedition in verseuchtes Gebiet. So also scheint es zu stehen mit dem Land der hundert Brunnen. Nun wechselt der Blick. Es ist der Blick des Wanderers, wie so oft in Peter Huchels Gedichten. Einer ist unterwegs im Land der versiegten Brunnen. Gehäufte Bilder der Wüstenhaftigkeit: alle schmucklos dargeboten. Auch die menschliche Stimme dringt nicht zu irgendeinem Adressaten empor. Sie fällt zurück wie eine Sandsäule. Taube Ohren des Himmels.

Der Wanderer sieht. Nichts Menschliches. Keine Trümmer und Ruinen. Aber: der tote Fluß. Die Rohrkolben als ein Sumpf- und Ufergewächs. Wolle tritt hervor aus den schwarzen Kolben. Das scheint der einzige Vorgang von Leben zu sein, den der Wanderer wahrzunehmen vermag. Sonst nur Versiegen, Verfaulen, Grünspan und Schlamm.

Erinnerung des Wanderers. Peter Huchels Gedichte haben meist einen geheimen Partner, dem sie vorgesprochen und zugedacht wurden. Dies hier ist ein Gedicht des Wanderers an sich selbst. »Denk an die Lampe / Im golddurchwirkten Zelt des jungen Afrikanus«. Eine Erinnerung und ein Memento. Erinnerung an die Lektüre des Polybios, der Freund und Lehrer des Scipio Afrikanus war und mitzog in den Dritten Punischen Krieg, welcher mit Karthagos Zerstörung endete. Die brennende Stadt bot Helligkeit genug für das Zelt des Afrikanus. Es bedurfte der Lampe in dieser Zeit nicht mehr. Eine Erinnerung und ein Memento. Das Land mit den – einstmals – hundert Brunnen war dem Karthago-Schicksal anheimgefallen.

Die letzte Strophe ist deutlich vom bisherigen Gang des Gedichts abgetrennt. Dies ist nun eine Moral von der Geschichte, wenngleich sie offenbar bloß darin besteht, daß bisher keine moralische Nutzanwendung aus Vorgängen solcher Art gezogen wurde. Der Dichter spricht: diesmal nicht als Wanderer. Die Quelle wird angegeben: Polybios. Die Anspielung durch Nennung des »jungen Afrikanus« wird für eine bildungslose Gegenwart verdeutlicht. Es handelt sich um Scipio, den Zerstörer Karthagos. Der Stadtname freilich fällt nicht. Von einer Stadt allein ist die Rede, denn es handelt sich nicht bloß um das einstige Karthago, sondern um die wiederkehrende Situation eines zu zerstörenden und dann auch wirklich zerstörten Karthago. In seiner Schlußphase ist das Gedicht bloß noch Moral ohne Moral. Karthago wurde zerstört. Polybios schrieb auf, was er damals sah, und gab die Kunde weiter, die Kunde und die Klage, »an taube Ohren der Geschlechter«. Ständige Wiederkehr des Karthago-Themas. Auch das Land mit hundert Brunnen war einstmals lebendig und hybride wie die Hauptstadt der Punier. Dies ist offenbar ein Gedicht, worin die Zukunft ausgespart wurde. Vergangenheit und Gegenwart durchdringen einander, Imperfekt und Imperativ wurden zur Gleichzeitigkeit gezwungen. Der Wanderer durchstreift eine Gegenwart, die eigentlich keine mehr ist, sondern bloß noch Vergangenheit und Vorvergangenheit darzubieten vermag; deren Anblick gleichzeitig an die hundert Brunnen von einst und den Untergang Karthagos erinnert. Neues Leben, wo die Brunnen wieder fließen werden? Durchaus möglich. Auch Karthago wurde an etwas abgelegener Stelle des Meerbusens wieder aufgebaut und entwickelte sich zu einer blühenden römischen Metropole, die dann wieder in Trümmer gelegt werden sollte. Der Wanderer von heute fährt im Autobus von den Ruinen des phönizischen zu jenen des römischen Karthago. Taube Ohren der Geschlechter.

2. *Der Garten des Theophrast*

Meinem Sohn

Wenn mittags das weiße Feuer
Der Verse über den Urnen tanzt,
Gedenke, mein Sohn. Gedenke derer,
Die einst Gespräche wie Bäume gepflanzt.
Tot ist der Garten, mein Atem wird schwerer,
Bewahre die Stunde, hier ging Theophrast,
Mit Eichenlohe zu düngen den Boden,
Die wunde Rinde zu binden mit Bast.
Ein Ölbaum spaltet das mürbe Gemäuer
Und ist noch Stimme im heißen Staub.
Sie gaben Befehl, die Wurzel zu roden.
Es sinkt dein Licht, schutzloses Laub.

Ein Gedicht von der Tradition. An der Form läßt sich erkennen, was zur Sache gehören soll. Dies ist moderne Spruchdichtung. Die Dichter der griechischen und römischen Antike pflegten ihre schwer gewonnene Lebenserfahrung (wenn sie besonders hart erkauft worden war, bezeichnete man sie als Weisheit) in solchen Sprüchen, Exhortationen, Lebensmaximen zusammenzufassen. Sie wurden seit der Renaissance gesammelt – Erasmus von Rotterdam ging auch hier mit der antiken Spruch- und Sprichwörtersammlung seiner *Adagia* voran – und halfen mit, die Lebensphilosophie und Spruchweisheit einer heraufziehenden bürgerlichen Ära zu formen: Bacon und die großen französischen Moralisten, Lichtenberg, Goethes *Maximen und Reflexionen,* als Ausklang noch Schopenhauers *Aphorismen zur Lebensweisheit.* Bis Nietzsche, ein klassischer Philologe, alledem ein Ende machte.

Dies ist eine Spruchdichtung, die weiß und sagt, es sei nun zu Ende. Sie bekennt sich zu einer Tradtion, die nicht mehr als aktuell und wirkungsmächtig empfunden wird. Der heutige Spruchdichter (das Gedicht wurde zuerst am Jahresende 1962 veröffentlicht) hält es mit Cato, der sich zur besiegten Sache bekannte. Die Weisheit dieses Gedichts scheint nicht mehr als Maxime einer allgemeinen Lebensweisheit zu taugen. So soll sie wenigstens für einen Einzigen noch einmal fruchtbar werden. Die Spruchdichtung hat einen Adressaten: den Sohn. Die dritte Verszeile bereits nennt ihn, sie redet ihn an. Auch der Vater stellt sich selbst ins Gedicht: mit allem Leid und aller Erfahrung. »Mein Atem wird schwerer«. Das Gedicht soll Spruchweisheit geben, ist aber gleichzeitig auch als Vermächtnis aufzufassen. Die Form betont durch Wahl der Spruchgattung und sorgfältige Reimtechnik die Beziehung zur poetischen Überlieferung; auch die Sache erstrebt – wenigstens im einzelnen Fall des Adressaten – Aktualität aus gelebtem Heute und erlebter Tradition.

Der Sohn scheint nur die Natur zu kennen. Er soll auch Geschichte erfahren, um zu lernen, daß alle Natur gleichzeitig ein geschichtliches Gebilde darstellt.

Der Botaniker Theophrast ist gemeint: der berühmteste und vom Meister als authentisch empfundene Schüler des Aristoteles. Theophrast gab die erste systematische Darstellung der Pflanzenkunde, die seit der Antike als vorbildhaft empfunden wurde und alle spätere botanische Forschung inspirierte. Jeder Garten ist daher heute zugleich ein Garten des Theophrast. Ein geheimer Nebensinn klingt an, wenn der Name des großen Aristotelikers fällt. Theophrast schrieb auch – als vielleicht berühmteste Arbeit – eine Folge der Charaktere, also von Studien zur Psychologie, Charakterologie, zur Lebenskunde. Abermals begründete er damit eine gewaltige Tradition europäischer Lebensweisheit: von den ›Charakteren‹ des La Bruyère bis zu den ›Charakteristiken‹ der deutschen Romantiker. Wie jeder Garten heute ein Garten des Theophrast ist, so ist alle Spruchweisheit, also auch dies Gedicht hier, bereits bei Theophrast vorgebildet. Alles Sein ist in jedem Augenblick zugleich ein Gewesensein. Wer auf Überlieferung hört, lernt das bald, schon in jungen Jahren. Das Ergebnis solcher Lehre nennt man Bildung.

Dies Spruchgedicht ist gebildete Dichtung. Keine Zeile und kein Bild, die nicht mit der Gleichzeitigkeit des Einst und Heute, des Beginns und Ausklangs zu tun hätten. Der südliche Garten mit den Mauerresten, dem ›mürben Gemäuer‹, und dem immer noch lebendigen Ölbaum dazwischen bietet eine reale Szenerie, die gleichzeitig ist und bedeutet. Der Garten im Mittagslicht scheint bloß noch vom Gewesensein zu künden, aber der Dichter erlebt ihn dennoch als Gleichzeitigkeit aus Natur und Geschichte. Antike Graburnen, aber sie erwecken die Erinnerung an Verse, die einst vor ihnen gesprochen wurden, an Gespräche der umherwandelnden Peripatetiker im Garten des Theophrast, Schülers des Aristoteles. Da er einmal ein Garten des Theophrast war, bleibt er es für die Dauer. Der Sohn möge also mehr als Botanik und Ruinen an dieser Stätte erblicken. Dazu möchte ihn der Dichterspruch anhalten.

Noch lebt der heilige Ölbaum der Pallas Athene in der Ruinenlandschaft. Noch ist da Geist und Ehrfurcht vor dem Herkommen und ein letzter Hinweis auf die geprägte Form von einst. Solange der Ölbaum lebt, ist dieser Garten immer noch in der Dauer: als ein Garten des Theophrast. In der Dauer? »Sie gaben Befehl, die Wurzel zu roden.« Was dann bleibt? Die Erinnerung dessen, der gesehen hat und gedenken soll. Solange aber noch Gedenken ist, gibt es auch noch Tradition. In den Gärten von Bordeaux und in der Einsamkeit entstand ein Gedicht Hölderlins, dem er die Überschrift *Andenken* gab. Auch dieser Spruch Peter Huchels über den Garten des Theophrast könnte den gleichen geheimen Untertitel tragen: Andenken. Und die Schlußzeile Hölderlins ist, trotz allem, hier abermals gemeint.

3. *Widmung für Hans Henny Jahnn*

Singende Öde am Fluß: wer rief?
Da mit dem rudernden Fuß des Schwans

Die Nacht nun über dem Wasser naht,
Gehn Feuer dunkel hinab den Pfad,
Wo einmal der Knabe, im Schatten des Kahns,
Den Mittag neben den Netzen verschlief.

Wer aber wollte, wenn eisige Ferne weht,
Mit ihnen am Hügel dort oben nicht leben,
Die melken und pflügen
Und richten Gemäuer
Und Balken an Balken sicher fügen?
Wo sich das wasserhebende Windrad dreht,
Wohnen sie nahe am Korn. Ihr Tagwerk ist gut.
Dich aber rief es, aus feuer-
Brennender Tiefe zu heben
Die leicht erlöschende, ruhlose Glut.

Das Gedicht wurde zuerst, in abweichender Fassung, im Jahre 1954 veröffentlicht. Fünf Jahre später, am 18. Dezember 1959, hielt Peter Huchel in der Ostberliner Akademie der Künste eine Gedenkrede auf den wenige Wochen vorher verstorbenen Hamburger Freund. Da sagte er in Prosa, was auch Substanz des Widmungsgedichtes auf Hans Henny Jahnn gewesen war. Sein Gedicht war nämlich nicht als poetisches Bildnis gedacht, sondern als Zuruf; hier galt kein Rühmen, eher ein Warnen. »Wir alle, die wir ihn kannten, haben in den letzten Jahren mit Bestürzung, ja oft mit Angst sein rastloses Leben verfolgt.« Darauf dann: »Und manchmal schien es, als sei er verurteilt, sich selber den Boden, den er eben gewonnen hatte, unter den Füßen wegzureißen.« Vor allem aber: »Den unverfälschten Menschen sichtbar zu machen, den Menschen, in dem sich Geist und Sinne innig verbinden – ein heidnisches Ethos, wenn man will –, das ist für mich der Urgrund seiner dichterischen Potenz.«

So meinte es auch das Freundesgedicht des Dichters Peter Huchel für den Dichter Hans Henny Jahnn. Auf dem Prinzip der Zweiheit ist alles aufgebaut. Zwei Strophen von ungleicher Länge bilden die poetische Gestalt. Eine subtile Reimtechnik sorgt dafür, daß kaum einmal die zueinanderstrebenden Reimworte so nahe beieinander stehen, daß ein auch dem Ohr beim ersten Anhören wahrnehmbarer Zusammenklang offenbar würde. Keine Zeile in diesem Gedicht, deren Ende nicht auf eine andere Verszeile wiese, die sich im Reim zu ihr bekennt. Hier wird der Reim in der Tat, im Sinne der berühmten Lehre von Karl Kraus, als jene Stelle verstanden, wo zwei Gedanken miteinander im Einverständnis sind. Ein Zusammenstreben aus der Ferne kennzeichnet das ganze Gedicht. Die eröffnende erste Zeile ruft die letzte der gleichen Strophe auf. Die erst antwortet mit dem Reimwort. Das Einverständnis ist hergestellt, aber der Reim selbst verbrauchte sich in diesem hergestellten Einverständnis. Von nun an taucht er in der zweiten Strophe nicht mehr auf.

Die Reimtechnik des Gedichts ist Ausdruck einer Dichterbegegnung. Einverständnis der Dichter Huchel und Jahnn. Aber auch Warnung des Freundes an den Freund. Ein Gedicht der Zweiheit, das als scheinbare Identität und Identifizierung in der ersten Strophe beginnt, um erst in der zweiten, gleichsam aufklärenden Strophe die Dualität zweier Dichter zu offenbaren.

Die erste Strophe ist abendliche Szene am Fluß. Dies ist eine Welt und Szenerie, wie man sie aus Huchels Gedichten kennt: gleichzeitig erschaute Gegenwart und Landschaft der Erinnerung. Die Nacht lagert über dem Wasser, der Pfad vom Fluß hinauf zum Hügel wird schon vom Abendnebel bedeckt, der Sprechende aber, der den Anruf empfing und nun zurückfragt, weilt immer noch am Flußufer, wie einst in der Knabenzeit, da er an der gleichen Stelle neben den Netzen schlief. Netze und Reusen sind wichtig in Peter Huchels genauer Dichtung der Flüsse und Seen. Der Weg vom Fluß zum Hügel hinauf gleicht dem »Heuweg der Kindheit« in einem anderen, viel früher entstandenen Gedicht dieses selben Dichters.

Abendszene am Flußufer. Für den einen der beiden Poeten ist dies sowohl Gegenwart wie gelebte Kindheit. Auch für den anderen, für jenen also, dem diese Verse gewidmet wurden? Man möchte es meinen. Hans Henny Jahnns große, Fragment gebliebene Romantrilogie trägt den Titel *Fluß ohne Ufer*. Gelegentlich gibt es auch bei Jahnn solche Szenen am Wasser, aber das Meer ist ihm wichtiger und das Hochgebirge. In den Romanen *Perrudja* und *Fluß ohne Ufer* sind die extremen Landschaften beherrschend: Ozean und einsame Bergwelt, nicht die sanfteren Gestade eines Flusses. Der Titel der Romantrilogie meint den Zeitstrom, die Lebenswellen, das epische Fließen. Fluß ohne Ufer, während in Huchels Gedicht der Fluß vom Ufer her gesehen wird. Die scheinbar gemeinsame Szene läßt die Verschiedenheit der beiden Dichter erkennen.

Davon spricht die zweite und abschließende Strophe. Der Blick vom Fluß zum Hügel hinauf. Dort wohnen Menschen, die im Einklang mit der Natur leben. Melker und Ackerknechte, Maurer und Müller, die wir aus den Romanen Hans Henny Jahnns kennen oder aus einem für den Dramatiker Jahnn so wichtigen Stück wie der Geschichte des Bauern Manso Vinje, der, um es mit Jahnns Worten zu sagen, »ein guter Mann war, fleißig und zuverlässig. Der sein Vieh ordentlich hielt und die unfruchtbaren Steinberge seiner Heimat liebte«. Das Drama dieses Bauern war von Jahnn zehn Jahre vor Huchels Gedicht gestaltet worden. Es trug den Titel *Armut, Reichtum, Mensch und Tier.* Wie in Huchels Gedicht, so blickte Jahnn von jeher zu denen hinauf, die oben am Hügel wohnten, ihr Tagwerk kannten, und deren Tagwerk gut war. Er blickte zu ihnen hinauf. Besonders dann, wenn eisige Ferne wehte. Die Eiseskälte, die stets um den Dichter ist. Jahnn selbst sprach davon als von der »Spur des dunklen Engels«. Peter Huchel griff dieses Bild in seiner Totenrede auf. Plötzlich enthüllt sich die zweite Strophe des Widmungsgedichts als Darstellung einer Wunschlandschaft, die durch strenge Trennung des Betrachters vom Betrachtenden zustande kommt und die ihrerseits Entfremdung bedeutet. Der hier vom abendlichen Fluß zum Hügel hinaufschaut, weiß insgeheim, daß er diesen Weg hinauf zu den Menschen mit gutem Tagwerk niemals gehen kann und gehen wird. Auch dann nicht, gerade dann nicht, wenn eisige Ferne weht und der dunkle Engel wieder einmal rief, denn er war es, der gerufen hat.

So stand es um Hans Henny Jahnn, den Menschen und Dichter. Der Freund hatte es erkannt. Die letzten drei Zeilen fassen alles zusammen: die scheinbare Identität und die wirkliche Entfremdung. Der Anruf mit dem Worte »Dich« und dem Wörtchen »aber«, das den Gegensatz zwischen Wunschlandschaft und wirklicher dichterischer Existenz betonen soll, möchte der künstlerischen Selbstbesinnung im Freunde dienen. Sein Weg geht nicht hinauf zum Hügel, sondern hinab in die Tiefe einer Kraterlandschaft. Sein Tagwerk wäre nicht gut, wollte er oben am Hügel leben. Auch am Fluß kann er nicht bleiben. Denn auch dies ist nicht seine Landschaft, während es Landschaft des Freundes, des anderen Dichters, zu sein vermochte. Jahnns Welt – so wie Peter Huchel sie im Gedicht versteht – ist nicht gesicherter Ablauf des Landmanns und Viehzüchters, wenngleich sich Jahnn als Pferdezüchter und Hormonforscher immer wieder diesen Lebensformen überließ, sondern eine vormenschliche, urtümliche, ungeheure Welt. Das Gedicht endet als eine poetische Wesensbestimmung, damit sich der Freund von allen Utopien und Nebenplänen freimache zugunsten seiner wirklichen Bestimmung, der dichterischen nämlich. Wie hieß es zwei Jahre später in Peter Huchels Gedenkrede? »Die Vielseitigkeit seiner Unternehmungen wurde ihm oft zum Fallstrick.« Das Gedicht war als Zuspruch des Freundes gedacht. Jahnn hat seiner nicht geachtet. Er konnte es wohl auch nicht.

4. *Winterpsalm*

Für Hans Mayer

Da ich ging bei träger Kälte des Himmels
Und ging hinab die Straße zum Fluß,
Sah ich die Mulde im Schnee,
Wo nachts der Wind
Mit flacher Schulter gelegen.
Seine gebrechliche Stimme,
In den erstarrten Ästen oben,
Stieß sich am Trugbild weißer Luft:
»Alles Verscharrte blickt mich an.
Soll ich es heben aus dem Staub
Und zeigen dem Richter? Ich schweige.
Ich will nicht Zeuge sein.«
Sein Flüstern erlosch,
Von keiner Flamme genährt.

Wohin du stürzt, o Seele,
Nicht weiß es die Nacht. Denn da ist nichts
Als vieler Wesen stumme Angst.
Der Zeuge tritt hervor. Es ist das Licht.

Ich stand auf der Brücke,
Allein vor der trägen Kälte des Himmels.
Atmet noch schwach,
Durch die Kehle des Schilfrohrs,
Der vereiste Fluß?

Zuerst las man ihn in dem – je nach Standpunkt – berühmt-berüchtigten Abschiedsheft der Zeitschrift ›Sinn und Form‹. Abschiedsheft insofern, als Peter Huchel zu Ende des Jahres 1962 die Leitung der von ihm gegründeten und vierzehn Jahre lang redigierten Revue abzugeben hatte. Diese Vorgänge gehören zur Substanz des *Winterpsalm* betitelten Gedichts.

Eisige Luft weht durch drei Strophen. Die fast dreihundert Seiten des Abschiedsbandes boten mancherlei Anlaß für Musenpolizisten, zornig zu werden und noch im nachhinein darüber Befriedigung zu empfinden, daß es mit solcher Art Treiben nun zu Ende sei. Aber der *Winterpsalm* traf sie – merkwürdigerweise – am meisten: mehr noch als Reden von Sartre und Aragon, Gedichte von Eich und Celan, weit mehr sogar noch als Brechts nachgelassene *Rede über die Widerstandskraft der Vernunft*. Dabei könnte ein Satz aus dieser Rede als Motto dienen zu Huchels Wintergedicht: »Tatsächlich kann das menschliche Denkvermögen in erstaunlicher Weise beschädigt werden. Dies gilt für die Vernunft der einzelnen wie der ganzer Klassen und Völker.«

Ein Gedicht über beschädigte Vernunft. Beschädigte, aber noch nicht zerstörte Ratio. Ein Gedicht der Verwundung, und ein verwundetes Gedicht. Der Ausgang bleibt ungewiß. Am Ende steht die Frage. Drei Strophen, die – scheinbar – ganz verschiedenen Gattungsbereichen angehören: Bericht, Meditation, Rückkehr zum Bericht und jäher Übergang zur Schlußfrage, die eine Öffnung bedeutet. Ob zum Leben hin oder zu tödlichem Verstummen, wird hier nicht ausgemacht.

Winter und Psalm sind in ungewohnter Verbindung zusammengefügt. Der Winter ist ein Zustand der Hoffnung fast allen Poeten aus einst und auch noch jetzt. »Es muß doch Frühling werden . . .« Die meisten Dichter dachten darüber wie Asmus. Die Psalmen wiederum waren ihrer Grundprägung nach Anrufungen aus der Tiefe, die sicher zu sein glaubten, den Adressaten in der Höhe erreichen zu können. Huchels *Winterpsalm* spricht vom Winter ganz ohne Frühlingssehnsucht, und sein Psalm entbehrt des Glaubens. Einen anderen Psalm stellt Peter Huchel 1963 an den Schluß des Gedichtbandes *Chausseen Chausseen*. Der Titel deutet auf endlose Wanderschaft ohne Ziel. Die Schlußzeilen des Schlußpsalms bestätigen, daß zur richtungslosen Unendlichkeit des Raums die entsprechende Unendlichkeit der Zeit gehöre:

Und nicht erforscht wird werden
Ein Geschlecht
Eifrig bemüht,
Sich zu vernichten.

Bei Gottfried Benn hieß eine letzte Gedichtzeile, kaum zehn Jahre vor dem *Winterpsalm* niedergeschrieben, »Sela, Psalmenende«.

Dennoch wird die Hoffnung nicht ausgespart. In Peter Huchels

Gedicht *Der Garten des Theophrast*, dem Ergänzungsgedicht zum *Winterpsalm*, ihm zugehörig wie der Süden zum Norden und die Sommersonne zur winterlichen Vereisung, steht – verwundet, bereits verurteilt, aber noch lebendig – der Ölbaum in den Trümmern »und ist noch Stimme im heißen Staub«. Im *Winterpsalm* entspricht ihm die vom Wind freigelegte Mulde im Schnee. Was aber vermag die Mulde in der allgemeinen Vereisung? Der Wind kann ihr nicht helfen. Der Dichter hat die natürlichen Vorgänge umgestellt. Nicht Wind ernährt die Flamme, sondern die Flamme vermöchte ihn zum Sprechen zu bringen. Man kann ihn hören, solange die Flamme ihn zum Erklingen bringt. Allein da ist keine Flamme. Der Gehende im Winter, der die Mulde fand, bleibt stehen. Die Meditation als Fortsetzung des Berichts. Wer vermag in der Winterlandschaft noch Stimme zu sein, so wie der Ölbaum es war im Garten des Theophrast? Der Wind kann nichts bewirken. Auch die Nacht nicht, »denn da ist nichts als vieler Wesen stumme Angst«. Das Licht allein kann Zeugnis ablegen. Aber da ist kein Licht.

Die Straße führt hinab zum Fluß, vorbei an der Mulde. Hier ist nun die Brücke. Träge Kälte, Windlosigkeit, Lichtlosigkeit. Der Fluß ist vereist. Aber dort beim Schilfrohr scheint noch nicht alles zugefroren zu sein. Da fließt noch etwas, ist noch Bewegung, atmet er noch, der Fluß. Es ist, gleichsam, die Mulde im Fluß. Noch ein Stückchen Erde, das vom Winter nicht zugedeckt wurde. Noch ein bißchen Bewegung im Wasser, während ringsum sonst alles vom Eise bedeckt wurde. Er atmet noch, der Fluß. Atmet er noch?

Axel Vieregg
Ein Gedicht nach Auschwitz
Peter Huchels »Der Ammoniter«

Im Verlauf einer Korrespondenz, die sich aus der Beschäftigung mit dem Werk Peter Huchels ergab, schickte Huchel dem Verfasser dieses Artikels am 3. Januar 1974 einige bis dahin unveröffentlichte Gedichte. Unter ihnen befand sich eine von Huchel mit erklärenden Fußnoten versehene Abschrift des Gedichtes *Der Ammoniter.* Das Gedicht erschien dann zuerst in ›Jahresring‹ 74–75 und wurde später in Huchels letzten Gedichtband *Die neunte Stunde* aufgenommen.[1] Hier die Abschrift mit Huchels Anmerkungen:

Der Ammoniter
1. Überdrüssig der Götter und ihrer Feuer
lebte ich ohne Gesetz
in der Senke des Tales Hinnom.
2. Mich verließen die alten Begleiter,
das Gleichgeweicht von Erde und Himmel,
3. nur der Widder, die Moderhinke
schleifend über die Sterne, blieb mir treu.
Unter seinem Gehörn aus Stein,
das rauchlos glänzte, schlief ich nachts,
4. brannte Urnen jeden Tag,
die ich abends vor der Sonne
am Felsen zerschlug.
5. Nicht sah ich in den Zedern
die Katzendämmerung, den Aufflug des Vogels,
die Herrlichkeit des Wassers,
das über meine Arme rann,
wenn ich im Bottich schlämmte den Ton.
Der Geruch des Todes machte mich blind.

Meine (Huchels) Definition:
1. Moloch, Feueraltar im Tal Hinnom.
2. »alte Begleiter« = Sternbilder, Götter, Magier, Priester u. s. w.
3. selbst der Widder ist vom Rauch der Geopferten krank, darum Moderhinke (Stoppelhinke); nur das Gehörn, »das rauchlos glänzt«, ist noch intakt.

4. Verzweiflung, Trauer, Sinnlosigkeit des Lebens.
5. »Der Geruch des Todes« – Auschwitz – macht die Herrlichkeit der Schöpfung zunichte.[2]

Im beigefügten Brief schrieb Huchel, eine Frage nach der Interessenwelt seiner jungen Jahre beantwortend: (Ernst) »Bloch war mein väterlicher Freund, und im Berliner Goldberg-Kreis – *Die Wirklichkeit der Hebräer* – war ich ein Jahr lang der Schabbesgoi«, also der Nicht-Jude, der am Sabbat für den orthodoxen Juden die diesem verbotenen Arbeiten verrichtet. Gemeint ist Oskar Goldberg, dessen 1925 im jüdischen David Verlag in Berlin erschienenes Buch *Die Wirklichkeit der Hebräer* eine philosophisch-theologische Deutung der Geschichte des jüdischen Volkes bringt. Huchel – so ist nun die These dieses Artikels – versucht, in der Gestalt des ›Ammoniters‹ Schuld und Sühne – ›Auschwitz‹ – zu benennen, indem er das Verhältnis des deutschen zum jüdischen Volk in der Brechung seiner eigenen Erfahrung reflektiert: als Dichter wie auch als einer, der der Welt des versunkenen Berliner Judentums nahegestanden hat; er projiziert seine und der Deutschen Vergangenheit in eine alttestamentliche Szenerie, die diese Vergangenheit in ein Bild faßt und verdeutlicht und zwar am Beispiel des Verhältnisses der Ammoniter zu den Israeliten.

Schon im Titel ist die Kontraktion der alttestamentlichen und der Welt Huchels vollzogen: »Ammoniter« meint sowohl den Angehörigen des dem israelitischen eng verwandten, aber stets verfeindeten Volkes der Ammoniter, als auch den, der unter dem Zeichen des Ammoniten steht, des Ammonshorns, jenes jurassischen Fossils, das wegen seines Aussehens den Namen von dem mit Widderhörnern dargestellten ägyptischen Gott Ammon erhielt. Im Gedicht erscheinen das versteinerte Fossil sowie – als Tierkreiszeichen – der Widder, der ihm den Namen gab:

> nur der Widder, die Moderhinke
> schleifend über die Sterne, blieb mir treu.
> Unter seinem Gehörn aus Stein,
> das rauchlos glänzte, schlief ich nachts.

Der Widder aber ist das Tierkreiszeichen, unter dem Huchel an einem 3. April geboren ist. In einem Gespräch mit dem Verfasser nannte Huchel daher den in seinen Gedichten häufig erscheinenden Widder als das Zeichen, mit dem er auf seine eigene Person weist.[3]

Der Vielzahl der Anspielungen und Verbindungen, die sich aus der Wahl des Titels ergibt, der im Tempus Gegenwärtiges mit Entferntem und Entferntestem, im Modus aber Biographie und Rolle vereint, läßt sich, wie immer bei Huchels hermetisch erscheinender Schreibweise, bis in Einzelheiten hinein nachgehen. Dies ist eine spannende, mühevolle Leseübung, die von Huchel, den ästhetischen Genuß an der Geballtheit des Ausdrucks um das *prodesse* ergänzend, als Leitfaden für einen Lernprozeß angelegt ist. Gefordert wird zunächst, wie bei vielen Gedichten Huchels, eine gründliche Lektüre des Alten Testaments; dem Ungeübteren hilft eine Bibel-Konkordanz.

Die Ammoniter werden zuerst erwähnt in Genesis, Kapitel neunzehn – Auszug Lots und Zerstörung von Sodom und Gomorrha. Aus der blutschänderischen Verbindung der Töchter Lots mit ihrem Vater werden zwei Söhne gezeugt:

Und die ältere gebar einen Sohn, den hieß sie Moab.
Von dem kommen her die Moabiter bis auf den heutigen Tag.

Und die jüngere gebar auch einen Sohn, den hieß sie das Kind
Ammi. Von dem kommen die Kinder Ammon bis auf den heutigen Tag.
(19, 37–38)

Lot war der Neffe Abrahams; durch seine Fürbitte bei Gott hatte Abraham Lot vor der Vernichtung in Sodom gerettet. Lots Nachkommen, die Ammoniter, waren daher nicht nur eng mit den Israeliten verwandt, sie waren auch deren Stammvater zu besonderem Dank verpflichtet. Die Bibel beschreibt sie daher anfänglich, wie auch die Moabiter, als freundschaftlich mit den Israeliten verbundenes und von Gott begünstigtes Brudervolk. So befiehlt Gott Mose:

Und wirst nahekommen gegen die Kinder Ammon; denen sollst du
nicht Schaden tun noch sie bekriegen; denn ich will dir des
Landes der Kinder Ammon nichts zu besitzen geben, denn ich habe
es den Kindern Lot zu besitzen gegeben. (5. Mose 2, 19)

Bald aber werden aus enger Verbundenheit Haß und Verfolgung, aus der Gunst Gottes werden Zorn und Rache. Die jüdische Bibelexegese, besonders der Midrasch Rabbah[4], mit dem der Schabbesgoi Huchel bekannt geworden sein dürfte, führt vier feindliche Akte der Ammoniter auf, die das Verhältnis zwischen ihnen und den Israeliten zerstörten und Gottes Strafgericht über sie brachten:

1. Sie versuchten, mit Hilfes des Propheten Bileam, das Volk Israel zu verfluchen und zu verderben:

   Und es ward zu der Zeit gelesen das Buch Mose vor den Ohren des Volks; und es ward gefunden darin geschrieben, daß die Ammoniter und Moabiter sollen nimmermehr in die Gemeinde Gottes kommen,

   Darum daß sie den Kindern Israel nicht entgegen kamen mit Brot und Wasser und dingten wider sie Bileam, daß er sie verfluchen sollte; (Neh. 13, 1–2)

2. Sie kämpften gegen Israel zur Zeit des Königs Jephta, obwohl dieser ihnen sagen kann:

   Ich habe nichts an dir gesündigt, und du tust so übel an mir,
   daß du wider mich streitest [...]
   Aber der König der Kinder Ammon erhörte die Rede Jephtas nicht. (Richter 11, 27–28)

3. Sie versuchten, die Israeliten zur Zeit des Königs Josaphat zu vertreiben:

   Nun siehe, die Kinder Ammon und Moab und die vom Gebirge Seir, durch welche du die Kinder Israel nicht ziehen ließest, da sie aus Ägyptenland zogen, sondern sie mußten von ihnen weichen und durften sie nicht vertilgen;
   Und siehe, sie lassen uns das entgelten und kommen uns auszustoßen aus deinem Erbe, das du uns gegeben hast. (2. Chr. 20, 10–11)

4. Sie taten sich bei der Zerstörung des Tempels in Jerusalem durch den Raub der Thora hervor, in der sie die dort niedergeschriebenen, von Gott gegen sie verhängten Ratschlüsse auslöschen wollten.

An vielen anderen Stellen weissagt das Alte Testament ein Strafgericht gegen die Ammoniter, am ausführlichsten Hesekiel, Kapitel 25, wo es heißt:

Du Menschenkind, richte dein Angesicht gegen die Kinder Ammon und weissage wider sie.
Und sprich zu den Kindern Ammon: Höret des Herrn Herrn Wort! So spricht der Herr Herr: Darum daß ihr über mein Heiligtum sprecht: »Ha, es ist entheiligt!« und über das Land Israel: »Es ist verwüstet!« und über das Haus Juda: »Es ist gefangen weggeführt!« Darum siehe, ich will dich den Kindern des Morgenlandes übergeben, daß sie ihre Zeltdörfer in dir bauen und ihre Wohnungen in dir machen sollen: sie sollen deine Früchte essen und deine Milch trinken.

Und will Rabba zum Kamelstall machen und das Land der Kinder Ammon zu Schafhürden machen; und ihr sollt erfahren, daß ich der Herr bin.

Denn so spricht der Herr Herr: Darum daß du mit deinen Händen geklatscht und mit den Füßen gescharrt und über das Land Israel von ganzem Herzen dich so höhnisch gefreut hast, darum siehe, ich will meine Hand über dich ausstrecken und dich den Heiden zur Beute geben und dich aus den Völkern ausrotten und aus den Ländern umbringen und dich vertilgen. (Hes. 25, 1–7)

Ähnlich bei Zephanja:

Ich habe das Schmähen und das Lästern der Kinder Ammon gehört, womit sie mein Volk geschmäht und auf seinen Grenzen sich gerühmt haben. Wohlan, so wahr ich lebe, spricht der Herr Zebaoth, der Gott Israels, Moab soll wie Sodom und die Kinder Ammon wie Gomorrah werden, ja wie ein Nesselstrauch und eine Salzgrube und eine ewige Wüste. (2, 8–9)

Die Parellelen im Verhältnis der Deutschen zu den Juden liegen auf der Hand: eine enge, auf beiden Seiten als Seelen- und Geistesverwandtschaft empfundene Integration, die, wie auch von jüdischer Seite immer wieder mit rückblickender Wehmut bestätigt wird, einen Höhepunkt im Deutschland der Weimarer Republik erreicht hatte, 1933 aber in Haß, ›Verhöhnung‹ und ›Schmähen‹ umschlägt – »darum daß du mit deinen Händen geklatscht und mit den Füßen gescharrt und über das Land Israel von ganzem Herzen dich so höhnisch gefreut hast« – schließlich Verfolgung der Juden, »Entheiligung des Heiligtums« (Hes. 25, 2), der Synagogen in der Kristallnacht, und Ausrottung. Ebenso findet das Strafgericht der Verwüstung des Landes der Ammoniter, wie es gegen diese geweissagt worden war, sein Gegenstück im Schicksal Deutschlands, nicht allein in dessen allgemeiner Zerstörung, sondern auch in vielen Einzelheiten. Denn man kann doch den Verlust der östlichen Landesteile und die Besetzung Mitteldeutschlands, aus dem Huchel stammt, gespiegelt sehen in der Übergabe des Landes Ammon an die ›Kinder des Morgenlandes‹, die Demontage und Plünderung in dem Satz: »sie sollen deine Früchte essen und deine Milch trinken«, und wer sich daran erinnert, wie die Potsdamer Schlösser von der Roten Armee zum Teil als Pferdeställe benutzt wurden und das Vieh vor den Toren der Berliner Universität das Gras ›Unter den Linden‹ abweidete, wird auch die Worte: »und will Rabba zum Kamelstall machen und das Land der Kinder Ammon zu Schafhürden« als schlagende Entsprechung empfinden.

Wo befindet sich aber der »Ammoniter«, der Deutsche, nach dem Strafgericht, das es ihm verbot, »auch nach dem zehnten Glied in die Gemeinde des Herrn (zu) kommen« (5. Mose 23, 4)? Nun, wer nicht ›in die Gemeinde des Herrn‹ aufgenommen ist, befindet sich in der Hölle, das ist griechisch ›Gehenna‹, hebräisch ›Gehinnom‹, »in der Senke des Tales Hinnom« (Zeile 3). Diese Hölle ist eine, die sich der Ammoniter selbst bereitet hat, indem er sich den das Brandopfer von Kindern verlangenden Moloch, den »Greuel der Ammoniter« (1. Kön. 11. 7) – sprich Hitler und die Brennöfen von Auschwitz – zum Gotte nahm, dessen Opferstätte im Tale Hinnom war. Huchel erläutert ja zu Zeile 1 – »Überdrüssig der Götter und ihrer Feuer« –: »Moloch, Feueraltar im Tal Hinnom« (vgl. 2. Kön. 23. 10, Jer. 7. 31, 32. 35 etc.).

Huchels Kunstgriff besteht nun darin, daß er die Aktualisierung des biblischen Geschehens, den wörtlichen Bezug auf »dies Volk und diese Stadt«, nicht direkt im Gedicht vornimmt, sondern – in dem Verweis, den das Gedicht darstellt – in der ganzen Autorität der Worte jenes Gottes beläßt, dessen Volk der »Ammoniter« vernichten wollte. Der Leser, will er den Text verstehen, wird gezwungen, in Jehovas Gleichnis vom zerbrochenen Krug, das dem Gedicht zugrunde liegt, das auch für ihn prophezeite und an ihm vollzogene Strafgericht zu erkennen. Erst in der Rückkehr zu Jeremia kommen alle Bedeutungs- und Zeitebenen zusammen:

So spricht der Herr: Gehe hin und kaufe dir einen irdenen Krug vom Töpfer . . . und gehe hinaus ins Tal Ben Hinnom . . . und sprich: Siehe, ich will ein solch Unglück über diese Stätte gehen lassen . . . Darum daß sie mich verlassen und diese Stätte einem fremden Gott gegeben haben . . . und haben die Stätte voll unschuldigen Bluts gemacht; und haben dem Baal Höhen gebaut, ihre Kinder zu verbrennen, dem Baal zu Brandopfern . . . Und ich . . . will sie durchs Schwert fallen lassen vor ihren Feinden . . . und will diese Stadt wüst machen . . . Und du sollst den Krug zerbrechen vor den Männern . . . und sprich zu ihnen: So spricht der Herr Zebaoth: Eben wie man eines Töpfers Gefäß zerbricht, das nicht kann wieder ganz werden, *so will ich dies Volk und diese Stadt auch zerbrechen.* (Jer. 19)

Die im Gedicht in ein Bild gefaßten, an Sisyphos gemahnenden Qualen – »brannte Urnen jeden Tag, / die ich abends vor der Sonne / am Felsen zerschlug« –, die der in diese Hölle und Abfallgrube der Geschichte Verbannte auszustehen hat, erläutert Huchel in der zitierten Fußnote als »Verzweiflung, Trauer, Sinnlosigkeit des Lebens«. Szenerie, Bild und Auslegung sind vertraut, sowohl auf die deutsche wie auch auf die allgemein menschliche Situation bezogen. Man kennt diese Höllen von Sartre und Camus, von Cocteau und Buñuel, von Beckett und Celan: ein weites Assoziationsfeld tut sich auf, in das jeder Leser seine eigenen Erfahrungen einbringen kann.

Auf eine Parallele aber sei besonders hingewiesen, weil sie m. E. direkten Bezug zu dem Gedicht hat. Gemeint ist Hermann Kasacks erschütternde Vision des zerstörten Deutschland als unterweltliche, von Schemen bewohnte Ruinenstadt, der von 1942 bis 1946 in Potsdam geschriebene Roman *Die Stadt hinter dem Strom.*[5] Kasack selbst beschreibt seinen Roman, nun auch über die deutsche Situation hinausgehend und die menschliche Existenz allgemein allegorisierend, als »Spiegelung unserer konkreten Welt, die in ihrer gesellschaftlichen, geistigen und kulturellen Struktur ebenso fragwürdig und brüchig, ebenso doppelbödig und unsicher schien wie die Häuser unserer Städte«.[6] Das Werk gipfelt in der Beschreibung zweier ›Gegenfabriken‹: in der einen ›unterweltlichen‹ (192), ›am Ostrande der Stadt gelegen‹, findet Robert, der ›Archivar‹, ›stählerne Bottiche‹ (181) mit einer Tonmasse – auch der Ammoniter ›schlämmt den Ton‹ in einem ›Bottich‹ – aus der dort »jene würfelförmigen Kunststeine, deren Fabrikation die Stadtverwaltung betrieb« (181) hergestellt werden, während in der anderen, »die am jenseitigen Stadtrand gelegen war« (201), also nach Westen – »abends vor der Sonne«, schreibt Huchel – jene gerade gefertigten Steine wieder zerschlagen werden, wie die Urnen des Ammoniters, um in einem ewigen Kreislauf neues Material für wiederum nur zu zermahlende Steine abzugeben. Im Roman gibt der ›Seniorpräsident des gesamten Fabrikbezirkes‹ eine Erklärung des Vorgangs:

»Wieviele Städte«, sagte er lebhaft, »sind im Lauf der Jahrtausende zerfallen, die so mühsam aufgebaut wurden. Wieviele Kleider sind zerrissen und abgetragen, die so sorgfältig einmal genäht worden sind [. . .] Die Dauer der Materie ist beschränkt. Unter meiner Präsidentschaft wird der Prozeß des Zerfalls verkürzt. Es geht uns bei dem Spiel der Fabriken darum, einen Symbolwert darzustellen, wie man einen Logarithmus darstellt«. »Es ist die Hölle«, sagte Robert. (208)

Kasack läßt die Sinnlosigkeit dieses ›unabreißbaren Arbeitsprozesses‹ (179), der »etwa vier Fünftel der Bevölkerung« einspannt, den meisten Beteiligten verborgen bleiben: »für die Masse bleibt das Zwecklose ihres Treibens natürlich ein Geheimnis. Sie hält gläubig an der Illusion der ihr von der Präfektur aufgelegten Tätigkeit fest« (206). »Es ist die Hölle« – aber sie wissen es nicht. Der Ammoniter jedoch, so pointiert Huchel, ist sich seines Aufenthaltes in

Gehenna bewußt, ja er beteiligt sich wissend am Vollzug des Sinnlosen: Das barocke vanitas-Motiv »Was *dieser* heute baut, reißt *jener* morgen ein« (Gryphius), wie es sich noch bei Kasack zeigt, wird dahingehend abgewandelt, daß Bilden und Zerstören zum Tun ein und derselben Gestalt werden. Das heißt doch aber, daß das, was im Barock eitel war aus Unwissenheit und törichtem Vertrauen in menschliche oder göttliche Sinngebung oder was bei Camus' *Sisyphus* noch das Ethos des Trotzdem herausfordern konnte, zum Irresein und zur Zwangshandlung geworden ist, nun, da es der einzelne wider besseres Wissen eigenhändig vollzieht. Ein zynisches Kürzel für den Menschen des zwanzigsten Jahrhunderts, der Aufbau- und Zerstörungswut in nie gekanntem Maß vereint? Für Kasack wie für Huchel – die beiden Potsdamer kannten sich gut, Huchel eröffnete 1949 das erste Heft seiner Zeitschrift ›Sinn und Form‹ mit einem Beitrag Kasacks – steht hinter der Erfahrung von ›Sinnlosigkeit‹ und ›Verzweiflung‹ der Auszug Gottes aus einer nun gespenstisch gewordenen Transzendenz. Wie Kasack schreibt:

[...] als ich nach einem absoluten Ort suchte, wo sich die Bilder unserer Wirklichkeit ansiedeln ließen, bot sich als dichterisch reinste Entsprechung das Zwischenreich der Gestorbenen an. Es bildet die metaphysische Schicht, das Transzendente, wenn man so will, worauf die Vorgänge und Ereignisse des Lebens bezogen werden.[7]

Für Huchel ist dieses Thema der Gottesferne, der dämonisierten, leeren Transzendenz, das ihn von Anfang an begleitet und schon früh, in der Anti-Weihnachtsgeschichte *Von den armen Kindern im Weihnachtsschnee,* deutlichen Ausdruck fand, an anderer Stelle ausführlich behandelt worden.[8] Es steht auch hier im Gedicht hinter allem entsetzlichen Geschehen:

Mich verließen die alten Begleiter,
das Gleichgewicht von Erde und Himmel,

Huchel erläutert: »›alte Begleiter‹ = Sternbilder, Götter, Magier, Priester usw.«. Das heißt, alle Glaubensmächte, die den Menschen trugen, ihn schützend durch sein Leben ›begleiteten‹ und Sinn stifteten, seien sie angesiedelt in Astrologie, Mythologie, Naturmagie oder geoffenbarter Religion – so läßt sich Huchels Erläuterung doch wohl lesen –, haben sich vom Menschen abgewendet. Wohlgemerkt, Huchel sagt nicht, hier nicht und an keiner anderen

Stelle, daß sie inexistent seien, ja als Adressaten einer bitteren, im Namen des menschlichen Leidens und einer menschlichen Gerechtigkeit gegen sie geschleuderten Anklage, erheben sie sich hinter Huchels gesamtem Werk. Der Titel seines letzten, in fast allen Gedichten um den Tod kreisenden Bandes *Die neunte Stunde* sagt das ganz klar in seinem Verweis auf diese letzten Worte des gemarterten Christus am Kreuz:

> Und um die neunte Stunde schrie Jesus laut und sprach:
> Eli, Eli, lama asabthani? das ist: Mein Gott, mein Gott, warum hast du mich verlassen? (Matth. 27,46)

In *Der Ammoniter* fehlt diese Anklage. In ruhigem Ton wird der Auszug des Göttlichen als Tatsache konstatiert. Huchel sieht zwar die Verschuldung des Menschen gegen den Hintergrund der Gottverlassenheit, sucht aber die letzte Ursache, zumindest in diesem Gedicht, nicht bei Gott, sondern beim Menschen: der Ammoniter lebte ›ohne Gesetz‹; ›Gesetz‹ aber ist, im alttestamentlichen Rahmen, innerhalb dessen sich das Gedicht bewegt, das deutsche Wort für die ›Thora‹, die fünf Bücher Mose. Die Nennung des Gesetzes setzt auf seiten des Sprechers die Anerkennung seiner Existenz, der Satz selbst aber seine bewußte Ablehnung voraus, so wie es in der Tat, der zitierten Midrasch-Überlieferung nach, jenem Akt der Ammoniter entspricht, die die Thorarollen aus dem Tempel stahlen, um sie zu verfälschen und ihre dort niedergelegte Schuld und Bestrafung zu tilgen – ohne Zweifel ein Kommentar zur Nachkriegsfrage einer ›Bewältigung‹ der deutschen Schuld. In diesem Zusammenhang erhält das so prononciert an den Anfang des Gedichtes gesetzte Wort vom Überdruß seine Wichtigkeit: »Überdrüssig der Götter und ihrer Feuer«. Es impliziert doch wohl, daß der Ammoniter denen, die einmal als ›Götter‹ auftraten, wie jene über Leben und Tod entschieden und die ›Feuer‹ von Auschwitz entfachten, zur Zeit des Imperfekts des Erzähltempus noch nicht unbedingt entsagt oder aus Überzeugung sich von ihnen abgewendet hatte. Vielmehr erscheint nur seine Faszination für sie als getrübt; ›Überdrüssig‹ heißt doch wohl nur: er hat für eine Weile genug von ihnen. Von einer Umkehr ist jedoch keine Rede, ja, der Ammoniter lebte, auch nachdem er seiner alten Götter überdrüssig geworden war, ›ohne Gesetz‹, eben weil er es, wie gesagt, in dessen Strenge und Gerechtigkeit nicht akzeptieren wollte. Indem Huchel, unter dem Zeichen des Widders, sich hier einbezieht, drückt er seine Teilnahme an dieser Haltung aus, um sich dann jedoch als Künstler, der sie formuliert, und im späteren Präsens der Gedichtwerdung, das sich vom Erzähltempus absetzt, ihr gegenüberzustellen und sich in der Bewußtmachung über sie zu erheben. Noch einmal erweist sich also, daß sich mit der Titelgestalt mannigfaltige Schattierungen der deutschen Erfahrung und die Wandlungen in der Reaktion in ihrer zeitlichen Entwicklung umfassen lassen.

Der Ammoniter hatte gegen die ihm von Gott zugewiesene Stelle an der Seite der Israeliten rebelliert, sich falschen ›Göttern‹ anvertraut, in deren Namen die Israeliten verfolgt und schließlich die Thora verworfen. Er wird von Gott in die Verdammnis verstoßen und verlassen. So liest es sich auch bei Huchel. Damit ist gesagt, daß letzten Endes der Auszug ›der alten Begleiter‹ durch den Menschen verursacht wurde und daß die endgültige Schuld nicht bei Gott zu suchen ist, wie es der Jude Celan tun durfte und tat, sondern beim Menschen, wie es dem Deutschen Huchel ansteht. So kann das Gedicht aber – ein erstaunliches Bekenntnis für den späten Huchel – im Gegensatz zu Celan auch zur Theodizee werden: Gottes Werk ist gut, »die Herrlichkeit der Schöpfung«, wie Huchel in der Erläuterung sagt, ist im Gedicht die Folie, gegen die das vom Menschen verursachte Grauen gesehen sein will. Sie besteht weiterhin, aber den Blicken des Sprechers, die nur noch auf Zerstörung, Tod und Schuld gerichtet sind, entzogen. Dies ist wohl die schlimmste seiner Strafen in Gehenna:

> Nicht sah ich in den Zedern
> die Katzendämmerung, den Aufflug des Vogels,
> die Herrlichkeit des Wassers,
> das über meine Arme rann,
> wenn ich im Bottich schlämmte den Ton.
> Der Geruch des Todes machte mich blind.

Es wurde die Frage gestellt, ob das Bilden und Zerschlagen der Urnen durch ein und dieselbe Gestalt nicht Ausdruck einer Zwangshandlung sei. An dieser Stelle läßt sich die Antwort wohl nun präzisieren und zwar im Sinne von Adornos Diktum, daß jedes Gedicht nach Auschwitz ›barbarisch‹ sei – es sei denn, wie er in der *Ästhetischen Theorie* hinzufügt, es nehme, als finstere Kunst, ›von der Grundfarbe schwarz‹[9], die Erfahrung von Auschwitz in sich auf. Nachdem sie durch das Grauen gegangen ist, kann die Kunst ihre ureigentliche Funktion des Rühmens nicht mehr legitimieren.

Die ›Herrlichkeit der Schöpfung‹ ist ihr von nun an verschlossen; »›der Geruch des Todes‹ – Auschwitz« macht den Ammoniter, den Deutschen und den Dichter Huchel ihr gegenüber ›blind‹ (s. letzte Gedichtzeile und Huchels Anmerkung dazu). Das heißt, er befindet sich in eben jener völligen Schwärze, die nach Adorno als einzig möglicher Ort dem Künstler noch bleibt – ein Ort, den auch Celan, in deutlicher Wechselbeziehung zu Adorno, bewohnt hat. Dort ist die letzte künstlerische Tätigkeit das Totengedächtnis und das Gedicht die ›Urne‹ – bei Celan ein in diesem Sinne immer wiederkehrendes Wort – für die Asche derer, die dem Moloch geopfert wurden. Das Entsetzliche des Geschehens fordert die ständige, intensivste Auseinandersetzung, wenn das Kunstwerk noch eine Berechtigung haben soll: »Um inmitten des Äußersten und Finstersten der Realität zu bestehen, müssen die Kunstwerke, die nicht als Zuspruch sich verkaufen wollen, jenem sich gleichmachen«, sagt Adorno.[10] Wiederum ist das Kunstwerk jedoch dem Anspruch, das Ungeheuerliche mit seinen Mitteln zu fassen, niemals gewachsen, keine seiner Äußerungen kann diesem adäquat werden. So gesehen ist die Produktion einer Kunst ›von der Grundfarbe schwarz‹ nicht nur ein unablässig dem Künstler auferlegter Zwang, wenn anders er nicht in Schweigen verfallen will, sondern auch ein stets erneutes Scheitern; im Angesicht von Nacht und Tod, traditionell, wie auch in Kasacks Gegenfabrik, symbolisiert durch die westliche Himmelsrichtung – ›abends vor der Sonne‹ – wird er sich dieses Scheiterns bewußt und zerschlägt die Urnen.

Celans Hölderlin-Gedicht, *Tübingen – Jänner*, mit denselben Motiven des Erblindens und dem Versagen der Sprache vor dem »Äußersten und Finstersten der Realität« kommt in den Sinn:

> Zur Blindheit über-
> redete Augen.
> (. . .)
> Käme,
> käme ein Mensch
> käme ein Mensch zur Welt, heute, mit
> dem Lichtbart der Patriarchen: er dürfte,
> spräch er von dieser Zeit, er
> dürfte
> nur lallen und lallen.
> [. . .][11]

»Wozu Dichter in dürftiger Zeit?« fragen Huchel und Celan um ein Vielfaches potenziert. In einer sinnlosen und verzweifelten Welt reflektiert auch das Gedicht seine eigene Sinnlosigkeit und Verzweiflung. Bei Huchel kommt aber noch etwas anderes hinzu: nach dem Tode von Celan war er einer der letzten noch lebenden Vertreter einer hermetischen Schreibweise in der deutschen Lyrik, deren Ende sich Mitte der sechziger Jahre abzuzeichnen begann. Nicht von ungefähr fällt dieses Ende zusammen mit einem Verblassen der Todes- und Schuldthematik, die die Lyrik bis an die Grenze des Sagbaren vorgetrieben hatte: einer Auseinandersetzung mit der aktuelleren Realität der sechziger und siebziger Jahre fließt anderes, geschwätzigeres Ausdrucksmaterial zu – aus Umgangssprache, Verwaltung, Wirtschaft, Technik und Reklame. Manche andere, wo sie nicht starben, machten diese Wende mit, wie etwa Karl Krolow; Günter Eich betrieb 1965 eine zunehmende Ironisierung seines eigenen Werkes und Veralberung des Lesers und schrieb rückblickend 1970, in dem Prosatext *In eigener Sache*: »Viele meiner Gedichte hätte ich mir sparen können«. Huchel hat sich nicht geändert. Schreibweise und Thematik sind über Jahrzehnte dieselben geblieben, allerdings im Laufe der Zeit immer radikaler und düsterer geworden. So steht er weiterhin unter der Konstellation, unter der er angetreten war, dem Zeichen des Widders: »nur der Widder [. . .] blieb mir treu«, sagte er, hermetisch auf sich selbst weisend, und meint damit doch wohl, daß er sich selber, »vom Rauch der Geopferten krank«, wie er in der Erläuterung zu ›Moderhinke‹ schreibt, treu geblieben ist und nicht mehr gesunden kann. Das Ammonshorn aber – und damit erschließt sich die letzte und privateste Ebene des Titels – ist ein Fossil! Der Ammoniter, als Sprecher des Gedichtes in einem unbestimmten Präsens und an einem nicht auszumachenden Ort, sieht sich als einen längst Überlebten, der im Imperfekt seine Vergangenheit, sein künstlerisches Schaffen und Scheitern reflektiert. Die Blindheit, die ihn in der Vergangenheit des Erzähltempus geschlagen hatte, hält an. Sie erscheint als letztes Wort des Gedichtes und stellt die Verbindung her zur Gegenwart, in der das Gedicht geschrieben wurde. Im Erblinden sehend geworden – ein altes Motiv –, kann der Sprecher zurückblicken und das Vergangene in Worte fassen.

Hier ergibt sich eine zweifache Paradoxie: 1. das Gedicht bezeichnet die hermetische Schreibweise als versteinertes Relikt und macht doch selber von ihr Gebrauch, 2. es spricht vom Scheitern des Kunstwerks vor einem zu hohen Anspruch und stellt doch selber ein gelungenes Kunstwerk dar. Beide verweisen aufeinander. Das Grauen der Vergangenheit, dessen Andenken Huchel wachhalten will zu einer Zeit, wo die Lyrik sich längst anderen Themen zugewandt hat, erfordert noch einmal eine Sprache, die stets zu versagen droht. Mehr noch: Thema und Schreibweise erscheinen als so zwingend und unausweichlich wie der Gang des Sternbildes, das ›aus Stein‹ über ihm lastend sein Schicksal bestimmt und ihn als höheres Spiegelbild seiner selbst, als das stets Unerreichbare fordert – ›rauchlos‹ glänzt ja sein Gehörn unter den Sternen in ungetrübter Idealität. Das Scheitern aber, sobald es Gegenstand der Reflexion wird, kehrt sich in ein Gelingen, als eben diese Reflexion. Aus dem Scheitern vor der Realität, dem ›Felsen‹, an dem die Urnen zerschlagen werden, Scheitern auch vor dem idealen Anspruch, rettet Huchel das Gelingen der Klage um dieses Scheitern, eine Dialektik, die wohl Goethe zuerst mit jener Vorstellung veranschaulicht hat – in den berühmten Schlußworten seines *Tasso* –, die dann bei Mallarmé in ähnlicher Sprache wiederkehrt und nun auch bei Huchel begegnet, nämlich den Bildern von Fels als Realität, Stern als Idealität und dem Verlassensein als Grundbefindlichkeit des modernen Dichters. Um es mit den Worten Hugo Friedrichs zu sagen – Huchel wird sie kennen –, der dem Paradox des gelungenen Scheiterns bei Mallarmé nachgegangen ist: »Das Einleitungssonett seines Gedichtbandes, *Salut*, nennt die Grundmächte seiner Lyrik und seines Denkens: Einsamkeit (die Ursituation des modernen Dichters), Klippe (an der er scheitert) und Stern (die unerreichbare Idealität, die alles verschuldet hat)«.[12] Und an anderer Stelle: »[. . .] das Mißlingen der absoluten Sprachwerdung wird zum Wort – eben zu diesem Gedicht«.[13] Huchel wird diese Übereinstimmungen bewußt geschaffen haben, um eine Brücke zum Anfang einer Tradition zu schlagen, an deren Ende der Ammoniter als Spätling, als Fossil steht. Daß auch dort noch Kunstwerke aus ihr hervorgehen können, beweist das Gedicht. Als Urne, die nun nicht zerschlagen worden ist – um in seiner Bildersprache zu bleiben –, bewahrt das Gedicht vom Ammoniter das Gedächtnis an die deutsch-jüdische Vergangenheit und an die Weise des Ausdrucks, den diese in der Lyrik gefunden hatte, in würdiger Form.

Anmerkungen

1 Peter Huchel, *Die neunte Stunde – Gedichte*, Frankfurt/M. 1979, S. 12; Jahresring 74–75, S. 10–11.
2 Peter Huchels Interpunktion.
3 Vgl. A. Vieregg, *Die Lyrik Peter Huchels – Zeichensprache und Privatmythologie*, Berlin 1976, S. 132–33.
4 Vgl. *Der Midrasch Echa Rabba, das ist die haggadische Auslegung der Klagelieder*, Ausgabe A. Wünsche, Leipzig 1881, Kapitel 1. 10.
5 Seitenangaben nach der Ausgabe Frankfurt/M. 1964.
6 *Eine Selbstkritik*, in: Die Welt, 29. 1. 1947. Zitiert nach: *Leben und Werk von Hermann Kasack – Ein Brevier*, Frankfurt/M. 1966, S. 81.
7 *Eine Selbstkritik*.
8 A. Vieregg, a. a. O.
9 Th. W. Adorno, *Ästhetische Theorie*, Frankfurt/M. 1973, S. 65.
10 Ebd.
11 *Die Niemandsrose*, Frankfurt/M. 1963, S. 24.
12 Hugo Friedrich, *Die Struktur der modernen Lyrik*, Hamburg [3]1970, S. 118.
13 Friedrich, a. a. O., S. 107.

Gerhard Schmidt-Henkel

»Ein Traum, was sonst?«

Zu Peter Huchels Gedicht »Brandenburg«

Brandenburg

»Ach, wie die Nachtviole lieblich duftet!«

Kleist, *Prinz von Homburg*

Hinter erloschenen Teeröfen
ging ich im Brandgeruch der Kiefernheide,
dort saß ein Knecht am Holzhauerfeuer,
er blickte nicht auf,
er schränkte die Säge.

Noch immer tanzt abends
der rote Ulan
mit Bauerntöchtern auf der Tenne des Nebels,
die Ulanka durchweht
von Mückenschwärmen über dem Moor.

Im Wasserschierling
versunken
die preußische Kalesche.

Peter Huchel lebte von 1903 bis 1981. Neben Essays, Aufsätzen, Interviews, Reden und Hörspielen gab er etwa 300 Gedichte zum Druck, »hinterlassungsfähige Gebilde« im Sinne Gottfried Benns. Die Gedichte füllen vier schmale Bände. *Die neunte Stunde* ist der letzte. Dieser Band, wie alle Sammlungen Huchels genau komponiert, ist in sechs Gruppen gegliedert. *Brandenburg* findet sich in Gruppe III, als fünftes von sieben Gedichten. Sie sprechen, noch einmal, ein letztes Mal, vom »Märkischen Komplex«, von den Kopfweiden, dem Östlichen Fluß, dem Großvater, vom Wintermorgen, vom Fremden im Vertrauten, von den Zigeunern – und von Brandenburg. Sie sprechen mit den unverwechselbaren Mitteln lyrischer Evokation, die Huchel als letzten großen Lyriker seiner Generation erscheinen lassen.

Das Kleist-Motto meint nicht das Brandenburg von Preußens Gloria, sondern das utopisch-traumhafte von Homburgs letzten beiden Auftritten, in denen die Sekunden des Somnambulismus die

Kanonenschüsse überdauern und in denen der Traum mit der politischen Wirklichkeit versöhnt erscheint. »Ach, wie die Nachtviole lieblich duftet!«: auch dies ein Traum – es sind Levkojen und Nelken –, »Es scheint, ein Mädchen hat sie hier gepflanzt«. Und zwischen den Heilrufen für den Sieger in der Schlacht von Fehrbellin und dem Schlußappell »In Staub mit allen Feinden Brandenburgs!« fragt Homburg: »Nein, sagt! Ist es ein Traum?«, und Kottwitz antwortet: »Ein Traum, was sonst?« Dem Schluß der großen Komödie wird hier der eigentliche, in der Schwebe bleibende Schluß vorangestellt.

Dies alles hat noch immer mit Huchel zu tun. Ludwig Tieck schreibt in der Vorrede zu Kleists *Hinterlassenen Schriften*: »In diesem großen Sinne ist aber das Werk selbst durchaus ein echt vaterländisches Gedicht, nicht bloß ein deutsches, so sehr es auch allen Deutschen angehört, sondern vorzüglich noch ein brandenburgisches, ohne sich darum auch nur mit einem Zug in das Kleine, Abgeschlossene, Provinzielle zu verlieren«. Und der Hegel-Schüler Gustav Hotho im Mai 1827, sechzehn Jahre nach Kleists Selbstmord: »[. . .] ein treuer Bürger des preußischen Staates, ja mit Vorliebe sogar für die heimatliche Provinz ein Brandenburger zu sein, und andererseits sich dennoch aus allen diesen wesentlichen Verhältnissen in den verborgensten Schacht des innersten Gemütes zurückzuziehen und dort sich eine andere fremde Welt in dem Glauben zu bilden, daß diese eigene Welt die bessere und wahrhafte Wirklichkeit sei«.[2]

Huchels letzte Jahre in der DDR, nachdem er 1963 die Redaktion der bis dahin hochgerühmten Zeitschrift ›Sinn und Form‹ abgeben mußte und bevor er 1971 ein Ausreisevisum bekam, waren zwar nicht bestimmt von einem Rückzug in das innerste Gemüt. Aber sie waren ein zwangsverfügtes inneres Exil, in strenger Isolation, ohne Post, die wenigen Besucher wurden insgeheim registriert. Hans Mayer sagt: »Was man ihm angetan hat, kann nicht verziehen werden«.[3]

Die eigene Welt des Gedichtes *Brandenburg* erscheint typographisch ohne regelmäßigen Strophenbau, dreigegliedert in Blöcken von fünf, fünf und drei Zeilen. Es hat damit, wie im Verzicht auf ein festes Metrum und auf Endreime, die typische Spätform der Lyrik Huchels. In einem andauernden und folgerichtigen Verdichtungsprozeß hat der Autor die vorherrschende Form seiner Anfänge, seiner spezifischen ›Naturlyrik‹ und seiner mittleren

Schreibperiode aufgegeben und damit einen auf das Einzelwort konzentrierten Stil gewonnen, der jeder Zeile ihre eigene Wort- und Bildintensität gibt, ihren eigenen Rhythmus, ihre eigenen Betonungs-Sequenzen. Die früher häufig auch bei Huchel anzutreffende Genitiv-Metapher vom Typus »Laken des Mondes« oder »der Trauer Hunde« gibt es nur noch einmal in Zeile 8; sonst finden sich Einzelwörter, die zunächst etwas durchaus Konkretes benennen und die erst im Vorgang der lyrischen Erkenntnis ihren Charakter als selbständige Metaphern enthüllen.[4]

Der Teerofen war ein Teil der brandenburgischen Wald- und Moorlandschaft. Er ist als topographischer Begriff bis heute erhalten, z. B. »Albrechts Teerofen« am Wannsee. In ihm wurde durch trockene Destillation und Verschwelung aus organischen Stoffen Teer gewonnen. Der Brandgeruch der Kiefernheide ist jedem märkischen Wanderer vertraut. Er bildet sich, auch ohne das Holzhauerfeuer, wenn die Sommerhitze die ätherischen Öle der Nadelhölzer freisetzt. Huchels genaues Benennen von Tätigkeit und Werkzeug der Bauern oder Fischer zieht sich durch seine gesamte Lyrik. Dies war in der DDR ein willkommenes, wenn auch untaugliches Motiv, Huchels Lyrik dem sozialistischen Realismus anzunähern, solange die herrschende Literaturdoktrin noch Huchels internationales Ansehen für die DDR-Dichtung vereinnahmte.

In unserem Gedicht »schränkt« ein Knecht – Ruhepunkt des ersten Zeilenblocks – die Säge, d. h., er biegt die Zähne der Säge abwechselnd nach links und rechts, damit sie besser arbeitet.

Den Ulanen, einen lanzenbewaffneten Reitersoldaten, gab es, nach polnischem Vorbilde, im preußischen Heer seit 1807. Typisch für seine Uniform waren die Ulanka, ein Rock mit zwei Knopfreihen, von der Taille zur Schulter auseinanderstrebend, und die Tschapka, die Mütze.

Der Wasserschierling, ein giftiger, weißblühender Doldenblütler, wächst in oder an ruhigen Gewässern Nord- und Mitteleuropas.

Die Kalesche (ein tschechisches Lehnwort) ist ein leichter, vierrädriger Ein- oder Zweispänner, mit Lehnsessel und Faltverdeck.

Das sind wenig »preußische« Realien. Schon in früheren Gedichten zitiert Huchel das slawische Element häufig: den polnischen Schnitter und den wendischen Wald in der *Sternenreuse* oder die wendischen Weidenmütter im Gedicht *Ölbaum und Weide* (abgedruckt im ›Merkur‹ 1972). Und dieses slawische Element bietet gerade, von der Frage seiner jeweiligen gesellschaftlichen Integration in Preußen abgesehen, wichtige Anregungen für Huchels naturmagische Vorstellungen, wie sie in den Gedichten in unterschiedlicher Form immer wieder auftauchen, und sie bilden auch einen Bestandteil dessen, was seine Privatmythologie ausmacht. In diesem Zusammenhang ist, immer noch auf der ersten Ebene der im Gedicht mitgeteilten Fakten und Realien, der mit den Bauerntöchtern tanzende Ulan von Bedeutung. Huchel schrieb in einem autobiographischen Essay, *Europa neunzehnhunderttraurig*, für ›Die Literarische Welt‹ vom 2. Januar 1931:

Peter H., Potsdam, ist als Kind einer Bäuerin und eines Soldaten auf die Welt gekommen. Sein Vater, entstammend einer sächsischen Schäferfamilie, die 1546 bei der Kirchenvisitation in Harbke für einen Altar lehnspflichtig genannt wird und die im 19. Jahrhundert auf dunklem Prozeßweg Haus und Mühle an das gräfliche Stammgut verloren hat, hat als Ulanenwachtmeister im Sommermanöver bei Alt-Langerwisch eine wohlhabende Bauerntochter zur Frau genommen.

Die Geburt ihres Sohnes fällt in die Zeit der ersten Flugversuche und der Nutzbarmachung der Elektrizität. Aber er soll mehr den Geruch von Aprilgras, Acker und Kühen einatmen, als den Ruß der aufstrebenden Industrie. Da seine Mutter lungenkrank ins Sanatorium muß, wird das Kind mit vier Jahren zu den Großeltern aufs Land gegeben. Es wird mit frischer Milch und Luft verwöhnt. Denn der Großvater hat Heide, Acker, Wiese. Leider ist er kein Bauer darauf. Er überläßt die Bewirtschaftung seiner Frau, dressiert den Hund, legt sich heimlich eine Bibliothek auf dem Heuboden an und schreibt Verse in ein blaues Heft, die Napoleon und Garibaldi verherrlichen und dem Dorfpastor ans Leder gehen. Er glaubt nicht an Gott; eher an die Macht von Kuhbeschwörungen. So hat er den Knaben bald so weit, daß es sich auch in ihm nur innerlich regt. Er fängt früh damit an, lebensuntüchtig zu denken. Einige Jahre später schreibt auch er in ein blaues Heft.[5]

Gewiß braucht man diese biographischen Details nicht zu wissen, um das Gedicht zu verstehen. Aber sie liefern dem Verständnis der Privatmythologie Huchels eine festere Basis als die Suche nach literarischen Einflüssen oder Sagenstoffen. Der Vater und der Großvater werden in zwei Gedichten ausdrücklich genannt, in *Letzte Fahrt* (*Die Sternenreuse*) und in *Mein Großvater* (*Die neunte Stunde*). Die *Letzte Fahrt* beschreibt den Vater in gehämmerten jambischen, vier- und dreihebigen Vierzeilern mit Endreimen. Die erste und letzte Strophe lauten:

Mein Vater kam im Weidengrau
und schritt hinab zum See,

das Haar gebleicht vom kalten Tau,
die Hände rauh vom Schnee.
[...]

Ich lausch dem Hall am Grabgebüsch,
der Tote sitzt am Steg.
In meiner Kanne springt der Fisch.
Ich geh den Binsenweg.

Das Gedicht *Mein Großvater* ist zwar noch strophisch gegliedert, aber es kann, nach dem Fingerzeig des Titels, sich ganz auf die lakonischen Miniaturen konzentrieren, die den Großvater als zeitlose Erinnerung hervorrufen. Hier lauten die erste und die letzte Strophe:

Tellereisen legen,
das Aufspüren des Marders bei frischem Schnee,
das Stellen von Reusen im Mittelgraben,
das war sein Metier.
[...]

Er drehte am Messingring der Lampe.
Die Sonne glomm auf,
der Eichelhäher schrie
und flog in den kalten märkischen Morgen.

›Natur‹ und ›Naturmagie‹ erscheinen hier anders als bei Wilhelm Lehmann und seiner Schule. Es ist kein ›Gräserbewispern‹. Wie ein Kommentar zum *Großvater*-Gedicht mutet an, was Peter Huchel 1974 in einem Gespräch bekannt hat:

Ich habe versucht, von diesen Naturmetaphern loszukommen [...]; aber ich bin dann immer wieder durch das Dickicht der marxistisch erhobenen Zeigefinger gegangen und bin wieder zu einem alten Wort von Augustinus zurückgekehrt: »Haus meines Gedächtnisses, daselbst Himmel und Erde gegenwärtig sind.« Im Grunde genommen [...] war vielleicht das alte Haus meines Großvaters in Langerwisch das Gedächtnis für mich. [...] die Natur war für mich nicht mehr die heile, die absolute Natur, sondern es war für mich die vom Menschen veränderte Natur, in der er leben konnte. Die Natur ist für mich etwas sehr Grausames, die Kindheitsidylle wurde sehr schnell zerstört, weil ich bald die Knechte und Mägde, die Zigeuner und die Ziegelstreicher, die polnischen Schnitter kennenlernte: es gab für mich keine heile Natur mehr. Die Natur war für mich Fressen und Gefressenwerden.[6]

Auf einer zweiten Verständnisebene zeigen sich nunmehr Bewegungsvorgang, Blickrichtung und Tempuswechsel unseres Gedichts. Huchel beginnt erzählend, im Berichtston, im epischen Präteritum. Nach der Ortsbestimmung »Hinter erloschenen Teeröfen« suggeriert das Imperfekt »ging ich« einen andauernden Vor-Gang, bis der Blick auf den Knecht fällt. Doch dieser ›kommuniziert‹ nicht mit dem Berichter, er blickt nicht auf, er arbeitet weiter. Seine Erscheinung schließt die erste Strophe, den ersten Zeilenblock ab.

In der zweiten Strophe steht am Anfang eine Zeitbestimmung: »Noch immer«. Sie fordert das Präsens in der Dauer der Zeitlosigkeit – oder doch in einem andauernden Genrebild des Dorftanzes. Der »rote Ulan«, in der Mittelzeile des gesamten Gedichts, im Zentrum stehend und im Singular (als Gattungsname, als Kollektivum, als Generalisierung?) tanzt mit »Bauerntöchtern«. Er tut dies auf der »Tenne des Nebels«, und diese einzige Genitiv-Metapher signalisiert das Unwirkliche, Magische des Vorgangs, der dann, mit den Zeilen 9 und 10, vollends gespenstisch wird. Das »Noch immer« und die von Mückenschwärmen durchwehte Ulanka evozieren einen märkischen Totentanz, dessen kreiselnde Bewegung andauert, solange der Blick auf ihn gerichtet ist.

Die drei Zeilen des letzten Blocks kommen schließlich ganz ohne Verb aus; der Blick zur Seite wird nach unten gezogen, ruht im stehenden Wasser; das Gedicht ist vollends statisch geworden; das Bild der Kalesche ist starr; der Autor hat sich aus ihm entfernt; wir sehen etwas Niegesehenes. »Das Gedicht trifft, wenn es gelingt, durch bedeutete Dinge auf einen nichtbedeutbaren Zustand«; und: »Wir sprechen nicht etwas aus, nur weil wir es erlebt haben, sondern wir werden erleben, was wir benannt haben«.[7] Die »bedeuteten«, im Vorgang des Gedichts mit einer Deutung versehenen Dinge, die »selbständigen Metaphern«, werden von den Huchel-Interpreten unterschiedlich benannt und definiert. Man hat, im Sinne Ezra Pounds, den Begriff des ›Imagismus‹ vorgeschlagen. Das ist keine Tautologie, weil der Imagismus tatsächlich die Präzisierung und Konzentrierung von poetischem Sinn im Bild fordert, eine von Rhetorik und Emotion freie Zeichensprache, wie sie Huchel in seinem Spätwerk bildet.[8]

Mit unseren Hinweisen auf die zweite Verständnisebene für das Gedicht *Brandenburg* sind zwar die einzelnen Aussage-Elemente in ihrer Herkunft und ihrer »harten Fügung« erläutert worden; aber die Vielschichtigkeit des so montierten Textes erschließt sich noch nicht im Sinne einer Evidenz, sofern hier Einsichten vermittelt werden können, an die kein Zweifel rührt. Als Peter Huchel 1932 den Preis der ›Kolonne‹, der »Zeitung der jungen Gruppe Dresden«, erhielt, formulierte der Laudator: »Die Worte öffnen sich wie Fächer, und es entfällt ihnen die verlorene Zeit«.[9] Gewiß sind auch die in *Brandenburg* bedeuteten Dinge nicht mehr nur sie selbst, sie nehmen Chiffrencharakter an, werden Zeichen für etwas anderes; sie vermitteln eine geschlossene Bildwelt, in der lyrisches Sprechen als das Setzen von Zeichen zu verstehen ist.

Axel Vieregg differenziert sehr plausibel zwischen der »Chiffre« als nur systemimmanent erkennbarem »evokativem Äquivalent« und dem »Zeichen«, das gleichnishaft auf die Chiffrenfunktion zurückweist.[10] Die Beispiele: fürs erste »Unter der Wurzel der Distel wohnt nun die Sprache«; fürs zweite »Wo an der Distel das Ziegenhaar weht«. Im zweiten Fall kann man wohl auch von einer Metapher im bekannten Sinne sprechen. Die erste »Chiffre« erfährt, auch in ihrem poetologischen Sinn, eine Erläuterung durch folgendes Bild: »Das Wort, ausgesät für die Nacht, treibt fort, wurzelt im Wind«. (Auf die politische Verschlüsselungstechnik mancher Chiffren kann hier nur verwiesen werden.)

Das Gedicht *Brandenburg* bewegt sich mit der neunten Zeile, nach der Metapher »Tenne des Nebels«, auf die entscheidende Chiffre, »die preußische Kalesche«, hin, auf eine »Übersetzung ohne Urtext«, wie der Weggenosse Huchels, Günter Eich, es genannt hat. Der Urtext der Geschichte, Brandenburgs, Preußens und seiner Nachfolgestaaten, verweht im Tanz des Ulans; die preußische Kalesche bleibt im magischen Zustand des Gedichts ein Traumbild, das wir erleben, weil Peter Huchel es benannt hat.

Anmerkungen

1 Heinrich von Kleist, *Werke und Briefe*, Bd. 2, Berlin/Weimar 1978, S. 707.
2 Kleist, a. a. O., S. 713.
3 Hans Mayer (Hg.), *Über Peter Huchel*, Frankfurt/M. 1973, S. 180.
4 Livia Z. Wittmann, *Die Funktion der Metapher in der Lyrik Peter Huchels*, in: Seminar. A Journal of Germanic Studies 12/13 (1976/77), S. 187.
5 Peter Huchel, *Gesammelte Werke*, Bd. 2, Frankfurt/M. 1984, S. 213f.

6 Peter Huchel, a. a. O., S. 392 f.
7 Walter Höllerer, *Fortgang,* in: *Mein Gedicht ist mein Messer,* hg. v. Hans Bender, Heidelberg 1955, S. 87.
8 Otto Knörrich, *Die deutsche Lyrik der Gegenwart. 1945–1970,* Stuttgart 1971, S. 200.
9 Hans Dieter Schäfer, *Naturdichtung und Neue Sachlichkeit,* in: *Die deutsche Literatur in der Weimarer Republik,* hg. v. Wolfgang Rothe, Stuttgart 1974, S. 368.
10 Axel Vieregg, *Die Lyrik Peter Huchels. Zeichensprache und Privatmythologie,* Berlin 1976, S. 13.

Walter Hinck

Im inneren Exil

König Lear

Unter dem Steinbruch
kommt er herauf,
den Jodlappen
um die rechte Hand gewickelt.

In elenden Dörfern
schlug er Knüppelholz
für seine Linsensuppe.

Jetzt kehrt er
im dürren Schatten
zerrissener Wolken
zu seiner Krone
in die Schlucht zurück.

Von Anfang an haben den Lyriker Peter Huchel die Eindrücke der heimatlichen märkischen Landschaft, ihrer Heide, ihrer Seen und Teiche, ihrer Dörfer, berückt und bedrängt. Erst in späterer Zeit tritt diese Landschaft mit der Welt Shakespearescher Tragödiengestalten in Korrespondenz.

Das Gedicht *Macbeth* schiebt in dem Bild »Gelichter der Heide« die Shakespearesche Szenerie des Hexenauftritts und die nächtliche Geisterkulisse märkischer Gegenden übereinander. In den Versen, die im Lyrikband von 1979 auf *König Lear* folgen, könnten die Wiese und der Wassergraben, an dem Hamlet in sein bleiches Spiegelbild starrt, statt in Dänemark auch im Havelland liegen.

Und der Fünfzehnzeiler *Ophelia* läßt das unglückliche Mädchen, dessen Name uns aus dem *Hamlet* vertraut ist, im seichten Gewässer am Stacheldraht verenden. So holt Peter Huchel die Shakespeareschen Gestalten ins Heute und in die Landschaft, in der er bis zu seiner Übersiedlung in den Westen (1971) heimisch war. Von allen Shakespeare-Varianten ist wohl das Gedicht über König Lear das persönlichste. Nicht daß es erlaubt wäre, direkte Bezüge zwischen den Personen, zwischen der Handlung des Dramas und der Biographie des Lyrikers herzustellen. Aber anscheinend fand Huchel eine eigene Daseinssituation in der Gestalt und dem Schicksal des Lear bereits ins dichterische Bild gebracht.

Shakespeares *King Lear* ist die Tragödie des Herrschers, der aus fehlender Menschenkenntnis den Schmeicheleien zweier Töchter vertraut und die ihn wirklich liebende Tochter verstößt, der sich voreilig aller Macht begibt und nun die unbarmherzige Gewalt der Falschheit zu spüren bekommt. Lear ist das Opfer einer ungeheuerlichen Undankbarkeit. Huchels Gedicht spielt allerdings auf das Ende der Tragödie, in der sowohl die Guten wie die Grausamen zugrunde gehen, nicht mehr an.

Erinnert der Zustand, in dem uns Lear hier begegnet, am ehesten an den des Gedemütigten, der bei Shakespeare auf der Heide, in unwirtlicher Gegend umherirrt, so fällt doch auf, daß Lear nun ohne alle Begleitung, ohne jeglichen Freund ist. Huchel läßt Lear noch tiefer stürzen, er zeigt ihn als den Ausgestoßenen, als den gänzlich Vereinsamten.

Lear haust – wenn man so bei dem Unbehausten sagen darf – zwischen den Menschensiedlungen. Steinbruch und Schlucht sind die Wahrzeichen der Gegend, die ihn aufgenommen hat: der Ort der Kahlheit und Öde und der Ort einer höhlenhaften Zuflucht. Lear ist – der Jodlappen deutet es an – verletzt, und ausgerechnet an jener Hand, die er zur Selbstversorgung und zum Selbstschutz, also zum Überleben am dringendsten braucht.

Die mittlere Strophe des Gedichts spricht in der Bildertrias »elende Dörfer«, »Knüppelholz« und »Linsensuppe« von der Kärglichkeit des gefristeten Lebens. Knüppelholz schlägt man nicht eigentlich in Dörfern; so steht das mehrdeutige Bild hier für alles, was man beschaffen – vielleicht erbetteln – muß, ein einfaches Gericht zuzubereiten. Und Armseligkeit ist selbst das Los derer, bei denen Lear sich versorgt.

Auf dem Heimweg werfen Wolkenfetzen ihre Schatten über ihn; kein versöhnendes Zeichen ist den Himmelserscheinungen zu entnehmen. So kehrt er zurück in seinen Unterschlupf, in dem die Krone, das Symbol von Macht und Würde, nur noch dazu taugt, den Widerspruch zwischen einst und jetzt, die Höhe seines Falles anzuzeigen.

Das Gedicht steht in einem Band, der Gedichte aus der Zeit zwischen 1972 und 1979 vereinigt. Aber es ist wohl zulässig, *König Lear* als eine Spiegelung jener Situation des inneren Exils zu deuten, die Peter Huchel mit seiner Ausreise aus der DDR, mit seiner Emigration hinter sich ließ. Acht Jahre lang hatte der bekannte Autor und verdienstvolle frühere Herausgeber der Zeitschrift ›Sinn und Form‹ in Wilhelmshorst bei Potsdam, isoliert und schikaniert, in der Verbannung gelebt – wahrlich auch er das Opfer einer ungeheuerlichen Undankbarkeit.

Aber – und dies läßt sich nur als Frage formulieren – hat Peter Huchel, der in dem Staat, in dem er zuletzt lebte, Literaturpreise und auch den »Orden Pour le mérite« erhielt, wirklich ganz das innere Exil verlassen?

Rolf Schneider
Signale des Lichts

Kreuzspinne

Noch webt die Spinne an der Wand
dem Licht die leise Fessel.
Umschleiert steht der Strauch im Sand,
am Zaun die braune Nessel.

Die Spinne seilt das Feuer fest,
wenn sie den Faden wendet.
Der Herbst duckt sich ins Ödgeäst
und dunkelt, bis sie endet.

Noch hält das Netz der Träume dicht,
mag auch die Mauer dunkeln.
Die Spinne trägt ihr Kreuz ins Licht
und alle Fäden funkeln.

Erst wenn sie immer müder kreist
in immer kältre Räume,
erst wenn ihr leises Seil zerreißt,
durchweht es kahl die Bäume.

Kerfe von der Art von *aranea diademata* gehören nicht zu den vorzüglichen Gegenständen unserer Lyrik. Tabuisiert durch die jahrhundertealten Gefühle des Ekels und der Furcht, wohnten die Spinnen, literarisch gesehen, in den Gefilden der Negation, des Entsetzlichen, des Verächtlichen. Wenn Peter Huchel seine Kreuzspinne geradezu mit Zärtlichkeit schildert, muß dies wie eine literarische Wiedergutmachung vorkommen, gemäß den franziskanischen Geboten, wo es unterscheidbar böse und gute Geschöpfe nicht gibt und jedes Tier vor Gott das gleiche Recht auf Erbarmen hat.

Das Huchelsche Insekt wäre wohl nicht denkbar ohne die Läusesucherinnen des Arthur Rimbaud, welche den Einzug des Ungeziefers in die moderne Poesie markieren. Aber während bei dem berühmten Franzosen noch ein trotziger Zynismus vibriert, redet Huchel ganz gelassen; er kann dies auch. Inzwischen haben nämlich die Gedichte einiges aushalten müssen, bis hin zu jenem Nest neugeborener Ratten im Inneren einer sezierten Leiche, in das der

Arzt Gottfried Benn seine kleine Aster versenkte. Die Beschreibung des Huchelschen Gliederfüßlers bedeutet keine poetische Provokation mehr.

Oder doch? Das Gedicht steht in Huchels Lyrikband von 1948, und obschon undatiert, wird aus den Zusammenhängen deutlich, daß es in den dreißiger Jahren verfaßt sein muß. Man weiß, die Poetologie der damaligen deutschen Machthaber hatte es gerne mit der Natur, mit dem Volksliedhaften, mit dem Blute, mit dem Boden. Auch Huchels Ton ist volksliedhaft. Auch sein Erlebnisraum ist die Natur. Trotzig erwählt er sich ein Objekt mit dem Ruch des Unansehnlichen, um dessen Schönheiten zu entdecken: entgegen jener fatalen Schönheit der Blonden und Blauäugigen, mit der die NS-Belletristik die Natur bevölkerte.

Was waren das für Zeiten, da selbst ein Gedicht über Spinnen die reine Politik wird, weil es so viele begangene Untaten assoziiert! Nicht die martialischen Lichtdome des Albert Speer auf dem Nürnberger Parteitagsgelände, die dünnen Fäden einer Kreuzspinne setzen Signale des Lichts gegen die anbrandende Düsternis, und als triumphalen Beweis, woher die Kraft dazu kommt, trägt das Tier sein »Kreuz ins Licht«.

Das gemahnt an mancherlei. An den Hirsch des heiligen Hubertus zunächst, auch ein Herbst-Geschöpf, auch eine Mahnung gegen Übermut und Willkür; aber wenn da noch in dieser Strophe davon die Rede ist, daß im Zeichen des Kreuzes die Träume aufbewahrt werden, läßt sich schwerlich der Gedanke an jene Vertreter der christlichen Kirchen unterdrücken, die das Licht des Kreuzes gegen die Finsternis der deutschen Diktatur setzten: Bonhoeffer und Klepper, Lichtenberg und Kolbe. Es mag dabei von untergeordneter Bedeutung sein, ob Peter Huchel, als er sein Gedicht schrieb, die Namen gekannt hat, ob er sie hat kennen können. Vielleicht formulierte er bloß eine Zuversicht, von der wir inzwischen wissen, daß sie nicht grundlos war.

Peter Huchel empfand sich nach eigener Aussage als ein »Heide«. Gleichwohl besaß er eine hohe Empfindlichkeit für die Kraft, auch die Bildkraft des Christlich-Religiösen; man könnte seine gesamte Lyrik unter dem Aspekt eines Aufeinanderprallens von christlichen und außerchristlichen Mythologemen betrachten. Für einen Agnostiker hat er sich deswegen eine erstaunlich große und überaus dankbare christliche Anhängerschaft erworben; viel Heilserwartung konnte er ihr nicht stiften. Huchels Natur ist gewiß spiritualisiert; Tod und tödliche Bedrohung sind aber stärker. Die letzten beiden Verse des Gedichts von der Kreuzspinne schildern ohne Wehleidigkeit und Anklage eine Welt, die entseelt ist, die wenig Hoffnung enthält, die von der Brüchigkeit und Folgenlosigkeit allen Widerstehens erzählt.

Auf den Ausgang des dritten Jahrzehnts in unserem Jahrhundert bezogen, ist es die reine geschichtliche Wahrheit. Aber Huchels Metaphern greifen über dieses Jahrzehnt weit hinaus. Seine Wahrheit auch dann noch, auch heute noch anzuhören, empfiehlt sich selbst denen, die ihr nicht folgen mögen.

Günter Kunert

Flaschenpost aus dem Nichts

Nachlässe

Nachlässe,
ungeordnet,
auf Böden verstaubt,
die Erben sind tot.
Und finstere Himmel,
grau unterkellert
von Wänden aus Nebel.
Die Kälte atmet
in hallenden Gängen.

Später,
im Sommer
über den Stoppeln
die Spindeln aus Licht.
Sie wickeln
das rissige Garn
galizischer Dörfer.
Doch niemand kommt,
den Mantel zu weben.

Durchbrüche,
verschüttet,
von Keller zu Keller,
das letzte Verlies
zwei Kannen in Warschau,
vergraben
in Erde und Feuer.
Es geht durch Wolken
stürzender Asche
die Stimme hinab,
die Erben zu rufen.

Geschichte als geheimer Wirkstoff, als Spülicht aus einer früh vergifteten Quelle, aus der zu trinken unser Dasein uns zwingt, ist einem Dichter in der DDR bewußter als andernorts. Peter Huchel, der seinen Staat bis zur Neige auskostete, bis ihm die Gnade der Ausreise zuteil wurde, hat wie wenige in seinen Gedichten die Realität des Gewesenen und des aktuell (ihm) Geschehenden zu amalgamieren vermocht.

Ein Beispiel dafür ist *Nachlässe,* das auf den ersten, flüchtigen Blick wie ein Gedicht erscheint, dessen Bilderwelt mit einer bereits spürbaren Konventionalität den unaufhebbaren Bannkreis des »Holocaust« thematisiert. Galizische Dörfer, letztes Verlies, Warschau, Wolken stürzender Asche – damit sind die eindeutigen Zeichen gesetzt, das »Grab in den Lüften« assoziiert. Nur wird der aufmerksamere Leser über die beiden »in Erde und Feuer« vergrabenen Kannen stutzen, und er wird, wie sollte es anders sein, versuchen, sich darauf seinen symbolischen Reim zu machen. Er kann nicht wissen (und der Gedichtband liefert keine Fußnote), daß es sich hierbei um mehr handelt als um allegorische oder metaphorische Dekorationsstücke. Diese zwei Kannen nämlich sind der erwähnte Nachlaß und überhaupt der Schlüssel zum Gedicht. Sieben Zeilen, hinter denen ein Vorgang sich verbirgt, der, um seine Tragweite zu begreifen, als Zitat wiedergegeben werden muß:

»In der Nacht vom 2. zum 3. August (1942) vergruben der Lehrer Izrael Lichtensztejn und die Arbeiter Nachum Grzywacz und Dawid Graber das illegale Ghettoarchiv im Keller des Hauses Nowolipkistraße 68 und bewahrten so die durch den Historiker Emanuel Ringelblum und seine Mitarbeiter Szymon Huberband, Jehuda Feld und andere mühsam und unter Lebensgefahr gesammelten Materialien vor der Vernichtung. Der erste Teil des Archivs wurde in zehn Blechbüchsen, der zweite in zwei Milchkannen versteckt und vergraben.«

Daß Menschen, angesichts ihrer Vernichtung, davon Zeugnis geben wollen, auf eine Weise, gegen die eine Flaschenpost im Atlantik eine ziemlich sichere Nachrichtenübermittlung darstellt, und daß wir diese Botschaft aus einem sorgfältig geplanten und fleißig erzeugten Nichts doch noch erhalten haben, ist eines der seltenen Wunder. Kein Wunder und leider nicht so selten ist das Faktum, daß diese Botschaft auf wenig empfangsbereite Adressaten gestoßen ist. Über diesem Gedicht könnte genausogut der Titel eines anderen Huchel-Gedichtes stehen: *An taube Ohren der Geschlechter.*

Aber nicht darum geht es hier beim Lesen von Huchels Gedicht, nicht um »Trauerarbeit« und »Vergangenheitsbewältigung«, sondern um etwas, das mir an diesem Gedicht exemplarisch zu sein scheint: daß Dichtung in ihrem Fakten- und Tatsachengehalt unterschätzt wird. Noch immer gelten weithin Gedichte als »erdichtet« – im Sinne von erfunden, ausgedacht oder schlimmer: »Verzerrung der Wirklichkeit«. Gedichte begleiten den »ehernen« Schritt der Geschichte nicht wie mehr oder minder muntere Schmetterlinge oder Schmeißfliegen – sie sind Bestandteil der menschheitlichen Chronik. Nur bedarf es zu ihrem Verständnis häufig eines besseren Wissens, als es im allgemeinen gang und gäbe ist.*

* Vgl. auch Huchels Text auf S. 26 [d. Hg.].

VI

Sinn und Form

Ian Hilton

Sinn und Form: »Ein schlimmes Kapitel...«

›Sinn und Form‹ war nicht eigentlich die erste literarische Zeitschrift, die man nach dem Krieg in der DDR gegründet hatte. Der ›Aufbau‹, Träger der offiziellen Meinung, war schon Juli 1945 erschienen. J. S. Streisand schreibt überschwenglich über diese Zeitschrift in seiner Kulturgeschichte der DDR, unterläßt jedoch auffälligerweise, Huchel und ›Sinn und Form‹ zu erwähnen.[1]

Huchel hat auf die Entstehung von ›Sinn und Form‹ und sein eigenes Engagement von vornherein hingewiesen[2]:

Ich wollte eigentlich gar nichts. Ich war damals 1948 Sendeleiter des Berliner Rundfunks, und Becher wollte mich zum Chefredakteur machen. Die sowjetischen Kulturoffiziere legten Wert darauf, einen leitenden Mann zu haben, der nicht in der Partei war. Ich hatte eigentlich gar keine Lust, aber Becher ließ nicht von mir ab: Er wollte die Zeitschrift zunächst »Maß und Wert« nennen – so hieß eine Zeitschrift, die Thomas Mann in der Schweizer Emigration herausgegeben hatte. Aber Mann überließ uns den Titel nicht, und Becher taufte die Zeitschrift schließlich ›Sinn und Form‹.

Diesen Titel fand Huchel »allzu anspruchsvoll, zu formalistisch«. Davon abgesehen, machte sich Huchel energisch daran, der Zeitschrift in jenem entscheidenden Nachkriegszeitraum des moralischen und physischen Aufbaus ein hohes literarisches Niveau zu sichern. Seine frühere Mitarbeit mit Haas, Joachim und anderen bei der ›Literarischen Welt‹ in den Jahren 1930–1933 (»Ich habe so das redaktionelle Getriebe kennengelernt«) hatte Huchel in gewissem Maße die Erfahrung verschafft, welche ihm im jetzigen Unternehmen zugute kommen sollte.

Die erste, 1949 erschienene Nummer, ein großartiges, Brecht gewidmetes Sonderheft, das solche bisher unveröffentlichten Texte wie *Kleines Organon für das Theater* und den *Kaukasischen Kreidekreis* einschloß, sollte eine Brecht-Renaissance sowohl innerhalb als außerhalb des deutschsprachigen Raums garantieren und entlockte Brecht in einem Brief an Huchel den Dank (1. 7. 1949)[3]: »Es ist eigentlich die erste Publikation, die mich mit den Deutschen zusammenbringt, meine eigenen Bemühungen abgerechnet.«

Brecht bemerkte dann folgendes über die ersten Hefte im allgemeinen:

Ich bewundere diese geistreiche und planmäßige Kontribution zum Aufbau und Umbau. Ihre Ansicht, daß dieser *im großen* gemacht werden muß, nach einem *breiten* Plan und durch eine allgemeine Entfaltung der Produktivität im Materiellen und Formalen, tritt überallhin deutlich und erfrischend zutage.

Diese Hefte enthielten, *inter alia*, Beiträge seines Potsdamer Freundes Kasack (*Der Webstuhl* – von Broch als Innovation der modernen Allegorie betrachtet), Stephan Hermlins (Gedichte), Artikel des ungarischen Kritikers Lukács *(Heidegger redivivus)*, der linksliberalen Intellektuellen Adorno und Horkheimer *(Odysseus oder Mythos und Erklärung)* und seines Freundes, des Philosophen Bloch *(Die Selbsterkenntnis)*. Unter anderen Namen (sowohl noch lebender als schon gestorbener Schriftsteller), die in diesen ersten Heften erschienen, befanden sich Becher, H. H. Jahnn, Hans Mayer, Broch, Aragon, Gertrud Kolmar, Anna Seghers, Majakowsky, Hauptmann, Rolland, Lorca.

Die unmittelbare Reaktion im Westen war jedoch nicht sehr positiv. In einem Brief an Kasack schrieb Hans Paeschke, der Herausgeber der Zeitschrift ›Merkur‹ (8. 2. 1949)[4]: »Ein recht schwacher Versuch, sowjetische Ideologie poetisch zu bemänteln. Zwei, drei Hefte weiter und man wird beim Stalinismus angelangt sein.« In der Tat war die Zeitschrift ohne Zweifel von Becher als weiteres Werkzeug einer unmittelbar künftigen sozialistischen Kulturrevolution gedacht. Huchel mußte tatsächlich Zugeständnisse machen – nicht zuletzt indem er auch Becher veröffentlichte, der gelegentlich programmatische Bemerkungen über die Bedeutung der Kunst machte – zum Beispiel *Verteidigung der Poesie* (SuF 4 [1952]), *Zur Verteidigung der Einheit der deutschen Kultur: Programmerklärung des Ministeriums für Kultur der deutschen demokratischen Republik* (SuF 6 [1954]). Und diejenigen, die uns darauf aufmerksam machen wollen, daß Huchel gerne denselben Weg betreten hat, brauchen scheinbar bloß im ersten Band nachzulesen, der Huchels ersten Beitrag enthielt: seine Übertragung eines Gedichtes von Ewgenij Dolmatowsky unter dem Titel *Der Oktoberbrief* als Beispiel der neueren sowjetischen Literatur. Folgende Urteile zweier Kritiker darf man als Spiegel einer ziemlich konsequenten Einstellung im Westen zu ›Sinn und Form‹ auffassen und zwar sowohl während der Jahre von Huchels Chefredaktion als auch danach. So A. Bettex[5]:

Die Ostberliner Zeitschrift ›Sinn und Form‹ sammelt Werkproben auch anspruchsvollerer Art, die mehr oder minder im Einklang stehen mit mächtigen Tendenzen, den Dichter zum Funktionär einer staatlich gelenkten literarischen Nutzproduktion zu machen, gemäß der von Grotewohl verkündeten Weisung: »Literatur und bildende Künste sind der Politik untergeordnet ... Die Idee in der Kunst muß der Marschrichtung des politischen Kampfes folgen.«

Und Patrick Bridgwater[6]: »›Sinn und Form‹ enthält (mehr oder weniger orthodoxe) Beiträge und ist somit erforderliche Lektüre für alle, welche die zeitgenössische deutsche Literatur als Ganzes im Auge behalten wollen.«

Das entgegengesetzte Urteil findet man bei Hans Erich Nossack[7] oder Willy Haas[8]:

Sie haben diese Ihre Monatsschrift ›Sinn und Form‹ zu einer der drei führenden geistigen Zeitschriften im gesamten Deutschland erhoben. Ihre Zeitschrift ist und bleibt – hoffentlich für lange – eine der sehr wenigen repräsentativen Zeitschriften Gesamtdeutschlands. Diese Feststellung ist so evident, daß sie kaum einer besonderen Begründung bedarf. Niemand von einiger Kompetenz wird sie bestreiten können.

Ähnlich Rolf Schneider über Huchel[9]: »Er hatte bis 1962 die wohl wichtigste Literaturrevue aller Deutschländer redigiert, und wurde dafür als elitär gescholten.«

Wir sollten nicht den stetigen und weitgehenden Druck vergessen, den die Vertreter der harten Linie in der DDR auf Huchel ausübten, weil dieser es scheinbar unterlassen hatte, die Parteilinie schärfer zum Ausdruck zu bringen. Dieser Druck, so erinnert uns Huchel, hatte schon zur Zeit des zweiten Heftes der Zeitschrift angefangen[10]:

Aber schon nach der zweiten Nummer gab es die ersten Angriffe. Nach Meinung der Partei hatte ich zuviel Literatur aus dem Westen gebracht. Essays von Benjamin, Adorno, Horkheimer, Lukács, Herbert Marcuse, Bloch, Hans Mayer und Ernst Fischer erregten Mißtrauen. Ich brachte Bert Brechts Barlach-Aufsatz, dessen Abdruck das SED Zentralorgan ›Neues Deutschland‹ abgelehnt hatte. Damals galt in der DDR die Parole: Wer für Barlach ist, unterstützt den amerikanischen Imperialismus. Also wurde ich zu Becher zitiert, der mich beschimpfte.

Und in einem Brief an Hans Henny Jahnn (26. 3. 1952) murrte Huchel über die Lage[11]:

Dazu kommt, daß ich seit der Übernahme der Zeitschrift durch die Deutsche Akademie der Künste nicht mehr die volle Aktionsfreiheit besitze, die ich vorher hatte. Besonders in letzter Zeit habe ich – das sei Ihnen vertraulich mitgeteilt – manches einstecken müssen, und es ist nicht immer leicht, die Zeitschrift auf der gewohnten Höhe zu halten. Ich blicke oft mit Schmerz auf die ersten beiden Jahrgänge zurück. Ich hoffe aber, daß eine endgültige Aussprache mit Becher manches klären wird.

Glücklicherweise hat Brecht in diesen Jahren Huchel unterstützt, wie zum Beispiel im Mai 1953, als er sich einschaltete, während Huchel sich auf einer offiziellen Reise in Moskau befand und Alexander Abusch diese Abwesenheit benutzte, eine mit Huchels Namen unterzeichnete »Selbstbeschuldigung« – »wegen schwerer ideologischer Fehler« – zu liefern, mit dem Ziel, Huchel durch F. C. Weiskopf als Chefredakteur zu ersetzen. Und Brecht war es, der Huchel beschwor, die Zeitschrift nicht im Stich zu lassen, nachdem dieser entschlossen war, die Chefredaktion niederzulegen.

Auf längere Sicht hin war jedoch die Zukunft der Zeitschrift nicht gesichert. Im Mai 1954 schrieb Arnold Zweig an Louis Fürnberg, der damals daran dachte, nach Weimar umzuziehen[12]:

Wir brauchen Dich, lieber Louis, in Berlin, und zwar in der Akademie der Künste und mit Huchel als Hauptherausgeber von ›Sinn und Form‹. Von Weimar aus ist das nicht zu machen, unsere Zweimonatsschrift krankt schon daran, daß Huchel in Wilhelmshorst sitzt und ebenda seine Redaktion und er nur zweimal wöchentlich in Berlin ist. Dabei verkenne ich nicht die Härte, die darin liegt, daß er eben zweimal wöchentlich nach Berlin fahren und in der Akademie Sprechstunde abhalten muß.

Die Angriffe verschärften sich, besonders nach Brechts Tod. Der Vorwurf war immer wieder, daß die Zeitschrift zeitfremd an den aktuellen Problemen vorbeiging. Huchel bezieht sich auf eine solche Auseinandersetzung[13]:

Immer wieder gab es Sitzungen in der Akademie, mußte ich berichten, 1958 zum Beispiel über die ersten zehn Jahrgänge. Da stellte dann Alexander Abusch eine Frage, deren Antwort er selber schon kannte: Haben Sie den Geburtstag von Walter Ulbricht nicht wenigstens einmal gewürdigt? Ich verneinte, und dann nahm Herr Professor Kurella die Hefte in seine gepflegten Finger, hob sie hoch, ließ sie herunterfallen und rief: In den ganzen zehn Jahren wurde die Existenz der DDR nicht erwähnt (was übrigens nicht stimmte).

Der Weg vorwärts, den Ulbricht für die Literatur und Kultur überhaupt in den späten Fünzigern wollte, war klar beschildert[14]:

Es geht darum, unserer Literatur, der bildenden Kunst, den schönen Künsten überhaupt, einen neuen, sozialistischen Inhalt zu geben und sie dem ganzen Volke zugänglich zu machen. Wir wollen mit Hilfe der Schriftsteller und Künstler und der Talente aus dem arbeitenden Volk die Kultur des neuen Deutschland gestalten, jene Kultur, die ihrer Form nach national und ihrem Inhalt nach eine sozialistische ist.

Irgendwelche Unvereinbarkeiten mit diesem Standpunkt brandmarkte der Chefideologe Kurt Hager in seiner Verurteilung der Zeitschrift und des Chefredakteurs[15]:

In dem Bestreben, eine gesamtdeutsche Zeitschrift zu sein, eine Zeitschrift, die auch in Westdeutschland gefällt, eine ›Brücke zwischen Ost und West‹, wich die Zeitschrift, *der man ein hohes literarisches Niveau zugestehen muß* (Hervorhebung von mir), jahrelang sorgfältig einer entscheidenden Parteinahme für die sozialistische Entwicklung in der DDR aus.

Die Bitterfelder Konferenz 1959 kritisierte scharf ›Sinn und Form‹ sowohl als Huchel. Die physische und psychologische Belastung, unter der Huchel damals arbeitete, spiegelt sich in folgender Briefbemerkung Huchels an Jahnn wider (12. 9. 1959)[16]:

Die letzten Monate, die ich mich mit der Zusammenstellung der ebenso umfangreichen wie zähen Sonderpublikation J. R. Becher zu beschäftigen hatte, waren für mich in jeder Beziehung derart strapaziös, daß ich gesundheitlich wie nervlich völlig erledigt bin.

Einige Monate später schrieb er an Ludvík Kundera (17. 8. 1960)[17]:

Ich grabe mich langsam ans Tageslicht – eine kleine Feldgrille, der das Wetzen mit Bein und Flügel noch etwas schwerfällt. Wieder einmal ist es die Zeitschrift, aber lassen wir das.

Im Juli 1962 erreichte damit die Angelegenheit ihren Höhepunkt, als Willi Bredel seinen Kompromiß vorschlug. Einen Beigeschmack von dem, was schon lange hinter den Kulissen passiert war, liefert Bodo Uhse im Tagebuch (26. Juni)[18]: »Gestern nachmittag Sitzung in der Akademie nachher zu ›Sinn und Form‹ der Beschluß, daß ich entweder mit oder ohne Huchel die Zeitschrift weiterführen soll.« Huchels Ablehnung des Kompromisses führte zu seiner erzwungenen Kündigung. Folgende Bekanntmachung von Bredel als dem Präsidenten der Deutschen Akademie der Künste ist im vierten Heft der Zeitschrift erschienen:

Der bisherige Chefredakteur Peter Huchel scheidet auf eigenen Wunsch mit Jahresende aus. Das Präsidium der Deutschen Akademie der Künste stellt dazu fest: die Zeitschrift ›Sinn und Form‹ wird nach wie vor in der gleichen Auflagenhöhe und im gleichen Umfang erscheinen und mit dem gleichen literarischen Niveau.

Was sich allerdings verändern wird, ist die Konzeption der Zeitschrift, wie das Plenum der Deutschen Akademie der Künste am 30. Mai 1962 einstimmig beschlossen hat.

Der sechste Parteitag am 18. Januar 1963 besiegelte die öffentliche Mißbilligung von ›Sinn und Form‹. Die Londoner ›Times‹ faßte die Sache mit einem Wort zusammen[19]:

Vor der jüngsten Kündigung Herrn Peter Huchels, des Chefredakteurs der vergangenen zwölf Jahre, las man ›Sinn und Form‹ mit Achtung und Interesse sowohl in Deutschland als im Ausland, aber, nachdem die Delegierten ihre Mißbilligung zum Ausdruck gebracht hatten, gab Herr Bredel zu, ›Sinn und Form‹ sei ›ein schlimmes Kapitel in der Geschichte der Akademie‹ gewesen. [Hier kürzt die ›Times‹ das Zitat. Laut Protokoll des VI. Parteitags hatte Bredel mit dieser Äußerung lediglich das letzte von Huchel redigierte Heft (5/6, 1962) gemeint (Der Hg.)]

Huchels Behandlung der Zeitschrift zeigt – und das wurde in den letzten Jahren, als er unter intensivem politischem Druck stand, immer deutlicher –, daß er im Grunde genommen ein Redakteur war, der feste intellektuelle Anschauungen vertrat in seinem kritischen Urteil über das, was er für die Zeitschrift für richtig hielt. Auch hatte er offensichtlich eine Begabung dafür, der Zeitschrift neuen Stoff zu gewinnen. Nach Hans Mayer hatte Huchel »immer dort den richtigen Brief an den richtigen Adressaten geschickt, wo es galt, wertvolle Manuskripte zu entdecken«.[20] Der langjährige Briefwechsel mit Hans Henny Jahnn läßt uns übrigens in diesen Aspekt von Huchels Redaktionsaufgaben aufschlußreichen Einblick gewinnen – und in die damit zusammenhängenden Probleme!

Er wollte die Zeitschrift zu einem Forum für Werke von hohem Rang in sowohl ästhetischer als geistiger Hinsicht machen. Zwar konnte man den fundierten marxistischen Essay meistens in den Heften lesen (»ich bevorzugte den wirklich fundierten marxistischen Essay«), doch hielt es Huchel weder für notwendig noch erwünscht, sich automatisch nach der Parteilinie zu richten, und er unterließ es nicht, Stoffe herauszubringen, die an einen solchen streng sozialen und politischen Gesichtspunkt nicht gebunden waren (»Ich brachte – das gebe ich zu – manche Essays, die dem offiziellen Kurs widersprachen«). Zugleich aber beklagte er sich darüber, daß »die essayistischen Arbeiten, die für ›Sinn und Form‹ geschrieben werden, oft ins kalte Kielwasser der bloßen germanistischen Untersuchung geraten«.[21]

Die Zeitschrift enthielt auch Beispiele guten dichterischen Schreibens von anerkannten sowohl als auch neueren Autoren. Huchels Fähigkeit, verschiedenartige Denkweisen vorherzusehen und zu steuern, merkte man am stärksten, wenn er die Aufmerksamkeit der Deutschen auf Autoren der Weltliteratur lenkte. Da man ihnen den Zugang zur Weltliteratur während des Krieges verwehrt hatte, waren die Menschen in beiden Teilen Deutschlands 1945 nur zu bereit, zumindest gewissen literarischen Einflüssen von draußen die Tür zu öffnen, und in dieser Hinsicht spielte Huchel mit seiner Zeitschrift eine bedeutende Rolle. Ein Überblick über die Hefte von ›Sinn und Form‹ in den Jahren der Huchelschen Leitung läßt immer wieder die bewußte humanistische Behauptung liberaler Überzeugungen erkennen, so wie man sie bei Marcuse, Sartre, Camus, Eluard, Chamson, Aragon aus Frankreich sieht; Neruda, Guillén und Asturias aus Südamerika; Lorca und Jiménez aus Spanien, Jessenin, Majakowsky, Scholochow und Jewtuschenko aus Rußland; den Ungarn József Attila und Lukács; dem amerikanischen Schwarzen Langston Hughes. 1951 ist in einem Heft die neueste polnische Lyrik erschienen. Andere Hefte in späteren Jahren behandelten Lyriker aus Südamerika, die finnische und (kurz vor Huchels Kündigung) jugoslawische Lyrik. Auch für anerkannte deutsche Dichter und Denker lieferte Huchel ein Forum. Außer dem Brecht-Band 1949 (ein zweiter folgte 1957) sind mehrere Sonderhefte erschienen – über Arnold Zweig 1951, Thomas Mann 1955, Johannes Becher 1960. Heinrich Mann, Jahnn, Döblin, Broch, Anna Seghers zählten zu den schon bekannten Autoren, die Huchel in regulären Heften herausbrachte. Ein noch wichtigerer Aspekt der Zeitschrift bestand darin, daß Huchel die angehenden Talente sowohl älterer Autoren, denen der Krieg frühere Gelegenheit versagt hatte, als auch neuerer Autoren förderte. 1950 veröffentlichte er Nelly Sachs, Hans Erich Nossack, Stephan Hermlin, Paul Celan, Ilse Aichinger, Günter Kunert und Heinar Kipphardt. Horst Bienek erschien im folgenden Jahr. Gedichte von Wolfgang Bächler erschienen 1954, ein Jahr später Werke von Peter Hacks, Günter Weisenborn und Franz Fühmann, und auch fünf Gedichte von Johannes Bobrowski, die dieser drei Jahre zuvor Huchel vorgelegt hatte. Bobrowski bemerkte später über die Anregung und Unterstützung, die ihm Huchel gegeben hatte:

»Das war der erste, der mir etwas dazu und etwas Gutes gesagt hat.«[22] Helmut Heissenbüttel, Peter Hacks, Ernst Schuhmacher, Günter Deicke erschienen 1956, Peter Jokostra, Peter Hamm, Hans Magnus Enzensberger, Rolf Schneider und noch einmal Bobrowski im folgenden Jahr. 1961 las man in der Zeitschrift Werke von Karl Mickel, Günter Kunert und Reiner Kunze.

Huchel hatte freilich schon lange die Unausweichlichkeit seiner eigenen Lage erkannt. Faszinierend ist es, Huchels immer noch schweren Kampf um die Bewahrung der Selbständigkeit und Integrität des künstlerischen Geistes zu spüren. ›Sinn und Form‹ spiegelt sehr subtil die Kompliziertheit seiner eigenen sich verändernden privaten Umstände im Zusammenhang mit dem, was zu erwarten war: die Zeitschrift sollte nämlich die offiziellen Meinungen der DDR wiedergeben. Sie spiegelt außerdem die Gewichtsverlagerung wider, die man im Laufe der Fünfziger sowohl bei Huchels eigenen in der Zeitschrift veröffentlichten Gedichten als auch den Beiträgen anderer Autoren zu ›Sinn und Form‹ bemerken konnte.

Eigene Dichtung hat Huchel zum ersten Male im vierten Heft des 1950er Bandes herausgebracht. Sie bestand aus zehn Seiten einer geplanten Chronik (*Das Gesetz*) und sollte von den grauenhaften Ereignissen des Zweiten Weltkrieges berichten ebenso wie von den Aussichten auf eine glänzendere landwirtschaftliche Zukunft und auf ein allgemeines Wohlergehen als Folge der Bodenreform von 1949 in der DDR: sie stand also mit wesentlichen Punkten des sozialistischen Realismus in Einklang. Im folgenden Jahr ist noch ein Teil davon erschienen, betitelt *Chronik des Dorfes Wendisch-Luch* und ›den Pionieren aller wiederaufgebauten Dörfer‹ gewidmet: sie ist in mehreren Anthologien der DDR in den Fünfzigern enthalten. Noch einmal gibt es Rückblicke auf das Elend des Krieges, ehe der Dichter Hoffnung auf die Zukunft zum Ausdruck bringt, mit einer letzten Lobeshymne auf die Natur und die Produktivität des Menschen (noch einmal kehrt die alte Bäuerin als Symbolfigur zurück); die abschließenden Zeilen lauten: »Oh wirkliche Stunde, / da laubkühl flötend / die Amsel huscht / im werdenden Tag, / die eisengraue Frühe rötend / mit einem leisen Flügelschlag.« John Flores nennt es »das zwangsläufigste Klischee des sozialistischen Realismus«.[23]

Für Huchel aber lag das Wirkliche der Situation darin, daß ihn das relative Scheitern der Bodenreform immer mehr enttäuscht hatte und er sich der Unsicherheit seiner Lage als Leiter immer noch bewußter wurde. Bedeutsamerweise ist *Das Gesetz* ein Fragment geblieben (und das sozialistisch-realistische Element, welches in den in der Zeitschrift schon erschienenen Abschnitten zu beachten war, ließ Huchel aus, als er den Stoff zerstückelte, um daraus einzelne Gedichte zur Aufnahme in *Chausseen Chausseen* zu schaffen, wo er lediglich das Inferno des Krieges und den chaotischen Rückzug inmitten der Ruinen als Themen behalten hat).

Huchels sich veränderndes Verhältnis zu Becher wird auch angedeutet. Das Gedicht *In der Heimat* war Becher ursprünglich am 22. Mai 1951 gewidmet und ist im zweiten Heft von ›Sinn und Form‹ für dieses Jahr erschienen. Das Thema anfänglichen Elends, welches nach und nach dem Optimismus Platz macht, wird bearbeitet und im Jahrgang 1955 der Zeitschrift mit veränderter Betonung und anderem Titel *(Unter den Pappeln)* neu herausgebracht.

Im vierten Heft des Bandes von 1952 brachte er einen 35seitigen Essay Bechers, *Verteidigung der Poesie.* Darin sprach Becher sich für literarische Zugänglichkeit aus und behauptete, echte Neuheit drücke sich in traditionellen Formen aus, die leicht verständlich und auch denjenigen zugänglich sein sollten, denen es an literarischer Ausbildung fehlte. Allgemeines Vertrautsein mit der Literatur meinte natürlich Volkstümlichkeit. Zwei Hefte später brachte Huchel Auszüge aus der von Hanns Eisler geplanten Oper *Doktor Faustus.* In einem begleitenden Essay *Doktor Faustus und der deutsche Bauernkrieg* erklärte der österreichische Marxist Ernst Fischer, Eislers Oper könne zu dem werden, was seit einem Jahrhundert fehle, nämlich der deutschen Nationaloper; und sein Beitrag lieferte Eisler, dem Komponisten der DDR-Hymne, im wesentlichen eine programmatische Rechtfertigung dafür, das Libretto zu komponieren: »Faust-Dichtung ist ein eindrucksvolles Bekenntnis zu jenem revolutionären Humanismus, den das Bürgertum verraten hat und den die Arbeiterklasse unbeirrbar dem weltgeschichtlichen Sieg entgegenträgt.« Die Debatte, welche die Parteigenossen stark beschäftigte, drehte sich allerdings darum, daß Eisler mit seinem Doktor Faustus einen Charakter bildete, der nicht nur vom Muster des Goetheschen Helden weit entfernt war, sondern der auch, angesichts des damaligen politischen Klimas und wegen seines ›negativen‹ Charakters, als potentieller Volksheld eine unmögliche Gestalt war. Der Auseinandersetzung über diesen kulturpolitischen Fehler schloß sich Abusch im folgenden Band

(SuF, 5 [1953]) mit seinem Essay *Faust-Held oder Renegat in der deutschen Nationalliteratur* an:

Wir kommen zur Schlußfolgerung. Eine Faust-Oper kann zu *einer deutschen Nationaloper* nur werden, wenn sie, auch in einer Verbindung mit dem Zeitalter des Großen Deutschen Bauernkrieges, es versteht, Faust als die *geistige Heldenfigur des leidenschaftlichen Kampfes gegen die deutsche Misere und zugleich für eine allseitige Erkenntnis der Welt* darzustellen.

Bedeutend war es, daß Huchel im selben Heft Brecht das letzte Wort gewährte mit seinen *Thesen zur Faustus-Diskussion:* »Er [Eisler] hat einen positiven Beitrag zum großen Faust-Problem geliefert, dessen sich die deutsche Literatur nicht zu schämen braucht.«

Der Band, der Bechers 42seitige programmatische Erklärung *Zur Verteidigung der Einheit der deutschen Kultur* enthielt, schloß auch »König Lear« ein, den Auszug aus Döblins Manuskript zu seinem allerletzten Roman *Hamlet oder Die lange Nacht nimmt ein Ende.* Diese neue Stimmung spürt man auch bei einem Gedicht, das Huchel Bloch zum 70. Geburtstag gewidmet hat und das im dritten Heft des Bandes für 1955 veröffentlicht wurde. Zu dieser Zeit war Bloch schon bei den Behörden in Ungnade gefallen und sollte die DDR dann auch zwei Jahre später verlassen. Auf dieses im Ton resignierte Gedicht folgte sofort ein Essay von H. H. Holz über *Der Philosoph Ernst Bloch und sein Werk »Das Prinzip Hoffnung«*.

Zum Gedenken an Brechts Tod im vorhergehenden Jahr waren die ersten drei Hefte des Jahrgangs 1957 weiterem Stoff aus dem Brecht-Nachlaß gewidmet. Sie enthielten *Der aufhaltsame Aufstieg des Arturo Ui* und neun späte kritische Gedichte, ebenso wie eine Mischung von Beiträgen verschiedenartiger Autoren (E. Bentley, J. Willett, Eisler, Jahnn, Anna Seghers, Dessau, Becher, Arnold Zweig, Benjamin). Schien Huchel schon mit diesen Beiträgen ein engstirniges Kriterium der Volkstümlichkeit abzulehnen, so wird er vollends deutlich, als er das vierte Heft von 1958 beginnen läßt, mit einem Neudruck von Brechts *Volkstümlichkeit und Realismus;* dieser Essay, der auf Brechts Exil in den späten Dreißigern zurückgeht, spricht sich unverkennbar gegen die Herabsetzung ästhetischer Maßstäbe aus, um die angeblichen Hauptbedürfnisse des Volkes zu befriedigen.

Der allerletzte Band unter Huchels Leitung (1962) hat seinen Protest gekrönt mit der Betonung der Gefahren für Vernunft und Kultur, wenn diese repressiven, gefühllosen Einflüssen (derart wie sie in Bitterfeld zum Vorschein kamen) unterworfen sind. Das dritte Heft enthielt das Gedicht *Interfragmentarium. Zu Franz K. s Werk* von Günter Kunert, dem Träger des Heinrich-Mann-Preises der Akademie der Künste in Ost-Berlin 1962. Im damaligen kulturpolitischen Klima und angesichts der offiziellen Ablehnung von Kafka veranlaßte das Gedicht Alexander Abusch, den Genossen Günter Kunert bei einem späteren Parteitag mit Schriftstellern (am 25. März 1963) darum zu bitten, »... zurückzukehren aus den hoffnungslosen grauen Gefilden von Kafka und Benn in die lebensstarke Welt des umfassenden Umbaus des Sozialismus«.[24] Das vierte Heft enthielt Bredels Bekanntmachung des Huchelschen Rücktritts; es enthielt auch Ernst Fischers 56seitigen Essay über Franz Kafka mit dem Urteil: »Der Kafkaismus wird vorübergehen, wenn seine Voraussetzungen überwunden sind. Kafka wird bleiben.« In einem anderen Heft konnte man Aragons Rede lesen, die er kürzlich auf der Karls-Universität zu Prag, dem Geburtsort Kafkas, gehalten hatte. Darin rief Aragon die kommunistischen Literaturkritiker auf, sich endlich mit Kafkas Werken zu befassen. (Der Kampf darum, Kafkas Werke auf tschechisch herauszubringen, wurde gleichsam zu einem Sammelplatz für Intellektuelle und einem Brennpunkt ihrer Forderungen nach größerer Freiheit. 1963 fand eine Tagung über Kafka in der Nähe von Prag statt, welcher Delegierte aus den meisten sozialistischen Staaten Ost-Europas beiwohnten.)

Wir sollten auch die Tatsache nicht übersehen, daß Huchel am Anfang des allerletzten Heftes noch einen weiteren bedeutsamen Essay von Brecht, *Rede über die Widerstandskraft der Vernunft* (datiert 1936), herausbrachte:

> Angesichts der überaus strengen Maßnahmen, die in den faschistischen Staaten gegenwärtig gegen die Vernunft ergriffen werden, dieser ebenso methodischen wie gewalttätigen Maßnahmen, ist es erlaubt, zu fragen, ob die menschliche Vernunft diesem gewaltigen Ansturm überhaupt wird widerstehen können. Mit so allgemein gehaltenen optimistischen Beteuerungen wie »am Ende siegt immer die Vernunft« oder »der Geist entfaltete sich nie freier als wenn ihm Gewalt angetan wird« ist hier natürlich nichts getan ... Tatsächlich kann das menschliche Denkvermögen in erstaunlicher Weise beschädigt werden. Dies gilt für die Vernunft der einzelnen wie der ganzer Klassen und Völker. Die Geschichte des menschlichen Denkvermögens weist große Perioden teilweiser oder völliger Unfruchtbarkeit, Beispiele erschreckender Rückbildungen und Verkümmerungen auf.

Ebenso scharf gemeint war Huchels Aufnahme einer Rede über *Die Abrüstung der Kultur*, die Sartre kurz zuvor bei einer internationalen Friedenskonferenz in Moskau gehalten hatte. Darin hatte der französische Schriftsteller und Denker eine umstrittene Forderung nach einer liberaleren Kulturpolitik ausgesprochen:

Wir haben gegen einen sehr mächtigen Strom zu schwimmen: der kalte Krieg hat nur wenige Tote verursacht, aber er hat die Weltkultur erstarren lassen. Wenn aber wirklich zum ersten Mal in der Geschichte die Kulturschaffenden sich vereinigen würden, könnten wir, davon bin ich überzeugt, schnell in eine Zeit des Tauwetters eintreten. Und diese neue Kraft würde allein durch ihre Existenz, aber auch durch ihre tiefsten Interessen zur Erhaltung des Friedens machtvoll beitragen.

Eingestreut unter die Reden und Essays waren die Gedichte: Gedichte von Günter Eich und Paul Celan (der übrigens ein paar Gedichte von Sergej Jessenin aus dem Russischen übersetzt hatte, die im Jahrgang 1960 der Zeitschrift erschienen waren) und, als ein endgültiges, trotziges Siegel des Herausgebers, Gedichte von Huchel selbst (welche im zweiten Gedichtband *Chausseen Chausseen* erscheinen). Ihre Titel zählen zu den besten und politisch schärfsten Gedichten, welche er je schreiben sollte: *Der Garten des Theophrast*, *Verona*, *Traum im Tellereisen*, *Winterpsalm*, *Hinter den weißen Netzen des Mittags*, *Soldatenfriedhof*. All das tat Huchel mit vollem, eloquentem Bewußtsein seiner (Nicht-)Stellung, es bildete also seine Abschiedssignatur. Die Erzählung *Konec bogadel'ni* mit derem Untertitel »Iz ›odesski rasskazov‹« von Isaak Babel (unter dem Titel *Das Ende des Armenhauses* von Monica Huchel übersetzt und in diesem letzten Band enthalten) dient als ergreifendes Nachwort, als nähme diese gleichsam den schweren Weg der Huchels vorweg. Diese düstere Erzählung stammte aus der Feder eines der besten Verfasser der Kurzgeschichte im 20. Jahrhundert, der selber schon in den späten Dreißigern in Rußland in Ungnade gefallen war und den man erst bei dem nachstalinistischen Tauwetter rehabiliert hat. Die ursprünglich 1932 veröffentlichte Geschichte kommt wieder auf die Charaktere und das Milieu der Odessa-Geschichten zurück und erzählt von Arye-Leib und den anderen Alten aus dem jüdischen Armenhause, die von der Stätte weggetrieben werden, wo man nun die sowjetische Zukunft plant:

Ihr Weg führte sie über eine freudlose, ausgebrannte, steinige Chaussee, an Lehmhütten vorbei, vorbei an Feldern, von Steinen erdrückt, vorbei an aufgerissenen, von Geschossen zerstörten Häusern und am Pestberg vorbei. Ein unsäglich trauriger Weg führte in Odessa einst aus der Stadt heraus auf den Friedhof.

Bodo Uhse hat dann Huchel als Chefredakteur ersetzt, starb aber kurz danach, und Wilhelm Girnus übernahm die Chefredaktion. Das erste Heft unter der neuen Leitung könnte man als berechnete Widerlegung Huchels betrachten, da es ein paar Gedichte von Brecht aus den Jahren im Exil und auch 27 Seiten an Gedichten neuerer Autoren der DDR enthielt. Unter Brechts Gedichten waren sein wohlbekanntes *In finsteren Zeiten, Als ich ins Exil gejagt wurde*, und *Der Kommunismus ist der Mittlere*:

> Wer sich gegen ihn stellt, ist nicht Andersdenkender
> Sondern ein Nichtdenkender oder ein nur Ansichdenkender
> Ein Feind des Menschengeschlechtes
> Furchtbar
> Böse
> Unempfindlich
> Besonders
> Das Äußerste wollend, was selbst zum kleinsten Teil
> Verwirklicht
> Die ganze Menschheit ins Verderben stürzte.

Daß Huchel ›Sinn und Form‹ zu einer deutschen Zeitschrift von größter Bedeutung machte, dürfte unbestritten sein. Unter seiner Leitung war die Zeitschrift, in den Augen von Marcel Reich-Ranicki, »nicht mehr und nicht weniger als eine stille Enklave des Liberalismus in einer lauten Welt des Dogmatismus, eine Insel des Intellekts und der Kunst, stets bedroht von mächtigen Wogen des Ungeistes und der Kunstfeindschaft«.[25] Huchels Leistung auf dem Gebiet des Journalismus hat später offizielle Anerkennung gefunden, als ihm 1971 nach seiner Ausreise aus der DDR der Johann-Heinrich-Merck-Preis verliehen wurde.

Doch erinnert uns ein Wort von John Donne daran, daß »no man is an island, entire of itself«. Objektiv gesehen, verringerte sich der Rang von ›Sinn und Form‹ nicht signifikant unter der neuen Leitung, noch weniger ging die Zeitschrift ein. Ein Überblick über die Bände nach 1962 enthüllt Beiträge von, *inter alia*, Bobrowski (zwölf Epigramme aus dem Nachlaß), Peter Weiss (*Marat/Sade; Diskurs über Vietnam*), Christa Wolf (Auszüge aus *Nachdenken über Christa T*); von Kunert, Bichsel, Dürrenmatt, Hans Magnus Enzensberger, James Baldwin, Hermann Kant, Bernd Jentzsch,

Reiner Kunze; von Butor, James Aldridge, Bertrand Russell, Jewtuschenko. Immerhin zwanzig Jahre nach Huchels Kündigung finden wir die Namen von Canetti, Weiss, Lettau, Franz Fühmann, Rolf Schneider, Ernst Schuhmacher, Carlos Fuentes. Anders gesagt, dauert die Tradition fort, sowohl anerkannte und renommierte Schriftsteller anzuziehen als auch neue Autoren zu fördern. Doch sollten wir nicht vergessen, daß es – was ›Sinn und Form‹ betrifft – eine Tradition war und ist, die Peter Huchel zunächst bestimmt hatte und die er in den schwierigen Tagen des Kalten Krieges, des Aufstandes in der DDR, des ungarischen Aufstandes, der Berliner Mauer, entgegen allen Erwartungen, bewahrte. Den befreienden Hauch frischer Luft in der Kulturpolitik, den zum Beispiel Sartre und Aragon erwähnt hatten und nach welchem Huchel als Chefredakteur gestrebt hatte, spürte man erst später und kurz – doch zu spät, als daß es Huchel selber hätte nützen können. Die Diskussion über die Politik kontrollierter Liberalisierung, die damals solche Werke wie Ulrich Plenzdorfs *Die neuen Leiden des jungen W.* angeregt hatten, erfüllte die Sitzungen der Ausschüsse und die Blätter der Zeitungen und Zeitschriften, ›Sinn und Form‹ inbegriffen. Bei der IV. Tagung des Zentralkomitees im Dezember 1971 erklärte Erich Honecker[26]:

Wenn man von der festen Position des Sozialismus ausgeht, kann es meines Erachtens auf dem Gebiet der Kunst und Literatur keine Tabus geben. Das betrifft sowohl die Fragen der inhaltlichen als auch die des Stils – kurz gesagt: die Fragen dessen, was man künstlerische Meisterschaft nennt.

Und genauso Kurt Hager, leitender kulturpolitischer Ideologe der Partei[27]:

Als Marxisten-Leninisten wissen wir, daß Widersprüche kein ›Makel‹ der gesellschaftlichen Entwicklung sind, sie sind ein Motor jeder gesellschaftlichen Vorwärtsbewegung ... Konfliktlosigkeit steht der sozialistischen Kunst nicht zu Gesicht, sie ist ein Verstoß gegen die Lebenswahrheit in unserer Kunst, es gibt sie weder im gesellschaftlichen noch im persönlichen Leben.

Ein Jahrzehnt später schrieb Hager in ›Sinn und Form‹ im Zusammenhang mit dem 10. Parteitag und der Kulturpolitik[28]:

Für unsere marxistisch-leninistische Partei sind sozialistische Kultur und Kunst nichts Nebensächliches oder Zweitrangiges. Sie sind Waffen im Kampf um die weitere Gestaltung des Sozialismus.

Für Huchel hätte die Kulturpolitik sicherlich weiterhin vertraut und ironisch geklungen.

1 *Kulturgeschichte der DDR*, Berlin (Ost) 1981, S. 78f.
2 *Gegen den Strom*, in: Die Zeit, 2. 6. 1972.
3 G. Glaeser (Hg.), *Brecht: Briefe*, Frankfurt/M. 1981, S. 613.
4 G. Hay, H. Rambaldo, J. W. Storck (Hg.), *Als der Krieg zu Ende war*, Stuttgart 1973, S. 104.
5 *Die moderne Literatur*, in: B. Boesch (Hg.), *Deutsche Literatur in Grundzügen*, Bern/München 1961, S. 433.
6 In: Times Literary Supplement, 27. 6. 1968, S. 689.
7 *Gespräche mit meinem Schweigen*, in: *Jahresring 1977–78*, Stuttgart 1978.
8 *Ansprache*, in: H. Mayer (Hg.), *Über Peter Huchel*, Frankfurt/M. 1973, S. 160–163.
9 *Bilanz der ›Kultur-Affairen‹ der DDR*, in: K. Wagenbach (Hg.), *Vaterland, Muttersprache*, Berlin 1979, S. 304.
10 *Gegen den Strom*, a. a. O.
11 B. Goldmann (Hg.), *Hans Henny Jahnn/Peter Huchel. Ein Briefwechsel, 1951–1959*, Mainz 1974, S. 39.
12 *Der Briefwechsel zwischen Louis Fürnberg und Arnold Zweig*, Berlin (Ost) 1978, S. 206–207.
13 *Gegen den Strom*, a. a. O.
14 *Fragen der Entwicklung der sozialistischen Literatur und Kultur*, in: *Zur sozialistischen Kulturrevolution 1957–1959. Dokument 2*, Berlin (Ost) 1960, S. 457–458.
15 F. Schonauer, *Peter Huchels Gegenposition*, in: Akzente 12 (1965), S. 404–414.
16 Goldmann, a. a. O., S. 104.
17 Unveröffentlichter Brief an Ludvík Kundera, 17. 8. 1960.
18 *Reise- und Tagebücher*, Bd. 2, Berlin (Ost) 1981, S. 264.
19 *The Academy of 1696 yields to Ulbricht*, in: The Times, 23. 1. 1963.
20 *Erinnerungen eines Mitarbeiters von ›Sinn und Form‹*, in: H. Mayer, a. a. O., S. 179.
Siehe auch: Th. Mann, *Zwei Briefe an Peter Huchel*, in: Sinn und Form 7 (1955), S. 672–676.
Auch: H. Broch, *Brief an Willi Weismann* (12. 12. 1949), in: Broch, *Briefe* 3 (1945–1951), Frankfurt/M. 1981, S. 381.
Auch: A. Döblin, *Brief an Walter von Molo* (12. 12. 1956), in: Döblin, *Briefe*, Olten/Freiburg 1970, S. 480.
21 Unveröffentlichter Brief an Ludvík Kundera (9. 5. 1958).
22 *Selbstzeugnisse und Beiträge über sein Werk*, Berlin (Ost) 1967, S. 79.
23 *Poetry in East Germany. Adjustments, Visions, and Provocations, 1945–1970*, New Haven/London 1971, S. 164.
24 Wagenbach, a. a. O., S. 212.

25 *Ohne ›Sinn und Form‹*, in: Reich-Ranicki, *Literarisches Leben in Deutschland*, München 1965, S. 104–109.
Ders.: *Ein anderer Sinn, eine andere Form*, in: *Literarisches Leben in Deutschland*, S. 134–136.
26 In: Neues Deutschland, 18. 12. 1971.
27 *Zu Fragen der Kulturpolitik der SED*, Berlin (Ost) 1972, S. 40.
28 Sinn und Form 33 (1981), S. 941.

Walther Petri

Die Zeitschrift

Mehr als zwanzig Jahre ist es her, daß ich in Stralsund unweit der Marienkirche immer wieder und immer nur nach ›Sinn und Form‹ fragte; enttäuscht, wenn ein gleichgültiges NOCH NICHT aus dem Kiosk antwortete, und immer wieder ging ich hin und fragte, obwohl ich doch wußte, daß jedes neue Heft sich Zeit ließ und immer erst dann erschien, wenn ich die Hoffnung und das quälende Warten fast aufgegeben hatte. Wenn ich dann die Zweimarkfünfzig auf das zerkratzte Glas legte, das Heft nahm, geschah das ohne Freude und nur mit dem Gefühl, als würde nun etwas wiedergutgemacht, als bekäme ich, was mir entzogen oder viel zu lange vorenthalten war. Und von jedem Heft wußte ich, daß es mir etwas bringen würde, wonach ich insgeheim verlangte: Literatur ist dafür nur ein annähernd richtiges Wort. Ich suchte, süchtig nach Berührung und Berührtwerden, eine Substanz, Stimmen, in deren Intensität und Nähe ich mich verstanden und geborgen fühlen konnte. Und doch verlangte ich nach mehr, als mir die Seiten, die ich las, geben konnten, denn es mißlang mir, so selbstverständlich und anscheinend glücklich wie andere zu leben, und ich spürte, daß es eine Grenze in mir gab, jenseits derer das Gelesene nicht standzuhalten vermochte. Ich schrieb manchmal, abends, grübelnd und unerlöst, ich wollte mit dem Gefühl tiefer Unzulänglichkeit fertig werden, schrieb und vernichtete später alles, überanstrengte, quälte mich, scheiterte an einem Mädchen. Wie fern waren mir die Bücher neben meinem Bett. Ich las kaum, und wenn, in meiner Zeitschrift. Und entdeckte allmählich den Grundriß in mir, ahnte die Herkunft des Schmerzes, die Demütigung und Bestrafung des Eros, zu früh und nachhaltig mir eingeprägt, wie ein Dokument aus einem Grundstein wurde es leibhaftig und bloßgelegt, als ich dagegen an zu leben versuchte, und mein einziger Partner war von Mal zu Mal jener, den ich lesend für mich entdecken und in dessen Problematik ich manche Entsprechung zu mir selbst finden konnte, war doch, dank des bohrenden Schmerzes, in mir ein weit größerer Raum als der tatsächlich gelebte ausgeschritten und offen, mit dem Gestaltwerden des bislang nur Ersehnten, mit menschlicher Güte und Sanftmut, strahlend in manchem Text, erfüllt zu werden.

Nie wieder habe ich mit solcher Ausschließlichkeit eine und in einer Zeitschrift gelesen, viele Jahre war ich allein auf sie angewiesen. Sie hat mir Kafka und Kleist nahegebracht. Mit den Essays im Kopf lief ich herum. Ich erfuhr, daß es Montaigne gibt und Quirinus Kuhlmann und Hans Henny Jahnn. Dann entstand eine Pause, länger als die gewohnten, in der die Zeitschrift nicht erschien. Ich schrieb an die Redaktion, bekam eine Antwort. Darin wurde von der Grundlosigkeit meiner Sorge, dem weiteren Erscheinen der Zeitschrift nach einer Umbildung der Redaktion gesprochen. Erst Jahre später, nachdem Peter Huchel das Land verlassen hatte, keine Zeile mehr zu lesen, nichts zu erfahren und jene minderwertige Stille des bei Lebzeiten Gestorbenseins eingetreten war, las ich in seinem Band, fand mir Vertrautes und wieder die eindringlich leise Stimme, die sich auf etwas besann, von Strophe zu Strophe, was mir nie zuteil geworden, aber zutiefst verständlich war: die Nähe zur Natur, zu allem Natürlichen, zu dem Geschöpf, das der Mensch ist, ich las das Gedicht, das mich wie kaum ein anderes denken ließ an den wundersamen Frauenplan, der allem Lebendigen innewohnt. Ich las *Die Magd,* las den *Bericht des Pfarrers vom Untergang seiner Gemeinde* und immer wieder, auch heute noch, die drei Schlußverse und spürte, wie dieser Dichter das Unglück benennt, als wäre solche Benennung das einzig ihm mögliche Glück, und ich erschrak, daß ich einen Vers zu schnell zu lesen begonnen hatte, ich stieß auf eine Stockung, kehrte um, zum Anfang zurück, las erneut, ruhiger und silbengenau, gegen die Eile des Metrums, hörte das Wort »Winterchausseen«, wie es sich dem Wunsch des Metrums widersetzt, zwei Silben dem Wohllaut zu opfern – und ungekürzt bleibt, um für die Wahrheit und den Ernst der Dinge, die es bezeichnet, ganz und gar einstehen zu können. Ich bewunderte die rhythmische Eigenart der Verse, die Hingebung an die Wirklichkeit, nach der sich das Versmaß richtet, ich gewahrte die Inschrift, den Inbegriff des Gedichts, das Vergehen der Jahre zwischen den Versen, das illusionslose Erkennen künftigen Unglücks, Trauer und eine tiefe Rührung, über die sich nicht sprechen läßt. Ich las Zeilen, in denen Jahrhunderte aufbewahrt sind wie ein Testament, lauschte der Stille und hörte in ihrer Tiefe auch die Klage Walthers von der Vogelweide, das erschütternde Selbstgespräch der Gefolterten und Überwältigten, das Flüstern Jean Amérys – und die zwiefache Stille dauert fort.

VII

Begegnungen

Guntram Vesper
Dank an Huchel

»Heuwege und innere Landschaft«. Eine Rede

Als die Juroren des nach Peter Huchel benannten, zu seinem Andenken gestifteten Preises mich für meinen Lyrikband *Die Inseln im Landmeer und neue Gedichte* auszeichneten, wußten sie nicht (und konnten sie auch nicht wissen), daß ich seit Januar neunzehnhundertdreiundsechzig (so der Eintrag auf dem Vorsatz) Peter Huchels Gedichtbuch *Chausseen Chausseen* besitze und es seit damals jenseits aller Strömungen der Neigung, aller Entwicklungen des Interesses immer wieder zur Hand genommen habe, daß auf meinem Arbeitstisch seit zweiundzwanzig Jahren ein Foto Huchels mit seiner Widmung steht, kurz, daß ein Preis, der seinen Namen trägt, mir doppelt teuer ist und mich doppelt verpflichtet.

Mit kaum siebzehn Jahren aus der vertrauten sächsischen Kleinstadt Frohburg erst ins funkelnde West-Berlin, dann nach Westdeutschland gekommen, stand ich lange unter einem diffusen betäubenden Schock, den Beziehungslosigkeit und ein Anhauch von Kälte mir versetzt hatten. Das Schülerheim in Hessen, in dem ich lebte, ein mürber Kasten aus dem neunzehnten Jahrhundert, war nacheinander Kaserne, Seminar und Lazarett gewesen, wir schliefen in den alten Eisenbetten der Soldaten, unsere Sachen lagen in Militärspinden, das Leben im Haus war auf Befehl und Gehorsam aufgebaut.

Ich war allein. Ich fing an zu schreiben. Und ich entdeckte lesend, was Literatur ist und sein kann, nämlich Erkundungs- und Enträtselungsversuch, nämlich Vision oder genaues Bild unserer Möglichkeiten, ihre Verwirklichung oder Vernichtung.

Ich begann zu ahnen, daß die Geschichte eines jeden von uns auch die Geschichte seiner Lektüren ist, der Gänge und Streifzüge durch Bücher, in Wochen, Monaten, Jahren, der Antworten, die man auf Sätze, Bilder gegeben hat. Wege in die Literatur, Expeditionen nach eigener Karte, durch episch ruhige oder ausblickreiche aufregende Gegenden, auf große unvergeßliche Stationen und Landmarken zu.

Eine solche hervorragende Station, die selten sein muß, wenn sie wertvoll bleiben soll, befindet sich immer dort, wo Eigenart und Bedeutung des Buches und Bereitschaft des Lesers sich auf eigenartige Weise berühren, so daß es scheint, als sei das Buch für den, der es aufschlägt, geschrieben worden, als habe der Leser auf dieses Buch zugelebt, es ungeduldig erwartet.

Peter Huchels Gedichtband *Chausseen Chausseen* vom Anfang des Jahres dreiundsechzig ist für mich eines jener raren Bücher gewesen und bis heute geblieben.

Gleichweit von jedem modischen Gestus wie von jedem Spruchband entfernt, wirken Peter Huchels Gedichte wie Muster, wie Vorbilder einer Poesie, die das Hochartifizielle und das Einfache verbindet und so Texte hervorbringt, die von größter sprachlicher, gedanklicher Eigenart und Besonderheit sind und die gleichzeitig allgemeine Dokumente unseres Jahrhunderts und unser aller Geschichte darstellen.

Damals wie heute steht mir, was atemloses, staunendes Zuhören angeht, eines der Gedichte besonders nahe.

Caputher Heuweg

Wo bin ich? Hier lag einst die Schoberstange.
Und schüttend die Mähne auf Leine und Kummet
Graste die Stute am wiesigen Hange.
Denn Mittag wars. Bei Steintopf und Krug
Ruhten die Mäher müde im Grummet.
Am Waldrand, wo schackernd die Elstern schrien,
Stand halb in der Erde ein Mann und schlug
Mit Axt und Keil aus Stubben den Kien.
Wann war dieser Sommer? Ich weiß es nicht mehr.
Doch fahren sie Grummet, der Sommer weht her
Vom Heuweg der Kindheit, wo ich einst saß.
Das Schicksal erwartend im hohen Gras,
Den alten Zigeuner, um mit ihm zu ziehn.

Dieses ruhige, genaue und klare Gedicht, eine Jugendarbeit Peter Huchels, gibt den Blick auf ein brandenburgisches Arkadien des Alltags, wie Kinder und Dichter es sehen. In ihm wird vieles von dem vorgewiesen und miteinander verbunden, was uns von Anfang an beschäftigt hat, woran unser Herz hängengeblieben ist: die anderen; ihre einfache sinnvolle Arbeit; die Tiere; Natur überhaupt; Jahres- und Tageszeiten; Geruch; das Kind selber; seine Erwartung. Und, als Antrieb zu sprechen, das Bewußtsein vom

Ablauf der Zeit. »Wann war dieser Sommer? Ich weiß es nicht mehr.«

Aber auch der den Kinderschuhen Entwachsene, der Ältergewordene hat das Bild noch vor sich oder findet es wieder, Heu wird gefahren, auch jetzt, vom Weg weht der Sommer, die Welt von gestern hat sich in innere Landschaft verwandelt und ist damit zum dauernden, überdauernden Traum geworden, von dem niemand genau weiß, womit er enger zusammenhängt, mit dem Vergangenen, wie wir es erlebt haben, oder mit dem Kommenden, wie unsere Wünsche es zeichnen.

Wir alle kennen diese Art Bilder, wir alle besitzen sie. Wir wissen, sie sterben mit uns, wenn wir sie nicht weitersagen. Indem jedoch der Schriftsteller seine ganz eigene innere Landschaft zusammenfaßt, sie verdichtet, ihr Bedeutung gibt, spricht er nicht allein für sich, sondern auch für die anderen. Denn es ist ein Kennzeichen der Literatur, daß im ausgeprägten Besonderen immer das Allgemeine bereitliegt, in dem der Leser sich finden kann.

Wer dieses Jahrhundert, wer unsere Welt in Worte zu fassen, zu begreifen versucht, hat es nicht allein mit Heuwegen, Erinnerungsfeldern, Bildern und Worten zu tun. Um uns gibt es Niedertracht, Gewalt, Entwürdigung. Die Furcht vor der Wahrheit, die die Mächtigen und ihre Handlanger beherrscht (je größer die Macht, desto größer die Angst) und die in dem Bestreben gipfelt, den Reichtum an Gefühlen, Gedanken und Empfindungen auszulöschen, indem man, stellvertretend gleichsam, die Wortführerin Poesie erledigt oder zur hinfälligen Nebensache erklärt, hat auch Peter Huchel erfahren. Was von ihm im Oktober neunzehnhundertzweiundsechzig aufgeschrieben worden ist, liest sich wie die unerläßliche Nachschrift zum *Caputher Heuweg*.

Traum im Tellereisen

Gefangen bist du, Traum.
Dein Knöchel brennt,
Zerschlagen im Tellereisen.

Wind blättert
Ein Stück Rinde auf.
Eröffnet ist
Das Testament gestürzter Tannen,
Geschrieben
In regengrauer Geduld

Unauslöschlich
Ihr letztes Vermächtnis –
Das Schweigen.

Der Hagel meißelt
Die Grabschrift auf die schwarze Glätte
Der Wasserlache.

Der Traum also ein kleines wildes Tier, ein Bewohner der Weite. Man stellt ihm mit Schlagfallen nach. Die Jäger in ganz verschiedener Gestalt und Verkleidung. Hüten wir uns.

Das Vorhandensein einer großen inneren Landschaft, einer Vielfalt von Empfindungen und Erinnerungen, das Bewußtsein der eigenen Unwiederholbarkeit und Einmaligkeit macht das Sprechen über öffentliche Zustände erst glaubhaft.

So habe ich mir Peter Huchels Gedichtwerk erklärt, so habe ich bedeutende und bedeutungsvolle Literatur immer gelesen, so habe ich selber zu schreiben versucht.

Horst Lommer

Das dichterische Wort Peter Huchels
[1947]

Heute nachmittag findet im Klubhaus des Kulturbundes in der Jägerstraße ein Autorenabend statt, der dem Schaffen des Dichters Peter Huchel gewidmet ist. Seine Verse sprechen Paul Klinger und Siegfried Neumann, die Einführung gibt Dr. Alfred Kantorowicz. Wir veröffentlichen aus diesem Anlaß nachfolgende Würdigung der Lyrik Peter Huchels.

In einer süddeutschen Zeitung erschienen im Jahre 1926 zum erstenmal Gedichte von Peter Huchel. Sie erregten die Aufmerksamkeit der Lyrikfreunde. Hier war ein neuer, selbständiger Ton. Dieser junge Lyriker kam nicht von Rilke und auch nicht von Werfel her. In den frühen Gedichten Peter Huchels zeigte sich sogleich eine eigene Sprache, originale Bilder, ein ursprünglicher Ausdruck erlebten Naturgefühls.

Havelnacht

Hinter den ergrauten Schleusen,
nur vom Sprung der Fische laut,
schwimmen Sterne in die Reusen,
lebt der Algen Dämmerkraut.

Lebt das sanfte Sein im Wasser,
grün im Monde, unvergilbt;
wispern nachts die Büsche blasser,
rauscht das Rohr, ein Vogel schilpt.

Nah dem Geist, der nachtanbrausend
noch in seinem Flusse taucht,
in dem Schilf der Schleusen hausend,
wo der Fischer Feuer raucht:

Duft aus wieviel alten Jahren
neigt sich hier ins Wasser sacht.
Wenn wir still hinunterfahren,
weht durch uns der Trunk der Nacht.

Die vergrünten Sterne schweben
triefend unterm Ruder vor.

Und der Wind wiegt unser Leben,
wie er Weide wiegt und Rohr.

Auf einem märkischen Bauernhof hat Peter Huchel seine Kindheit verbracht. In Alt-Langerwisch ist er aufgewachsen, Ziegelstreicher, Havelfischer, Schäfer und Landarbeiter waren seine Gefährten. Dazu Sonne und Wolken, Sumpf, Schilf und Wasser.

Kindheit, o blühende Zauch,
wo wir im nußweißen Tag,
klein wie Holunderrauch
waren den Hummeln nach.

Vor uns die Wolken schön
liefen wie jappende Doggen,
Dengeln und Wetzsteingetön
herrschten im Roggen.

Mit 18 Jahren hat er das Gedicht geschrieben, das mit diesen Versen beginnt.

Dieses Einssein mit der Natur, Geschöpf unter ihren Geschöpfen, spricht aus jedem Bild, jedem Vergleich, aus jedem Ton, aus jedem Rhythmus des Dichters Peter Huchel.

Wenn heißer die Libellenblitze
im gelben Schilf des Mittags sprühn,
im Nixengrün der Entengrütze
die stillen Wasser seichter blühn,
hebt er den Hamen in die Höhe,
der Knabe, der auf Kalmus blies,
und fängt die Brut der Wasserflöhe,
die dunkel wölkt im Muschelkies.

Es gibt wenige Gedichte in deutscher Sprache, die so unmittelbar von Natur durchatmet, vom heißen Duft eines großen Sommers durchglüht sind wie diese Verse aus dem Gedicht *Der Knabenteich*. Liebe zur Natur lag Peter Huchel im Blut, und hinzu kam eine unbändige Abenteuerlust. Zu wandern, zu reisen, ferne Länder aufzusuchen, andere Menschen, andere Verhältnisse kennenzulernen. Heimatliebe und Aufgeschlossenheit allem Fremden gegenüber, Liebe zu seinem kleinen Dorf und zur bunten weiten Welt erfüllten ihn gleichermaßen. Nach literarischen Studien an den Universitäten Berlin, Freiburg, Wien bereist Peter Huchel Frankreich, den Balkan, die Türkei. Nicht in Cooks Reiseomnibus, sondern als Hirt, als Knecht, als Gelegenheitsarbeiter. In

Frankreich gewinnt er die Freundschaft des Philosophen Dr. Ernst Bloch und des Kritikers Hans A. Joachim, der später, 1942, von der Gestapo ermordet wurde. In Frankreich lernt Peter Huchel auch den chinesischen Revolutionär Cheng-Cheng, den Verfasser des bekannten Buches *Ma mère* kennen. Cheng-Cheng machte Peter Huchel mit dem russischen Dichter Jessenin bekannt, dessen Verse er ins Französische übertrug. Und es ist ein schönes Beispiel für eine geistige Zusammenarbeit von Menschen verschiedener Sprache, daß der russische Lyriker Sergej Jessenin, durch Vermittlung des Chinesen Cheng-Cheng, den deutschen Dichter Peter Huchel anregte.

Nach Deutschland zurückgekehrt, arbeitete Peter Huchel weiter mit Dr. Ernst Bloch, Dr. Alfred Kantorowicz und Hans A. Joachim zusammen und war Mitarbeiter der damals führenden Literaturzeitschrift ›Die literarische Welt‹. Kurz vor dem Machtantritt Hitlers lernte ich Huchel im Hause meines ältesten politischen Freundes, des Komponisten und Schriftstellers Götz Kozuszek kennen, der jetzt gerade aus der Emigration zurückgekehrt ist. Peter Huchel und ich wurden schnell Freunde. Unsere Einstellung den Nazis gegenüber war die gleiche. Ich habe nur wenige Menschen gekannt, die mit einer so entschlossenen Erbitterung das nazistische Trugbild verabscheuten und bekämpften wie Peter Huchel. Es war wahrlich eine Ironie ohnegleichen, daß die Herren Nazis zunächst alles Erdenkbare versuchten, um Peter Huchel für sich zu gewinnen. Sie hatten seine Verse gelesen, und wenn sie auch keinen Begriff von ihrer Schönheit hatten, so glaubten sie doch, in Peter Huchel den »Blut- und Bodendichter der Nation« entdeckt zu haben. In seinen Gedichten witterten sie echte Naturnähe, im Gegensatz zu den Machwerken ihrer »bodenständigen« NS-Lyriker. Aber die Herren vom Propagandaministerium hatten sich getäuscht. Peter Huchel ließ sich nicht korrumpieren, er machte keine Konzession, er gab in den zwölf Jahren kein Buch, nicht den kleinsten Gedichtband heraus, weil er wußte, daß man ihn in diesem Falle wider seinen Willen als »Blut- und Bodenspezialist« gefeiert und in unlogischer, aber echt nazistischer Weise für das braune »Kulturleben« als Vorspann mißbraucht haben würde. Peter Huchel dichtete weiter. Aber nicht für die Reichskulturkammer. Er dichtete für uns, seine Freunde, und für die Stunde der Befreiung, an die er trotz aller Erfolge der gehaßten Machthaber unerschütterlich glaubte. Es ist ein tragisches Verhängnis, daß fast alle Werke Peter Huchels aus jener Zeit verbrannten. Weniges blieb übrig, weniges konnte ich selbst sicherstellen. Darunter einige seiner Zeitsprüche aus den Terrorjahren. 1934 schrieb Peter Huchel:

Späte Söhne, rühmet euch nicht,
einsame Söhne, hütet das Licht,
daß es von euch in Zeiten noch heißt,
daß nicht klirret die Kette, die gleist,
leise umschmiedet, Söhne, den Geist.

Und 1940:

Welt der Wölfe, Welt der Ratten,
Blut, und Aas am heil'gen Herde;
aber noch streifen die Schatten
der toten Götter die Erde.
Göttlich bleibt der Mensch und versöhnt,
und sein Atem wird frei wieder wehn.
Wenn auch die heulende Rotte höhnt, –
sie wird vergehn.

Sein Häuschen in Michendorf, Treffpunkt eines kleinen Kreises Hassender, war das Refugium für unsere antinazistische Tätigkeit während der letzten Kriegsjahre. Peter Huchel, selbst zur »Wehrmacht« gepreßt – als Quittung für seine unbeugsame, den Machthabern verdächtige Haltung –, hat mir geholfen, der »Erfassung« zu entgehen, und meine illegale literarische Tätigkeit mit Rat und Tat unterstützt. Manche Verse und Formulierungen hat er in der Truppe weiterverbreitet, und er hat es zwölf Jahre lang als seine Hauptaufgabe betrachtet, zur Aufklärung und zum Widerstand beizutragen. 1945 geriet Peter Huchel in russische Gefangenschaft, wo er sich sogleich kulturell betätigen durfte. Im Herbst 1945 wurde er zunächst Lektor, dann Chefdramaturg und schließlich Sendeleiter des Berliner Rundfunks. In Kürze wird ein Gedichtband von ihm erscheinen. Peter Huchel, bei dem künstlerische Meisterschaft und politische Integrität etwas Unteilbares darstellen, gehört zu den großen Hoffnungen der deutschen Dichtung. Obwohl nie ein Buch von ihm erschienen ist, haben seine Sprache, die Vergleiche und Bilder seiner verstreuten Gedichte viele Dichter seiner Generation stark beeinflußt; und es wird nachgerade Zeit, auszusprechen, daß die neue deutsche Lyrik in dem Dichter Peter Huchel einen hervorragenden Vertreter, einen Sprachschöpfer von kostbarer Eigenwilligkeit besitzt.

Heinz Czechowski

Winterreise

Dem Gedächtnis Peter Huchels

Vorm Tor der Wagen abfahrtbereit.
Über die Grenze geht unsere Fahrt
Dumpf über die Brücke. Die Beine breit
In Eisen der Wächter. Hart
Klingt seine Stimme. Jetzt ist es soweit:
Die Pferde zerstampfen den Schnee.

Die Dörfer liegen an Hügel geduckt.
Grau steigt Rauch aus den Essen.
Auf weißem Papier, wie mit Schwärze gedruckt,
Hocken die Krähen: Vergessen
Soll werden, was wir vergeblich gesucht,
Nichts trennen das Ufer vom See.

Dem Abend entgegen sahn wir im Dunst
Des Tages die Türme der Stadt.
Der Himmel, gerötet von Feuersbrunst,
Frißt sich am Grauhimmel satt.

Grau zog es entlang die Chaussee.

Heinz Czechowski
Erinnerung an Peter Huchel

Zu den wenigen Kostbarkeiten meiner Bibliothek gehört Peter Huchels Band *Gedichte*, erschienen 1948 im Aufbau-Verlag GmbH, Berlin W 8, gedruckt von Eduard Stichnote in Potsdam. Ich erwarb das Buch 1961 in einer Karl-Marx-Städter Buchhandlung zum Preis von drei Mark und sechzig Pfennige, nachdem ich es zwischen anderen verstaubten Lyrikbänden in einem Winkel des Ladens entdeckt hatte. Das Buch war ladenneu, andere Käufer hatten es entweder übersehen, oder der Ruhm des Dichters war noch nicht bis in die Industriestadt am Rande des Erzgebirges gedrungen. Einige Jahre zuvor konnte ich bereits aus einem Nachlaß jene *Neue lyrische Anthologie* erwerben, die 1932 von Martin Raschke herausgegeben im Wolfgang Jess Verlag zu Dresden erschienen war und die neben Gedichten von Walter Bauer, Günter Eich, Theodor Kramer, Elisabeth Langgässer u. a. sechs Gedichte Huchels enthält. Neben diesen beiden Büchern klemmt in meinem Regal noch ein Aktenhefter mit der Aufschrift *Chausseen Chausseen*, enthaltend ein Typoskript, rasch angefertigte Abschrift des 1963 bei Suhrkamp erschienenen Bandes.

Die Mitteilung derartiger Fakten mag unwichtig erscheinen. Was sie belangvoll macht, ist auch nicht der Umstand, daß sie mit meiner Person in Verbindung stehen, sondern die Tatsache, daß Huchels Gedichte zwar bereits 1951 mit einem Nationalpreis der DDR ausgezeichnet wurden, Texte von ihm jedoch so gut wie nicht erhältlich waren. Der Lyriker Peter Huchel war nur einem kleinen Kreis von Kennern bekannt; weit mehr Leser kannten ihn jedoch als Herausgeber der international geschätzten Zeitschrift ›Sinn und Form‹. Erst nach seinem Ausscheiden als Chefredakteur dieser Zeitschrift erregte er auch als Dichter in breiteren Kreisen die ihm gebührende Aufmerksamkeit in der DDR. Wie oft schuf ein Politikum, auf das ich hier nicht näher einzugehen brauche, die Basis, die auch diesem Dichter jenes Interesse verschaffte, das ihm zukam.

Was Huchels Gedichte für mich persönlich bedeuteten und bedeuten, läßt sich nicht in einem Satz ausdrücken. Seine Bildwelt, der märkischen Landschaft verpflichtet, zog mich an, vielleicht gerade deshalb, weil sie der des Raumes um Dresden nahezu entgegengesetzt war. Huchels Gedichte, in denen er nach 1945 Krieg und Nachkrieg Ausdruck verlieh, lockerten mir die Zunge. Als Epigone vermochte ich nun, wenn auch unzulänglich, einigem von dem Gestalt zu geben, was mich beim Anblick meiner zerstörten Heimatstadt beunruhigte. In unbewußter Selbstüberschätzung schickte ich 1956 einige meiner Gedichte an ›Sinn und Form‹. Ich erhielt das kleine Manuskript alsbald mit einem Brief zurück, der mit Bedauern darauf verwies, daß meine Verse für eine Veröffentlichung »noch nicht reif genug« wären, »wenn auch die Arbeiten ›Auf Villon‹ und ›Picasso‹ zweifellos starke Talentproben« seien. Der Brief schloß mit der Aufforderung: »Wir würden es begrüßen, wenn Sie uns zu unverbindlicher Einsicht einmal andere Gedichte übersenden wollten.« Unter der Formel »Mit freundlicher Begrüßung« stand wie mit einer Rohrfeder geschrieben die markante Unterschrift Peter Huchels.

Abgesehen davon, daß ich Huchel sofort beflissen neue Gedichte schickte, die allesamt in einer vereinseitigenden Brecht-Nachfolge standen und die von Huchel mit Recht mit keiner Antwort gewürdigt wurden, vergingen Jahre, ehe ich zu dem Dichter erneut Kontakt aufnahm. Ich hatte für den Mitteldeutschen Verlag in Halle die Herausgabe einer Anthologie deutscher Natur- und Landschaftsgedichte aus vier Jahrhunderten übernommen, die 1965 unter dem Titel *Zwischen Wäldern und Flüssen* erschien. Selbstverständlich war eine solche Sammlung ohne Gedichte Huchels undenkbar. Ich entschied mich für acht seiner Gedichte, darunter *Auffliegende Schwäne*, *Landschaft hinter Warschau*, Gedichte, die, wenn ich mich recht erinnere, Huchel in einem der wenigen Sinn-und-Form-Hefte veröffentlicht hatte, in denen er als Dichter in Erscheinung getreten ist. Daß auch die inzwischen bereits »klassisch« gewordenen Gedichte *Havelnacht* und *Oktoberlicht* in dieser Auswahl nicht fehlten, versteht sich von selbst.

Ich bat Huchel um Zustimmung zum Abdruck seiner Gedichte. In einem heute leider nicht mehr auffindbaren Brief schrieb er mir, daß er zwar das angebotene Honorar dringend brauchen könnte, sich jedoch entschlossen habe, in der DDR nicht mehr zu publizieren. Eine Anthologie dieser Art ohne die Gedichte Huchels schien mir sinnlos. Ich entschloß mich, Huchel anzurufen und um einen Besuch bei ihm in Wilhelmshorst zu bitten. Noch heute ist mir, als vernähme ich seine märkisch gefärbte Stimme, eine Stimme, der es schwerfiel, mit Härte zu reagieren. Auf meine vermutlich eindringlich ausgesprochene Bitte um ein Gespräch antwortete Huchel schließlich: »Von mir aus kommen Sie her, aber die Zustimmung zum Abdruck meiner Gedichte kann ich Ihnen nicht geben.« Seltsame Duplizität, von der ich glaube, daß sie nicht nur der verklärenden Erinnerung oder gar einer Sinnestäuschung geschuldet ist: Der Tag, an dem ich mit einem Dienstwagen von Halle nach Wilhelmshorst fuhr, entsprach genau dem, den Ludvík Kundera in seinem Huchel gewidmeten Gedicht *Im Schneesturm* Gestalt gegeben hat. Nachdem sich der Chauffeur mehrfach verfahren hatte, fanden wir Huchels im Schnee versinkendes Häuschen schließlich doch noch. In einem kleinen Zimmer zu ebener Erde, vollgestopft mit Büchern und Manuskripten, das Huchel als Arbeitszimmer diente und in dem er ›Sinn und Form‹ redigiert hatte, saß ich dem Mann gegenüber, dessen Züge neben einer milden Resignation auch die Entschlossenheit verrieten, seinen Widersachern Paroli zu bieten. Huchel blätterte, Zigarette um Zigarette rauchend, in dem Manuskript der Anthologie, mehrfach erwähnend, daß er bedaure, die Zustimmung zum Abdruck seiner Gedichte aus prinzipiellen Gründen nicht geben zu können. Das Thema wechselnd, kamen wir auf die damalige Situation der Lyrik in der DDR zu sprechen. Noch war die Reihe der zwischen 1935 und 1940 Geborenen nicht gelichtet. Huchel betrachtete die damalige Situation, die alles andere als konfliktlos war, für die jüngere Lyrik als fruchtbar. Er selbst, ausgeschaltet und quasi in der inneren Emigration lebend, sah in den Spannungen zwischen Lyrik und Öffentlichkeit offenbar ein fruchtbares Moment. Er betrachtete die Chancen der jüngeren Generation ohne Verbitterung und mit Anteilnahme und Interesse. Selbst Opfer einer engstirnigen Kulturpolitik, schien er doch noch daran zu glauben, daß die Stimmen der Jüngeren möglicherweise nicht derart zum Schweigen verurteilt werden könnten wie die seine. Daß er selbst noch einmal zu hohen Ehren kommen sollte – daran glaubte er wohl in diesen Tagen nicht. Ich weiß nicht mehr, wie es kam, daß Peter Huchel, noch einmal im Manuskript der Anthologie blätternd, plötzlich mit leiser Stimme sagte: »Also drucken Sie meine Gedichte.« Als ich den kleinen, rauchgeschwängerten Raum verließ, begleitete mich Huchel zum Wagen, in dem der Fahrer ungeduldig wartete. Es dämmerte. In Huchels Gesicht stand Trauer. Sie galt nicht mir, aber einer Situation, die gleichnishaft war. Als ich aus dem Wagen zurückblickte, sah ich Peter Huchel im Wehen des Schnees, dem Auto nachblickend, im immer dichter werdenden Wirbel der Flocken versinkend.

Ich habe Peter Huchel nie wiedergesehen. Erst 1976, als ich zu einer Lesung nach Freiburg im Breisgau reisen konnte, ermöglichte mir der Benn- und Heidegger-Kenner Fritz Werner ein Telefongespräch nach Staufen. Monica Huchel bat mich, nur wenige Minuten mit dem Kranken zu sprechen. Ich erschrak, als ich Huchels müde Stimme vernahm. Er erinnerte sich kaum noch an meinen Besuch in Wilhelmshorst. Erst als ich ihm den Namen Uwe Grünings nannte, den Huchel in seinen Anfängen gefördert hatte, entstand so etwas wie eine Gedächtnisbrücke. Huchel erkundigte sich nach Wilhelmshorst. Ich erzählte ihm von einem Besuch bei Erich Arendt, der Huchels Haus jetzt bewohnte, und beschrieb ihm so gut ich konnte den Zustand von Haus und Garten. Aus Huchels Bemerkungen zu dem, was ich ihm berichtete, klang Trauer über die verlorene Heimat.

Für die in der DDR, die heute über Vierzig sind, ist der Name der Zeitschrift ›Sinn und Form‹ für immer mit dem Peter Huchels verbunden. Vor mir liegt das Heft 5/6 des Jahrgangs 1962, auf dessen erster Seite lakonisch mitgeteilt wird: »Der bisherige Chefredakteur Peter Huchel scheidet auf eigenen Wunsch mit Jahresende aus.« Hinter dieser euphemistischen Feststellung verbarg sich eine kulturpolitische Tragödie, die sich vielleicht heute so nicht wiederholen könnte, es sei denn als Farce. Der erste Beitrag dieses Heftes ist Bertolt Brechts *Rede über die Widerstandskraft der Vernunft*. Auf den Seiten 868 bis 873 finden sich die letzten Gedichte, die Huchel selbst noch in der DDR veröffentlichte. Im ersten Heft des Jahrgangs 1982 druckte der vorletzte Chefredakteur der Zeitschrift, Paul Wiens, noch kurz vor seinem Tod in einem Memorial drei Gedichte Huchels, darunter auch das Gedicht *Exil*. Zeichen einer Annäherung? Zu wünschen wäre eine Ausgabe von Huchels Gedichten für die DDR.

Michael Hamburger
Randbemerkungen zum Schweigen

I

Als Übersetzer von Gedichten Peter Huchels – zwei Auswahlbänden, von denen der spätere alle Gedichte aus seinem letzten Buch enthält – mußte ich diese Texte zu einem gewissen Grade auch deuten, d. h. versuchen, den lyrischen Vorgang nachzuvollziehen, ohne ihn mit eigenen Zugaben zu verfälschen. Das war bei Huchels Gedichten – verglichen mit Gedichten Hölderlins oder Celans – nicht besonders schwierig. Erklärende Hinweise des Autors benötigte ich darum nur einmal, vor unseren Begegnungen und Gesprächen, am Beginn meiner Übersetzungsarbeit. In seinem ersten Brief an mich, vom 18. Dezember 1972, beantwortete Peter Huchel drei Fragen über mehrdeutige Wörter in den Gedichten *Ophelia* und *Exil*. Zwei dieser Mehrdeutigkeiten konnte er auflösen. Bei dem Wort ›Gesicht‹ (*Exil*) bestand er auf der Doppelbedeutung: »Das Gesicht ist sowohl das physische Gesicht wie auch die Vision.«

Keineswegs kann ich sicher sein, daß in meinen späteren Übersetzungen alles richtig wiedergegeben worden ist. Mehrdeutigkeiten, Verschwiegenheiten, Geheimnisse gehören zum Wesen der Lyrik Huchels – wie auch zum Wesen des Mannes, den ich »kennenlernte«, selbstverständlich aber ohne immer das sehen zu können, was Peter Huchel physisch oder visionär im Auge hatte, wenn er eine Gedichtzeile schrieb. Außerdem ist Polysemie das, was in der Übersetzung zwar erkannt und berücksichtigt, aber meistens nicht wörtlich wiedergegeben werden kann. Daß ich an Peter Huchel später gar keine mündlichen oder schriftlichen Anfragen mehr stellte, lag vor allem daran, daß er mir gegenüber immer weniger Lust hatte, sich über eigene Texte und Einzelheiten der Deutung zu äußern. Ein Schweigen über vieles gehörte zu dem Einverständnis, welches sich gleich bei unserer ersten Begegnung – in London, Januar 1973 – einstellte. Dabei war Peter Huchel auf seinen drei Großbritannienreisen trotz Krankheit und der Überanstrengung jener Jahre, in denen er seinen Angehörigen mit zu vielen Lesungen noch einmal eine Sicherung verdienen wollte, alles andere als verschlossen. Die Geselligkeit, wie das Essen und Trinken, schien er zu genießen, war auch für alle Äußerlichkeiten der Umgebung und des Umgangs durchaus empfänglich. Schon in seinem ersten Brief hatte er aber geschrieben: »Daß auch eine Katze mich erwartet, finde ich tröstlich.«

Dieses Wort »tröstlich« enthielt für mich einen ganzen Komplex von Bedeutungen und Andeutungen, darunter vielleicht eine Anspielung auf das Gedicht *Meinungen*. Im Gegensatz zu den meisten seiner späteren und spätesten Gedichte ist *Meinungen* eins von jenen im vorletzten Gedichtbuch, die sich mit kaum verschlüsselter Direktheit auf persönliche Umstände des Autors beziehen – nämlich auf sein inneres Exil in der DDR – und auch dazu Stellung nehmen. Das Glaubensbekenntnis in *Meinungen* ist aber ein Bekenntnis gerade zu jener Verschwiegenheit, die für Huchel bei weitem charakteristischer ist als die nur leicht verschlüsselten Aussagen jener Gedichtgruppe. Dem Aussprechen menschlicher Meinungen, Hoffnungen und Zweifel setzt das Gedicht das Schweigen der Katzen entgegen:

Die Katzen,
die hinter der Tür
auf der Treppe dämmern,
sind weise und schweigen.

Die uns gemeinsame Katzenliebe gehört zu diesem Komplex, der mir nun sowohl das Interpretieren von Gedichten Huchels wie auch Wiedergaben unserer – übrigens nie aufgezeichneten – Gespräche verbietet. Schon Jahre vor der körperlichen und geistigen Lähmung, als ich im Frühjahr 1975 bei den Huchels in Staufen mehrere Tage verbrachte, war mir aufgefallen, daß sich Peter gegen das Schreiben wehrte, daß er viele Stunden in wortloser Untätigkeit verbringen konnte – wie seine Katzen »dämmernd« – und über fast alles lieber sprach als über das, was ihn als Lyriker anging und beschäftigte. Von seinen damaligen Arbeitsplänen erfuhr ich vor allem, daß er ein Erinnerungsbuch schreiben sollte, aber nicht wollte. In späteren Jahren beantwortete er auch keine Briefe mehr. Bei meinem Abschiedsbesuch, im November 1980, war er fast völlig verstummt und konnte nur noch mit den Augen auf meine Mitteilungen über die Arbeit am zweiten englischen Gedichtbuch antworten. Die Antwort auf seine einzige wiederholte Frage an meine Frau und mich – wie es uns gehe – zerbrach auch schon an seinem Zustand. Was noch zu sagen übrigblieb war das, was man mit Worten höchstens andeuten kann: daß die Verbundenheit über das Verstummen hinaus fortbestehen würde, auch indem ich seine das Schweigen einschließenden Worte weiter übersetzte. Das Verständnis dieser Mitteilung bestätigten seine Augen.

2

Daß ich mit Peter Huchel erst in seinem letzten Lebensjahrzehnt in Verbindung trat, hatte verschiedene Gründe. Sein erstes Gedichtbuch hatte ich verpaßt und erhielt es erst ein Vierteljahrhundert später, als er es mir in London schenkte. Frühe Gedichte von ihm hatte ich zwar in Anthologien und Zeitschriften gelesen, konnte mich aber als Dozent in den fünfziger Jahren nur wenig mit zeitgenössischen Autoren befassen. Erst nach der Veröffentlichung von *Chausseen Chausseen* begann ich mich intensiv mit seinen Gedichten zu beschäftigen, wenn auch noch nicht als Übersetzer, da ich in anderen Arbeiten steckte. Gerne hätte ich mich schon in jener Zeit an Peter Huchel gewendet, wurde aber von Freunden in der BRD und in der DDR gewarnt, daß jeder Versuch, an Peter Huchel zu schreiben oder ihn zu besuchen, für ihn nur schädlich sein würde. Ob das stimmte, habe ich nie festgestellt, da ich später mit Peter Huchel über seine Erlebnisse in dieser Zeit so wenig gesprochen habe wie über andere Versäumnisse, die zu den Zufälligkeiten des persönlichen Verkehrs gehören.

Daß ich zu jener Zeit mit Johannes Bobrowski befreundet war und mit ihm mehrmals in Ostberlin zusammen war, habe ich zwar Peter Huchel in Staufen gesagt, weil diese Freundschaft für mich keine Zufälligkeit war und ich an eine wesentliche Geistesverwandtschaft der beiden Lyriker glaubte, mußte aber auch diese Erwähnung bereuen, als ich merkte, daß ich eine wunde Stelle berührt hatte. Am 11. März 1964 hatte mir Bobrowski geschrieben: »Im Februar war Walter Jens hier, und ich hab bei der Gelegenheit mit Huchel Wiedersehen gefeiert, es war auch schon Zeit.« Vermutlich hatte diese Nachricht meine Annahme bestärkt, daß die sehr verschiedenen Situationen der zwei Dichter in jenen kritischen Jahren ihre Beziehung nicht beeinträchtigen konnten. Aber 1975 wollte Peter Huchel von einer solchen Beziehung gar nichts wissen. Ein Dritter sollte auch über persönliche oder literarische Beziehungen überhaupt nichts annehmen. Viel zu viele Zufälligkeiten spielen in jede Beziehung hinein; und wo Zufälligkeit herrscht, herrschen auch Mißverständnisse.

Was ich Peter Huchel gegenüber nie erwähnt habe, war eine andere Zufälligkeit aus demselben Jahr. Im Mai 1964 schickte mir Wilhelm Lehmann einen handschriftlich etwas berichtigten und ergänzten Zeitungsausschnitt mit seinem Aufsatz *Maß des Lobes: Zur Kritik der Gedichte von Peter Huchel* zu. Daß ein damals schon über achtzigjähriger Lyriker, der noch immer ausgezeichnete Gedichte schrieb, es für nötig hielt, einen jüngeren, in seinem eigenen Land entrechteten und verbotenen auf eine solche Weise zu schulmeistern, empfand ich gleich – längst vor der persönlichen Verbundenheit mit Peter Huchel – als einen peinlichen und schwer zu verstehenden *acte gratuit*. Aus späteren Briefen Lehmanns ersah ich dann, daß er andere jüngere Lyriker – vor allem solche, die für die Kritiker zu seiner »Schule« zählten – ebensowenig gelten ließ; und erst bei einem viel späteren Wiederlesen des Aufsatzes wurde es mir klar, daß er sich viel weniger gegen Huchels Gedichte als gegen die Superlative der Klappentexte, Anzeigen und Rezensionen richtete, es also Lehmann tatsächlich um das »Maß des Lobes« gegangen war. Ob aber ein Lyriker als »groß« angepriesen wird, braucht weder den so Genannten noch sein Werk zu betreffen, da es kritisch belanglos ist. Anstößig an dem Aufsatz ist darum nur, daß Lehmann vorgibt, Peter Huchels »Wille verlange nach Größe«, um ihm dann diese Größe absprechen zu können. Nie habe ich Peter Huchel das Wort »Größe« in den Mund nehmen gehört, glaube auch weder an das ihm zugeschriebene »Verlangen« noch an die Implikation, daß er je der Meinung war, man könne »große« – oder nur gute – Gedichte mit dem Willen zustande bringen. Ganz im Gegenteil war Peter Huchel ein Autor, der nur das wenigste, oft zögernd und verspätet, veröffentlichte.

Auch Lehmanns abwertende Bemerkungen über Huchels frühe Gedichte sind für mich durch den späten Versuch, einige von ihnen zu übersetzen, entkräftet worden. Erst beim Übersetzen des Gedichts *Die Magd* erfuhr ich, daß die Gedrängtheit der Gegebenheiten und Bezüge in diesem Gedicht sogar die silbenkarge englische Sprache überforderte. Die übliche Schwierigkeit bei formgetreuen Übersetzungen deutscher Gedichte ist, daß die kürzeren englischen Wörter rhythmische Lücken entstehen lassen, die man semantisch auszufüllen versucht wird. Dagegen mußte ich bei dem Gedicht *Die Magd* mindestens eine konkrete Einzelheit, das »Petroleumlicht«, dem Metrum und Reimschema aufopfern; und gerade durch die engste Verkettung seiner sinnlich-übersinnlichen Einzelheiten geht ja das Gedicht weit über jene Konventionen hinaus, in welchen laut Lehmann das ganze Frühwerk Huchels verfangen war.

Ernst zu nehmen an dem Aufsatz, daher auch einer Widerlegung wert, sind nur die Vorwürfe der metaphorischen Ungenauigkeit, die Wilhelm Lehmann mit Zitaten aus *Landschaft hinter Warschau* und *Thrakien* begründete. Die Funktion der nicht realistischen Bilder in Huchels Gedichten ist inzwischen – besonders von Axel Vieregg – erkannt worden. Eine Auseinandersetzung mit der Kritik Lehmanns käme aber kaum umhin, Huchels lyrische Praxis von der Naturmagie Lehmanns zu unterscheiden, welche – ganz anders als die Mystik Huchels – das Geschichtliche durch Nebeneinandersetzen des Verschiedensten und Entferntesten aufhebt. Wo Lehmann nebeneinandersetzen konnte, mußte Huchel entgegensetzen, also mit Dissonanzen arbeiten, die nicht immer aufgelöst wurden und Wilhelm Lehmann leicht als Unstimmigkeiten befremden konnten.

Aus einem Brief Peter Huchels an Axel Vieregg (5. April 1974) ersehe ich nun, daß es gar nicht notwendig war, ihm gegenüber die Zusendung des Aufsatzes und meinen Verkehr mit Wilhelm Lehmann zu verschweigen: »Was den alten Lehmann betrifft, so hege ich nach wie vor eine Art stiller Pietät für diesen erbitterten Querkopf; es wäre mir ein leichtes, meine ›korrekte Naturlyrik‹ anhand seiner nicht korrekten Vorwürfe zu verteidigen.« Damit ist schon alles gesagt. Obwohl ich nicht wissen konnte, wo die wunden Stellen lagen, hätte ich doch ahnen können, daß sie nicht von der Kritik, sondern von der Lebensgeschichte – und nicht nur von der eigenen – herrührten. Daß sich das Leiden an der Geschichte mit der persönlichen und künstlerischen Eitelkeit schlecht verträgt, wußte ich schon. Im menschlichen Umgang, wenn nicht in Gedichten, kann also auch die Verschwiegenheit auf Mißverständnissen beruhen, zu Versäumnissen führen.

3

Diese sind aber mit Anekdoten aus dem Zusammensein mit Peter Huchel nicht wiedergutzumachen. Was aus unserem längeren Zusammensein in Staufen festgehalten werden wollte, steht in einem Gedicht, welches wieder das Schweigen Peter Huchels – angesichts des jüdischen Friedhofs in Sulzburg – bezeugt, sein Verhältnis zu Tieren berührt und mit einer Bemerkung von ihm über die süddeutsche Landschaft beginnt. Auch in England, Schottland und Irland gefielen ihm die nördlichen, rauhen, trüben und öden Landschaften. Von Nordengland und Schottland war er so eingenommen, daß er mir sagte, er würde sich gerne dort ansiedeln. Daß er sogar nach Venedig das Regenwetter aus der Mark mitbrachte, ist einem der wenigen einsichtigen Besprechern der englischen Huchelbücher, Martin Dodsworth, aufgefallen: »Die norddeutsche Landschaft aus grauen Ebenen, aus Gewässern, Nebeln, Regen und Schnee ist dem Wesen Huchels so eingeprägt, daß er selbst in Venedig nur die düsteren Eigenschaften der Heimat sieht – nicht die ›Marmorwälder‹ oder die ›steigenden, sich kreuzenden silbernen Schnäbel‹, sondern einen Ort, wo der Regen ›Poren ins Wasser schlägt‹.« (The Guardian, 28. 11. 1974)

Einen einzigen Vorfall erwähne ich noch. Als Peter Huchel 1973 bei uns in London war, meldete sich ein Herr Guttmann, der dann auf Verabredung mit einem jungen Photographen ins Haus kam, um viele Porträts von Peter Huchel und mir aufzunehmen. An ein Gespräch zwischen Herrn Guttmann und Peter Huchel erinnere ich mich nicht, hatte aber das Gefühl, daß das Interesse Guttmanns an Huchel eine alte Bekanntschaft voraussetzte, die Peter Huchel nicht anerkennen wollte oder vergessen hatte. Jedenfalls gingen die beiden wieder fort, ohne eine Adresse zu hinterlassen. Nie mehr haben wir von diesen Besuchern gehört, nie die Bilder zu sehen bekommen. Auch spätere Nachfragen waren vergeblich. Am Ende verwunderte mich das Verschwinden der Bilder so wenig wie das Verschwinden unserer nie aufgezeichneten – in diesem Falle auch von der Aufnahme unterbrochenen – Gespräche. Wenn man auch, wie es in Peter Huchels *Der Garten des Theophrast* heißt, »Gespräche wie Bäume« pflanzen kann, sterben ja selbst Bäume ab oder werden, wie in diesem Gedicht, mit der Wurzel ausgerissen, so daß nur noch »das weiße Feuer/der Verse über den Urnen tanzt«.

Walter Hildebrandt

Hinweise auf Unvollkommenes

Notizen über eine gesamtdeutsche Matinee

Wohin du stürzt, o Seele,
Nicht weiß es die Nacht. Denn da ist nichts
Als vieler Wesen stumme Angst.
Peter Huchel

Es gibt verläßliche, durch die Gesellschaft vorprogrammierte Höhepunkte des Lebens. Die Aufregungen werden vorweggenommen, und man trainiert sein Verhalten auf das schon gewußte Kommende hin. Vor allem die Alten verstanden sich auf solche Inszenierungen, die das Fließband des Lebens mit kalkulierten emotionalen, auf alle Fälle erlebnisstarken Effekten unterbrachen. Die Reihe solcher Vorplanungen geht von der überreichen Zahl der Initiationsriten, in denen die Reifung des einzelnen und die Generationsschübe institutionalisiert werden, über die Feste und Feiern, Prüfungen und Kasteiungen, die den Rhythmus des Kirchenjahres wie den Ablauf der Jahreszeiten markieren, bis hin zur Begegnung mit dem Tode und seiner im Rahmen von Trauerarbeit zu erkennenden gesellschaftlichen Bewältigung.

Es liegt System darin, den Menschen aus der Routine seines alltäglichen Lebens immer wieder herauszunehmen – und da wurde nicht mit eingeschliffenen Bräuchen und Ritualen gespart. Selbst das deviante Verhalten wurde weithin in die festen, voraussehbaren Regeln der Gesellschaft eingebracht. Man sollte da an den Karneval und die Hofnarren denken. Kurzum: unvergleichlich geplanter wurden früher die Menschen überraschenden, erregenden Erlebnissen – Entfremdungen von ihren allzu normalen Reaktions- und Handlungsgewohnheiten – zugeführt. Was als gegenwärtiges Äquivalent für die genannten vielschichtigen, subtilen sozialen Unternehmungen zu gelten hat, ist ein erheblich gröber gestricktes Muster gesellschaftlich arrangierter affektiver Auf- und Entladungen und Entfernungen vom Normalverhalten. Man denke an die gesprächszerstörenden Geräuschorgien in den Diskotheken oder den Zuschauersport, der die Millionen erfaßt und in den Beteiligten Veränderungen bewirkt, die dem Beobachter oft genug den kalten Schrecken einjagen. Die Atmosphäre des Zirzensischen breitet sich aus, und sie vermischt sich mit einem starken Hauch von Lynchjustiz, wenn die Gegner mit gellenden Pfeifkonzerten begrüßt werden oder man die Versager in den eigenen Reihen gleichermaßen anpöbelt und sanktioniert. Das Klima an den Hochschulen war nicht viel anders, als die Studenten noch nicht in den Institutionen saßen, sondern den handgreiflichen, streckenweise ekelhaft simplen Aufstand gegen die Vertreter von Lehre und Wissenschaft probten. Heute findet sich bei manchen Aufläufen, die sich mit dem Begriff der Bürgerinitiativen verbinden und diesen gründlich pervertieren, eine ganz ähnliche Grobschlächtigkeit der Argumentation wie des Umganges mit dem Mitmenschen. Irgendwer oder irgendwelche müssen »fertiggemacht« werden. Der Himmel verdüstert sich. Die Gesellschaft ist von einer bemerkenswerten Reprimitivisierung ergriffen worden. Wir sind wieder beim Problem des Zeitgeistes angelangt. Er ist schlecht im Abstrakten zu beschreiben. Man muß da schon Beispiele bringen – anschaulich und unter die Haut gehend.

An alles das muß ich denken, während ich zu Beginn des Jahres 1977 eine ganz unauffällig angekündigte Bildungsveranstaltung, eine mehr routinemäßig angesetzte Matinee zur Trimestereröffnung einer in einer norddeutschen Kleinstadt gelegenen Volkshochschule, verlasse. Was sich in den knapp zwei Stunden davor abgespielt hat, kann nur als eine deutsche Tragödie bezeichnet werden. Andere ziehen es vor, das Ganze als eine Posse einzustufen. In der Tat eine makabre Inszenierung, die sich aus ungeplanten Zufälligkeiten zusammensetzt. Die Benommenheit einiger Besucher ist verständlich, auch die schließliche Resignation: der Zerfall einer ästhetischen wie politischen Kultur wurde in dieser kurzen Spanne Zeit so evident, gerade weil es sich nicht um eine monströse, abgesicherte Großveranstaltung handelte, daß sich über die die Situation wahrnehmenden Bürger ein Film von Ratlosigkeit und Lähmung legte. Nach kurzen erregten Nachbemerkungen ging man auseinander. Doch irgendwie wurde das Erlebnis zu einem Markstein für einige, die von der Widersprüchlichkeit in der schockierenden Szenenfolge nicht loskommen. Doch gehen wir Schritt um Schritt vor, um die bisher gemachten Andeutungen für den Leser anschaulich und die hochgegriffenen Wörter, die ich gewählt habe, verstehbar zu machen.

Am besten beginnen wir mit dem Text der Ankündigung der Veranstaltung, der mit dem Gegenstand der Erregung bekanntmacht, freilich von der überraschenden Dramatisierung der angekündigten Matinee noch nichts ahnen läßt:

Matinee zur Trimestereröffnung
Sonntag, 30. Januar, 11.15 Uhr
Gymnasium, Pavillon
(Der Eingang ist besonders gekennzeichnet)
Gespräch und Lesung mit

Peter Huchel

Einleitendes: Dr. H. T.

Peter Huchel, 1903 in Berlin-Lichterfelde geboren, verlebte seine Jugend auf dem großväterlichen Hof in einem märkischen Dorf. Er studierte in Berlin, Freiburg und Wien Philosophie und Literatur. Nach dem 2. Weltkrieg war er zunächst leitend am Rundfunk tätig und wirkte 13 Jahre lang als Chefredakteur der in Ostberlin herausgegebenen Zeitschrift

»Sinn und Form«,

der er internationales Ansehen verschaffte.
Nach seinem Ausscheiden begannen für ihn Jahre völliger Isolation.
Seit einigen Jahren lebt er in der Bundesrepublik.
Peter Huchel ist einer der profiliertesten Lyriker deutscher Sprache in den letzten 50 Jahren. Der Rang seiner Dichtungen ist international gewürdigt und im deutschen Sprachgebiet durch mehrere Preisverleihungen und Ehrungen – allerjüngst erneut – anerkannt worden.
...
Gebühr 2,– DM; Schüler 1,– DM.

Als ich das lese, erfaßt mich, neben der Freude, Peter Huchel zu sehen und zu hören, ein erstes Grauen. Wie korrekt ist doch der Ankündigungstext! Und doch kommt er auch nur in Annäherungen nicht an die Tragik, die Vergeblichkeit, die Ängste – und die Größe dieses Mannes heran. Die Verstrickung in das System der DDR verschwindet hinter der Wand einiger biographischer Hinweise. Das Wort von der völligen Isolation steht so trocken da, gleichsam gekoppelt mit der Bitte, sich nicht zu lange mit dieser Bemerkung aufzuhalten, sondern sich der Erfolgsseite dieses Lebens, seiner internationalen Anerkennung, seinem Rang als Lyriker wie als Redakteur zuzuwenden. Wie falsch können Äußerungen sein. Ich denke an das Wort Adornos, daß nach Auschwitz keine Gedichte mehr geschrieben werden könnten. Das ist natürlich eine lebensuntaugliche Annahme. Peter Huchel gehört zu jenen Dichtern, die durch Auschwitz, wenn man dies als Metapher für das ganze Elend dieses Jahrhunderts nimmt, die wesentlichsten Impulse für ihr tragisches Gedichtwerk erhalten haben.

Ich hadere mit dem Text der Ankündigung. Natürlich ist er gut gemeint. Und er ist, wie gesagt, korrekt. Aber an den Fall Huchel – und das meinen wir in einem doppelten Sinne – kommt er nicht heran. Ich setze mich auf die Spur meines Unbehagens. Vielleicht, so frage ich mich, verstärkt es sich, weil ich die Harmlosigkeit und existentielle Enthaltsamkeit des Textes im Veranstaltungsverzeichnis einer Volkshochschule finde. Friedlich vereint ist der Dichter, dieser Schriftsteller, den das Schicksal so hochriß und dann um so tiefer fallen ließ, mit den Ankündigungen der Näh- und Schwimmkurse, der Lehrgänge fürs bessere Backen und geschicktere Briefeschreiben. Mich jedenfalls irritiert das. Und die ungeheure, von niemandem zu leugnende Nützlichkeit dieser Einrichtung scheint mir gerade die entscheidende Barriere zu sein, daß in den Veranstaltungen der Volkshochschulen jene Sensibilität erreicht wird, die über das muntere Selbstbewußtsein einer Institution hinausgeht, die den Optimismus ihrer Gründerzeit (Wissen ist Macht!) niemals ganz abzustreifen vermochte.

Wie florierte das literarische und künstlerische Leben in so vielen Klein- und Mittelstädten Deutschlands, als noch die alten Vereine für Literatur und Kunst oder ähnliche Organisationen, eingebettet in die lokale Gesellschaft, ihre Tätigkeit aus einer ganz anderen Tradition heraus ausübten, die der großen Kunst, der großen Musik, dem großen Theater zugewandt war. Wie auch umgekehrt Lesungen in Betrieben oder Gründungen von Kunst- oder Musikschulen, die im regionalen Rahmen für die Jugend bestimmt sind, eine von innen kommende Strahl- und Wirkungskraft aufweisen. Eine Volkshochschule, neuerdings professionalisiert und in der Kreisstadt behördenmäßig zentralisiert, kann weder das eine noch das andere leisten.

Prominente mögen engagiert werden, und das war bei Peter Huchel der Fall, aber es erwuchs nicht aus dem Schoße der Arbeit eines örtlichen Komitees, Ausschusses oder Freundeskreises. Huchel wurde gleichsam frei Haus als intellektuelle Konsumware geliefert. Und so war denn auch die örtliche Gesellschaft, soweit sie am Geiste partizipierte, die alten Patrizier, die Studienräte und sonstigen Lehrer, die anderen Akademiker, wie die Ärzte, Rechtsanwälte oder Apotheker, nicht von vornherein in Pflicht genommen, mit ihrem Erscheinen nicht nur dem Geiste ihre Reverenz zu entbieten, sondern sich vom seltenen Ereignis auch beeindrucken zu lassen. Die Folge war, daß sich die wenigsten aus den genannten Kreisen von der Ankündigung betroffen fühlten. Kaum mehr als ein Dutzend Personen dieser Provenienz konnte ich zählen. Und die lokale Jugend, die Schüler und bei ihren Eltern weilenden Studenten, stellte nicht einmal so viel. Daß einer der größten deutschen Lyriker dieses Jahrhunderts die Stadt besuchen würde, war offensichtlich auf dem Gymnasium oder in den anderen Schulen nicht thematisiert oder gar zum Anlaß genommen worden, eine »Deutschstunde« der oberen Klassen auf den Sonntagvormittag zu verlegen oder am folgenden Montag in der Schule selbst mit dem Schriftsteller eine intensive schulinterne Begegnung durchzuführen. Hier reichte wohl die organisatorische Phantasie der Verantwortlichen nicht aus, und auch nicht ihr sozialer Mut, um den Schülern ein solches Engagement abzufordern. Hätte sich nicht eine Gruppe von 10–20 Studenten aus einer nahegelegenen Bildungsstätte dem Auditorium zugesellt, wäre der Raum – ein kleines, nacktes Klassenzimmer in einem Schulpavillon – nicht einmal zur Hälfte gefüllt gewesen.

Natürlich kann man im nacktesten Klassenzimmer Lyrik lesen. Es kommt immer auf die Situation und die Menschen an. So kann ich mir gut eine Lesung in einem öden Wartesaal irgendeines Bahnhofs denken. Nehmen wir Bebra. Oder Lehrte. Oder Altenbeken. Zwischenstationen, die man schnell hinter sich bringen will. So gesehen, haben Schulen und Wartesäle viel Gemeinsames. Aber dieses Klassenzimmer irritiert durch seine besondere Sterilität: die pure Atmosphäre von Stoffvermittlung. Über den Wartesälen, auch den ödesten, liegt noch ein Hauch von Schicksal, von Dichtern wie Joseph Roth aufgespürt. Die Lebenswege, die sich kreuzen, die Apparatur der Verbindungen; und dann das Warten, das Warten . . . Ich denke, wie gerne ich Huchel in Bebra hören würde. Hier ist sogar der professionelle Blumenstrauß vorn auf dem Tisch eine Lüge. Dort die Menschen mit ihren Gepäckstücken und Hoffnungen. Sind sie gerade über die Grenze gekommen, das Grauen im Nacken, immer noch die Routine der Unterdrückung in den Augen? Die lange getragenen Mäntel hüllen sie ein. Bald wird sie nichts mehr schützen vor dem Neuen, dem sie ausgeliefert sind. Eingebettet in diese Schicksale hätte er lesen müssen:

Am Tage meines Fortgehns
entweichen die Dohlen
durchs glitzernde Netz der Mücken.

Am Acker klebt
der Rauch des Güterzuges,
der Himmel regenzwirnig,
dann grau gewalkt,
ein schweres Tuch,
niedergezogen
von der nassen Fahrspur. . .

Gealtert
geht das Jahr
mit stumpfer Axt, ein Tagelöhner,
auf den Spuren des Dachses
über die Hügel davon.
Die Leere saust
in den lehmigen Löchern
der Uferschwalben.

Oder aus seinem Gedicht *Hubertusweg* die Zeilen:

Was fällt für ihn ab, schreibt er die Fahndung
ins blaue Oktavheft, die Autonummern meiner Freunde,
die leicht verwundbare Straße belauernd,
die Konterbande,
verbotene Bücher,
Brosamen für die Eingeweide,
versteckt im Mantelfutter.
Ein schwaches Feuer nähre mit einem Ast.

Ich bin nicht gekommen,
das Dunkel aufzuwühlen.
Nicht streuen will ich vor die Schwelle
die Asche meiner Verse,
den Eintritt böser Geister zu bannen.

An diesem Morgen
mit nassem Nebel
auf sächsisch-preußischer Montur,
verlöschenden Lampen an der Grenze,
der Staat die Hacke,
das Volk die Distel,
steig ich wie immer
die altersschwache Treppe hinunter.

Vor der Keilschrift von Ras Schamra
seh ich im Zimmer meinen Sohn
den ugaritischen Text entziffern ...

Der Schriftsteller betritt das kahle Klassenzimmer, begleitet vom Leiter der Volkshochschule aus der Kreisstadt, der sogleich »Einleitendes« zu sagen beginnt. Das ist der nächste Schock. Wieder die gutgemeinten Worte zur Begrüßung. Aber die Tonlage tut mir weh. Eine Dichterbegrüßung hebt an. Neben den notwendigen Hinweisen auf das Biographische die Huldigung des großen Mannes von internationalem Rufe. Der zieht sich, während die germanistische Emphase sich steigert, stückweise zusammen. Er nimmt sich, man sieht es vorderhand nur andeutungsweise, auf sich und sein ganzes Lebenselend zurück und auf seine Größe, die sich im Zerbrechen und Verstummen ihre Metapher gesucht hat. Wir werden's gleich sehen.

Inzwischen ist die Rede beendet. Mit sich zufrieden, setzt der Redner sich hin; die Reaktion des Dichters hat er nicht wahrgenommen. Der beginnt nun zu lesen. Da breitet sich neue Irritation aus. Der Lesende ist kaum zu verstehen. Die Lautstärke sinkt ab, so daß der Leitende ihn leise um etwas deutlichere Aussprache bittet. Huchel versucht es. Aber das somatische Phänomen kommt von innen. Das ganz und gar Unpersönliche des Raumes, die emphatischen Worte zu Beginn, die Schlag um Schlag an seiner inneren und äußeren Not vorbeihieben, sicherlich auch die vom Dichter gespürte Zufälligkeit der Zusammensetzung der Anwesenden – alles das zusammen läßt seine Stimme schwerer, resignierter, kleiner werden. Die verrätselten Zeilen, die zunächst keinen Bezug zu seinem politischen Schicksal haben, werden noch mühsamer verständlich. Während Huchel liest, baut er Mauerstein um Mauerstein um sich auf. Er sieht in die Augen, vor allem der Jüngeren, er merkt das Grenzenlose jener Entfernung, die sich zwischen ihm und diese schiebt. Seine Stimme sinkt weiter, bis nahe ans Verlöschen.

In dieser Situation meldet sich eine der jüngeren Studentinnen. Höflich meldet sie sich und fragt den Vorlesenden, ob er nicht etwas von sich, aus seinem Leben erzählen könne. Dann würde vielleicht auch das Verständnis der Hörer für seine schwierigen Verse wachsen. Schließlich fügt sie zaghaft an, daß das Ganze ja auch als Gespräch angekündigt sei. Das veranlaßt den Leiter der Veranstaltung, der sich eines modernistischen Werbetricks überführt sieht, aufzuspringen und der Besucherin unwirsch zu antworten. Ein Gespräch könne später noch folgen. Und im übrigen verwies er auf einen Tisch, auf dem sich Schriften des Dichters und seine Zeitschrift befanden. Die Besucher erregten sich mit den unmittelbar beteiligten Personen. Die einen hatten Verständnis für die junge Fragerin und erhofften sich von da den Anfang eines neuen Miteinander zwischen dem Autor und seiner Besucherschar. Die anderen wollten nichts als die Verse Huchels aus dessen Munde hören: eine Forderung, die nicht weniger legitim war, obgleich sie die Masse der Anwesenden, die sich in keiner Weise dieser Lyrik gewachsen zeigte, in der konkreten Situation hoffnungslos zu provozieren geeignet war. Das Elend unserer Dichtung und unserer Bildungshorizonte heute, der Hiatus zwischen dem Bildungsbürger und dem literarischen Analphabeten, wurde in dieser Stunde in explosiver Konsequenz durch die Umstände durchbuchstabiert. Die Situation war ebenso grauenhaft wie analytisch ergiebig. Man sah förmlich, wie sich die Fäden der Kommunikation zwischen Huchel und den meisten der Anwesenden auflösten. Mir kommen die ersten und letzten Zeilen des *Garten des Theophrast* in diesen Minuten in den Sinn, in denen sich Huchels Rücken immer weiter und weiter krümmt und ein alter Mann von vierundsiebzig Jahren den ganzen Vorgang zu erfassen versucht. Seine Augen überfliegen abwehrend und hilflos zugleich das Auditorium, das ihm abhanden gekommen ist. Während der Wortwechsel voller Verkehrtheiten und Mißverständnisse noch anhält, fingern die Hände Peter Huchels blicklos in den vor ihm liegenden Manuskriptseiten. Stehen auch ihm seine Zeilen aus dem Theophrast vor Augen?

Wenn mittags das weiße Feuer
Der Verse über den Urnen tanzt,
Gedenke, mein Sohn. Gedenke derer,
Die einst Gespräche wie Bäume gepflanzt.
Tot ist der Garten, mein Atem wird schwerer . . .

Und dann das Ende:

Sie gaben Befehl, die Wurzel zu roden.
Es sinkt dein Licht, schutzloses Laub.

Dann ergreift auch der Autor wieder das Wort und wendet sich an die erste Fragerin. Mutwillig zerreißt er in seiner Antwort die letzten Fäden zu den Jüngeren. Wer etwas aus seinem Leben wissen wolle, dem könne er letzten Endes nichts als seine Gedichte bieten. Darüber hinaus gäbe es keinerlei Aussage von Belang. Und wer von ihm etwa einiges über die DDR erfahren möchte, dem könne er noch viel weniger dienlich sein. Viele Jahre dort zu leben, das sei die unerläßliche Voraussetzung für eine Erfahrung, die durch keinerlei verbales Instrument hergestellt werden könne. Kälte breitete sich im Raum aus. Huchel hatte die Mauer, die er um sich errichtete, wieder einen Stein höher gezogen. Erneut kommen mir die Zeilen aus dem *Hubertusweg* in den Sinn: *Ich bin nicht gekommen, das Dunkel aufzuwühlen* [...]. Und dann noch zwei Verse aus seinem vielleicht politischsten Gedicht *Das Gericht*:

Nicht gewillt,
um Milde zu bitten,
stand ich vor den Schranken,
in der Maske des untergehenden Monds.
...
Nicht jeder geht aufrecht
durch die Furt der Zeiten.
Vielen reißt das Wasser
die Steine unter den Füßen fort ...

Nachdem sich der Vortragende dem Gespräch und den Erörterungen über seine Lebenszeiten entzogen hat, versucht er nun doch eine Brücke zu schlagen und die Verbindung mit allen Zuhörern zu renovieren. Er werde nun, so seine Ankündigung, einige Gedichte über den Krieg lesen und damit etwas Zeitgemäßes bringen. Er beginnt vorzulesen. Doch bald wurde er wieder unterbrochen. Diesmal attackierte man ihn von einer anderen Seite. Ein junger Mann, nennen wir ihn den jungen Herrn K., griff ein. Und ebenso unbefangen wie unwirsch fragte dieser den Autor, wieso er darauf komme, Kriegsgedichte als zeitgemäß zu bezeichnen. Sie jedenfalls, als junge Generation, hätten für eine solche Behauptung überhaupt kein Verständnis, und auf alle Fälle könnten sie keinen Bezug zwischen sich und diesem Thema erkennen. Dem Vortragenden ging die Intervention tief unter die Haut. Man konnte es sehen. Die Verzweiflung stand ihm gleich dem Schweiße auf der Stirn. Leise sprach er in die Richtung, wo der junge Herr K. selbstbewußt und unendlich unerfahren auf seinem Stuhle saß. Wie könne man nur, so meinte der Dichter, der sein Leben lang in Metaphern und Gleichnissen, in Sinnbildern und Analogien gedacht hatte, das Thema des Krieges so eng fassen, daß man sich selbst ausklammere aus dem Geflecht von Betroffenheit und Mitschuld wie auch der jederzeit möglichen Aktualisierung des Schrecklichen. Der junge Pharisäer, der, wie man hört, Mitglied eines Vereins für Moral und Ethik ist, sah den Schriftsteller verständnislos an. Auch nachdem einige Zuhörer erneut das Wort ergriffen und sich in Erläuterungen versuchten, die an Huchel anknüpften, prallte das alles an dem Frager ab. Der blieb seiner Sache weiter ganz sicher, während der Autor, nervös und voller Resignation, seine Lektionen hinunterschluckte, die ihm hier geboten wurden.

Der Höhepunkt der tragischen Satire wurde erreicht, als derselbe junge Herr K. vom Vorlesenden kategorisch verlangte, die ihm und sicherlich auch anderen unverständlichen Gedichte gefälligst zu erläutern. Wieder begann eine längere Redeschlacht über die vorgebrachte Forderung, und es wurde erschreckend deutlich, wie viele der Jüngeren überhaupt nichts Befremdliches an dem Verlangen fanden. Nicht einmal die Verächtlichkeit, mit der der junge Frager den Hinweis des Dichters quittierte, daß ihm solchermaßen Selbstinterpretationen verwehrt seien, wurde von den meisten seiner Altersgenossen wahrgenommen. Doch dann zerschlug Peter Huchel selber den gordischen Knoten. »Nicht gewillt, um Milde zu bitten . . .«, warf er leise, aber mit der Schärfe eines Schlußstrichs in den Raum, daß es ihn auch nicht interessiere, ob jemand seine verrätselten Verse zu entschlüsseln vermöchte.

Dieser Hieb sitzt, konnte man denken. Und in der Tat wurde die existentielle Ebene wieder erklommen, die dem Manne, den zu hören wir gekommen waren, allein angemessen ist. Aber die Angriffslust des jungen Herrn K. war wirklich durch nichts zu beeinträchtigen. Denn ihm gelang es noch kurz darauf, Huchel zu zwingen, sich vor der gesamten Besucherschaft zu entblößen. Der Dichter gab zu, daß er ungeachtet des Verständnishorizontes seiner Zuhörer die Lesungen in erster Linie durchführe, um seine geringe Rente aufzubessern. Dieser Hinweis, der das Klassenzimmer für einen Augenblick sehr menschlich machte, schien mir doch der ausgefüllteste Punkt der Unmenschlichkeit des ganzen Vormittags zu sein. Denn in den Fakten, die dahinter stehen, spiegelt sich das Elend eines Mannes, der von Deutschland nach Deutschland wollte und in der völligen Isolation endete: nicht nur in den neun Jahren der Isolierung im anderen Teil Deutschlands, nachdem ihm Ende 1962 die Redaktion und Gestaltung von ›Sinn und Form‹ genommen wurde (und eindrucksvolle Gedichte berichten von dieser Form der Einkerkerung, die in der DDR nicht fremd ist), sondern auch in der Zeit bis heute, nachdem er im Jahre 1971 die Erlaubnis zum Verlassen seiner Heimat erhalten hatte. Die so routinemäßig angesetzte Lesung des Peter Huchel zeigte nicht nur die Bildungsbarrieren vieler junger Menschen – und eine unglaublich weite Entfernung zu gesamtdeutschen Schicksalen, so daß sie diesen Begriff gar nicht mehr aufzunehmen vermögen –, sondern auch die Einsamkeit eines Mannes, der in der DDR zu den höchsten geistigen Ämtern emporstieg und dann konsequent ins gesamtdeutsche Exil, in eine gesamtdeutsche innere Emigration sollte man vielleicht besser noch sagen, seinen Weg nahm.

Was er in dem Gedicht *April '63* schrieb, kurz nachdem er sein großes international anerkanntes Wirken in seiner Zeitschrift aufgeben mußte, gilt auch heute noch, so will es uns nach dem Erlebnis dieser Matinee voller Überraschungen scheinen:

Ich bette mich ein
in die eisige Mulde meiner Jahre.
Ich spalte Holz,
das zähe, splittrige Holz meiner Einsamkeit . . .

In erregten Gruppen diskutierend, verlassen die Anwesenden das Klassenzimmer. Auch ich habe meine Lektion gelernt. Die Kahlheit des Raumes, das verstehe ich nun, war nur ein Sinnbild der geistigen Dürre, die wir in diesen Vormittagsstunden im Gestrüpp der vorlauten Mißverständnisse durchzustehen hatten. Wir sagten zu Beginn, daß es verläßliche, von der Gesellschaft geplante Höhepunkte und Prüfungen des Lebens gibt. Hier überrannte uns das Unvorhergesehene. Doch die Erinnerungen an solche spontanen Erlebnisse, in denen sich doch auch wieder der Zeitgeist und das Zeitgeschehen versammeln, können sich genauso tief einwurzeln, wenn die von der Stunde hervorgebrachten Erschütterungen nur umfassend genug sind. In der Begegnung mit dem gefällten Riesen Huchel, jenem Manne, dem so viele seinen hohen Rang bestätigt haben: Hans Mayer und Fritz Raddatz, Walter Jens und Hans Bender, Marcel Reich-Ranicki und Bertolt Brecht, sind wir im Januar 1977 Teilhaber eines solchen elementarischen Ereignisses geworden. Alle Mitspieler in diesem Stück, so wollte es sich uns darstellen, waren auf ihre Weise in die Verstrickungen, die sich mit großer Symbolkraft ergaben, unlösbar einverwoben. Der Dichter war nur das auslösende Moment. Die tragische Bedeutung des Falles reicht weit über sein persönliches Schicksal hinaus.

Hans Dieter Schmidt

»Der Fremde geht davon . . .«

Erinnerungen an den Dichter Peter Huchel

Der Fremde geht davon
und hat den Stempel
aus Regen und Moos
noch rasch der Mauer aufgedrückt.
Eine Haselnuß im Geröll
blickt ihm mit weißem Auge nach.

Jahreszeiten, Mißgeschicke, Nekrologe –
unbekümmert geht der Fremde davon.

Dieses Gedicht von Peter Huchel bildet den Abschluß seines zuletzt erschienenen Gedichtbandes *Die neunte Stunde*. Ist es ein Abschied, ein Schlußwort? – Am 30. April dieses Jahres ist Peter Huchel in Staufen im Breisgau verstorben. Er war 78 Jahre alt geworden. Krankheit, lange Leiden, Verfolgungen, Verdächtigungen, Fremdheit – sie waren Kennzeichen dieses Lebens, das aus der ländlichen Welt der Mark Brandenburg schließlich in den Südwesten Deutschlands geführt hatte. Der Fremde ist fortgegangen. Was hat er hinterlassen? – Nicht viel mehr als dreihundert Gedichte; Verse, zwischen 1925 und 1979 geschrieben. In der Bundesrepublik wurden sie in vier Bänden veröffentlicht. Gedichte, die, hat man sich einmal mit ihnen beschäftigt, nicht mehr aus dem Gedächtnis gehen. Sie gehören zum Besten, das unser Jahrhundert in deutscher Sprache kennt.

Über Gedichte hatten wir uns kennengelernt: Peter Huchel, der damals schon alte Dichter, 1972, und der jüngere Autor, der ihm seine Versuche geschickt hatte. Zunächst war es ein Brief, mit dem Peter Huchel geantwortet hatte, dann kam es zur persönlichen Begegnung. Eine Lesung bot Gelegenheit dazu. Er war aus Staufen angereist mit der Bahn, ein hochgewachsener Mann mit grauem Haarschopf, die Haare in die Stirn gekämmt, das Gesicht zerfurcht und gefältelt, ein lächelnder Mund, ruhige, gütige Augen. Es gab keine Schwierigkeiten, miteinander vertraut zu werden.

In der Lesung hatte Peter Huchel eine lange Folge von Gedichten gelesen, vorzugsweise aus den Bänden *Chausseen Chausseen* (1963) und *Gezählte Tage* (1972), aber auch Verse, die erst im letzten Gedichtband 1979 veröffentlicht werden sollten. Seine Stimme war dunkel gewesen, nicht sehr laut, eher melancholisch, in sich gekehrt. Es war jenes Raunen in ihr, von dem Huchel immer wieder sprach, wenn man ihn fragte, wie seine Gedichte entstünden: »Ich raune meine Verse vor mich hin, bis sie endgültige Gestalt angenommen haben . . .« Während der Lesung schien es, als würde der Dichter immer noch an diesen Versen arbeiten, ihnen nachhorchen, sie im Sprechen auf Treffsicherheit und Genauigkeit überprüfen.

Später fuhren wir miteinander im Auto von Bad Mergentheim nach Wertheim. Peter Huchel saß entspannt auf dem Beifahrersitz, wir hatten viel Zeit und schauten uns die Landschaft an. Huchel sagte, ihm gefalle dieses Land mit seinen sanften Hügeln rechts und links der Tauber viel mehr als die enge Tälerlandschaft des Schwarzwaldes. »Ich liebe die weiten, offenen Landschaften, Brandenburg, überhaupt den Osten, Polen, Rußland, alles sehr schöne Länder. Ich brauche viel Himmel [. . .]«. Ein paar Augenblicke später fügte Huchel hinzu: »Eigentlich bin ich nie von dieser großen Landschaft Brandenburgs losgekommen. Dort verbrachte ich bei meinem Großvater in Alt-Langerwisch bei Potsdam meine Jugend, zusammen mit Mägden und Knechten, Schnittern und Kesselflickern, zwischen Getreidefeldern und Pferdeställen, und das bestimmte ein für allemal meine Lyrik. Auch heute noch.«

Man hat in gelehrten Untersuchungen darauf hingewiesen: die dörfliche Bauernwelt prägte den Dichter, ganz gewiß, und hinzu kamen der Mythos, die Welt der großen poetischen Phantasmagorien, Odysseus und Gilgamesch, Macbeth und King Lear, Persephone und Ophelia. Gestalten, Schicksale, Landschaften, unauflöslich miteinander im Gedicht verschmolzen. Ein paar Stunden später würde Peter Huchel mir sein Macbeth-Gedicht in ein Buch schreiben: »Mit Hexen redete ich, / in welcher Sprache, / ich weiß es nicht mehr [. .]« Die Gedichte bestimmten schließlich das Gespräch, alle Sätze führten dorthin. Auch das Private war davon erfüllt. »Mit meiner Frau«, so sagte er, »kann ich oft lange Gespräche führen über ein einziges Wort, das in einer bestimmten Zeile einen bestimmten Platz haben soll. Da kann es geschehen, daß wir uns schon einmal zerstreiten . . . Ich notiere mir meine Einfälle immer auf kleinen Zetteln, die ich mit mir herumtrage, aber manchmal kommen sie mir abhanden; darunter können auch gute Verse sein [. . .]«

Peter Huchel erzählte, wie lange er benötige, um einen neuen Gedichtband zusammenzustellen. Er warnte vor dem allzu raschen Veröffentlichen. »Meine Verse gehen Tag für Tag mit mir um, aber man kann nicht jeden Tag Gedichte schreiben. Heutzutage wird das ja von manchen jungen Autoren verlangt, die Verlage drängen sie manchmal, mindestens alle zwei Jahre einen Gedichtband zu veröffentlichen. Das hält niemand durch, das verdirbt nur die Begabungen.« Und so spielte er auf einige Kollegen an, die davon nicht ablassen konnten, immer oben auf der Welle des Literaturbetriebs zu schwimmen. Peter Huchel beklagte auch, daß die Frauen der Autoren so vieles zu leiden hätten, es sei ja so schwer, mit einem Lyriker zusammenzuleben. Dann setzte er plötzlich hinzu: »Im Grunde genommen sind alle Gedichte Liebesgedichte, das mag ein Trost sein für unsere Frauen.«

Lange Zeit erzählte Peter Huchel von seinen Erfahrungen in der DDR. Als Künstlerischer Direktor des sowjetisch lizensierten Berliner Rundfunks habe er seit 1945 viele Vertreter der Parteiprominenz der sowjetischen Zone kennengelernt. Er berichtete von Johannes R. Becher, dem Dichter und späteren Kultusminister der DDR, mit dem er schließlich in Konflikt geriet, weil er als Chefredakteur der Literaturzeitschrift ›Sinn und Form‹ manche von Herrn Becher eingeschickten Gedichte ablehnen mußte. 1962 wurde Huchel dann auch von diesem Posten abgelöst, es folgten die Jahre des Exils im eigenen Land, die Isolierung in Wilhelmshorst bei Potsdam. »Ich wurde bespitzelt, im Haus gegenüber zog ein Mann ein, der alle Besucher zu registrieren hatte, der die Autonummern meiner Freunde notierte.«

Gefragt, ob Bertolt Brecht auch zu seinen Freunden gezählt habe, antwortete Huchel: »Ein Freund war ich ihm wohl nicht. Das hätte nämlich bedeutet, daß er mich in seine Dienste genommen hätte. Immer hat er alle, die um ihn waren, für seine Zwecke eingespannt.«

Ich fragte ihn nach literarischen Anregungen, Einflüssen auf sein Werk. Schließlich wollte ich wissen, ob ein Autor wie Rilke, der ja über einen längeren Zeitraum hinweg auf viele junge Autoren einen Einfluß ausgeübt hatte, auch ihm etwas bedeuten würde. »Ich habe zwar einmal im Rilke-Turm in Muzot im Wallis gelebt, aber zu Rilkes Dichtung habe ich keine besondere Beziehung finden können. Rilke hatte einen schrecklichen Anfang. Die Verse, die in seinen ersten Veröffentlichungen stehen, sind doch schlichtweg kläglich.

Da hätten wir doch gleich wieder aufgehört.« Später ergänzte Huchel noch: »Rilke verfaßte einige Zeit danach ein paar gute Gedichte, aber verdächtig blieb mir diese Figur immer.«

Peter Huchel erinnerte an seine Freundschaft mit Günter Eich. In ihm sah er einen Dichter, der ähnliche Wege ging wie er selbst. Eichs Tod habe ihn 1972 schwer getroffen, tagelang habe er überhaupt nichts Sinnvolles unternehmen können.

In Peter Huchels Gedichten finden sich Hinweise darauf. Das Porträtgedicht *Jan-Felix Caerdal* ist Günter Eich gewidmet, und daneben steht in dem Band *Die neunte Stunde* (1979) ein Achtzeiler: »Hinfließen wird der Himmel,/aber wir werden dem Schnee,/der ins schwarze Wasser sinkt,/kein Tedeum mehr sprechen.//Ein verwüstetes Haus zwischen Himmel und Erde./Im Torweg die Kröte,/noch immer/die goldene Krone auf dem Kopf.«

Das Gedicht zeigt, daß Peter Huchel ein Meister der »verhüllten Rede« war. Manches Gedicht hat die äußere Erscheinung eines Naturgedichts; oberflächliche Leser ordnen denn auch den Dichter den »Naturmagiern« zu. Dabei wird übersehen, daß das Gedicht eine Art Maske sein kann, durch die hindurch der Autor spricht. Man hat dies für viele seiner Wintergedichte nachgewiesen. Die Metaphorik dient oftmals einer verhüllten politischen Aussage: »Ich bin nicht gekommen,/das Dunkel aufzuwühlen./Nicht streuen will ich vor die Schwelle/die Asche meiner Verse,/den Eintritt böser Geister zu bannen.//An diesem Morgen/mit nassem Nebel/auf sächsisch-preußischer Montur,/verlöschenden Lampen an der Grenze,/der Staat die Hacke,/das Volk die Distel,/steig ich wie immer/die altersschwache Treppe hinunter [...]« Diese Zeilen aus dem Gedicht *Hubertusweg* (an dem Huchel in Wilhelmshorst wohnte) belegen diese These.

Die Entzifferung der Botschaften dieser Welt ist ein großes Thema von Huchels Gedichten. Aber er weiß, daß alles nur Versuch bleiben muß: »Unter der blanken Hacke des Monds/werde ich sterben,/ohne das Alphabet der Blitze/gelernt zu haben.//Im Wasserzeichen der Nacht/die Kindheit der Mythen,/nicht zu entziffern.//Unwissend/stürz ich hinab,/zu den Knochen der Füchse geworfen.«

Peter Huchel wußte, daß er ein einsamer Dichter bleiben würde, auch nach 1971, als man ihn endlich aus der DDR ausreisen ließ. Beobachtend, notierend, behutsam formulierend erlebte er die

Welt: sie wurde ihm zur Sprache seiner Gedichte. Ein freundlicher, umgänglich wirkender Mann, nachdenklich, ruhig Wort um Wort setzend, Satz um Satz. Ein Mensch, der nicht zu beirren war: nur seiner eigenen Aufgabe blieb er verpflichtet. Vielleicht war dies Peter Huchel. Eines der Bilder, die man sich von ihm machen kann, bei aller Vorläufigkeit, die solche Bildnisse haben. Ein Fremder. Ich spürte dies bei unserem Abschied. Ein Lächeln lag auf Peter Huchels Gesicht. Die Augen blickten ruhig, die Lider hatte er zusammengekniffen. War es Skepsis, Frage? Wohin schauten sie? – »Jahreszeiten, Mißgeschicke, Nekrologe – /unbekümmert geht der Fremde davon.«

Wolfgang Heidenreich
Deutzeichen

Begegnungen und Leseerfahrungen mit Peter Huchel

Dem Gedächtnis
Erhart Kästners

I

St. Gallen, im November 1976. In der Werkstatt der Erker-Presse schreibt Peter Huchel, der Dreiundsiebzigjährige, eine Folge seiner Gedichte auf den Lithographenstein. Der schwere Kalkblock mit den griffig muscheligen Kanten und der sorgsam geschliffenen Schreibfläche liegt abseits der Steindruckmaschinen bereit an jenem Arbeitsplatz im schattenlosen Licht, an dem schon andere auf den Stein geschrieben hatten: Giuseppe Ungaretti sein *La Luce*; Ezra Pound einige seiner Pisaner Cantos in Fragmentausschnitten, die er *An Angle* nannte; Martin Heidegger den Aufsatz *Die Kunst und der Raum*, dem als Motto das Lichtenberg-Wort voransteht: »Wenn man viel selbst denkt, so findet man viele Weisheit in die Sprache eingetragen.«

Der Dichter Peter Huchel und der junge Drucker im Gespräch: Über die Seltenheit und feinporöse Eigenschaft der alten Steine, deren Herkunft, frühere Dienste, Errettung vor dem Schicksal, zerschlagen in den Straßenschotter geworfen zu werden; über die Zusammensetzung der Fett-Tusche, die sich mit dem kohlensauren Kalk des Steins verbinden wird zu der fettsauren, wasserabweisenden Spur der schreibenden Hand – dazu einiges von hohem Respekt vor den unaufgeschlüsselten Rezepturen der mittelalterlichen Klosterschreiber, vor der ursprünglichen Frische und Leuchtkraft ihrer Tinten; zuletzt etwas über die zauberisch erscheinende, aber natürliche Wirkkraft des Gummiarabikum, das dem mattgelben Stein zu seiner Gedächtnisleistung und zum nuancentreuen Zurückgeben der Schriftgestalt verhelfen wird.

Werkstattgespräch. Nun das Zureichen der gefüllten Feder, achtsame Stille, die richtige Lage der Hand auf der leeren Kühle des Steins, noch ein Fingerzeig auf die begrenzende Markierung.

Peter Huchel schreibt: »Enkidu –/Der Holunder öffnet die Monde,/alles geht ins Schweigen hinüber,/die fließenden Lichter im Bach,/das durch Wasser getriebene Planetarium des Archimedes,/astronomische Zeichen,/in den Anfängen babylonisch [...]«

Scriptorium. Kargheit und Sachlichkeit der Werkstatt und des Werkzeugs. Die Stille des Schreib-Hand-Werks, seine verschüttete Würde. Vergessene Heiligkeit des Schreibens und Wiederschreibens der Urtexte.

Während der Stein des Druckers unter der Hand des Schreibers in sich einliest, um dem Leser zusprechen zu können – Sammlung. Versammlung von Zeichen – Welten und Welt – Zeichen, von Bilder-Welten und Welt-Bildern, von lesenden Schreibern und schreibenden Lesern am Meridian der Ortszeit. Vom Feuer des Sprachgeists ein Funkenwirbel im Raum: Das vom sumerischen Himmel abgelesene Sinnbild des Sterns als Bildbezeichnung für ›Gott‹, das Pfeilsymbol als Zeichen für ›Leben‹ – ›rebus‹ sprechende, aus sinntragenden Gestalten und Gegenständen der Natur und der Tätigkeit des Menschen ausgelesene Chiffren, deren zauberische Verschlossenheit und ausschließende Schranke, ihr Schweigen für den Unkundigen, die Vieldeutigkeit ihres Sinngefüges für den Eingeweihten, die aufschließende Hilfe der Deutzeichen – nun aber nicht mehr σηματα, Semata, sprechende Bilder, jetzt Auflösung der rauschenden Tonfülle der Welt in Laute, jetzt das αλφαινειν, Alphainein, das ›Erfinden und Entdecken‹ des Buchstabierens der Welt aus den Elementen ihrer Sprache –

Peter Huchel schreibt auf den unter seiner Hand sich nicht erwärmenden Stein: »Unter der blanken Hacke des Monds/werde ich sterben,/ohne das Alphabet der Blitze/gelernt zu haben./Im Wasserzeichen der Nacht/die Kindheit der Mythen,/nicht zu entziffern [...]«

Das Scriptorium – eine Welt. Die Welt – ein Scriptorium. In die Ortszeit, die camera obscura der Gegenwart, treten Gestalten ein, erahnbar mitmenschliche Schemen:

Da ist aus der nahen Ferne Ekkehard, der neben eine Handschrift die seinige setzt – »has duas lineas amandas dominus Notkerus scripsit«. Notker selbst erscheint hier, ›der Deutsche‹, der ›propter caritatem‹ seinen alemannischen Schülern Wortbrücken baute zum heilsgeschichtlichen Urtext, in die unverbrüchliche Bedeutung, zu der er anmerkt: »das chit tes muotes festi – diese Bedeutung gibt die Festigkeit des Sinns.«

Und dies ist Diodorus Siculus, der Ägyptenreisende, Entzifferer einer Inschrift der Tempelbibliothek Ramses II., die er in sein Griechisch übersetzte: ψυχης ιατρειον, Psychés Hiatreion, »Heilstätte für die Seele« – den lesenden St. Galler Mönchen ein Fund, den sie ihrer Klosterpforte einschrieben, die älteste Bibliotheksinschrift der Welt also. Aus dem Zeitenschutt Mesopotamiens tretend, könnte sich nun, ein kaum kenntlicher Schatten, ein babylonischer Schreiber zeigen, Sin-leqe-unnini, in altsumerische Überlieferungen versunken, sie fortsinnend, festschreibend, bereits er in der Zeitenfrühe an einem alten Bilderteppich weiterwebend, am ersten Menschheitsepos von Gilgamesch und Enkidu. Und nun ahnen wir auch den Umriß des letzten Herrschers von Niniveh, Assurbanipal, das Schreibgerät im Gürtel, von sich sagend: »Das verdeckte Geheimnis aller Tafelschreibkunst habe ich gelernt, die Wahrzeichen von Himmel und Erde kenne ich [...]« Er, der worthabsüchtige Tontafel-Sammler und -Räuber hatte das damals schon uralte Gedicht von Gilgamesch und Enkidu vor der Sintflut des Vergessens in seine Wörter-Arche, in die Bibliothek des Löwenzimmers retten wollen – doch schon 15 Jahre nach seinem Tod versinkt sie in der zerstörerischen Wut der Meder, die Niniveh der Steppe anheimgeben, die Gedächtniswelt der sprechenden Tafeln zerscherben. Und nun, als wäre er einer der Lehrlinge zu Sais des Friedrich von Hardenberg: dieser bis 1872 unbekannte Kupferstecher George Smith, Gehilfe des Britischen Museums, ein assyrologischer Autodidakt, aber sympathetisch angerührt von der fragmentarischen Chiffrenwelt der Keilschriftfunde aus Niniveh, er liest, fügt zusammen, bringt aus den Teilen wieder einen in der Erde versunkenen Sinn zum Leuchten: Die babylonische Erzählung von Gilgamesch, von einer Sintflut – sollte hier das von Novalis poetisch geträumte Weltgedächtnis einen hörbaren Akkord lang sein Spiel getrieben haben, »einen prophetisch-musikalischen Kalkül« von wunderschriftlicher Präzision?

In der Werkstatt Arbeitspause. Prüfende, betrachtende Gemeinsamkeit über den Steinen mit den Gedichten *Aristeas* und *Die Wasseramsel*. Die schweigende Freundlichkeit und Achtung derer, die für die Erscheinung der Wörter arbeiten. Der junge Drucker, über die Schriftzüge gebeugt, lobt die klaren Wortabstände, die mit leichtem Gefälle sich neigenden Zeilen, die schnörkellose Leserlichkeit. Er liest, leise: »Könnte ich stürzen/heller hinab/ins fließende Dunkel/um mir ein Wort zu fischen,/wie diese Wasseramsel durch Erlenzweige,/die ihre Nahrung/vom steinigen Grund des

Flusses holt./Goldwäscher, Fischer, stellt eure Geräte fort./Der scheue Vogel/will seine Arbeit lautlos verrichten.«

Peter Huchel, in der Schreibhand Feuerzeug und Zigarette mit langem Rauchfaden, langer Asche, betrachtet seinen Leser. Dann Gespräch. Vorkommen des Vogels mit der weißen Brust am Neumagen bei Staufen, in den Appenzeller Bergen, in der Mark Brandenburg. Halblaut gelesene Zeilen als Antwort auf Fragen nach dem Namen Aristeas. Sparsam mitgeteilte Empfindungen beim Beladen eines Schiffes in Frankreich; ein junger Jonas, vom Wale zum Einstieg in die Dunkelheit des Bauches aufgefordert. Wiedererwachen dieser Anderswonirgendwohin-Gedanken beim späteren Lesen des Herodot. Worte. Worte im schwimmenden, fließenden Dunkel. Nahrung suchen. Lesen lernen. Die lautlosen Laute der Steindruckpresse beim Probedruck.

»Wir haben die Sprache,
um stumm zu werden«
Max Frisch, *Stiller*

II

Als Peter Huchel am Morgen des 17. Oktober 1977 gegen 8 Uhr50 mit dem Rücken zur herbstgrauen Südrichtung auf einem Freiburger Bahnsteig den Zug nach Hamburg erwartete, entdeckte er in mir, mit einem hilfesuchenden Blick auf sein Gepäck, einen Gefährten für eine Flucht: Das Fernsehen sei auf dem Bahnhof, wolle bis Karlsruhe mit ihm fahren und im Zug ein Interview drehen. Er sei aber abgespannt, habe seit Nächten kaum geschlafen, weil man Dinge von ihm wolle, ihm aus den Händen reißen wolle, die noch nicht fertig seien; und nun zu alledem auch noch das Fernsehen. Mit ihm selbst sei das gar nicht abgesprochen worden, er wolle sich so aber nicht überfallen lassen. Sicher wäre ein Raucherabteil zu finden, in dem ihn die Fernsehleute bis Karlsruhe gar nicht entdecken könnten –

Doch aus der gewählten Fluchtrichtung linst bereits eine Kamera. Eine Reporterin vermauert den Weg mit fugenloser Höflichkeit. Es sei bedauerlich, daß man die Sache mit ihm selbst nicht habe besprechen können, das reservierte Abteil befinde sich ganz vorn. Man geht also, der Kamera entgegen, das erste Stückchen der Reise in den Norden zu Fuß, dorthin, wo die Aluminiumkoffer des

Fernsehteams den Haltepunkt markieren – druckfeste, mobile Grabsteine des Anrechts auf das eigene Bild, das die Person der Zeitgeschichte namens Peter Huchel natürlich längst verloren hat, auch an diesem Morgen trotz erkennbarer Müdigkeit nicht mehr wiederfinden wird. Natürlich wäre es auch ihr lieber gewesen, wenn man sich bei ihm zu Hause, bei einem Waldspaziergang, in Ruhe hätte unterhalten können, sagt die Reporterin, und ihre letzten Worte verlieren die begütigenden Obertöne, weil der Zug jetzt einfährt.

An jenem Morgen steht aus Anlaß der Buchmesse in der Frankfurter Allgemeinen Zeitung zu lesen: »Das wichtigste Ereignis im Bereich der Lyrik ist ohne Zweifel der allerdings noch nicht erschienene Band *Die neunte Stunde*, der Peter Huchels Gedichte aus den Jahren 1972–77 zusammenfaßt.« Huchel, von seinem Nicht-Zuhause dahin unterwegs, wo er nicht zu Hause ist, hätte an jenem Morgen auch den Schlußsatz des Artikels lesen können: »Fazit: [. . .] die deutsche Literatur hat uns in diesem Herbst, alles in allem, keineswegs im Stich gelassen. Wer lesen will, kann genug finden.«

Wäre das Fernsehen nicht da, hätte Peter Huchel dieses lesen, sich seinen Reim darauf machen können, daß die Gedichte, die er noch zurückhält, als ein ›wichtigstes Ereignis‹ gelten sollen. Daß es gleichwohl dem Leser deutscher Literatur ›alles in allem‹ an nichts gebricht, auch ohne das ›zweifellos wichtigste Ereignis im Bereich der Lyrik‹ –

Man bittet Huchel zum lichttechnisch günstigen Fensterplatz. In einer Woche wird er als literarischer Repräsentant der Bundesrepublik in Brüssel auf die europäische Bühne gebeten werden, den Literaturpreis der Europalia 1977 entgegennehmen. Bitte die Türen schließen. Vorsicht am Zug. Den wollen wir der Überdeutlichkeit halber den Zug der Zeit nennen. Auch Kamera und Bandgerät setzen sich in Fahrt. Ton ab, Kamera ab. Nahaufnahme. Was für ein Bild. Hinter dem Profil des Dichters rollt die Rheinebene weg. Was für ein Originalton. Unter der leisen, unrhetorischen Stimme sausen die Schienen. Gefragt ist: Der Dichter im Zug der Fernsehzeit, der bitte seine An- und Absichten als Lyriker erläutern möge, seine Meinung auch zu Biermann, Kunze, Böll, zu seinen Eindrücken vom Leben in der Bundesrepublik, von Freiheit und vom Sozialismus und –

Von den Masken der Sätze, die er in immer längere Pausen

spricht, fällt die mitspielende Höflichkeit ab. Er blickt hinaus in die Landschaft, deren Vordergrund flieht, deren Hintergrund ruht. Fluchtpunkt. Er lehnt sich zurück hinter ein Gestrüpp von Verstummen, wird fern und unbewegt.

Als der Schnellzug hinter Offenburg wieder beschleunigt, wünscht das Fernsehen für seine Hörer ein Gedicht, ein neues. Wo verpackt ist die Mappe mit den Neuen? Vor der wartenden Kamera geraten die Blätter, die wohlverwahrt reisen sollten, in den Verdacht, sie hielten sich mit Absicht verborgen. Dann läuft das Gedicht *Der Toscaner* auf die Spulen.

»Ist es die Stunde/das Silber von den Dächern zu nehmen,/den Tau von den Blättern/des Ölbaums zu schütteln?«

Dies war die Stunde des Fernsehens, von 8 Uhr 56 bis 9 Uhr 58. Aufnahme-Zeit und -Vermögen sind vorbei. Man hat ›abgedreht‹. Man steigt aus, mit den Aluminiumkoffern, freundlich, höflich – Huchel (als Phantom und als Matrize) ist im Kasten. Kommt jetzt ins Kopierwerk.

Im Abteil herrschten Leere und Gelähmtheit. Das landläufige, alltägliche Verfügen über Menschen, Bilder, Töne hatte seine einschaltende, saugend speichernde, auslöschend tilgende Gewaltsamkeit enthüllt. Gesten der Verständigung stießen sich an der Erfahrung, daß mit diesem ganz kleinen Knopfdruck Gewalt beginnen kann, besitzergreifende, wegwerfende Gewalt gegen das Menschenbild, gegen das Menschenwort, gegen den Menschen. (Auf der Buchmesse wurde an jenem Tag der Buchautor Max Schmeling promoviert, mitten auf dem Umschlagplatz massenhaft ausgeworfener Wortware flimmerte als Apotheose lautloser Wirkungsästhetik und wortloser Werbewirksamkeit ein Bildschirm-Boxkampf, immer wieder bis zum k. o. – ›Bookpromotion‹.)

Bis wir uns in Frankfurt trennten, wurde wenig gesprochen. Peter Huchel räumte die Gedichte weg. Sagte aus dem Zigarettenrauch heraus, er werde einige davon noch ändern. Später suchte er nach einem Wort, nach einer Zahl, fand den Zettel mit seiner Hamburger Adresse schließlich, las die Silben immer wieder, halblaut.

»Wenn ich dichte«, sagte er, »raune ich.«

III

Es gäbe Urteile über Peter Huchels späte Gedichte (*Gezählte Tage*, 1972; *Die neunte Stunde*, 1979), die dem Leser dieser Texte entmutigende Erfahrungen seines Wahrnehmungsvermögens ankündigen könnten: Wo kein Licht sei, fehle die Bedingung der Möglichkeit des Sehens; wo lautlos gesprochen werde, gehe das Ohr leer aus. Es wurden festgestellt: »Ein Sichzurückziehen, ein Vollzug vollkommener Isolation« (Helmut Mader). »Das Werk gerät dem Dichter immer tiefer ins Schweigen und in die Verrätselung [. . .], er schweigt und die Natur schweigt vor ihm« (Barbara Bondy).

Ich mache den Versuch, den Raunenden beim Wort, sein raunendes Verfahren nicht als Mystifikation, als Geste der Verhüllung zu nehmen. Der Celan-Leser Erhart Kästner spricht mir Mut zu:

> Wo Verschlüsselung ist, da ist Aufschluß, wo Rätsel ist, da ist Rat, das Wort sagt es [. . .] ich glaube mit vielen, daß das Wort wissender ist als ich, der es im Munde führt; es ist dies der Glaube Mallarmés und Valérys und nach ihnen der gesamten Moderne: ein Theologicum ohne Zweifel, vielleicht ein Kryptotheologicum, also doch eins.

Der Raunende (got. ›giruni‹ meinte ›Geraune, Beratung‹; alem. ›run‹ ›geheime Abstimmung‹) geht in seinem beharrlichen, hinhörenden Reden mit den ihm faßbaren Sinn-Klang-Spuren zu Rate, er hält im Immer-wieder-Holen auf das noch nicht Faßbare zu, er buchstabiert, stellt sympathetisch dem Sinn in den Figuren der Geschichte, der Natur, des eigenen Lebens nach – er versucht beschwörend zu lesen (to read).

> [. . .] Figuren, die zu jener großen Chiffernschrift zu gehören scheinen, die man überall, auf Flügeln, Eierschalen, in Wolken, im Schnee, in Kristallen und in Steinbildungen, auf gefrierenden Wassern, im Innern und Äußern der Gebirge, der Pflanzen, der Tiere, der Menschen, in den Lichtern des Himmels [. . .] in den Feilspänen um den Magnet her, und sonderbaren Konjunkturen des Zufalls erblickt. In ihnen ahndet man den Schlüssel dieser Wunderschrift, die Sprachlehre derselben [. . .]. (Novalis.)

Auf die Art von poetischer Sprachfindung, die hier am Werk gedacht werden kann, deutet auch Wilhelm von Humboldts Wort, daß die Sprache kein Werk (Ergon), sondern eine Tätigkeit (Energeia) sei, eine »sich ewig wiederholende Arbeit des Geistes«. In der Nähe dieses Verständnisses vergleicht Peter Huchel in einem seiner seltenen Interpretationshinweise sein dichterisches Verfahren mit dem ›Schrift‹-Motiv des Magnetismus: Zu Beginn »[. . .] Wortklänge, Bildvisionen, auf kein Thema hin geordnet [. . .], das war alles – ein paar Eisenspäne gewissermaßen, noch außerhalb des magnetischen Feldes. Im späteren Prozeß das Bild als Gleichnis.« ›Raunendes‹ Herbeirufen und Bereitstellen des Materials also, das von den Kraftlinien des Magnetismus, und diesen gleichsam durch innere Verwandtschaft zugeordnet, zur poetischen Signatur des Gedichts zusammengeschrieben wird.

Ich lerne lesen. Das heißt: »Das Symbolische affiziert nicht unmittelbar, es veranlaßt Selbsttätigkeit« (Novalis). Ich höre Klänge ab auf ihre Harmonie oder Dissonanz, auf magische oder rhetorische Korrespondenz, auf ihre Tonarten, enharmonischen Verwechslungen, ihre Kontrastharmonik. Ich erkenne nahezu deutzeichenlose, ortlose, zeitlose Texturen (z. B. ›Pfeilspitze des Ada‹). Entdecke ein hochartifizielles Netz von Determinanten, von Namen, Orten, Zeitangaben, ein Chiffrensystem, das sich selten in isolierte, hieroglyphische Signatur zurückzieht, viel häufiger sich als ein hin- und herwirkendes Gespräch unter Zeichen zu erkennen gibt. Ich lerne lesen. Ich sehe den hager-lakonischen, oft prosaisch-unpoetischen Körper der Worte, die Felder von Lineaturen, die sich in mein Bewußtsein werfen: »Schatten von dürrem/Weingerank/an der Zimmerdecke./Zeichen,/von eines Mandarinen Hand/geschrieben./Das Alphabet,/das du besitzt,/reicht nicht aus,/Antwort zu geben/der wehrlosen Schrift.« (*Keine Antwort*, in: *Gezählte Tage*). Bisweilen Bilder, die das Gedächtnis zu verlieren scheinen – wie erreiche ich die Sinnaufschüttung in ihnen, wie finde ich die Stelle und Richtung der Sinn-Abbrüche, die sich der Ergänzung entgegenhalten, mit der Geduld von Naturkörpern, die verschlossen, aber tastbar, ›inwendig voller Figur‹ sind? »Leg deine Hand/auf diesen Felsen./Es zittert das starre/Geäst der Metalle« (*Unter der Wurzel der Distel*, in: *Chausseen Chausseen*). Und dann, in einem auf Verdeutlichung und erschließbare Lesbarkeit angelegten Text (*Aristeas II*, in: *Die neunte Stunde*), die Gebärde der Verweigerung des ›Urtextes‹: »Die Namen verdämmern,/keiner entziffert den Text,/der hinter meinen Augen steht.« Das Gedicht als ›Codex bis rescriptus‹, als Palimpsest, auf dem sich das Gedicht im Gedicht jeder Fluoreszenzphotographie verwehrt.

Sollte die Lesearbeit also doch den »Vollzug vollkommener Isolation«, die fensterlose »Verrätselung« sich eingestehen müssen, sich damit begnügen müssen, die schmerzliche Evidenz des Absurden zu konstatieren? Ich lasse mir von einem zusprechen, der an die Bedingungen der Möglichkeit des lesenden Gesprächs geglaubt hat: »Alles, was wir erfahren, ist eine Mitteilung« (Novalis).

Der Holunder öffnet die Monde,
alles geht ins Schweigen hinüber,
die fließenden Lichter im Bach,
das durch Wasser getriebene
Planetarium des Archimedes,
astronomische Zeichen,
in den Anfängen babylonisch.

Sohn,
kleiner Sohn Enkidu,
du verließest deine Mutter, die Gazelle,
deinen Vater, den Wildesel,
um mit der Hure nach Uruk zu gehen.
Die milchtragenden Ziegen flohen,
Es verdorrte die Steppe.

Hinter dem Stadttor
mit den sieben Eisenriegeln
unterwies dich Gilgamesch,
der Grenzgänger zwischen Himmel und Erde,
die Stricke des Todes zu durchhauen.

Finster brannte der Mittag auf dem Ziegelwerk,
finster lag das Gold in der Kammer des Königs.
Kehre um, Enkidu.
Was schenkte dir Gilgamesch?
Das schöne Haupt der Gazelle versank.
Der Staub schlug deine Knochen.

Peter Huchel sagte in seiner Rede zur Entgegennahme des Europalia-Literaturpreises 1977: »Ein Wort des Augustinus stellte ich meinen Arbeiten sehr früh voran: ›[...] im großen Hof meines Gedächtnisses. Daselbst sind mir Himmel, Erde und Meer gegenwärtig [...]‹«. Mit höchstem, programmatischem Anspruch an die versammelnde Kraft des Gedichts leistet der erste Text des Altersbandes *Die neunte Stunde* (1979) Menschheits-Gedächtnisarbeit. Er ruft in dem einen Satz der sieben Zeilen der Eingangsstrophe in Bildern, die zu gleiten scheinen, aber Bedeutungs- und Verweisarchitektur sind, eine Welt zusammen: Baum- und Gestirnmagie, Namen und Erfindungen aus der Geschichte des welt- und naturdeutenden Geistes, das Urbild des fließenden, den

Himmel spiegelnden Wassers, kosmische, geographische, historische Räume, die Wissenschaft als Leserin der Sprache des Weltgebäudes, »in den Anfängen babylonisch«. Und nun, in der äußersten Distanz der Kulturkreise, die der lesende Geist des schreibenden Menschen überspannen muß, um der ersten großen Schöpfung des dichtenden Geistes übersetzend zu begegnen, nun wird nicht Gilgamesch, der vielleicht historische ›Gottmensch‹, städtegründende Held, der auf Herakles, Odysseus, Alexander verweisende Ur-Wanderer, die Sonnengestalt mit dem kontrast-harmonischen Namen (»Der Alte-wird-jung«) angerufen wie ein fernes Gestirn – sondern Eabani-Enkidu: »Sohn,/kleiner Sohn Enkidu [. . .]«. Beschwörend, dann väterlich-zärtlich fast (aber quellengetreu, denn Enkidu erscheint im Epos kleiner von Gestalt als Gilgamesch) geht der Anruf an ein mitmenschlich nahes Erdgeschöpf, an den in tiergleicher Anmut mit den grasfressenden Steppentiergestalten aufwachsenden ›Naturmenschen‹, »dessen Mondcharakter zweifellos ist« (O. Weber), ein Esau-Tiermensch, den göttliche Bestimmung in die Stadt führt, angelockt durch eine Tempelhure, in der er Tierisch-Menschlich-Göttliches ›erkennt‹, dann sich ölen, kleiden, das Brot der Menschen essen lernt, um dann, nach dioskurischer Freundschaft mit Gilgamesch, den Tod zu erleiden.

Peter Huchel gibt in den drei Versgruppen, die dem ersten Menschen Enkidu gewidmet sind, nicht Allegorie (ein Vergleich mit dem Gilgamesch- und Vergänglichkeitsgedicht *Der Löwe* von Oskar Loerke aus dem Band *Der Silberdistelwald*, 1934, könnte dessen allegorisches, bis zur Emblematik reichendes Verfahren erweisen), trägt auch nicht den imitatorischen Charakter der Paraphrase, die die Kritik in ihnen sehen wollte – er schreibt, oftmals die Wortfindung des Übersetzers nachzeichnend, aber durch Auswahl und Umprägung charakteristisch umdeutend, als ein mitleidender und durch die Schicksale der geborenen und ungeborenen Enkel betroffener Leser die Fragen und Antworten des Mythos nach: Zur Herkunft des Menschen, zu seinem Ausgang aus der Seins- und Naturgeborgenheit, zu seiner unumkehrbaren Lebensbestimmtheit zum Tode: »Wer zur Menschheit gehört, dess' Tage sind gezählt, und was er schuf, ist gleich dem Wind« (altbabylonisch, Gilgamesch III). Dabei verknappt er das mythische Geschehen in »finster brennende« Bildkürzel, die er in der emphatischen Anrede des Enkidu, fern von allem ›Monologischen‹, im Imperfekt nachzeichnet, in anteilnehmender Vergegenwärtigung. Was Ernesto

Grassi vom Ereignis im Mythischen sagt, gilt auch für Huchels poetisches Verfahren: »Was er offenbart, ist das stets Gegenwärtige [...] dieselbe ›Geschichte‹ kann stets zur Wiederholung gelangen, denn sie enthält das immer Wesenhafte, das Gegenwärtige« (E. Grassi: *Kunst und Mythos*). Dabei dringt der archaische Duktus des Urtextes, dessen lapidarer Lakonismus in den Sprachraum, in die Bedeutungs- und Erinnerungshöfe seiner Wortfindungen und -fügungen ein; das dichterische Sprechen sucht unter solchen Prägezeichen keine Neologismen, wird eher zum ›Paleologismus‹ einer hieratischen Bilderschrift, die ihre Deutzeichen aus der Menschheitsfrühe herbeiruft.

Aufschließend für die Gleichnisarbeit Huchels sind bewußt gesetzte Eigentümlichkeiten: Aus dem Gilgameschepos wird nicht die Auskunft der 1. Tafel ausgewählt, die berichtet, eine weibliche Gottheit habe den ersten Menschen aus Lehm gebildet. Diese Erd-Mutter-Herkunft schimmert übrigens trotz der Vater-Gott-stiftenden Arbeit der griechischen Mythographen und auch der Genesis z. B. noch in Ovids Metamorphosen noch einmal auf (I, 75, nach Robert von Ranke-Graves aus dem Gilgamesch-Fundus übernommen). Sie zeigt dort einen Motiv-Zusammenhang, der noch betrachtet werden wird. Huchel sucht nicht diesen archaischen Bildbereich einer Magna Mater auf, sondern wählt zur Antwort auf die Frage nach der Herkunft des Enkidu eine eigenartige, wenn auch nur auf einer fragmentarischen Schülertafel beruhende Version von Tafel VIII aus: »Enkidu, mein Freund, deine Mutter die Gazelle,/dein Vater, der Wildesel, haben dich gezeugt ...« In diesem zoologischen Adynaton sprechen sich im Bildgrund heilige Tierzeichen aus, von Huchel übersetzt in seine Chiffre einer unzähmbaren, wild-anmutigen Mutter-Tiergestalt, der Gazelle mit dem schönen Haupt, der lediglich in der zweiten Versgruppe Huchels das heilige Vaterbild des mesopotamischen Wildesels beigesellt ist (ein Bild, das in der Totenklage des Gilgamesch wieder anklingt: »Enkidu, mein Freund [...] Wildesel des Gebirges, Panther der Steppe!« [Achte Tafel]). Todbringend war es, diese Natur-Gott-Gestalten zu verlassen, aus der belebten Steppe hinein nach Uruk, hinter das siebenfach geriegelte Eisentor. Huchel übernimmt dieses Bild einer kultisch gesicherten, ehernen Trennung zwischen Stadtbereich und Steppe (Zweite Tafel). »Das schöne Haupt der Gazelle versank/Der Staub schlug deine Knochen.« Der Staub – er liegt in der siebenten Tafel des Gilgamesch-

Epos »auf Tür und Riegel« eines Hauses, »das nicht verläßt, der's betreten«; es ist das »Haus des Erdstaubs [. . .] wo Erdstaub die Nahrung ist«. Aus dieser Wohnstätte des Todes (die mit ihren nieberührten Pforten ein dunkles Gegenbild Uruks ist, und dieses wiederum, nach babylonischem Glauben, ein Spiegelbild der Himmelsstadt der Götter und ihrer Ordnungen) wirft sich das Dunkel und die lastende Stille der Unbewegtheit als Verschattung auf den Glanz des Irdischen. Die zehnte Tafel: »Wann könnte ein Toter den Sonnenglanz sehen?« Dunkles Licht fällt auf die Menschen, »deren Nachkommenschaft wie Rohr abgeknickt ist«. Peter Huchel: »Finster brannte der Mittag auf dem Ziegelwerk,/finster lag das Gold in der Kammer des Königs./Kehre um, Enkidu [. . .]«. Das Ziegelwerk: Uruks nach dem Gilgamesch-Epos heilige, wohlgegründete Mauer, die raumstiftende, kosmogonische Nachschöpfung des Weltmodells; von der Stadt aus erfolgt die Projektion der Richtungen in Zeit und Raum, mit der Gründung der Stadt wird der Anbeginn der Welt erneuert; und über der Stadt nun die mittäglich, mesopotamisch sengende Sonne, ein Gott, dem eine Rückkehr aus der Nacht vergönnt ist. Die Sonne – das Gold: Das Sonnenmetall wird dem untröstlichen Gilgamesch zur Gestaltung eines Bildnisses dienen, das an Enkidu erinnert – »von Lasurstein sei deine Brust, von Gold dein Leib!« (Achte Tafel). Auch das Sonnengold verweist auf den Tod.

Ein weiteres Beispiel für Peter Huchels Technik, archaisches Bildmaterial wie Feilspäne in ihrer Aussage- und Zuordnungsmöglichkeit für die Kraftlinien seiner Gleichnisarbeit zu erkennen: Er findet, gleichsam als Motivantwort auf die mythische Deutung des Verlustes einer mütterlichen Natur, die Angabe uralter Gründe für den Tod des Enkidu, Gründe, die vor denen der epischen Gestaltung liegen. Sie liegen in der ältesten Bildschicht: In der Tafel XII, die nach Albert Schott die sumerische Dichtung ›Gilgamesch, Enkidu und die Unterwelt‹ erinnert, eine fragmentarische und schwer verständliche, also in ihrem Sinn verdämmernde Übersetzung aus einem vorbabylonischen Bilderkreis, die nicht als ursprünglicher Bestandteil des eigenständigen babylonischen Epos anzusehen ist. Aus dieser palimpsesthaft aufscheinenden Texttiefe entnimmt Huchel seine Anspielung auf die Lehre des Gilgamesch, die Enkidus Rückkehr aus der Unterwelt ermöglichen soll: »Ein reines Gewand darfst du nicht salben, (. . .) Schuhe darfst du nicht tun an die Füße [. . .]«. Enkidu folgt dieser Unterweisung nicht, legt die

Kennzeichen städtischer Gesittung in der Unterwelt nicht ab, wird also als ein Fremder erkannt – »ihn packte die Erde«.

Die Macht des Todes, die die Bahnen der Wandelnden in unumkehrbaren Stillstand fesselt, die zerfallene Körperwelt im Staub, »im Hause des Erdstaubs«; darüber nun nach babylonischem Verständnis »das Haus des Grundes des Himmels und der Erde«, oder, wie ein anderer der vielen Namen Babylons lautete, »das Band zwischen Himmel und Erde« (Mircea Eliade teilt die Deutung der alten Namen mit: Babylon ist erbaut auf bâb-apsî, auf der Pforte des Apsû, wobei apsû die Wasser des der Schöpfung vorangegangenen Chaos bedeutet); und über dieser Stätte der Menschen nun die Ordnungen, Bilder und Rätsel der Gestirne.

Wir reflektieren, meditieren die aufscheinende Bilderfrühe der Kulturen, in der das Dichten nichts anderes war als das Mienenspiel der bildgesichtigen Natur und Natur sich zu erkennen gab als einsichtige, lesbare Dichtung. Der Mensch wird in dieser Frühe, sei es auf Geheiß des Weltschöpfers (opifex rerum) oder einer Tellus erst dadurch zum Menschen, daß er unter allen Erdwesen als einziger sein Antlitz zum Himmel hebt (Ovid); nach anderen Mythographien hat er seine tierähnlich wimmelnde Höhlenexistenz, seine Blindheit und Taubheit gegenüber den Phänomenen erst verloren, als er in dem Feuerbringer, Schrifterfinder Prometheus auch seinen Lehrer in der Kunst der Himmelsbeobachtung gefunden hatte.

Der, den sein Aufblick erst zum Menschen macht, liest im Text der Lichterscheinungen seine Bestimmung ab zu Dichtung, zu Wissenschaft, Religion – »in den Anfängen babylonisch«. Liest den Urtext, den die Sprachverwirrung noch nicht in Unverständlichkeit zerstreut hat (Huchel in dem Spätgedicht *Begegnung* nah am Luther-Wortlaut von Moses 1,11: »Laßt uns niederfahren/in der Sprache der Engel/zu den zerbrochenen Ziegeln Babels«); wird als Leser kosmischer Hierophanien zum Dichter der Natur: Das Gilgamesch-Epos stellt nach dem Zeugnis seiner Interpreten einen Himmelsmythus dar (H. Zimmer), der die Himmelsereignisse im Laufe eines Jahres, vor allem heliakische Sternaufgänge widerspiegelt (P. Jensen), auf die Tierkreisbilder im Jahresumlauf der Sonne und auf den Wandel der Mondgestalt anspielt (O. Weber). Dabei hat nicht nur die unveränderliche Feuergestalt der Sonne, ihre mesopotamische Strahlkraft und ihre Souveränität ihren Beobachtern das Bild einer Harmonie der Sphären im Zusammenklang der

Wandelgestirne eingegeben, ursprünglicher noch und intensiver wirkte die Betrachtung und frühe Messung lunarer Geschehnisse – nicht die Sonne, der Mond ist der erste Zeit-Teiler des babylonischen Menschen, dessen Tag bei Sonnenuntergang begann.

Zu der frühen Wesensbestimmung des Menschen, der zu den Gestirnen aufblickt, tritt nunmehr eine zweite Grunderfahrung: die des Wandels, des Vergehens, der Vergänglichkeit. Mircea Eliade:

> Durch die Mondphasen – ›Geburt, Tod und Auferstehung‹ des Mondes – wurden die Menschen sich ihrer eigenen Seinsweise im Kosmos und zugleich ihrer eigenen Aussichten auf Fortleben oder Wiedergeburt bewußt [. . .] Ganz allgemein wurden die Vorstellungen des Zyklus, des Dualismus, der Polarität, der Opposition, des Streites, aber auch der Versöhnung der Gegensätze, der coincidentia oppositorum durch den Mondsymbolismus entdeckt oder doch präziser. Man kann von einer Mondmetaphysik sprechen im Sinne eines festen Systems von ›Wahrheiten‹ über die spezifische Seinsweise des Lebendigen [. . .]
>
> (In: *Das Heilige und das Profane*, S. 92 f.)

Es ist demnach mehr als ein archaischer Topos großer Naturdichtung, wenn sie den homo poeta und den homo faber im Kosmos seine Grundbeschaffenheit zum Tode erfahren läßt – sie bildet damit eine Grundbefindlichkeit des naturdichtenden und weltgestaltenden Menschengeistes ab. Im Gilgamesch-Epos: »Wer, mein Freund (Enkidu) könnte zum Himmel aufsteigen?/Ein Gottgleicher nur thront ewig mit Schamasch (dem Sonnengott)./Der Menschheit Tage aber, sie sind gezählt,/Eitel Wind ist, was immer sie wirken mag!« (Zweite Tafel) Bei Titus Lucretius Carus: »Also ist nicht verschlossen das Tor des Todes für Himmel, Sonne, die Erde und nicht für die tiefen Wogen der Meere: Offen steht es und lauert mit riesigen Rachen« (V, 373 f.). Oder bei Boethius: »Diese Harmonie läßt wachsen und nährt [. . .] zugleich aber rafft, entführt sie und birgt/das Geborne zuletzt eintauchend im Tod [. . .]« (Viertes Buch, sechstes Gedicht).

Dieser Blick in den Gedächtnishof der Naturdichtung führt nicht weg von der Betrachtung unseres Peter-Huchel-Textes, sondern zu dessen Ausdrucksmitte hin.

»Der Holunder öffnet die Monde«

Der Titel ›Enkidu‹, von Huchel noch in St. Gallen handschriftlich vorangestellt, ist nun getilgt – wie sich gleich erweisen wird, um in den Bildraum individuelle Betroffenheit einschließen zu können, ohne ihn Ich-sagend zu verengen. Die heimatliche Baumgestalt, der Zauber-, Lieder-, Lebensbaum ist Eingangs- und Schlüsselbild zugleich – großgeschrieben, wie ein Text nur Heiliges hervorhebt. Baum-Epiphanie des Lebens, eine Wesenheit, die sprechende, aus der Natur des Baumes aufscheinende Zeichen trägt: Am Lebensbaum blüht die Signatur des Todes.

Holunder – es ist der duftende Baum der ersten Strophe des ersten Gedichts in Huchels erstem Sammelband. Beschwörung des eigensten Anfangs: »Kindheit, o blühende Zauch, (das ist eine Landschaft der Mark Brandenburg)/wo wir im nußweißen Tag,/klein im Holunderrauch/waren den Hummeln nach.« Der Titel: »Kindheit in Alt-Langerwisch« – Holunderzeit. Einklang der Wesen und der Zeichen. Kinderanteil an jedweder Daseinsfrühe. Huchel 1977: »Damals sammelte ich, ganz bewußt, einen großen Vorrat an ländlichen Bildern, Vokabeln, Begriffen und Metaphern, von denen meine Dichtung noch heute zehrt.«

»Rauschend regt sich der Holunder,/der die Zweige tauig hebt,/wenn es voll und immer runder,/leuchtend in die Nächte schwebt [. . .]« So deutlich auch diese frühen Bildvereinigungen in dem Gedicht *Zunehmender Mond* seiner späten bildnerischen Erinnerungsarbeit zugesprochen haben mögen, Peter Huchel hat sie kaum mehr tastbar, nur erschließbar, ihre Herkunft mehr verbergend als sie bergend, in die lapidare Verkürzung seines späten Eingangsbildes hereingeholt: Gegenwart des frühen, heiligen Zaubers. Späte, erneute Blüte aus dem Stamm der Sprachinnenwelt – Herbstblüte des Holunders. Was sie vorhersagt, weiß der bäuerliche Volksglaube noch: Bald wird ein Hausgenosse sterben.

alles geht ins Schweigen hinüber,
die fließenden Lichter im Bach,
das durch Wasser getriebene
Planetarium des Archimedes

Zwischen dem magischen Aufscheinen des Initiationssymbols, das dem ganzen Text einen dunklen Lichtgrund gibt, und der Benennung der babylonischen Anfänge – welches raum-zeitliche Koordinatenkreuz wird da errichtet. Apodiktisch stellt die zweite Zeile einen Prozeß von naturgesetzlicher Allgemeinheit fest. Was ereignet sich, wenn »alles« hinübergeht aus dem Lichtbereich einer sprechenden Grundbeziehung der Elemente und der Wesen, hinüber in das Dunkel, in dem sich die Teile des Ganzen nicht mehr vernehmen. Wenn das sonnenhafte Auge die Sonne nicht mehr sieht, wenn der sprachsichtige Dichter ein allumfassendes Schweigen vernimmt – was versagt, und was versagt sich?

Die Engführung der Bilder deutet auf Antworten hin: Obwohl das Lebenselement des Wassers im Bach (»[...] des Wassers Schwall/kam wie Gesang: war es mein Leben? [...]«, in: *Die Sternenreuse*) die kosmischen Abläufe noch spiegelt, beginnt sich deren Botschaft zu versagen. Und obwohl das Lebenselement noch jene Sphaera des Archimedes antreibt – (Cicero berichtet bewundernd über sie, nennt sie in *De republica* 1,14 »opus«, also Kunstwerk: Archimedes, den ein plündernder Soldat erschlug, war demnach ein opifex, wie der Weltenschöpfer des Ovid; sein Planetarium aber hat als das erste ausgeführte Bewegungswerk der Astronomie zu gelten, »gestattet durch einen Antrieb, Sonne, Mond und die fünf Planeten um die Erde herumzuführen« [Ernst Zinner]) –, obwohl also das ptolemäische Naturkunstwerk des Planetariums seine Bild- und Verweisarbeit noch leistet, dreht es sich selbst aus dem Lichthof des Gedächtnisses in die Zone der Dämmerung, des Schweigens.

Die Sphaera des Archimedes, das Gedicht Peter Huchels – Deutzeichen. Gebaute Modelle zur »Rettung der Phänomene«. Diese Rettung soll Plato, nach einer Mitteilung des Neuplatonikers Simplikios, von seinen Schülern gefordert haben: »Deutung der scheinbaren Bewegung als der dem Beobachter erscheinenden wahren Bewegung. Sie sollte erweisen, daß man im besseren Wissen um die wahre Bewegung der Planeten ihrer ›Erscheinung‹ vertrauen kann« (Jürgen Mittelstrass).

Rettung der Phänomene im Gedicht. Wie ›wahr‹, wie ›scheinbar‹ ist sein sprechender Hinübergang ins Schweigen? Lesen lernen.

VIII
Anhang

Vita

1903 Am 3. April wird Peter Huchel (Taufname: Helmut) in Groß-Lichterfelde bei Berlin (heute Berlin-Lichterfelde) geboren. Sein Vater ist Friedrich Huchel, Beamter im Preußischen Kulturministerium, seine Mutter ist Marie Huchel, geb. Zimmermann.

1907 Wegen Lungenerkrankung der Mutter kommt Huchel auf den Hof des Großvaters mütterlicherseits, Friedrich Zimmermann, in Alt-Langerwisch bei Potsdam. Die Magd Anna übernimmt die Betreuung des Jungen.

1913 Im November stirbt der Großvater.

1918 Erste Gedichtversuche.

1920 Huchel nimmt am Kapp-Putsch teil und kommt nach einer Verwundung ins Kreiskrankenhaus Potsdam, wo er mit Arbeitern zusammenliegt, die ihm *Le Feu* von Barbusse zu lesen gaben: »von da an war ich vollkommen rot«.

1923 Abitur an der Oberrealschule Potsdam.
Beginn des Studiums der Literatur und Philosophie in Berlin.

1924 Erste Gedichtveröffentlichung, im *Dürerkalender für das Jahr 1924*.

1925 Etliche Veröffentlichungen im ›Freiburger Figaro‹ und in Paul Westheims ›Das Kunstblatt‹, unter dem Namen Huchel bzw. Helmut Huchel.
Studium in Freiburg.

1926 Studium in Wien.

1926–28 Aufenthalt in Frankreich: Bretagne, Nizza, Korsika, Grenoble, ab 1928 mit Alfred Kantorowicz und Hans A. Joachim in Paris, Gelegenheitsarbeiten (u. a. Übersetzungen für die ›Vossische Zeitung‹).

1929–31 Reisen nach Ungarn, Rumänien, in die Türkei.

1930 Huchel heiratet in Potsdam Dorothea Lassel aus Kronstadt, Siebenbürgen.
Feste Bindung zu der von Willy Haas herausgegebenen Zeitschrift ›Die literarische Welt‹, die bis 1933 besteht. Huchel veröffentlicht dort Gedichte, erste Prosa und macht redaktionelle Arbeiten.
Ab 1930 Gedichtveröffentlichungen auch in der ›Vossischen Zeitung‹.

1932 Lyrikpreis der ›Kolonne‹. Der erste Sammelband *Der Knabenteich* liegt druckfertig im Jess Verlag, Dresden.

1933 Huchel zieht die Veröffentlichung von *Der Knabenteich* zurück. Er reist nach Rumänien, wo er sich bis 1934 aufhält.

1934–40 Huchel lebt vorwiegend in Michendorf, Mark Brandenburg. Er schreibt zahlreiche Hörspiele und Bearbeitungen für den Rundfunk, von denen 19 gesendet werden.

1941–45 Soldat in einer Flak-Einheit bei Berlin. Im April 1945 setzt er sich von einer zersprengten Truppe ab und gerät in sowjetische Gefangenschaft in ein Lager in den Rüdersdorfer Kalkwerken östlich von Berlin, wo er kulturelle Veranstaltungen organisiert. Ende 1945 wird er beauftragt, im Berliner Haus des Rundfunks (Masurenallee, sowjetische Enklave) eine Hörspielabteilung einzurichten.

1945 Tod des Vaters.

1946 Huchel trennt sich endgültig von seiner Frau und lebt mit Monica Nora Rosenthal, die er 1953 heiratet.

1946–49 Sendeleiter, dann Künstlerischer Direktor des sowjetisch lizensierten Berliner Rundfunks. Huchel lebt in Berlin-Charlottenburg.

1948 *Gedichte* (Aufbau-Verlag), erste Buchveröffentlichung.

1949 Mitglied des PEN-Clubs. Geburt des Sohnes Stephan.

1949–62 Chefredakteur von ›Sinn und Form‹. Huchel lebt in Potsdam-Wilhelmshorst.

1950 Lizenzausgabe von *Gedichte* im Stahlberg Verlag, Karlsruhe.

1951 Nationalpreis der DDR (III. Klasse).

1952 Ordentliches Mitglied der Deutschen Akademie der Künste, Berlin (DDR).

1953 Reise in die Sowjetunion als Mitglied einer Schriftstellerdelegation. Eine Kündigung als Chefredakteur von ›Sinn und Form‹ wird nach Intervention Bertolt Brechts von Johannes R. Becher zurückgezogen.

1955 Theodor-Fontane-Preis (DDR) der Mark Brandenburg.

1957 Korrespondierendes Mitglied der Freien Akademie der Künste in Hamburg.

1958 Mitglied der Société de Culture, Venedig.

1959 Plakette der Freien Akademie der Künste in Hamburg.

1961 Tod der Mutter.
Mitglied der Communità europea degli Scrittori (Comes), Rom.

1962 Huchel wird gezwungen, die Leitung von ›Sinn und Form‹ im November an Bodo Uhse abzugeben.

1963 Theodor-Fontane-Preis (West-Berliner Kunstkreis für Literatur). *Chausseen Chausseen. Gedichte* (S. Fischer Verlag).
Von April 1963 bis April 1971 lebt Huchel isoliert und überwacht in seinem Haus in Wilhelmshorst.

	Ehrenmitglied der Freien Akademie der Künste in Hamburg.
1965	Preis der jungen Generation ›Die Welt‹, Hamburg.
1966	Ordentliches Mitglied der Akademie der Künste Berlin.
1967	*Die Sternenreuse. Gedichte* (R. Piper & Co. Verlag).
1968	Großer Kunstpreis des Landes Nordrhein-Westfalen.
1970	Ordentliches Mitglied der Bayerischen Akademie der Künste, München.
1971	Im April, nach Intervention des Internationalen PEN-Zentrums, Ausreise aus der DDR; Ehrengast der Villa Massimo, Rom.
	Johann-Heinrich-Merck-Preis für Literarische Kritik der Deutschen Akademie für Sprache und Dichtung, Darmstadt.
	Ordentliches Mitglied der Deutschen Akademie für Sprache und Dichtung, Darmstadt.
	Arbeitsstipendium des Berliner Kunstpreises für Literatur.
ab 1971	Reisen nach Belgien, England, Holland, Italien, Norwegen, Österreich, in die Schweiz.
1972	Übersiedlung nach Staufen/Breisgau.
	Gezählte Tage. Gedichte (Suhrkamp Verlag).
	Österreichischer Staatspreis für Europäische Literatur.
1974	Literaturpreis Deutscher Freimaurer.
	Andreas-Gryphius-Preis des Landes Nordrhein-Westfalen.
1976	Orden Pour le mérite.
1977	Preis des Kulturkreises im Bundesverband der Deutschen Industrie.
	Europalia-Preis, Brüssel.
1978	Jacob-Burckhardt-Preis, Basel.
1979	*Die neunte Stunde. Gedichte* (Suhrkamp Verlag).
	Eichendorff-Preis, München.
1980	Reinhold-Schneider-Preis der Stadt Freiburg.
1981	Huchel stirbt nach langer Krankheit am 30. April in Staufen.

Axel Vieregg

Peter Huchel. Eine Bibliographie

Vorbemerkung

Die Bibliographie der Werke Huchels nennt nur die als Buchveröffentlichungen erschienenen Titel. Zu Huchels Hörspielen, den Einzelveröffentlichungen von Gedichten, Prosa und Interviews sei verwiesen auf: Peter Huchel, *Gesammelte Werke in zwei Bänden* (s. unten).
Die Angaben zur Sekundärliteratur ergänzen die bestehenden Bibliographien (Kokott, Dierks) und bringen sie auf den Stand von Anfang 1985. Die nur in den Sammelbänden *Hommage für Peter Huchel* und *Über Peter Huchel* erschienenen Beiträge werden nicht separat aufgeführt.

I. Buchveröffentlichungen von Peter Huchel
II. Übersetzungen in andere Sprachen
III. Schallplatten
IV. Arbeiten über Peter Huchel
1. Allgemeine Arbeiten
2. Über *Gedichte*
3. Über *Chausseen Chausseen*
4. Über *Die Sternenreuse*
5. Über *Gezählte Tage*
6. Über *Hans Henny Jahnn/Peter Huchel. Ein Briefwechsel 1951–1959*
7. Über *Die neunte Stunde*
8. Über *Margarethe Minde*
9. Über *Gesammelte Werke in zwei Bänden*
10. Zu einzelnen Gedichten
11. Über ›Sinn und Form‹

I. Buchveröffentlichungen von Peter Huchel

Gedichte.
Berlin (Ost): Aufbau 1948; Lizenzausgabe Karlsruhe: Stahlberg o. J. (1950).

Chausseen Chausseen (Gedichte).
Frankfurt/M.: S. Fischer 1963.
Frankfurt/M.: S. Fischer 1976.
Frankfurt/M.: S. Fischer 1982 (Fischer TB 5120).

Die Sternenreuse (Gedichte).
München: R. Piper 1967.
München: R. Piper 1973.
München: R. Piper 1981.

Gezählte Tage (Gedichte).
Frankfurt/M.: Suhrkamp 1972.
Frankfurt/M.: Suhrkamp 1985 (SG 1097).

Gedichte.
Auswahl und Nachwort von Peter Wapnewski.
Frankfurt/M.: Suhrkamp 1973 (=Bibliothek Suhrkamp 345).
Frankfurt/M.: Suhrkamp 1975.
Frankfurt/M.: Suhrkamp 1982.

Hans Henny Jahnn/Peter Huchel. Ein Briefwechsel 1951–1959.
Hg. v. Bernd Goldmann.
Mainz: v. Hase & Köhler 1974.
Mainz: v. Hase & Köhler 1985.

Der Tod des Büdners.
(Gedicht - Faks. der Handschrift.)
St. Gallen: Erker Presse 1976.

Unbewohnbar die Trauer.
(Ausgewählte Gedichte - Faks. der Handschrift mit 8 Lithographien von Piero Dorazio und einer von Huchel besprochenen Schallplatte.)
St. Gallen: Erker Presse 1976 (verkleinerter Nachdruck 1978).

Die neunte Stunde (Gedichte).
Frankfurt/M.: Suhrkamp 1979.
Frankfurt/M.: Suhrkamp 1985 (= Bibliothek Suhrkamp 891).

Gesammelte Werke in zwei Bänden. Hg. v. Axel Vieregg.
Frankfurt/M.: Suhrkamp 1984.

Margarethe Minde. Eine Dichtung für den Rundfunk.
Mit einem Nachwort von Hans Mayer.
Frankfurt/M.: Suhrkamp 1984 (= Bibliothek Suhrkamp 868).

II. *Übersetzungen in andere Sprachen*

(Genannt werden nur Buchveröffentlichungen.)

Ins Bulgarische:

Pod săzvezdieto na Herkulesa (*Unter dem Sternbild des Hercules*. Gesammelte Gedichte), Sofia 1968. Übers. v. Atanas Dalčev, Čilo Šišmanov.

Ins Englische:

Peter Huchel. Selected Poems, Cheadle, England 1974. Übers. v. Michael Hamburger.

The Carden of Theophrastus and other poems, Cheadle, England 1983. Übers. v. Michael Hamburger.

Ins Französische:

Trois poètes allemands de la nature. E. Arendt, P. Huchel, Georg Maurer. Notes introductives et poèmes de Johannes R. Becher, hg. v. Pierre Garnier, Paris 1958. Übers. v. Pierre Garnier.

Ins Italienische:

Strade-Strade (Chausseen Chausseen), Mailand 1970. Übers. v. Ruth Leiser und Franco Fortini.

Ins Polnische:

Wiersze (Gedichte, hauptsächlich aus *Chausseen Chausseen*), Warschau 1967. Auswahl und Ausführung v. Jan Koprowski. Übers. u. a. v. Roman Karst, Jan Koprowski, Leopold Lewin.

Ins Tschechische:

Dvanáct nocí (Zwölf Nächte), Gedichte, Prag 1958. Nachwort und Übers. von Ludvík Kundera.

Silnice, Silnice (Chausseen Chausseen), Prag 1964. Nachwort und Übers. von Ludvík Kundera.

Ins Ungarische:

(Gedichte). Budapest 1959. Hg. und übers. v. Gabor Hajnal.

III. *Schallplatten*

Psalm, in: *Psalm und Antipsalm*, Sprecher: Wilhelm Borchert, Maria Ott. Christopherus CLX 75 463.

Unbewohnbar die Trauer. Gedichte, Erker-Verlag, St. Gallen 25 827.

IV. *Arbeiten über Peter Huchel*

1. *Allgemeine Arbeiten*

Martin Raschke, *Zu den Gedichten Peter Huchels*, in: Die Kolonne 3 (1932), S. 4 (auch in: *Über Peter Huchel*, S. 157–159).

Ernst Lissauer, *Neue Lyrik*, in: Der Querschnitt 13 (1933), S. 298–299.

Franz Lennartz, *Peter Huchel*, in: *Die Dichter unserer Zeit*, Stuttgart: Kröner 1938, S. 136–138.

Günther Birkenfeld, *Peter Huchel. Porträt eines Dichters*, in: Ost und West 1/1 (1947), S. 77–78.

Horst Lommer, *Das dichterische Wort Peter Huchels*, in: Tägliche Rundschau (Berlin/DDR), 4. 6. 1947.

Alfred Kantorowicz, *Der märkische Dichter Peter Huchel. Dem Andenken unseres Mentors Hans Arno Joachim* (Vortrag, gehalten in Babelsberg am 4. März 1948), in: A. K., *Deutsche Schicksale. Neue Porträts*, Berlin/DDR: Kantorowicz 1949, S. 194–205.

Anon., *Peter Huchel*, in: Börsenblatt für den deutschen Buchhandel 118 (1951), S. 553–554.

Anon., *Peter Huchel. Zum 50. Geburtstag des Lyrikers am 3. April*, in: Börsenblatt für den deutschen Buchhandel 120 (1953), S. 272–274.

Uwe Berger, *Zwei Dichter unserer Zeit. Zum 50. Geburtstag von Peter Huchel und Erich Arendt*, in: Aufbau 9 (1953), S. 359–364.

Herbert Lestiboudois, *Offener Brief an den Schriftsteller Peter Huchel*, in: Neue Deutsche Literatur 1/7 (1953), S. 105–109.

Heiner Müller, *»Das Gesetz«. Zum 50. Geburtstag von Peter Huchel*, Sonntag (Berlin/DDR) 8/14 (1953), S. 4.

Eduard Zak, *Der Dichter Peter Huchel. Versuch einer Darstellung seines lyrischen Werkes*, Berlin/DDR: Neues Leben 1953 (als Artikel veröffentlicht in: Neue Deutsche Literatur 21/4 (1953), S. 164–183.

Ernst Stein, *Fülle der Zeit. Zur Behandlung der Gedichte Peter Huchels in Klasse 12*, in: Der Deutschunterricht 9 (Berlin/DDR 1956), S. 627–637.

Johann Ludwig Döderlein, *Peter Huchel*, in: *Das Einhorn. Jahrbuch Freie Akademie der Künste in Hamburg*, Hamburg 1957, S. 168–172.

Ad den Besten, *Deutsche Lyrik auf der anderen Seite*, in: Eckhart 28 (1959), S. 224–263.

Marcel Reich-Ranicki, *Der Weg des Peter Huchel. Ein Mann ließ sich nicht irre machen*, in: Die Welt, 23. 5. 1959.

Willy Haas, *Ansprache bei der Verleihung der Plakette an Peter Huchel am 7. 11. 1959* (Plakette der Freien Akademie der Künste, Hamburg), in: *Kontraste. Jahrbuch Freie Akademie der Künste in Hamburg*, Hamburg 1960, S. 11–15 (auch in: Über *Peter Huchel*, S. 160–163).

gs, *Der Lyriker Peter Huchel. Eine Dichterlesung in Tübingen*, in: Stuttgarter Zeitung, 14. 6. 1961.

Walter Jens, *Deutsche Literatur der Gegenwart. Themen, Stile und Tendenzen*, München: Piper 1961 (zu Huchel: S. 105–107).

Eberhard Sitte, *Deutsche Lyrik der anderen Seite in unserem Deutschunterricht*, in: Der Deutschunterricht (Stuttgart) 14/3 (1962), S. 88–105.

Werner Wilk, *Peter Huchel*, in: Neue Deutsche Hefte 9/90 (1962), S. 81–96.

Karl Krolow, *Landschaften. Zum sechzigsten Geburtstag Peter Huchels*, in: Frankfurter Allgemeine Zeitung, 2. 4. 1963.

Wolfgang Hädecke, *»Ich fischte Gold und flößte Träume . . .«, Der Dichter Peter Huchel*, in: Christ und Welt, 28. 6. 1963.

Rudolf Hartung, *Laudatio. Gehalten bei der Verleihung des Fontane-Preises an Peter Huchel im April 1963*, in: *Hommage für Peter Huchel*, S. 70–71 (auch in: *Über Peter Huchel*, S. 164–165).

Hellmuth Karasek, *Peter Huchel*, in: Klaus Nonnenmann (Hg.), *Schriftsteller der Gegenwart. Deutsche Literatur. 53 Porträts*, Olten und Freiburg: Walter 1963, S. 162–167.

Hans Mayer, *Zu drei Gedichten von Peter Huchel (An taube Ohren der Geschlechter, Widmung* [für Hans Henny Jahnn], *Der Garten des Theophrast)*, in: *Antworten. Jahrbuch Freie Akademie der Künste in Hamburg*, Hamburg 1963, S. 263–272 (verändert und erweitert auch in: Hans Mayer, *Zur deutschen Literatur der Zeit. Zusammenhänge, Schriftsteller, Bücher*, Reinbek bei Hamburg: Rowohlt 1967, S. 178–188, 307–308).

Dieter E. Zimmer, *In der Mitte der Dinge die Trauer. Am 3. April wurde der Dichter Peter Huchel sechzig Jahre alt*, in: Die Zeit, 5. 4. 1963.

Dieter Schlenstedt, *Epimetheus-Prometheus: Positionen in der Lyrik*, in: Alternative 7 (1964), S. 113–121.

Peter Hamm, *Vermächtnis des Schweigens. Der Lyriker Peter Huchel*, in: Merkur 18/195 (1964), S. 480–488.

Wilhelm Lehmann, *Maß des Lobes. Zur Kritik der Gedichte von Peter Huchel*, in: Deutsche Zeitung und Wirtschaftszeitung, 8./9. 2. 1964.

Alfred Kantorowicz, *Peter Huchel. Nachschrift 1964*, in: A. K., *Deutsche Schicksale. Intellektuelle unter Hitler und Stalin*, Wien, Köln, Stuttgart, Zürich: Europa 1964, S. 79–93.

Ludvík Kundera, *Slávská matka* (»Die wendische Mutter«. Aus einer unvollendeten Monographie über Peter Huchel, tschech.), in: Krásná literatura (November 1964), S. 16–17 (in erweiterter Fassung und in Übersetzung vom Autor auch in: *Über Peter Huchel*, S. 111–118).

Franz Schonauer, *Peter Huchels Gegenposition*, in: Akzente 12 (1965), S. 404–414 (wiederabgedruckt in erweiterter Form unter dem Titel *Peter Huchel: Porträt eines Lyrikers*, in: Das Wort 11 [1968], S. 65–67, auch in: *Über Peter Huchel*, S. 36–48).

Frank Trommler, *Peter Huchel*, in: Hermann Kunisch (Hg.), *Handbuch der deutschen Gegenwartsliteratur*, München: Nymphenburger 1965 (auch in Kunisch, *Handbuch*, 2. verbesserte und erweiterte Auflage 1969, Bd. 1, S. 331–332, und in: *Kleines Handbuch der deutschen Gegenwartsliteratur. 107 Autoren und ihr Werk in Einzeldarstellungen*, München: Nymphenburger 1969, S. 281–285).

Wolf Wondratschek, *Maß und Unmaß des Lobes*, in: Text + Kritik 9 (1965), S. 34–36.

Hermann Pongs, *Dichtung im gespaltenen Deutschland*, Stuttgart: Union 1966 (über Huchel: S. 343–352, 371–372).

Greinem Israiljewitsch Ratgaus, *(Zeit der Hoffnung. Bemerkungen über Dichter der Deutschen Demokratischen Republik*, russ.), in: Waprossy Literatury 10/11 (1966), S. 109–138.

Claude David, *Trois générations de poètes – Lehmann, Huchel, Grass*, in: Le Monde, 15. 11. 1967 (Supplément).

Alfred Kantorowicz, *Das beredte Schweigen des Dichters Peter Huchel (Rede am 24. Mai 1967*, im Auftrage der Akademie in der Hamburger Universität gehalten), in: *Zwanzig. Jahrbuch Freie Akademie der Künste in Hamburg*, Hamburg 1968, S. 156–182.

Gerhard Wolf, *Peter Huchel*, in Günter Albrecht u. a. (Hg.), *Lexikon deutschsprachiger Schriftsteller von den Anfängen bis zur Gegenwart*, Leipzig: Bibliographisches Institut 1967, Bd. 1, S. 636–638; Lizenzausgabe Kronberg/Taunus: Scriptor 1974, S. 404–405.

Peter Hamm, *In der Mitte der Dinge die Trauer. Peter Huchel feiert heute seinen 65. Geburtstag*, in: Süddeutsche Zeitung, 3. 4. 1968.

Otto F. Best (Hg.), *Hommage für Peter Huchel. Zum 3. April 1968*, München: Piper 1968.

Alfred Kantorowicz, *Dichter ohne Kompromiß. Peter Huchel zum 65. Geburtstag*, in: Die Welt, 3. 4. 1968.

Ingo Seidler, *Peter Huchel und sein lyrisches Werk. Zum 65. Geburtstag am 3. April*, in: Neue Deutsche Hefte 15/117 (1968), S. 11–28 (auch in: *Über Peter Huchel*, S. 62–80).

Michael Hamburger, *The Truth of Poetry. Tensions in Modern Poetry from Baudelaire to the 1960's*, London: Pelican 1969, S. 258–261; deutsch: M. H., *Die Dialektik der Modernen Lyrik. Von Baudelaire bis zur konkreten Poesie*, München: List 1972, S. 335–338.

Wolfgang Maier, *Langsam und leise. Über Peter Huchel*, in: Frankfurter Allgemeine Zeitung, 25. 3. 1969.

Ludvík Kundera, *Peter Huchel*, in: Die Tat (Zürich), 5. 9. 1970.

Oda Schäfer, *Auch wenn Du träumst, gehen die Uhren. Erinnerungen*, München: Piper 1970 (zu Huchel: S. 259–262).

John Flores, *Poetry in East Germany. Adjustments, Visions and Provocations, 1945–1970*, New Haven und London: Yale University Press 1971 (*Peter Huchel – The Disenchanted Idyll.* S. 119–204).

Konrad Franke, *Peter Huchel*, in: K. F., *Die Literatur der Deutschen Demokratischen Republik*, München: Kindler 1971, S. 204–208, 2. Auflage 1974, S. 236–239. Frankfurt/M.: S. Fischer 1980 (Fischer TB), S. 268–271.

(Joachim Kaiser), *Peter Huchel in München*, in: Süddeutsche Zeitung, 30. 4./1./2. 5. 1971.

Otto Knörrich, *Die deutsche Lyrik der Gegenwart*, Stuttgart: Kröner 1971 (zu Huchel: S. 199–207, 2. Aufl. 1978, S. 196–202).

Gregor Laschen, *Sprache und Zeichen in der Dichtung Peter Huchels,* in: G. L., *Lyrik in der DDR. Anmerkungen zur Sprachverfassung des modernen Gedichts*, Frankfurt/M.: Athenäum 1971, S. 38–49.

Hans-Dietrich Sander, *Peter Huchels Exodus*, in: Deutschland-Archiv 4/5 (1971), S. 451–452.

Hilde Spiel, *Sanftmut und Zorn. Peter Huchel nimmt den Österreichischen Staatspreis entgegen*, in: Frankfurter Allgemeine Zeitung, 31. 1. 1972.

Werner Brettschneider, *Peter Huchel*, in: W. B., *Zwischen literarischer Autonomie und Staatsdienst. Die Literatur in der DDR*, Berlin: Erich Schmidt 1972, S. 184–192.

Elena Croce, *Peter Huchel*, in: Settanta. Mensile de cultura, politica, economia, Heft 22, März 1972, S. 23–24 (in der Übersetzung von Monica Huchel auch in: *Über Peter Huchel*, S. 101–104).

Rudolf Hartung, *Tagebuch-Notizen (XII)* (zu Peter Huchel), in: Neue Rundschau 83 (1972), S. 61–62.

Sigfrid Hoefert, *Zum Begriff der Sprache bei einigen DDR-Lyrikern* (Huchel, Bobrowski, Cibulka), in: Muttersprache 82 (1972), S. 182–187.

Fritz J. Raddatz, *Natur als Prozeß der Geschichte. Peter Huchel*, in: F. J. R., *Traditionen und Tendenzen. Materialien zur Literatur der DDR*, Frankfurt/M.: Suhrkamp 1972, S. 123–145.

Jost Nolte, *Lyrische Fälle. Lehmann contra Huchel*, in: J. N., *Grenzgänge. Berichte über Literatur*, Wien: Europa 1972, S. 13–20.

A. S., *Autorenabend mit Peter Huchel*, in: Die Tat (Zürich), 4. 12. 1972.

Axel Vieregg, *Zeichensprache und Privatmythologie im Werk Peter Huchels*, Diss. Massey University, Palmerston North, Neuseeland 1972 (masch.) (S. 38–43 abgedruckt in: *Über Peter Huchel*, S. 105–110).

Jean Améry, *Peter Huchel. Vor dem Verstummen*, in: St. Galler Tagblatt, 28. 1. 1973.

Anon., *Berlin's Wandering Poet*, in: The Guardian (Manchester), 12. 1. 1973.

Anon., *Peter Huchel – 70. Geburtstag*, in: Bücherschiff (Kronberg/Ts. 1973), Heft 1, S. 3.

Rolf Bongs, *Landschaft mit Menschen*, in: Rheinische Post, 31. 3. 1973.

Hans Dieter Schmidt, *Das Gedicht als Gegenstimme. Zum 70. Geburtstag des Dichters Peter Huchel*, in: Main Echo (Aschaffenburg), 31. 3. 1973.

Peter Hamm, *»Sei getreu, sagt der Stein.« Zum 70. Geburtstag Peter Huchels*, in: Süddeutsche Zeitung, 3. 4. 1973.

Rudolf Hartung, *Peter Huchel*, in: Hans Jürgen Schulz (Hg.), *Der Friede und die Unruhestifter. Herausforderungen deutschsprachiger Schriftsteller im 20. Jahrhundert*, Frankfurt/M.: Suhrkamp 1973, S. 220–231.

Wolfgang Heidenreich, *In der eisigen Mulde der Jahre. Jemand, auf den sich nichts reimt: Peter Huchel wird heute in Staufen siebzig Jahre alt*, in: Badische Zeitung, 3. 4. 1973.

Ellen Kayser, *Peter Huchel wird am 3. April 70 Jahre alt*, in: Die Tat (Zürich), 31. 3. 1973.

Jürgen P. Wallmann, *Überschattet von Resignation und Trauer. Über den Lyriker Peter Huchel anläßlich seines 70. Geburtstags am 3. April*, in: Mannheimer Morgen, 2. 4. 1973.

Karl Krolow, *Ein Mann, der Gesichte hat. Peter Huchel zum 70.*, in: Hannoversche Allgemeine Zeitung, 3. 4. 1973.

Olof Lagercrantz, *Ein deutscher Dichter. Peter Huchel zum siebzigsten Geburtstag*, in: Frankfurter Allgemeine Zeitung, 3. 4. 1973 (verändert auch in: *Über Peter Huchel*, S. 145–149).

Helmut Mader, *Mottos zu einem Leben. Peter Huchel wird siebzig Jahre alt*, in: Stuttgarter Zeitung, 3. 4. 1973.

mdr (Helmut Mader), *Dichter im geteilten Land » . . . und sah seine Ohnmacht«. Peter Huchel 70 Jahre*, in: Saarbrücker Zeitung, 3. 4. 1973.

Bartel F. Sinhuber, *Der Lyriker Peter Huchel wird 70. Protest und Anklage ist seine Sache nicht*, in: Abendzeitung (München), 3. 4. 1973.

Hans Dieter Schäfer, *Peter Huchel zum Siebzigsten*, in: Die Welt, 3. 4. 1973.

Dieter Fringeli, *» . . . wo ein Schrei das Wasser höhlt«. Wird der Dichter Peter Huchel aus politischen Rücksichten überschätzt?*, in: Die Weltwoche (Zürich), 27. 6. 1973.

Walter Kiewert, *Der Lyriker Peter Huchel*, in: Der Literat 15/3 (1973), S. 53–54.

Karl Krolow, *Peter Huchel,* in: Konrad Franke (Hg.), *Die Literatur der Bundesrepublik Deutschland,* München: Kindler 1973, S. 401–406. Frankfurt/M.: S. Fischer 1980 (Fischer TB), S. 268–271.

Hans Mayer (Hg.), *Über Peter Huchel*, Frankfurt/M.: Suhrkamp 1973 (die Erstbeiträge zu diesem Band sind hier nicht separat aufgeführt).

Inge Meidinger-Geise, *Peter Huchel*, in: Benno v. Wiese (Hg.), *Deutsche Dichter der Gegenwart*, Berlin: Erich Schmidt 1973, S. 168–182.

Peter Wapnewski, *Nachwort*, in: *Peter Huchel: »Ausgewählte Gedichte«*, Auswahl und Nachwort von P. W., Frankfurt/M.: Bibliothek Suhrkamp 345, 1973, S. 123–133.

Bernhard Gajek, *Tradition und Widerstand. Einführung in das Werk Peter Huchels*, in: Regensburger Universitätszeitung 10/5 (1974), S. 2–8, 13.

Peter Burri, *Ein Dasein zwischen allen Fronten. Peter Burri besuchte in Staufen den Lyriker Peter Huchel*, in: Nationalzeitung (Basel), 10. 1. 1976.

Helene Scher, *Silence in the Poetry of Peter Huchel*, in: Germanic Review 51/1 (1976), S. 52–61.

Axel Vieregg, *Die Lyrik Peter Huchels – Zeichensprache und Privatmythologie*, Berlin: Erich Schmidt Verlag 1976.

Rezensionen:

Rolf Paulus, in: Die Tat (Zürich), 2. 4. 1976.

Karl Krolow, *Die Lyrik und die Interpreten. Drei Untersuchungen über fünf Dichter*, in: Frankfurter Allgemeine Zeitung, 16. 11. 1976.

Alfred Kelletat, in: Germanistik. Internationales Referatenorgan 18/1 (1977), S. 228.

Erika Tunner, in: Etudes Germaniques 32/3 (1977), S. 355–356.

Karl Foldenauer, in: Praxis Deutsch 1977, Heft 26, S. 29.

Erika Tunner, in: Revue d'Allemagne 9 (1977), S. 737.

Ruth E. Lorbè, in: Journal of English and German Philology 76 (1977), S. 615–618.

Margrit Bickelmann, in: The German Quarterly 50/4 (1977), S. 552–553.

Ian Hilton, in: World Literature Today 51 (1977), S. 276.

John D. Barlow, in: Monatshefte 71/1 (1979), S. 99.

Jürgen P. Wallmann, *Kalesche im Wasserschierling. Peter Huchel erhält die Ehrengabe der deutschen Industrie*, in: Rheinischer Merkur, 15. 10. 1976.

Livia Z. Wittmann, *Die Funktion der Metapher in der Lyrik Peter Huchels*, in: Seminar 12/3 (1976), S. 174–188.

Walter Hildebrandt, *Hinweise auf Unvollkommenes. Notizen über eine Gesamtdeutsche Matinee*, in: Deutsche Studien 58 (Juni 1977), S. 155–162.

Walter Hildebrandt, *Dichter und Deutsche. Am Beispiel Peter Huchels*, in: Deutschland-Archiv 1977, Heft 7, S. 701–708.

Anon., *Deutliche Worte in Brüssel. Huchel lobt die Bundesrepublik*, in: Süddeutsche Zeitung, 21. 10. 1977.

E. K., *Die Heimat ist die deutsche Sprache. Literaturpreis der Europalia für den Lyriker Peter Huchel*, in: Frankfurter Allgemeine Zeitung, 21. 10. 1977.

Hans Erich Nossack, *Gespräche mit meinem Schweigen* (Laudatio auf Peter Huchel anläßlich dessen Aufnahme in den Orden »Pour le mérite« bei der Jahrestagung der Ordensträger 1976 in Passau), in: Jahresring 77/78, S. 82–84.

Anon., *Peter Huchel wird 75 Jahre alt*, in: Rote Fahne (Köln), 29. 3. 1978.

Joseph P. Dolan, *The Politics of Peter Huchel's Early Verse*, in: University of Dayton Review 13/2 (1978), S. 93–104.

Bernhard Gajek, *Dichter – Natur – Geschichte. Peter Huchels Weg in die deutsche Gegenwart*, in: Karl Lamers (Hg.), *Die deutsche Teilung im Spiegel der Literatur. Beiträge zur Literatur und Germanistik der DDR*, Stuttgart: Bonn aktuell 1978, S. 121–144.

Jean Améry, *Der letzte und erste Poet. Zum 75. Geburtstag von Peter Huchel am 3. April*, in: Berner Tagblatt, 1. 4. 1978; auch in: St. Galler Tagblatt, 20. 8. 1978.

Wolfgang Heidenreich, *Die Schwierigkeit, dem Schweigen ein Wort abzuringen*, in: Badische Zeitung, 1. 4. 1978.

Rolf Denecke, *Peter Huchel zum 75. Geburtstag*, in: Kultur und Leben 4 (April 1978).

M. Norberta Hoffmann, *Chiffren der Angst und der Trauer. Zur Lyrik Peter Huchels*, in: Stimmen der Zeit 103/4 (1978), S. 253–262.

Manfred Dierks, *Peter Huchel*, in: Kritisches Lexikon der deutschsprachigen Gegenwartsliteratur, München: edition text + kritik 1978 (10. Nachlieferung).

Peter Hutchinson, *Aspects of Peter Huchel's Compositional Technique as illustrated by »In der Bretagne«*, in: Neophilologus 62 (1978), S. 434–441.

Johannes Poethen, *Märkische Heimat, Krieg und Süden*, in: Deutsche Zeitung, 7. 4. 1978.

Heinrich Zillich, *Peter Huchel und die Siebenbürger Sachsen*, in: Südostdeutsche Vierteljahresblätter 27 (1978), S. 294–295.

Werner Brettschneider, *Zorn und Trauer. Aspekte deutscher Gegenwartsliteratur*, Berlin: Erich Schmidt 1979 (Abschnitt: *»Himmel ohne Sterne«. Peter Huchel*, S. 178–185).

Gonthier Louis Fink, *Würdigung des Preisträgers (Peter Huchel) durch Prof. Dr. G. L. Fink* (anläßlich der Verleihung des Jacob-Burckhardt-Preises durch die Universität Basel an Herrn Peter Huchel am 8. Juni 1979), in: Jacob Burckhardt-Preis 1979; Johann Wolfgang von Goethe-Stiftung zu Basel, 1979, S. 7–25; erweiterte Fassung in: B. Steiner (Hg.), *Kostbarkeiten. Essays und Laudationes zur Literatur des 19. und 20. Jahrhunderts*, Waldkircher Verlagsgesellschaft 1981, S. 65–79.

Michael Hamburger, *The Poetry of Peter Huchel*, in: PN Review (Manchester) 7/4 (1980), S. 8–9.

Wolfgang Heidenreich, *Ausschnitte aus der Preisrede auf Peter Huchel und Maria Wimmer* (Reinhold-Schneider-Kulturpreis 1980), in: Badische Zeitung, 18. 7. 1980.

Wolfgang Heidenreich, *Deutzeichen – Begegnungen und Leseerfahrungen mit Peter Huchel*, in: Günther Schnitzler u. a. (Hg.), *Bild und Gedanke. Festschrift für Gerhart Baumann zum 60. Geburtstag*, München: Fink 1980, S. 434–446.

Christoph Meckel, *Suchbild. Über meinen Vater*, Düsseldorf: Claassen 1980, S. 26–36.

Philip Dale Sweet, *The lyrical Subject in the Poetry of Peter Huchel*, Diss. The University of Michigan 1980 (masch.).

Christa Spatz, *Bilder und Gedichte »Peter Huchel zu Ehren« in der Staufener Insel-Galerie*, in: Badische Zeitung, 17. 3. 1981 (Werke bildender Künstler zu Themen Huchels).

Ernst-Günther Bleisch, *Er war der einzige echte Naturdichter unserer Zeit* (Zum Tode Peter Huchels), in: Münchner Merkur, 7. 5. 1981.

Franz Kalterbräu, *Peter Huchel ist tot*, in: Frankfurter Rundschau, 7. 5. 1981.

Karl Krolow, *Apokalyptische Landschaft. Zum Tode von Peter Huchel*, in: Frankfurter Allgemeine Zeitung, 7. 5. 1981.

Jürgen P. Wallmann, *Belebte Natur – Zum Tode des Dichters Peter Huchel*, in: Badische Zeitung, 7. 5. 1981 (leicht geändert unter dem Titel *Ein Wort abringen. Zum Tode des Lyrikers Peter Huchel*, in: Rheinische Post, 7. 5. 1981).

Wolfgang Hädecke, *Lyrische Visionen der Apokalypse – Nachruf auf Peter Huchel*, in: Neue Westfälische Zeitung (Bielefeld), 8. 5. 1981.

Albert von Schirnding, *In der Mitte der Dinge die Trauer. Zum Tod des Lyrikers Peter Huchel*, in: Süddeutsche Zeitung, 8. 5. 1981.

Bruno Bolliger, *»Unbekümmert geht der Fremde davon«. Peter Huchel zum Gedenken*, in: Neue Zürcher Zeitung, 9./10. 5. 1981.

Peter Jokostra, *In der Maske des Monds* (Zum Tod Peter Huchels), in: Die Welt, 8. 5. 1981.

Wolfgang Kopplin, *Nachruf. Der große Peter Huchel*, in: Bayernkurier, 16. 5. 1981.

Hans Dieter Schmidt, *»Der Fremde geht davon . . .« Erinnerungen an den Dichter Peter Huchel*, in: Rhein-Neckar-Zeitung, 16./17. 5. 1981.

Fritz Minde, *Johannes Bobrowskis Lyrik und die Tradition*, Frankfurt/M., Bern: Lang 1981 (darin Abschnitt: »Johannes Bobrowski und Peter Huchel«, S. 204–268).

Elmar Schenkel, *Peter Huchels späte Landschaftslyrik. »Unterm Sternbild des Hercules«, »Gezählte Tage«, »Ölbaum und Weide«*, in: Literatur für Leser 1981, Heft 1, S. 44–52.

Karl Ludwig Schneider, *Peter Huchel*, in: *Klaus Weissenberger (Hg.), Die deutsche Lyrik 1945–75. Zwischen Botschaft und Spiel*, Düsseldorf: Bagel 1981, S. 177–185.

Cornelia Stoffer-Heibel, *Metaphernstudien. Versuch einer Typologie der Text- und Themafunktionen der Metaphorik in der Lyrik Ingeborg Bachmanns, Peter Huchels und Hans Magnus Enzensbergers*, Stuttgart: Heinz 1981.

Wolfgang Heidenreich, *Der Hauch der Welt, so leicht verwundbar. Zum Tode Peter Huchels,* in: Trio – Rheinisches Magazin, 1981, Heft 3 (August–Oktober), S. 4–10.

Axel Vieregg, *Nachruf auf Peter Huchel*, in: Neue Deutsche Hefte 28/171 (1981), S. 475–497.

Brigitte Wälti, *»Die weiße Kehle der Einsamkeit«* (Peter Huchel), in: Études de lettres (Lausanne) 4/4 (1981), S. 49–58.

Stefan Welzk, *»Überdrüssig der Götter und ihrer Feuer«, Zum Tode von Peter Huchel*, in: Frankfurter Hefte 36/8 (1981), S. 63–68.

Freimut Arlt, *Besuch in Peter Huchels Revier*, in: Neue Deutsche Hefte 29/175 (1982), S. 560–564.

Wolfgang Herles, *Der Beziehungswandel zwischen Mensch und Natur im Spiegel der deutschen Literatur seit 1945*, Stuttgart: Heinz 1982 (darin Abschnitt: *Peter Huchel. Alte Mythen und Natur,* S. 145–151).

Joachim Müller, *Verwandelte Welt – Zur Lyrik Peter Huchels*, in: Universitas 37 (1982), S. 581–588.

Philip Dale Sweet, *The Prophet in Peter Huchel*, in: Germanic Review 57 (1982), S. 28–36.

Maria Wimmer, *Gedenkworte für Peter Huchel*, in: Reden und Gedenkworte – Orden Pour le mérite für Wissenschaften und Künste 18 (1982), S. 45–51.

Hubert Ohl, *Peter Huchel: Das lyrische Werk im Spiegel seiner Titelgedichte,* in: Literatur in Wissenschaft und Unterricht 16/4 (1983), S. 281–300.

Manfred Peter Hein, *Rede bei der Entgegennahme des Peter-Huchel-Preises in Staufen im April 1984*, in: Allmende 9 (1984), S. 161–162.

Hans Mayer, *Schneenarben. Schriftzeichen. Eine Rede zum neu gestifteten Peter-Huchel-Preis für Lyrik* (verliehen am 3. April 1984 an Manfred Peter Hein), in: Die Zeit, 5. 4. 1984; vollständiger Wortlaut, unter dem Titel *Erinnerung an Peter Huchel*, in: Allmende 9 (1984), S. 156–160.

Walter Gebhard, *Peter Huchel: Gefährdung und Schutz von Natur. Dichtung in Umwelt und Unscheinbarkeit*, in: Gerhard Köpf (Hg.), *Neun Kapitel Lyrik*, Paderborn: Schöningh 1984, S. 51–56.

Guntram Vesper, *Dank an Huchel. »Heuwege und innere Landschaft.«* Eine Rede, in: Frankfurter Rundschau, 27. 4. 1985.

2. Über *Gedichte* (1948 bzw. 1950)

Ltz., *Peter Huchel: »Gedichte«*, in: Tägliche Rundschau (Berlin/DDR), 6. 5. 1949, Beilage S. II.

Herbert Ihering, *Der Lyriker Peter Huchel*, in: Sonntag (Berlin/DDR), 29. 5. 1949.

Ernst Reissig, *Der Lyriker Peter Huchel*, in: Aufbau 5 (1949), S. 1013–1018.

Herbert Roch, *Peter Huchel: »Gedichte«*, in: Ost und West 3/5 (1949), S. 91–92 (auch in: *Über Peter Huchel*, S. 11–12).

Julius Kühn, *Die eigene Handschrift*, in: Thüringische Landeszeitung (Weimar), 19. 12. 1951.

Pierre Garnier, *La jeune poesie en Allemagne de l'Est*, in: Critique 11 (1955), S. 215–224.

3. Über *Chausseen Chausseen* (1963)

Beda Allemann, *Peter Huchels »Chausseen Chausseen«*, in: Hessischer Rundfunk (Frankfurt), 13. 11. 1963.

Walter Jens, *Wo die Dunkelheit endet. Zu den Gedichten von Peter Huchel*, in: Die Zeit, 6. 12. 1963 (auch in: *Über Peter Huchel*, S. 22–27).

Beate Kayser, *Neue Gedichte von Peter Huchel*, in: Münchner Merkur, 7./8. 12. 1963, Beilage, S. III.

Peter Härtling, *Der Zeuge tritt hervor. Zu dem neuen Gedichtband Peter Huchels: »Chausseen Chausseen«*, in: Deutsche Zeitung und Wirtschaftszeitung, 22. 12. 1963.

Curt Hohoff, *Singen mit einer Distel im Mund*, in: Süddeutsche Zeitung, 11./12. 1. 1964 (leicht verändert auch in: Rheinische Post, 14. 3. 1964).

Gotthard Frühsorge, *Stimme des Mahners. Zu einem neuen Gedichtband von Peter Huchel*, in: Hannoversche Allgemeine Zeitung, 1./2. 2. 1964.

Curt Hohoff, *Gedichte von Peter Huchel*, in: Sonntagsblatt (Hamburg), 2. 2. 1964.

Walter Alexander Bauer, *Sprache aus Demut gewachsen. Zu einem neuen Gedichtband von Peter Huchel*, in: dpa-brief. Artikel aus der Kultur, Buchbrief Nr. 374, 6. 2. 1964.

Hans Egon Holthusen, *Heimat und Heimsuchung. Peter Huchel*, in: Frankfurter Allgemeine Zeitung, 29. 2. 1964.

Charlotte Nennecke, *(Peter Huchel: »Chausseen Chausseen«)*, in: Radio Bremen, 4. 9. 1964.

Hans Jürgen Heise, *Peter Huchels neue Wege*, in: Neue Deutsche Hefte 11/99 (1964), S. 104–111.

Rino Sanders, *Peter Huchel: »Chausseen Chausseen«*, in: Neue Rundschau 75 (1964), S. 324–329 (auch in: *Über Peter Huchel*, S. 28–35).

Wolf Wondratschek, *Maß und Unmaß des Lobes*, in: Text + Kritik 9 (1965), S. 34–36.

4. Über *Die Sternenreuse* (1967)

Hans Jürgen Heise, *Peter Huchels frühe Lyrik*, in: Die Tat (Zürich), 6. 5. 1967.

Karl Krolow, *Brüchige Musik. Die frühen Gedichte Peter Huchels*, in: Stuttgarter Zeitung, 20. 5. 1967.

Sabine Brandt, *Peter Huchel: Die Sternenreuse*, in: Hessischer Rundfunk (Frankfurt), 18. 6. 1967.

Jost Nolte, *Sie gaben Befehl, die Wurzel zu roden. Zu Peter Huchels Gedichtband »Die Sternenreuse«*, in: Die Welt der Literatur, 22. 6. 1967.

Ernst Günther Bleisch, *Für Peter Huchel gibt es keine unbedeutende Landschaft. Zu »Die Sternenreuse«*, in: Münchner Merkur, 1./2. 7. 1967.

Jost Nolte, *Verse von Heute. Zu neuen deutschen Lyrikbänden* (u. a. über *Die Sternenreuse*), in: Deutschlandfunk (Köln), 13. 7. 1967.

Sabine Brandt, *Huchels frühe Gedichte*, in: Der Monat 19/227 (1967), S. 65–68.

H. Conrad, *Peter Huchel. Die Sternenreuse. Gedichte 1925–1947*, in: dpa-Buchbrief/Kultur, 9. 8. 1967, S. 7–8.

Sabine Brandt, *An taube Ohren der Geschlechter. Endlich gibt es wieder eine Ausgabe früher Huchel-Gedichte*, in: Die Zeit, 8. 12. 1967 (auch in: *Über Peter Huchel*, S. 49–54).

Dietrich Segebrecht, *»Herkunft«*, in: Frankfurter Allgemeine Zeitung, 3. 4. 1968.

Peter Hamm, *Peter Huchel: »Sternenreuse«*, in: Rias (Berlin), 8. 4. 1968.

Christiane Muschter, *Lyrische Streifzüge. Vom Trost des Erinnerns*, in: National-Zeitung (Basel), 17. 11. 1968.

Kurt Opitz, *Peter Huchel, »Die Sternenreuse«*, in: Books Abroad 42 (1968), S. 434.

5. Über *Gezählte Tage* (1972)

Rudolf Hartung, *»Gezählte Tage«*, in: Deutschlandfunk (Köln), 10. 9. 1972 (auch in: *Über Peter Huchel*, S. 119–124).

Helmut Mader, *Abschied von den Hirten. Über Peter Huchel und seinen neuen Gedichtband »Gezählte Tage«*, in: Stuttgarter Zeitung, 28. 9. 1972 (auch in: Neue Rundschau 84 [1973], S. 161–165, und in: *Über Peter Huchel*, S. 125–131).

Siegfried Unseld, *Peter Huchel*, in: Stuttgarter Zeitung, 28. 9. 1972 (auch in: *Über Peter Huchel*, S. 181–182).

Lothar Baier, *(Peter Huchel: »Gezählte Tage«)*, in: Hessischer Rundfunk (Frankfurt), 8. 10. 1972.

Rudolf Hartung, *»Geh fort, bevor im Ahornblatt . . .« Peter Huchels neuer Gedichtband »Gezählte Tage«*, in: Frankfurter Allgemeine Zeitung, 14. 10. 1972.

Hans-Jürgen Heise, *Der Fall Peter Huchel*, in: Die Welt, 28. 10. 1972.

Hans-Jürgen Heise, *Verzicht auf das herbe Aroma des Konkreten*, in: Schwäbische Zeitung, 3. 11. 1972 (leicht verändert unter dem Titel *Die Natur als Gegenposition zur Geschichte,* in: Die Tat [Zürich], 6. 1. 1973).

Hans-Peter Klausenitzer, *Wenn das Schilfrohr denkt*, in: Die Welt, 9. 11. 1972.

Peter Wapnewski, *Zone des Schmerzes. Zu Peter Huchels neuen Gedichten,* in: Die Zeit, 10. 11. 1972 (auch in: *Über Peter Huchel,* S. 132–136).

Joachim Günther, *Dreiundsechzig neue Gedichte von Peter Huchel. Zu dem Band »Gezählte Tage«, der ersten Veröffentlichung des Autors nach Verlassen der DDR*, in: Der Tagesspiegel (Berlin), 12. 11. 1972.

Wendelin Zimmer, *Peter Huchel - Sprache des Exils. Anmerkungen über den neuen Gedichtband »Gezählte Tage«*, in: Neue Osnabrücker Zeitung, 11. 11. 1972.

Joachim Günther, *Peter Huchel: »Gezählte Tage«*, in: Neue Deutsche Hefte 19/136 (1972), S. 137–141.

Ernst-Günther Bleisch, *Huchels gezählte Tage*, in: Bücher-Merkur, 29. 11. 1972.

Reinhard Urbach, *Beispiel lyrischer Selbstbehauptung*, in: Salzburger Nachrichten, 1. 12. 1972.

Karl Krolow, *»Gezählte Tage«. Huchels neuer Gedichtband*, in: Hannoversche Allgemeine Zeitung, 2./3. 12. 1972 (auch in: *Über Peter Huchel*, S. 137–138).

Heinz Piontek, *(Peter Huchel: »Gezählte Tage«)*, in: Deutsche Welle (Köln), 15. 12. 1972 (auch in: Österreichischer Rundfunk [Wien], 5. 5. 1973, und in: Wort und Wahrheit [1973], Heft 1, S. 92–93).

Rolf Bongs, *Peter Huchel hat sich nicht geändert*, in: Rheinische Post, 16. 12. 1972.

Barbara Bondy, *Ist Odysseus verloren? Zu Peter Huchels neuen Gedichten*, in: Süddeutsche Zeitung, 16./17. 12. 1972.

Klaus Völker, *Der Lyriker Peter Huchel*, in: Nürnberger Zeitung, 23. 12. 1972 (auch in: National-Zeitung [Basel], 23. 12. 1972).

Anon., *The Bleak Midwinter. Peter Huchel: »Gezählte Tage«*, in: The Times Literary Supplement, 29. 12. 1972, S. 1572.

Hans Dieter Schmidt, *»Die Unschuld des Schuldigen«. Ein neuer Gedichtband von Peter Huchel*, in: Main-Echo, 14. 1. 1973.

Anon., (GM), *Dem Menschen zugedacht. Peter Huchel: »Gezählte Tage«*, in: Berner Tagblatt, 10./11. 2. 1973.

E. Ottevaere, *Rasecht Natuurdichter*, in: De Standaard (Brüssel), 16. 2. 1973.

Inge Meidinger-Geise, *(Peter Huchel: »Gezählte Tage«)*, in: Radio Bremen, 25. 2. 1973.

Jürgen P. Wallmann, *(Peter Huchel: »Gezählte Tage«)*, in: Westdeutscher Rundfunk (Köln), 21. 3. 1973.

Gerd Mahr, *»Vielen reißt das Wasser/die Steine unter den Füßen fort«. Gedichte von Peter Huchel. »Gezählte Tage«*, in: Deutsches Allgemeines Sonntagsblatt, 4. 3. 1973.

Thomas Zenke, *(Peter Huchel: »Gezählte Tage«)*, in: Westdeutscher Rundfunk (Köln), 24. 4. 1973.

Heinz-Joachim Heydorn, *»Eine Fußspur im Sand vom Eis des Winters ausgegossen«. Peter Huchels Gedichte*, in: Frankfurter Rundschau, 26. 5. 1973 (auch in: *Über Peter Huchel*, S. 150–153).

Werner Ross, *Leierspiel – west-östlich* (darin u. a. *Peter Huchel: »Gezählte Tage«*), in: Merkur 27/300 (1973), S. 482–490.

6. Über *Hans Henny Jahnn/Peter Huchel. Ein Briefwechsel 1951–1959* (1975)

Hans J. Fröhlich, *Es ist nicht umsonst gewesen. Der Briefwechsel zwischen Hans Henny Jahnn und Peter Huchel*, in: Frankfurter Allgemeine Zeitung, 7. 6. 1975.

Fritz J. Raddatz, *Westöstliche Korrespondenz* (zu Briefwechsel Huchel/Jahnn), in: Süddeutsche Zeitung, 28. 6. 1975.

Inge Meidinger-Geise, (Zum Briefwechsel Huchel/Jahnn), in: Literatur und Kritik 100 (1975), S. 633.

Christoph Stoll, *PEN – und noch einiges mehr*, in: Der Literat 17 (1975), S. 37–38.

7. Über *Die neunte Stunde* (1979)

Joachim Günther, *Peter Huchel: »Die neunte Stunde«*, in: Neue Deutsche Hefte 26/164 (1979), S. 802–804.

K(arl) C(orino), *Der Tod gestern am Stall*, in: Stuttgarter Zeitung, 9. 10. 1979.

Barbara Bondy, *Tiefer ins Schweigen. Zu den neuen Gedichten Peter Huchels*, in: Süddeutsche Zeitung, 10. 10. 1979.

Rudolf Hartung, *Keiner weiß das Geheimnis. Zum jüngsten Gedichtband von Peter Huchel*, in: Frankfurter Allgemeine Zeitung, 13. 11. 1979.

Karl Corino, *Seelenführer in die Unterwelt, Zu Peter Huchels Gedichtband »Die neunte Stunde«*, in: Hannoversche Allgemeine Zeitung, 13./14. 10. 1979.

Holger Jergius, *Der Tod wird kommen. Die »Neunte Stunde«*, in: Nürnberger Zeitung, 24. 11. 1979.

Magdalena Vogel, *Betörendes, nüchtern gesehen*, in: Tages-Anzeiger (Zürich), 26. 11. 1979.

Inge Meidinger-Geise, *Weiden und Worte*, in: Frankfurter Hefte 34/12 (1979), S. 74–75.

Wolfgang Heidenreich, *Jahreszeiten, Mißgeschicke, Nekrologe. »Wie schwer es ist, dem Schweigen ein Wort abzuringen«: Zu Peter Huchels Gedichtband »Die neunte Stunde«*, in: Badische Zeitung, 5./6. 4. 1980.

Anon. (wip), *Wie Staub auf vergilbten Manuskripten*, in: Tageblatt (Heidelberg), 9. 7. 1980.

Daniel Johnson, *Contemplations of Matter*, in: Times Literary Supplement, 11. 4. 1980.

Elsbeth Pulver, *Das brüchige Gold der Toten. Zum neuen Gedichtband von Peter Huchel: »Die neunte Stunde«*, in: Neue Zürcher Zeitung, 10. 7. 1980.

Bruno Bollinger, *Peter Huchel, »Die neunte Stunde«. Gedichte aus den Jahren 1972–1979*, in Schweizer Monatshefte 1980, Heft 10, S. 867–870.

Ian Hilton, *Peter Huchel: »Die neunte Stunde«*, in: Modern Languages 63/3 (1982), S. 195.

8. Über *Margarethe Minde* (1939/1984)

Walter Hinck, *Ohne Schuld keine Tragik. Peter Huchels Hörspiel »Margarethe Minde«*, in: Frankfurter Allgemeine Zeitung, 1. 9. 1984.

9. Über *Gesammelte Werke in zwei Bänden* (1984)

Heinz Albers, *Gute Gedichte sind wie ein Baum. Das Werk Peter Huchels*, in: Hamburger Abendblatt, 5. 10. 1984.

Barbara Bondy, *Die Bilanz. Peter Huchels Gesammelte Werke sind jetzt erschienen*, in: Süddeutsche Zeitung, 6. 12. 1984.

Gert Ueding, *Aus dem Buch der Natur ins literarische Wort. Peter Huchels gesammelte Werke in zwei Bänden*, in: Frankfurter Allgemeine Zeitung, 11. 12. 1984.

Ursula Bode, *Wie Eisenspäne in einem Magnetfeld. Peter Huchels »Gesammelte Werke«*, in: Hannoversche Allgemeine Zeitung, 22./23. 12. 1984.

Alexander von Bormann, *Peter Huchel: Gesammelte Werke* (»Bücher im Gespräch«), Deutschlandfunk (Köln), 23. 12. 1984.

Peter Burri, *Ein kompromißloser Dichter und Redakteur* (Zur Werkausgabe Peter Huchel), in: Bodensee Tagblatt (Auriswil, Schweiz), 4. 2. 1985; auch in: drehpunkt, Nr. 61, Februar 1985 und in: Radio der deutschen und der rätoromanischen Schweiz, 13. 2. 1985.

Hans Dieter Schmidt, *Gang durch ein erlebtes deutsches Schicksal. Die Gedichte und vermischten Schriften des Peter Huchel*, in: Deutsche Tagespost (Würzburg), 13. 2. 1985.

Ulrich Schacht, *Das Schweigen in Töne gesetzt. Schmal, karg und schön: Suhrkamp legt die gesammelten Werke von Peter Huchel vor*, in: Die Welt, 2. 3. 1985.

Jürgen P. Wallmann, *Sternenreuse der Poesie. Die Gedichte und vermischten Schriften des Peter Huchel*, in: Der Tagesspiegel, 17. 3. 1985. Unter dem Titel *Ausgabe Peter Huchel. Ein Mahner seiner Zeit* auch in: Rheinische Post, 23. 3. 1985; unter dem Titel *Geprägt von bitteren Erlebnissen jener Jahre* auch in: Neue Westfälische Zeitung, 28. 6. 1985, und in: Universitas 40/6 (1985), S. 713–714.

Franz Schonauer, *Peter Huchel. Gesammelte Werke*, in: »Das Thema«, Sender Freies Berlin, 17. 4. 1985.

Franz Schonauer, *Der ganze Peter Huchel*, in: Neue Deutsche Hefte 32/186 (1985), S. 362–365.

Ernst Günther Bleisch, *Das Œuvre des Peter Huchel läßt an die Inständigkeit Andreas Gryphius' denken. Vier Jahre nach seinem Tod liegen nun die Gesammelten Werke in zwei Bänden vor*, in: Münchner Merkur, 7./8. 9. 1985.

10. Zu einzelnen Gedichten

Der Ammoniter

Axel Vieregg, *Ein Gedicht nach Auschwitz. Peter Huchels »Der Ammoniter«*, in: August Obermayer (Hg.), *Festschrift für E. W. Herd*, Dunedin, Neuseeland: University of Otago 1980, S. 263–274.

Bartok

Martin Behrendt, *Peter Huchels »Bartok«*, in: M. B., *Lyrik im Unterricht*, München: Urban und Schwarzenberg 1981, S. 71–77.

Bericht des Pfarrers vom Untergang seiner Gemeinde

Kurt Bräutigam, *Moderne deutsche Balladen (»Erzählgedichte«). Versuche zu ihrer Deutung*, 2., durchgesehene Auflage, Frankfurt/M.: Moritz Diesterweg 1970, S. 61–64.

Edgar Neis, *Der Krieg im deutschen Gedicht*, Hollfeld: C. Bange o. J., S. 81–84.

Helmut Preuss, *Lyrik in der Zeit. Auswahl und Interpretation*, Ratingen: Henns Pädagogische Taschenbücher 23/24, S. 78–87.

Heinz Graefe, *Das deutsche Erzählgedicht im 20. Jahrhundert*, Frankfurt/M.: Thesen Verlag Vowinckel 1972, S. 78–81.

Brandenburg

Gerhard Schmidt-Henkel, *»Ein Traum, was sonst?«. Zu Peter Huchels Gedicht »Brandenburg«*, in: Walter Hinck (Hg.), *Gedichte und Interpretationen*, Bd. 6: *Gegenwart*, Stuttgart: Reclam 1982, S. 50–58.

Chausseen

Klaus Matthies, *Peter Huchel. Chausseen*, in: Anne Banaschewski u. a. (Hg.), *Texte für den Literaturunterricht. Lyrik. Kommentare*, Hannover: Hermann Schrödel 1969, S. 68–73.

Elegie

Walter R. Fuchs, *Zu Peter Huchel, »Elegie»*, in: W. R. F., *Lyriker unserer Jahrhundertmitte*, München: Kösel 1965, S. 63–64.

Robert Hippe, *Peter Huchel: »Elegie«*, in: R. H.: *Interpretationen zu 50 modernen Gedichten*, Hollfeld: C. Bange o. J., S. 43–45.

Exil

Horst Bienek, *Zwiesprache mit dem Schweigen*, in: Frankfurter Allgemeine Zeitung (Frankfurter Anthologie), 31. 8. 1985.

Der Garten des Theophrast

Peter Hutchinson, *»Der Garten des Theophrast« – an epitaph for Peter Huchel?*, in: German Life and Letters 24/1 (1971), S. 125–135 (auch in: *Über Peter Huchel*, S. 81–95).

Alfred Kelletat, *Peter Huchel, »Der Garten des Theophrast«*, in: A. K., *Drei Deutungen (Huchel, Celan, Uhlmann)*, Göttingen 1971, S. 1–4. Etwas erweiterte Fassung in: A. K., *Griechisches Triptychon aus deutschen Gedichten (Peter Huchel, Johannes Bobrowski, Joachim Uhlmann), in: Festschrift für K. J. Merentitis*, Athen 1972, S. 178–182 (auch in: *Über Peter Huchel*, S. 96–100).

Hilde Spiel, *Ein Mensch wird gerodet* (Peter Huchel: *Der Garten des Theophrast*), in: Frankfurter Allgemeine Zeitung (Frankfurter Anthologie), 30. 11. 1974 (auch in: Marcel Reich-Ranicki [Hg.], *Frankfurter Anthologie. Gedichte und Interpretationen*, Frankfurt/M.: Insel 1976, S. 157–160).

Robert Lüdtke, *Über neuere mitteldeutsche Lyrik im Deutschunterricht der Oberstufe* (u. a. Peter Huchel, *Der Garten des Theophrast*), in: Der Deutschunterricht (Stuttgart) 20/5 (1968), S. 38–51.

Heimkehr

Karl-Heinz Höfer, *Kleine Literaturfibel*, Leipzig: Fachbuchverlag 1962, S. 51–54.

Die Hirtenstrophe

Michael Zeller, *Vom Ableben einer Mythe*, in: Walter Hinck (Hg.), *Geschichte im Gedicht*, Frankfurt/M.: Suhrkamp 1979, S. 259–263.

König Lear

Walter Hinck, *Im inneren Exil*, in: Frankfurter Allgemeine Zeitung, 13. 5. 1981 (auch in: Marcel Reich-Ranicki [Hg.], *Frankfurter Anthologie. Gedichte und Interpretationen 6*, Frankfurt/M.: Insel 1982, S. 216–218).

Kreuzspinne

Rolf Schneider, *Signale des Lichts*, in: Frankfurter Allgemeine Zeitung (Frankfurter Anthologie), 14. 5. 1983 (auch in: Marcel Reich-Ranicki [Hg.], *Frankfurter Anthologie. Gedichte und Interpretationen 8*, Frankfurt/M.: Insel 1984, S. 199–202).

Le Pouldu

Ian Hilton, *Brittany revisited: Huchel, Gauguin and Le Pouldu*, in: Modern Languages 64/1 (1983), S. 48–51.

Lenz

Edward P. Harris, *J. M. R. Lenz in German Literature. From Büchner to Bobrowski*, in: Colloquia Germanica 1973, Heft 3, S. 213–233.

Letzte Fahrt

Kurt Bräutigam, *Peter Huchel: »Letzte Fahrt«*, in: K. B., *Moderne deutsche Balladen (»Erzählgedichte«). Versuche zu ihrer Deutung*, 2., durchgesehene Auflage, Frankfurt/M.: Moritz Diesterweg 1970, S. 57–61.

Herman Pongs, *Das Bild in der Dichtung*, Bd. 3: *Der symbolische Kosmos der Dichtung*, Marburg: Elwert 1969, S. 167–170.

Nachlässe

Günter Kunert, *Flaschenpost aus dem Nichts*, in: Frankfurter Allgemeine Zeitung (Frankfurter Anthologie), 12. 3. 1983 (auch in: Marcel Reich-Ranicki [Hg.], *Frankfurter Anthologie. Gedichte und Interpretationen 8*, Frankfurt/M.: Insel 1984, S. 193–197).

Ophelia

Ian Hilton, *Ophelia. Variations on a theme*, in: R. W. Last (Hg.), *Affinities. Essays in German and English Literature. Dedicated to the Memory of Oswald Wolff (1897–1968)*, London: Oswald Wolff 1977, S. 318–320.

Walter Hinck, *Vom Tod in der Stacheldrahtreuse*, in: Frankfurter Allgemeine Zeitung (Frankfurter Anthologie), 13. 10. 1979 (auch in: Marcel Reich-Ranicki [Hg.], *Frankfurter Anthologie. Gedichte und Interpretationen 5*, Frankfurt/M.: Insel 1980, S. 207–210).

Der Rückzug

Herbert G. Göpfert, *Mein Gedicht. Peter Huchel: »Des Krieges Ruhm«* (Teil I von *Der Rückzug*), in: Die Zeit, 25. 11. 1960 (auch in: Dieter E. Zimmer [Hg.], *Mein Gedicht*, Wiesbaden: Limes 1961, S. 123–125, und in: *Über Peter Huchel*, S. 13–14).

Schottischer Sommer

Caroline von Ryckeghem, *Noch immer unter der Wurzel der Distel . . . Betrachtungen zu Peter Huchels Lyrik veranschaulicht am Gedicht »Schottischer Sommer«*, in: Jaak de Vos (Hg.), *An den Grenzen der Sprache. Interpretationen moderner deutscher Lyrik*, Gent 1985, Studia Germanica Gandensia 4, S. 18–39.

Sibylle des Sommers

Klaus Matthies, *Peter Huchel. Sibylle des Sommers*, in: Anne Banaschewski u. a. (Hg.), *Texte für den Literaturunterricht. Lyrik. Kommentare*, Hannover: Hermann Schrödel 1969, S. 73–76.

Manfred Seidler, *Moderne Lyrik im Deutschunterricht*, Frankfurt/M.: Hirschgraben 1963, [5]1982, S. 97–99.

Soldatenfriedhof

Edgar Neis, *Der Krieg im deutschen Gedicht*, Hollfeld: C. Bange o. J., S. 64–66.

Helmut Preuss, *Soldatenfriedhof*, in: Josef Speck (Hg.), *Kristalle. Moderne deutsche Gedichte für die Schule*, München: Kösel 1967, S. 216–226.

Späte Zeit

Artur Wacker, *Peter Huchel: »Späte Zeit«*, in: Freie Bildung und Erziehung (Darmstadt) 14/1 (1963), S. 14–17.

Robert Hippe, *Peter Huchel: »Späte Zeit«*, in: R. H., *Interpretationen zu 50 modernen Gedichten*, Hollfeld: C. Bange o. J., S. 43–45.

Unter der Wurzel der Distel

Wolfgang Kopplin, *Peter Huchel: Unter der Wurzel der Distel*, in: W. K., *Beispiele. Deutsche Lyrik '60–70. Texte. Interpretationshilfen*, Paderborn: Schöningh 1969, S. 56–59.

Widmung (für Ernst Bloch)

Ulrich Klein, *Lyrik nach 1945. Einführung in die Decodierung lyrischer Texte vorwiegend aus der BRD*, München: Ehrenwirth 1972, S. 116–123.

Winterpsalm

Hans Mayer, *Winterpsalm, Erinnernde Deutung,* in: Hilde Domin (Hg.), *Doppelinterpretationen. Das zeitgenössische deutsche Gedicht zwischen Autor und Leser,* Frankfurt und Bonn: Athenäum, S. 98–100.

Wintersee

Gert Kalow, *Das Gleichnis oder Der Zeuge wider Willen. Über ein Gedicht von Peter Huchel* (»Wintersee«), in: Frankfurter Allgemeine Zeitung (Frankfurter Anthologie), 10. 8. 1968 (auch in: *Hommage für Peter Huchel*, S. 82–89, und in: *Über Peter Huchel*, S. 55–61).

11. Über ›Sinn und Form‹

Terence Boylan, *Form ohne Sinn?* (Zu »Sinn und Form«), in: Der Monat 2/14 (1949), S. 213–215.

Alfred Andersch, *Marxisten in der Igelstellung* (zu ›Sinn und Form‹), in: Frankfurter Hefte 6 (1951), S. 209–210.

Lothar von Balluseck, *Peter Huchel*, in: L. v. B., *Dichter im Dienst. Der sozialistische Realismus in der deutschen Literatur*, Wiesbaden: Limes 1956, S. 108–109, ^{2}1963, S. 193–195.

Kurt Hager, *Den Dingen auf den Grund gehen. Aus dem Diskussionsbeitrag des Genossen Kurt Hager* (auf der Kulturkonferenz des ZK der SED), in: Neues Deutschland, 26. 10. 1957.

Ernst Fischer, *Die Zeitschrift »Sinn und Form«*, in: Tagebuch (Wien) 14/2, Februar 1959, S. 7.

Peter Jokostra, *Porträt des Zonen-Dichters Peter Huchel. In der Schußlinie der Funktionäre,* in: Der Tagesspiegel (Berlin), 18. 5. 1960.

Marcel Reich-Ranicki, *Das Fähnlein eines Aufrichtigen. Peter Huchel, Lyriker und Chef der mitteldeutschen Zeitschrift »Sinn und Form«,* in: Sonntagsblatt (Hamburg), Nr. 21, 1960.

Joachim Günther, *Epilog auf »Sinn und Form«*, in: Frankfurter Allgemeine Zeitung, 17. 9. 1962.

Anon., *DDR-Zeitschrift: Zwischen zwei Welten*, in: Der Spiegel, Nr. 38, 19. 9. 1962, S. 86–87.

Marcel Reich-Ranicki, *Ein anderer Sinn, eine andere Form. Der Dichter und Redakteur Peter Huchel ist in Ungnade gefallen*, in: Die Zeit, 4. 1. 1963 (auch in: M. R.-R., *Literarisches Leben in Deutschland. Kommentare und Pamphlete*, München: Piper 1965, S. 134–136).

Peter Jokostra, *Das Ende einer Fiktion. Der ostberliner Dichter Peter Huchel*, in: Rheinische Post, 12. 1. 1963 (dort fälschlich: Jakostra).

Protokoll der Verhandlungen des VI. Parteitages der Sozialistischen Einheitspartei Deutschlands 15. bis 21. Januar 1963 in der Werner-Seelenbinder-Halle zu Berlin, Bde. 1–3, Berlin 1963 (darin die Diskussionsbeiträge von Alexander Abusch, Kurt Barthel, Hans Bentzien, Willi Bredel, Paul Verner).

Dieter Hildebrandt, *Angriffe auf Hacks und Huchel. Ulbricht pocht auf den sozialistischen Realismus – Parteitag in Ost-Berlin*, in: Frankfurter Allgemeine Zeitung, 22. 1. 1963.

Anon., *The Academy of 1696 yields to Ulbricht*, in: The Times, 23. 1. 1963.

Kurt Hager, *»Wir freuen uns über jedes gelungene Werk« – Aus den Diskussionsbeiträgen [...] auf der Delegierten-Konferenz des Deutschen Schriftstellerverbandes*, in: Neues Deutschland, 28. 5. 1963 (auch in: Neue Deutsche Literatur 11/8 [1963], S. 61–72, unter dem Titel *Freude an jedem gelungenen Werk*).

Kurt Hager, *Parteilichkeit und Volksverbundenheit unserer Kunst. Rede [...] auf der Beratung des Politbüros des Zentralkomitees und des Präsidiums des Ministerrates mit Schriftstellern und Künstlern am 25. März 1963*, in: Neues Deutschland, 30. 3. 1963 (auch in: Beilage zum ›Sonntag‹ [Berlin/DDR], 7. 4. 1963), Abschnitt IV: »Es gibt keinen Mittelweg«.

Anon., *Polemik gegen Huchel*, in: Frankfurter Allgemeine Zeitung, 29. 5. 1963.

Anon., *Huchel im Kreuzfeuer*, in: Süddeutsche Zeitung, 29. 5. 1963.

Friedhelm Baukloh, *Ohne Sinn und Form. Die Gleichschaltung der Ostberliner Kulturzeitschrift*, in: SBZ-Archiv 14/5 (1963), S. 71–73.

Heinz Kersten, *Die Defensive der Dogmatiker – Kulturpolitische Auseinandersetzungen vor und auf dem VI. Parteitag der SED*, in: SBZ-Archiv 14/5 (1963), S. 66–71.

Heinz Kersten, *Ostberliner Schriftstellerappell,* in: SBZ-Archiv 14/7 (1963), S. 97–98.

Jürgen Habermas, *Pateirügen an Schriftsteller – hüben und drüben,* in: Merkur 17/180 (1963), S. 210–212.

Heinz Kersten, *Der Widerspenstigen Zähmung. Vorbereitung und Verlauf der Delegiertenkonferenz des Schriftstellerverbandes,* in: SBZ-Archiv 14/12 (1963), S. 180–182.

Lothar von Balluseck, *Der Fall Huchel*, in: L. v. B., *Literatur und Ideologie 1963. Zu den literatur-politischen Auseinandersetzungen seit dem VI. Parteitag der SED,* Bad Godesberg: Hohwacht 1963, S. 23–24.

Marcel Reich-Ranicki, *Ohne »Sinn und Form«*, in: M. R.-R., *Literarisches Leben in Deutschland. Kommentare und Pamphlete,* München: 1965, S. 104–109 (auch in: M. R.-R., *Wer schreibt, provoziert. Pamphlete und Kommentare,* München: dtv [1966], S. 46–50).

Hans Mayer, *Erinnerungen eines Mitarbeiters von ›Sinn und Form‹*, in: *Hommage für Peter Huchel*, S. 60–69 (auch in: *Über Peter Huchel,* S. 173–180).

Anon., *Schriftsteller. Huchel. Nicht verziehen,* in: Der Spiegel, Nr. 46, 11. 11. 1968, S. 193.

Hans-Dietrich Sander, *Peter Huchels Exodus,* in: Deutschland-Archiv 4 (Köln 1971), S. 451–452.

Anon., *Aus dem Getto entlassen. Peter Huchel durfte in den Westen ausreisen,* in: Die Welt, 30. 4. 1971.

Quellenvermerke

Peter Huchel, *Der Preisträger dankt*, Rede anläßlich der Verleihung des Literaturpreises der Deutschen Freimaurer 1974 an Peter Huchel, gehalten am 26. 5. 1974 in Hamburg, in: *Freimaurerei in der Bewährung. 25 Jahre Großloge A. F. u. A. M. v. D.-Verleihung des Literaturpreises Deutscher Freimaurer 1974 an Peter Huchel*, Hamburg: Bauhütten 1975, S. 57–63.

Wilhelm Lehmann, *Maß des Lobes. Zur Kritik der Gedichte von Peter Huchel*, in: Deutsche Zeitung und Wirtschaftszeitung, 8./9. 2. 1964. (Für die Genehmigung zum Nachdruck danken wir Frau Agathe Weigel-Lehmann und dem Verlag Klett-Cotta, Stuttgart.)

Jost Nolte, *Lyrische Fälle, Lehmann contra Huchel*, in: J. N., *Grenzgänge. Berichte über Literatur*, Wien: Europa 1972, S. 13–20.

Günter Ernst Bauer-Rabé, *Die göttliche Hochzeit. Bemerkungen zum matriarchalen Kosmos in der Lyrik Wilhelm Lehmanns und Peter Huchels*, Originalbeitrag.

Axel Vieregg, *Peter Huchels Lyrik*, leicht veränderter Nachdruck von *Nachruf auf Peter Huchel*, in: Neue Deutsche Hefte 28/171 (1981), S. 475–497.

Joseph P. Dolan, *Die Politik in Peter Huchels früher Dichtung*, Übersetzung des Artikels *The Politics of Peter Huchel's Early Verse*, in: University of Dayton Review 13/2 (1978), S. 93–104.

Jürgen Gregolin, *»Merkwürdige menschliche Gestalten«. Zur literarischen Figur des ›Unterprivilegierten‹ im Frühwerk Peter Huchels*, Originalbeitrag.

Hubert Ohl, *Peter Huchel: Das lyrische Frühwerk im Spiegel seiner Titelgedichte*, in: Literatur in Wissenschaft und Unterricht 16/4 (1983), S. 281–300.

Peter Hutchinson, *Der Wortklang bei Huchel*, Originalbeitrag.

Joachim Müller, *Verwandelte Welt – Zur Lyrik Peter Huchels*, in: Universitas 37 (1982), S. 581–588.

Gert Ueding, *Aus dem Buch der Natur ins literarische Wort. Peter Huchels gesammelte Werke in zwei Bänden*, in: Frankfurter Allgemeine Zeitung, 11. 12. 1984.

Elsbeth Pulver, *Das brüchige Gold der Toten. Zum neuen Gedichtband von Peter Huchel: »Die neunte Stunde«*, in: Neue Zürcher Zeitung, 10. 7. 1980.

Barbara Bondy, *Tiefer ins Schweigen. Zu den neuen Gedichten Peter Huchels*, in: Süddeutsche Zeitung, 10. 10. 1979.

Karl Corino, *Seelenführer in die Unterwelt. Zu Peter Huchels Gedichtband »Die neunte Stunde«*, in: Hannoversche Allgemeine Zeitung, 13./14. 10. 1979.

Wolfgang Heidenreich, *Jahreszeiten, Mißgeschicke, Nekrologe. »Wie schwer es ist, dem Schweigen ein Wort abzuringen«: Zu Peter Huchels*

Gedichtband »Die neunte Stunde«, in: Badische Zeitung, 5./6. 4. 1980.
Rudolf Hartung, *Keiner weiß das Geheimnis. Zum jüngsten Gedichtband von Peter Huchel*, in: Frankfurter Allgemeine Zeitung, 13. 11. 1979.
Hans Mayer, *Zu den Gedichten von Peter Huchel*, in: H. M., *Zur deutschen Literatur der Zeit. Zusammenhänge, Schriftsteller, Bücher*, Reinbek bei Hamburg: Rowohlt 1967, S. 178–188, 307–308.
Axel Vieregg, *Ein Gedicht nach Auschwitz. Peter Huchels »Der Ammoniter«*, erweiterter Nachdruck des gleichnamigen Artikels in: August Obermayer (Hg.), *Festschrift für E. W. Herd*, Dunedin, Neuseeland: University of Otago 1980, S. 263–274.
Gerhard Schmidt-Henkel, *»Ein Traum, was sonst?«. Zu Peter Huchels Gedicht »Brandenburg«*, in: Walter Hinck (Hg.), *Gedichte und Interpretationen*, Bd. 6: *Gegenwart*, Stuttgart: Reclam 1982, S. 50–58.
Walter Hinck, *Im inneren Exil. Zu Huchels »König Lear«*, in: Frankfurter Allgemeine Zeitung, 13. 5. 1981 (auch in: Marcel Reich-Ranicki [Hg.], *Frankfurter Anthologie, Gedichte und Interpretationen* 6, Frankfurt/M.: Insel 1982, S. 216–218.
Rolf Schneider, *Signale des Lichts. Zu Huchels »Kreuzspinne«*, in: Frankfurter Allgemeine Zeitung, 14. 5. 1983 (auch in: Marcel Reich-Ranicki [Hg.], *Frankfurter Anthologie, Gedichte und Interpretationen* 8, Frankfurt/M.: Insel 1984, S. 199–202).
Günter Kunert, *Flaschenpost aus dem Nichts. Zu Huchels »Nachlässe«*, in: Frankfurter Allgemeine Zeitung, 12. 3. 1983 (auch in: Marcel Reich-Ranicki [Hg.], *Frankfurter Anthologie, Gedichte und Interpretationen* 8, Frankfurt/M.: Insel 1984, S. 193–197).
Guntram Vesper, *Dank an Huchel. »Heuwege und innere Landschaft«. Eine Rede*, gehalten am 3. 4. 1985 anläßlich der Verleihung des Peter Huchel-Preises für Lyrik an Guntram Vesper, abgedruckt in: Frankfurter Rundschau, 27. 4. 1985.
Horst Lommer, *Das dichterische Wort Peter Huchels*, in: Tägliche Rundschau (Berlin Ost), 4. 6. 1947.
Heinz Czechowski, *Winterreise. Dem Gedächtnis Peter Huchels*, Originalbeitrag.
Heinz Czechowski, *Erinnerungen an Peter Huchel*, Originalbeitrag.
Michael Hamburger, *Randbemerkungen zum Schweigen*, Originalbeitrag.
Walter Hildebrandt, *Hinweise auf Unvollkommenes. Notizen über eine gesamtdeutsche Matinee*, in: Deutsche Studien 58 (Juni 1977), S. 155–162.
Hans Dieter Schmidt, *»Der Fremde geht davon . . .«. Erinnerungen an den Dichter Peter Huchel*, in: Rhein-Neckar-Zeitung, 16./17. 5. 1981.
Wolfgang Heidenreich, *Deutzeichen. Begegnungen und Leseerfahrungen mit Peter Huchel*, in: Günther Schnitzler u. a. (Hg.), *Bild und Gedanke. Festschrift für Gerhart Baumann zum 60. Geburtstag*, München: Fink 1980, S. 434–446.

st 2029 Brechts »Aufhaltsamer Aufstieg des Arturo Ui«
Herausgegeben von Raimund Gerz

Brechts *Aufhaltsamer Aufstieg des Arturo Ui,* diese Verhüllung als Enthüllung, hat mit ihrer zupackenden Verbindung von Gangster-Story und hohem Stil der Tragödie theatralische Wirksamkeit unter Beweis gestellt. Der Materialienband geht hinter die unleugbaren Oberflächeneffekte des Stücks zurück; er konfrontiert die letzte Textfassung mit den von Brecht gesammelten und der ersten (im Nachlaß überlieferten) Fassung eingeklebten dokumentarischen Fotos; er bietet unter den Materialien zum Stück neben Brechts ›Anmerkungen‹ und Eintragungen ins Arbeitsjournal verstreute Texte aus dem Nachlaß und die *Geschichte des Giacomo Ui,* umfaßt in einem Kapitel zur Rezeption Kritiken der Aufführungen in Stuttgart und Berlin. Ausgewählte ›Texte zur Erläuterung des historischen Hintergrunds‹, darunter Auszüge aus den Braunbüchern und aus Hitlers Reden, erfassen den historischen Kontext und belegen dessen Bezugspunkte für Brechts dramatische Arbeit.

st 2030 Die deutsche Kalendergeschichte
Ein Arbeitsbuch von Jan Knopf

Die kurze überschaubare Prosaerzählung, deren Gegenstand eine dem Leben des Volkes entnommene unterhaltende oder nachdenkliche Begebenheit ist, und zwar mit lehrhafter und moralischer Tendenz, erweist sich offenbar als unverwüstlich. Im Schulunterricht hat die »Kalendergeschichte« schon traditionell einen festen Platz, und es scheint, daß sie einem Leserbedürfnis entgegenkommt, das sich immer weniger auf ausgiebige und umfangreiche Lektüre einzulassen bereit ist.
Das vorliegende Arbeitsbuch bietet repräsentative Texte von Grimmelshausen bis hin zu Oskar Maria Graf und Bert Brecht, die Darstellung ihres historischen und medialen Kontexts, Erläuterungen zum Autor, soweit sie für das Verständnis der Geschichten wichtig sind, ausführliche Kommentare zu den Geschichten selbst, die auch für die Analyse

anderer Geschichten des Autors oder für die anderer Autoren heranziehbar sind. Es enthält zu jedem Abschnitt Arbeitsvorschläge und Literaturhinweise. Eingeleitet wird der Band durch Erläuterungen zur Gattungsfrage und zu den historischen Grundlagen.

st 2031 Brechts »Tage der Commune«
Herausgegeben von Wolf Siegert

Als Brecht 1949 in der Schweiz den Entwurf seines Stückes *Die Tage der Commune* mit der Absicht fertiggestellt hatte, ihn baldmöglichst in Berlin auf die Bühne zu bringen, während alle Kräfte für den Wiederaufbau mobilisiert wurden, ging es zugleich um die Frage, ob eine wirkliche Revolutionierung der Verhältnisse ohne einen Volksaufstand möglich sei. Daß in der damaligen Zeitlage eine Aufführung des Stücks, dieser »kämpferischen Morgengabe für das Selbstverständnis des neuen [Berliner] Ensembles wie seines Publikums« (Ernst Schumacher), nicht möglich war, mag im Rückblick wie ein Omen künftiger Theaterpraxis erscheinen. Ihre verschüttete Aktualität beweisen die *Tage der Commune* gleichwohl immer wieder dort, wo sie als engagierte Literatur auf die Zeitläufte bezogen werden: aus Anlaß ihrer Frankfurter Inszenierung 1977 ebenso wie vor dem Hintergrund der Ereignisse im Chile des Septembers 1973. Der Materialienband von Wolf Siegert stellt dementsprechend die Dokumentation der Theaterarbeit in den Mittelpunkt seines Interesses. Wie die anderen Materialienbücher zu Brecht bietet er darüber hinaus Zusammenstellungen der Selbstäußerungen Brechts, der Aussagen seiner Freunde und Mitarbeiter, der wichtigsten Analysen sowie eine exemplarische synoptische Konfrontation des Stückes und seiner Genese mit den ihnen zugrundeliegenden Quellen.

st 2032 Die Ästhetik des Widerstands
Herausgegeben von Alexander Stephan

Nach dem Erscheinen des dritten Bandes der *Ästhetik des Widerstands* im Jahre 1981 bemerkte ein Kritiker: »Was Benjamin vorschwebte, als er seine Pariser ›Passagen‹-Arbeit skizzierte, das hat Peter Weiss in der ›Ästhetik des Widerstands‹, diesem gewaltigen Epitath auf die Arbeiterbewegung in der Epoche des Faschismus, verwirklicht: die

Beschreibung eines Zeitalters aus seinen Ruinen.« Der fast tausendseitige Roman ist nach gängigem Urteil eine schwierige Lektüre. Sie zu erleichtern – ja, sie in ihrer Bedeutungsvielfalt allererst zu erschließen – unternimmt der vorliegende Band. Themenkomplexe sind die Stellung der Trilogie im Gesamtwerk des Autors, das Verhältnis von Biographie und »Wunschbiographie« in der *Ästhetik des Widerstands*, die literarischen Kompositionsprinzipien, die Funktion der Realgeschichte innerhalb des Romans, die Funktion der Kunst, das Verhältnis der nach Abschluß des dritten Bandes publizierten *Notizbücher* mit ihren Vorstufen und Entwürfen zu dem realisierten Roman, usw. Als Resultat dieser unterschiedlichen Zugangsweisen wird die spezifische »kämpfende Ästhetik« des letzten Romans von Peter Weiss erkennbar, die er selbst als eine Ästhetik verstanden hat, »die nicht nur künstlerische Kategorien umfassen will, sondern versucht, die geistigen Erkenntnisprozesse mit sozialen und politischen Einsichten zu verbinden«.

st 2033 Alexander Kluge
Herausgegeben von Thomas Böhm-Christl

Nur selten ist Alexander Kluges Werk bislang zum Gegenstand veröffentlichter Äußerungen geworden – von punktuellen ›Besprechungen‹ gerade erschienener Bücher und Filme in den Feuilletons einmal abgesehen. Dies mag um so bedauerlicher erscheinen, als die zu Kluges Werken immer kontroversen Bewertungen nicht ausgetragen wurden, sondern nur mit der Zeit ins Dunkel sanken und bei Bedarf wieder hervorgezaubert werden: Propagandist und Aktionist der Phantasie – juridischer Stilist, Dokumentarist – Verfälscher von Dokumenten, Gesellschaftskritiker mit aufklärungsorientiertem Anspruch – ästhetischer Avantgardist mit nur kunstimmanentem Anspruch, Moralist ex negatione – unversöhnlicher Zyniker. Die Polarisierung solcher Leserurteile und ihr nachweisliches Sich-Sperren gegen spätere Revision haben den adäquaten Zugang zu diesem schwierigen Autor eher verstellt als erleichtert.
Der Materialienband von Thomas Böhm-Christl will dieser Tendenz entgegenwirken: mit Arbeiten, die sich an einzelne Werke oder Werkteile anschließen und um analytische Rezeption bemüht sind, mit Aufsätzen, die bestimmte As-

pekte thematisieren, die quer zum Einzelwerk liegen oder über dieses hinausgreifen, mit Beiträgen zum ästhetisch-philosophischen Hintergrund.

st 2034 Franz Xaver Kroetz
Herausgegeben von Otto Riewoldt

Daß Franz Xaver Kroetz »mit seinen 35 Jahren bereits als junger Klassiker« dastehe, daß ihm »die Mauser zum welttheatertüchtigen Dramatiker« gelungen sei – nur zwei von vielen gleichlautenden Urteilen, die man Kroetz nach seinem erfolgreichen Debüt als Romanschreiber *(Der Mondscheinknecht)* und als dem herausragenden Dramatiker der Spielzeit 1981/82 *(Nicht Fisch nicht Fleisch)* wie Präsente für eine glücklich abgeschlossene Matura auf den Tisch legte. Gleichzeitig aber machte sich – an dieser durch den Roman gezogenen Trennlinie – Unsicherheit breit, wie die tieferliegenden Gründe solch frühzeitig errungener Klassizität und deren Aspekte für die Zukunft zu bewerten seien. Von der nunmehr abgetragenen »geheimen, instinktiven Schuld, die den Dramatiker Kroetz zu seiner genialischen Produktivität angetrieben haben dürfte«, war da die Rede und auch vom Gespür des Autors, daß »in seiner Arbeitsbiographie etwas unaufhaltsam zu Ende« gehe. Der Materialienband von Otto Riewoldt belegt, bloße Summierung von Kritiken vermeidend, dennoch die Breite und Verschiedenheit der Einschätzungen, gibt Auskünfte in Interviews und aus Werkstattfunden, liefert Erfahrungsberichte zur Theaterarbeit aus der Sicht von Regisseuren; er bietet in Originalbeiträgen Einblicke in Realismus-Konzept und Sprachgebung seines Autors, zeichnet Wege und Wendungen von den frühen Stücken bis hin zum Roman. Werkverzeichnis und ausgewählte Sekundärbibliographie runden auch diesen Band der Reihe stm ab.

st 2035 Der junge Kafka
Herausgegeben von Gerhard Kurz

Das Frühwerk Kafkas ist noch kaum erforscht. Lange ging die Kafka-Forschung von der Unterstellung aus, erst mit dem *Urteil* sei Kafka der »Durchbruch« gelungen, wie die irreführende und verräterische Metapher lautete. Konse-

quenterweise wurden daher die literarischen Anfänge vernachlässigt.
Der vorliegende Band versucht dagegen zu zeigen, wie sich die spezifische literarische Thematik und Technik Kafkas entwickelt haben, wie sehr die Motive des späteren Werks im frühen schon angelegt und ausgebildet sind. Untersucht wird das Frühwerk bis hin zum Erzählzyklus *Betrachtung* von 1912. Die wichtigsten Texte und Anreger (Flaubert, Freud) werden monographisch behandelt.

st 2036 Peter Weiss
Herausgegeben von Rainer Gerlach

Nach seinem Tod wird das Werk von Peter Weiss – zumal das Spätwerk – so heftig und kontrovers diskutiert wie in den sechziger Jahren der *Marat/Sade* und *Die Ermittlung*. Dabei treten auch das Frühwerk sowie der Filmemacher und Maler mehr und mehr in den Blickpunkt. Der Materialienband von Rainer Gerlach stellt einer breiteren Öffentlichkeit die bislang nur unzureichend erforschten Texte des Frühwerks vor; er präsentiert das bislang weitgehend unbekannte schwedische Werk; befaßt sich mit Kindheit und Jugendzeit, dem Exil und dem Prozeß der künstlerischen Entwicklung, den Einflüssen, die persönlich von Hermann Hesse ausgingen; er widmet sich dem Bild- und Filmwerk. Das dramatische Werk wird in Einzelstudien untersucht, thematisch gewertet das Problem von Unzugehörigkeit und Entfremdung, das Engagement von Weiss für die Dritte Welt, seine Haltung zum Kolonialismus; die *Ästhetik des Widerstands* – der ein eigener Band innerhalb der stm gewidmet ist – sowie die *Notizbücher* sind in den Zusammenhang einbezogen. Wie alle Bände der stm enthält auch dieser Vita, Werkverzeichnis und Bibliographie der Sekundärliteratur, zusätzlich eine Filmographie und ein Ausstellungsverzeichnis.

st 2037 Schillers Briefe über die ästhetische Erziehung
Herausgegeben von Jürgen Bolten

Schillers theoretisches Hauptwerk zählt zu den wenigen Texten des ausgehenden 18. Jahrhunderts, an denen unmittelbar jener Wandel des geistigen und historischen Selbstverständnisses ablesbar wird, der seinerzeit die Selbstauflösung der bürgerlichen Aufklärung in die – nicht zuletzt auch politische – Romantik fundamentierte. Wie stellt sich vor diesem Hintergrund das ästhetische Programm Schillers dar? Auf welche gesellschaftlichen und politischen Vorgänge auch außerhalb der Französischen Revolution antwortet der Plan einer ästhetischen Erziehung? Wo und aus welchen Gründen schlägt dessen zunächst metapolitischer Anspruch in eine politisch affirmative Ästhetisierung seiner geschichtsphilosophischen Grundlagen um? In welchem Zusammenhang steht hiermit der philosophische Methodenwechsel innerhalb der *Briefe*, die zunehmende Distanzierung gegenüber Kantischen Positionen zugunsten einer Annäherung an das Denken Fichtes? Und nicht zuletzt: gibt es methodische oder inhaltliche Momente, die von einer Präfiguration romantischer Denkfiguren sprechen lassen und die in gerader Linie etwa auf Hölderlin oder Schelling verweisen? Die Beantwortung dieser von der Forschung zumeist isoliert voneinander gestellten Fragen zu erleichtern und damit die Einheit der *Briefe* gerade in ihrer gedanklichen Heterogenität transparent werden zu lassen, setzt sich die Auswahl der Materialien und Aufsätze zum Ziel.

st 2038 Karin Struck
Herausgegeben von Hans Adler und Hans Joachim Schrimpf

Von 1973 an, dem Erscheinungsjahr des Erstlings *Klassenliebe*, sind Karin Strucks Romane, Erzählungen, Features Stachel im Fleisch der kritischen Öffentlichkeit gewesen. Kaum eine der unzähligen Stellungnahmen, die nicht emotional vorpreschte; wenige, die die Distanz des gelassenen Rezensenten nicht mit gleicher Heftigkeit aufgaben, mit der die Autorin in der programmatischen ›Unmäßigkeit‹ ihrer Texte die Leser bestürmte. Karin Strucks aggressiver – mindestens offensiver – Versuch, schutz- und rücksichtslos Subjektivität, *ihre* Subjektivität, ins Wort zu setzen, ist, zusammen mit dem Rezeptionsprozeß, im Rahmen der Neuen Subjektivität zu sehen, geht aber nicht darin auf.
Der Materialienband bietet beides, Kommentar und Analyse zum Werk und Dokumentation der Rezeption, um dieses

Phänomen der jüngeren westdeutschen Literatur greifbarer zu machen. Indem in Einzelbeiträgen verschiedene Aspekte des Werkes, unterschiedliche Formen und Arten der Rezeption und Probleme der Schreib-Arbeit beleuchtet werden, wird kein geschlossenes Gesambild angestrebt, vielmehr ein Aufriß von ›Literatur in Funktion‹. Karin Strucks Prosa ist eines ihrer aktuellen Paradigmata. Eine ausführliche Bibliographie weist Werk und Rezeption nach.

st 2039 Brochs »Verzauberung«
Herausgegeben von Paul Michael Lützeler

Über keines von Hermann Brochs Büchern gehen die Meinungen derart weit auseinander, weichen die Wertungen so sehr voneinander ab wie über seinen Roman *Die Verzauberung*. Solche unterschiedlichen Reaktionen haben zu tun mit der Komplexität und dem Provokationspotential des Werkes. Waren Brochs *Schlafwandler* von 1930/32 der Versuch gewesen, Tendenzen des Kulturverfalls in der Wilhelminischen Zeit zu vergegenwärtigen, so ging es in dem neuen Werk um eine Auseinandersetzung mit jenen gesellschaftlichen Kräften, massenpsychologischen Mechanismen und quasi-metaphysischen Erwartungshaltungen, welche die Heraufkunft des Faschismus in den zwanziger und dreißiger Jahren ermöglicht hatten. In der *Verzauberung* werden auf dichterische Weise jene Probleme unserer Zivilisation bedacht, die anzugehen immer dringlicher wird, und für die eine Lösung nicht in Aussicht ist: im Metaphysischen die Krise der überlieferten Religionen, im Gesellschaftlichen die abgewirtschaftete patriarchalische Ordnung, im Politischen die Tendenz zur Brutalisierung und zum Totalitären, in der Technik eine ziellos gewordene Rationalität sowie im Bereich der zwischenmenschlichen Beziehungen eine inhumane Funktionalisierung. – Dem in seiner Aktualität und gleichzeitigen Offenheit begründeten zunehmenden Interesse an diesem Roman, bis in den schulischen Bereich hinein, wird der Materialienband in der Verbindung von genetisch wichtigen Texten, Dokumentationen der brieflichen Kommentare, neuen Analysen und einem Forschungsbericht mit einer Bibliographie zur Sekundärliteratur gerecht.

st 2040 Hans Magnus Enzensberger
Herausgegeben von Reinhold Grimm

Der vorliegende Band über Hans Magnus Enzensberger enthält in einer ersten Abteilung – unveröffentlichte oder an entlegener Stelle erschienene – Texte des Autors selbst, in einer zweiten Äußerungen von Kollegen, Wissenschaftlern und Kritikern, den bedeutenden Briefwechsel mit Hannah Arendt, die Diskussion mit Peter Weiss und zwei Interviews aus den Jahren 1969 und 1979; die dritte Abteilung bietet »Längsschnitte, Querschnitte«, in denen das Nachwirken der Antike in Enzensbergers Werk ebenso thematisiert ist wie sein mögliches Einwirken auf die heutige ›Dritte Welt‹. Der vierte Abschnitt verbindet wissenschaftliche Untersuchungen und Würdigungen, Besprechungen und Stellungnahmen. Die Bibliographie schließlich ist der bislang umfassendste Nachweis zu Enzensbergers Œuvre und seiner Sekundärliteratur.

st 2041 Lateinamerikanische Literatur
Herausgegeben von Mechtild Strausfeld

Die vorliegenden Aufsätze zur lateinamerikanischen Literatur wollen dem deutschen Leser einen ersten Eindruck von dem breiten Panorama der neuen Literatur des Kontinents vermitteln. Sie ist in der Bundesrepublik weithin unbekannt, obwohl sie immer nachdrücklicher als einzige Alternative zur problematischen europäischen erzählenden Prosa bezeichnet wird. Während die Rezeption und kritische Auseinandersetzung mit diesen bedeutenden Werken bereits in den sechziger Jahren – auch als »Dekade des Booms der lateinamerikanischen Literatur« apostrophiert – sowohl in den USA als auch in den anderen europäischen Ländern begann, fehlt noch heute ein vergleichbares Echo in der Bundesrepublik. Dies gilt für die Kritik wie für die Universität.

Die ausgewählten Arbeiten behandeln entweder einzelne Romane oder das Gesamtwerk eines Autors. Dieser Materialienband soll u. a. dazu beitragen, ein größeres Verständnis für die neue lateinamerikanische Literatur zu ermöglichen, die nur allzu oft als »Produkt überschäumender Phantasie« bezeichnet wird. Bibliographische Angaben zu den Autoren sowie eine Liste der wichtigsten Sekundärliteratur und Porträtfotos vervollständigen den Band.

st 2042 Brechts Romane
Herausgegeben von Wolfgang Jeske

Mit dem vorliegenden Band gehen die Materialien-Bände zu Brecht erstmals über die mit seinem Namen am meisten verbundene Gattung hinaus und unternehmen den Versuch, den durchaus vielgelesenen und zu seiner Zeit, besonders beim *Dreigroschenroman*, auch anerkannten Romancier vorzustellen. Da sich aus der vorliegenden Forschung zu den veröffentlichten Romanen und Roman-Projekten in sich geschlossene Teiluntersuchungen schwer extrahieren lassen, wurde hier auf solche Auszüge verzichtet; durch die Heranziehung jeweils erster Reaktionen nach der Veröffentlichung der Romane läßt sich andererseits die Diskrepanz zwischen der Anerkennung des Romanciers Brecht bei Lesern und Kritik auf der einen und der relativ langen Unterschätzung und Nichtberücksichtigung in der Forschung auf der anderen Seite zeigen. Erstmals werden hier Roman-Projekte aus den zwanziger Jahren mit der Wiedergabe der vorliegenden Texte im Zusammenhang vorgestellt.

st 2043 Friederike Mayröcker
Herausgegeben von Siegfried J. Schmidt

In der Vielfalt kritischer Zeugnisse, Reaktionen, Dokumente und Meinungen sollen Zugänge zum Werk einer Dichterin geöffnet werden, die heute als eine der bedeutendsten deutschsprachigen Autorinnen gilt; aber auch als eine Autorin, deren Arbeiten Rezipienten brauchen, die noch zu kreativem Lesen bereit sind. Die Beiträge dieses Bandes, das kein Kult- und Feierbuch, sondern Spiegel einer kritischen Auseinandersetzung sein will, belegen die oft vertretene Ansicht, daß Friederike Mayröcker im Laufe ihrer dichterischen Entwicklung eine eigenständige Poetik entwickelt hat, die ihrem Rang nach in die Reihe der großen literarischen Experimente dieses Jahrhunderts seit James Joyce und Gertrude Stein gehört.

Der Band enthält exemplarische Rezensionen zu ihren verschiedenen Arbeitsperioden und Arbeitsbereichen, verfaßt von Schriftsteller-Kollegen, Literaturkritikern und Literaturwissenschaftlern. Präsentiert werden Interviews mit Friederike Mayröcker, aus denen die Poetik ihrer Arbeiten erkennbar wird. Eine Sammlung von Zeichnungen dokumentiert diesen oft übersehenen wichtigen Produktionsbereich der Autorin. Die öffentliche Reaktion auf Mayröckers literarische und künstlerische Produktion spiegelt eine auf Vollständigkeit bedachte Bibliographie der Sekundärliteratur.

st 2044 Samuel Beckett
Herausgegeben von Hartmut Engelhardt

Nach einer Reihe von Textsammlungen, die einzelne Werke Becketts zum Thema hatten, bemüht sich der neue Materialienband um eine Gesamtanschauung von Becketts Œuvre. Sicherlich kann – schon vom Umfang her – ein Materialienband zu Becketts Gesamtwerk dieses nicht ausschöpfen, kann dies nicht einmal versuchen. Dementsprechend sind Beiträge – Übersetzungen von bislang nicht in deutscher Sprache vorliegenden wichtigen französisch- und englischsprachigen Untersuchungen sowie Originaltexte – versammelt, die Aspekte beleuchten, Spuren verfolgen, Zusammenhänge rekonstruieren, aber Vollständigkeit weder anstreben noch vortäuschen. Dabei werden einerseits die ›klassischen‹ Werke – *Warten auf Godot* und *Endspiel* vor allem – berücksichtigt, liegt andererseits ein besonderer Akzent auf weniger populär gewordenen Arbeiten wie *Watt* oder *Wie es ist* sowie auf den Dramen und Prosastücken des Spätwerks. Themen der Originalbeiträge sind u. a.: Versuch, Spielstücke zu verstehen, Kunst im Kopf – Becketts späte Prosa und das Imaginäre, Becketts *Company* im Computer, Zum Protestanteil Beckettscher Dichtung, Becketts ›Losigkeit‹ – ein Versuch in Dekomposition, Becketts späte Dramen.